백산학회 편

선사시대의 연구동향

백산자료원

목 차

1960년대의 북한 고고학 연구

한 창 균*

〈目 次〉

Ⅰ. 머리말

해방 이후, 특히 1950년대를 거치며 이루어진 유적발굴을 통하여 북한에서는 신석기시대와 청동기시대에 관한 연구를 활발하게 진행시켰고, 『조선 원시 고고학』(도유호 1960c)에 그와 같은 성과가 반영되었다. 이와 더불어 고조선의 묘제와 출토유물의 성격, 고구려 무덤의 기원과 특성 및 안악 3호 무덤의 주인공을 밝히기 위한 여러 편의 글들이 1950년대 북한에서 발표되었다. 이렇듯 1950년대는 북한 고고학사에서 중요한 위치를 차지하고 있으며(한창균 1999), 이런 토대 위에서 북한의 고고학은 새롭게 발전될 수 있었던 기틀을 마련하였다.

1950년대와 마찬가지로 1960년대의 북한 고고학계에서는 원시시대부터

* 경상대학교 교수

고구려에 이르는 여러 시기의 유적을 발굴하였다. 반면에 1960년대에 간행된 발굴보고서[1])의 수는 1950년대에 비하여 조금 적었고, 발행부수도 600-1000권 사이로 줄어들었다. 『고고학자료집』은 3집만 간행되었다. 한편 1957년부터 간행된 『문화유산』은 1963년부터 『고고민속』으로 이름이 바뀌어 1967년까지 간행되었다. 그리고 고고학 및 민속학 연구소는 1964년 사회과학원 신설되어 그 소속기관으로 개편되었고, 1967년에는 그 이름이 고고학연구소로 바뀌어 오늘날까지 활동하고 있다.

1960년대에 들어와 김용남, 전주농, 정찬영, 서국태, 리순진, 리병선, 박진욱 등이 새롭게 고고학자로서 발돋음하였다. 김신규는 고동물학 그리고 백기하는 고인류학 분야에서 여러 글을 발표하였다. 반면에 정백운의 글은 발표된 것이 없었으며, 초기의 북한 고고학계에서 중요한 역할을 하였던 도유호는 1960년대 중반을 거치며 숙청되는 운명을 맞이했던 것으로 추정된다.

북한 사회는 1967년을 기점으로 주체사상이 변모되는 과정에서 커다란 변화를 겪었으며, 그런 가운데 『고고민속』이 정간되는 상황에 이르렀다. 1960년대 중반에 이르기까지 고고학 및 민속학 연구소에서는 거의 매년 사업계획을 제시하였으며, 그에 따라 원시시대부터 발해에 걸치는 고고학 연구작업을 실천에 옮기려고 많은 노력을 하였다. 굴포리유적과 검은모루동굴에서 구석기시대의 유물이 발굴된 것은 그와 노력의 결과이었다. 또한 굴포리 서포항의 조개더미를 발굴하여 1950년대까지 동북지방의 신석기시대가 서북지방의 신석기시대보다 시기가 앞서며, 그 시기가 기원전 5천년기로 올라간다는 주장이 확립되었다.

중국 동북지방의 발굴자료는 북한 고고학계에서 많은 관심을 갖고 추진

---

1) 다음과 같은 발굴보고서가 간행되었다.
도유호 1960b. 『회령 오동 원시 유적 발굴 보고』(유적발굴보고 7).
도유호 · 황기덕 1961. 『지탑리 원시 유적 발굴 보고』(유적발굴보고 8).
채희국 1964. 『대성산 일대의 고구려 유적에 관한 보고』(유적발굴보고 9).
김용간 1964b. 「금탄리 원시 유적 발굴 보고』(유적발굴보고 10).

하였던 청동기시대와 고조선 연구에 새로운 활력을 불어넣었다. 그리하여 청동기시대의 연대가 기원전 2천년 기 초로 설정되었고, 고조선 전기의 문화가 비파형단검과 미송리형토기를 특징으로 한다는 관점이 확립되었다. 이와 관련하여 고조선의 영역, 종족구성, 문화특성과 같은 다양한 주제를 중심으로 여러 차례의 토론이 실시되었을 뿐만 아니라 많은 논문이 발표되었다. 그리고 1970년대 초에는 대체로 1960년대까지 이루어진 연구성과를 바탕으로 『조선원시고고학개요』가 간행되어 "주체사상에 철저히 립각하여 우리 력사의 첫머리부분에 해당하는 원시시대의 력사를 고고학적으로 체계화하려고 하였다"(김일성종합대학출판사 1971. 15쪽).

또한 고구려 묘제의 형식분류에 대한 여러 가지 견해가 발표되었으며, 그러한 묘제의 기원 및 고구려문화의 성격을 고고학 분야에서 조명하는 작업도 활발하게 진행되었다. 안악 3호분의 주인공이 미천왕이라는 결론에 이르기도 하였다. 또한 삼국시대 및 발해 고고학에 관한 연구도 좀 더 자세하게 진행되었고, 여기서 얻은 결과는 원시시대로부터 발해로 이어지는 문화단계의 내적 발전, 곧 계승성[2])을 입증하는 자료로 활용되었다. 해방 이후부터 1950년대에 걸쳐, 북한 고고학계는 원시문화의 내적 발전단계에 관한 기본틀을 세웠고, 이를 바탕으로 1960년대부터는 원시시대부터 고대사회에 이르는 각 시기별 문화의 계승관계에 초점을 두었으며 그에 따른 이론체계를 확립하려고 많은 노력을 기울였다.

---

2) 계승성은 "발전의 앞선 단계에서 이루어진 긍정적인 것이 발전의 다음 단계에 보존됨으로써 맺어지는 발전의 앞선 단계와 다음 단계 사이의 합법칙적 연관"을 가리킨다(철학연구소 1985. 1988년 재간행본 p.43 인용).

Ⅱ. 당시 북한 사회와 고고학계의 동향

1967년을 기점으로 주체사상이 변모되기 이전까지, 북한에서는 사회주의적 애국주의를 고창하기 위하여 민족문화의 역사적 전통을 크게 활용하였고, 민족적 긍지를 높이고 인민들의 애국심을 고취시키려는 목적으로 실학자들을 역사적인 인물로 평가하였다(이종석 1995. p.128). 그런 분위기 속에서 1950년대 후반 추사 김정희를 조선 고고학의 선구자로서 평가를 내린 글(김재효 1957)이 나왔고, 도유호(1960c. p.7)는 "조선 고고학의 단서가 벌써 추사 김정희 선생 당시로 돌아 간다는 것을 인정하지 않을 수 없다"고 하였다. 전주농(1961b)은 "추사는 비록 과학적 발굴 사업은 진행하지 못 하였다 하더라도 조선 고고학의 기초 지반을 닦아 놓았을 뿐만 아니라 우리 고대사 연구에서 중요한 의의를 가지는 많은 문제에 걸쳐서 거의 완전한 고증을 남겨 주었다"고 평하면서, 이것은 "민족적 자각에 기초한 고상한 애국주의 정신의 발현"이라고 논하였다. 지봉 이수광(황철산 1961), 연암 박지원(전장석 1961), 성호 이익(황철산 1962) 등이 민속학 분야에서 남긴 업적을 논하는 글도 그와 같은 맥락에서 발표되었다. 실학자들이 남긴 고고학 및 민족유산의 연구는 사상사업에서 주체를 확립하는 문제와 밀접한 관계를 맺고 있었다(고고학 및 민속학 연구소 1962a).

노동당은 1960년 8월에 발표된 "7개년 계획"의 실천을 해결하기 위한 기본고리로서 기술혁명과 문화혁명의 필요성을 요구하였다. 그와 같은 혁명과업을 원만하게 수행하려면 당적 사상체계, 곧 "교조주의와 형식주의를 거부하는 주체의 확립을 통한 사상 사업"을 통하여 이룩될 수 있으며, 천리마작업반운동에 열성적으로 참가하는 것이 공산주의 교양을 강화하는 것이라고 노동당에서 제시하였다(고고학 및 민속학 연구소 1960e).[3] 발전된 사회주의

3) 이러한 노동당의 정책은 1961년 9월에 열린 노동당 제4차 전당대회에서 "인민 경제

국가의 건설을 내걸며 7개년 계획이 수립되자 노동당은 이 사업의 성공을 이루기 위하여 노력하였다. 여기서 고고학자와 민속학자가 해야 할 일은 "우수한 민족 문화 유산을 연구하여 새로운 사회주의 건설에 걸맞도록 계승 발전"시키는 것이었다(고고학 및 민속학 연구소 1961a).

1960년대 초반, 북한 고고학계는 당에서 제시한 과학연구사업을 성과 있게 수행하기 위하여 고고학과 민속학 분야에서 해결되어야 할 중점과제를 『문화유산』과 『고고민속』에 여러 차례 발표하였다. 1960년에는 원시사 및 고대사 분야 가운데 특히 "우리 나라 고대 종족들의 기원에 관한 문제, 초기 계급 국가 형성의 시기와 성격에 관한 문제, 3국의 사회 경제 구성의 성격에 관한 문제 등"(고고학 및 민속학 연구소 1960a. p.3)에 깊은 관심을 갖고, 이 문제를 해결하기 위하여 모든 역량이 집중될 필요가 있음이 강조되었다. 그리고 고전고고학에 관심을 기울어야 하며, 자연과학 분야(고고동물학, 고고식물학, 동위원소를 이용한 연대측정 등)의 기술을 도입하고 그에 관한 전문가를 길러내는 작업이 고고학의 전반적인 체계화를 위하여 필요한 것으로 강조되었다. 이와 함께 『문화유산』이나 그밖에 고고학 관련 출판물의 간행에 있어, 외부 집필진의 확대를 통하여 과학지식의 보급사업이 체계화될 수 있도록 독려하였다(고고학 및 민속학 연구소 1960a). 한편 해방 이후 약 15년 동안 북한 고고학계에서 거둔 원시시대, 금속문화의 기원 문제, 고조선 및 고구려 고고학 등에 관한 전반적인 성과를 알리는 글이 발표되기도 하였다(고고학 및 민속학 연구소 1960d).

1961년의 제4차 노동당대회에서 제시된 과업을 성과 있게 수행하기 위하여 고고학 및 민속학 연구소에서는 다음과 같은 사업방향을 정하였다(고고학 및 민속학 연구소 1961e).

발전 7개년 계획"(1961–67년)이 채택되면서 더욱 강화되었다(고고학 및 민속학 연구소 1961e).

① 빠른 시일 안에 구석기시대의 유적을 찾아내서 연구한다.
② 이른 신석기시대의 유적을 찾도록 노력한다.
③ 토광묘를 비롯한 고조선문화 전반에 대한 연구를 계속 강화한다.
④ 삼국시대의 유적을 더욱 대대적으로 발굴한다.
⑤ 우리 나라 역사의 일부인 발해 유적을 발굴하여 체계적으로 연구한다.[4)]
⑥ 인류학, 고생물학, 지질학 및 기타 인접 과학과 연계를 강화하고, 동위원소를 비롯한 각종 자연과학적 방법을 고고학 연구에 대담하게 도입하자.
⑦ 원시시대의 사회생활과 동시에 조선사람의 기원 문제를 연구한다.

이에 따라 북한 고고학계가 해결해야 할 과업의 내용은 더욱 폭이 넓어졌다. 우리 역사의 합법칙성을 밝히기 위하여 그 동안 빈틈으로 남아 있던 구석기시대와 이른 신석기시대의 유적을 조사할 필요성이 더욱 높아졌다. 이때부터 발해 유적의 발굴이 새로운 과제로서 강조되었고, 민족의 기원 문제에 관하여 적극적인 관심이 표명되기 시작하였다. 특히 조선의 민족문화가 자체 발전의 과정에서 이룩되었고, 그 기원 또한 독자적으로 형성되었다는 논리가 강하게 나타나기 시작하였던 것으로 생각된다.

1962년에 들어와 고고학과 민속학 연구에서 주체를 확립[5)]하기 위하여 당의 방침을 철저히 관철시켜야 한다는 글이 『문화유산』(고고학 및 민속학 연구소 1962a)에 실렸다. 여기에서 주체의 확립은 맑스-레닌주의의 방법론에 입각하여 조선 고고학을 더욱 발전시키고, 우리 역사의 우수하고 유구하고 찬란한 전통을 밝힘으로써 인민을 애국주의 사상으로 교양하며 새로운 사회주의 문화를 건설하고 발전시키자는 것이었다.

1963년은 북한 고고학계에 있어서 매우 의미가 깊은 한 해이었다. 굴포리의 구석기유적뿐만 아니라 중국과 공동으로 요령성, 길림성, 흑룡강성 등지의 유적에 대한 조사가 시작되었다. 굴포리유적의 발굴을 통하여 원시문

4) 이러한 분위기 속에서 발해사 연구도 중요한 과제가 되었다(박시형 1962).
5) 당시의 주체확립 문제와 주체사상에 대해서는 이종석(1995. pp.126~128)의 글을 참조하기 바람.

화의 상한이 구석기시대로 소급될 수 있었고, 중국의 동북지방에서 이루어진 상과를 토대로 하여 고조선과 관련된 청동유물과 토기의 관계 및 고조선의 영역을 추정할 수 있는 근거를 마련하기 시작하였다.[6)]

이런 상황 속에서 유구하고 찬란한 단일민족으로서 조선민족의 민족적 전통을 밝히는 작업의 중요성이 더욱 강조되었고(고고학 및 민족학 연구소 1963b), 1964년의 중심 과업으로 굴포리 구석기유적의 계속 발굴과 고조선과 고구려 및 발해 문화의 조사연구가 진행되었다(고고학 및 민속학 연구소 1964). 그리고 1965년에는 주체를 확립하는 과정에서 해결되어야 할 다음과 같은 문제점이 제기되었다(고고학 및 민속학 연구소 1965b).

① 새로운 구석기유적의 발견
② 신석기시대의 연대문제와 청동기시대로의 이행과정
③ 신석기시대와 청동기시대의 특성 및 시회경제생활 문제
④ 고조선 국가에 대한 심화된 연구
⑤ 고조선 문화의 특성
⑥ 삼국, 특히 고구려에 대한 폭넓고 깊이 있는 연구
⑦ 발해 시기의 유적에 대한 심화된 연구

1960년대 초부터 북한 학계에서는 발해고고학에 대하여 깊은 관심을 지니고 있었다. 이런 관심은 중국과 함께 공동으로 발해유적을 발굴하면서 구체화되기 시작하였고, 중국 동북지방에 있는 고구려 및 발해 관련 유적의 답사보고가 책으로 간행되기에 이르렀다(주영헌 1966).

1960년대 초반을 거치면서 북한 고고학계에서 중요한 역할을 하였던 도유호의 위치가 흔들리기 시작하였다. 1963년에 들어와 그동안 도유호가 주

6) 고조선과 관련하여 북한에서는 1963년부터 1965년까지 고조선 전기(비파형단검시기)의 유적, 1967년부터 1971년까지는 고조선 후기와 밀접한 관계가 있는 평양일대의 고분이 주로 발굴되었다(고고학연구소 1983. p.3).

장했던 내용을 강하게 비판하는 글이 발표되었다. 김유방(1963)은 『조선 원시 고고학』의 서평에서 도유호가 "단원론적 문화 발생의 시각에서 문화 교류의 중요성"을 강조한 것은 맑스-레닌주의 방법론에 입각한 것이 아니라고 비판하면서, "인류가 정착 생활을 하면서 형성된 인종과 종족은 각각 독자적으로 사회 발전의 합법칙성에 따라 발전하였음"을 강조하였다. 도유호를 겨냥하여 김유방이 펼쳤던 비판의 강도는 리여성에 대한 김용준(1960a ; 1960b)의 비판보다 격렬하게 표현되지는 않았다고 생각된다. 그 이유는 노동당 제3차대회에서 제시한 과업을 실천에 옮긴 저서로 『조선 원시 고고학』이 높은 평가를 받았고(고고학 및 민속학 연구소 1961e. p.2), 북한 고고학계에서 도유호가 차지했던 비중이 컸기 때문이라 추정된다. 그러나 문화전파론에 입각한 도유호의 기본시각을 비판하는 글이 발표되었다는 사실은 도유호의 앞길이 순탄치 않음을 예고하는 것이었다.

해를 거듭할수록 북한 고고학계에서 도유호의 입장은 더욱 어려워지게 되었다. 굴포리 유적에서 구석기유물이 발굴되면서 "고고학 분야에서 우리 력사의 유구성과 민족 문화의 독창성"을 부르짖는 경향이 더욱 뚜렷해졌다. 이것은 "사상 사업에서 주체를 확립하려는 로동당의 과업을 관철시키기 위한 투쟁"으로 전개되었다(고고학 및 민속학 연구소 1964. p.1). 그리하여 마침내 "우리 민속의 기원을 외부에서 찾으려는 시도들이 모두 분쇄되였다"(고고학 및 민속학 연구소 1965b. 6쪽). 민속의 기원을 외부에서 찾는 것은 문화의 기원을 외부에서 찾는 것과 같은 의미를 지니고 있다. 따라서 이제 도유호가 설자리는 없어지고 말았다. 그것은 바로 1965년의 일이었다.

해방 이후부터 1960년대 초반에 걸쳐 북한 고고학의 기본틀이 확립되는 과정에서 가장 중요한 역할을 하였던 학자 가운데 한 사람이 바로 도유호이다. 그는 철저하게 문화전파론의 시각에서 우리 나라의 원시문화를 다루었다. 그의 작업을 통하여 신석기시대나 청동기 시대 뿐만 아니라 구석기시대에 대한 북한 학계의 이해가 한층 높여질 수 있었다고 생각된다. 그러나 문화전파론에 입각한 도유호의 주장은 1960년대부터 차츰 영향력이 줄어들기 시작하였다. 그것은 고조선의 국가형성시기와 영역 및 고구려 묘제의 기원 문제 등에 관련된 주제의 경우에도 마찬가지였다.

문화전파론에 의한 도유호의 주장은 마침내 1965년을 마지막으로 더 이상 찾아보기 어렵다. 한흥수가 제기한 문화권설의 강력한 비판을 이겨낸 도유호였지만, 문화발전의 연구에서 "원류는 외부에서 받아들였다"(고고학 및 민속학 연구소 1965b. p.8)는 이른바 부르죠아 고고학의 방법과 시각을 가지고 당시 북한 고고학계에서 버틸 수는 없었다고 보인다. 이 때가 그의 나이 60살이었고, 굴포리 구석기유적에 대한 도유호의 연구가 어느 정도 마무리된 해였다. 굴포리 구석기유적의 발굴을 통하여 원시문화의 상한을 올려잡는데 크게 이바지한 도유호였지만, 그와 같은 유적의 연구성과가 오히려 내재적인 발전의 논리를 합리화하는데 활용되어 그가 학계를 떠날 수밖에 없었던 점은 매우 역설적이라 할 수 있다.

1960년대 중반까지 북한 지도부는 사회주의적 애국주의를 고창하고 민족적 긍지를 높이기 위하여 전통문화유산과 실학자 및 역대 명장과 의병장들을 크게 활용하였다. 그러나 1967년을 계기로 김일성 개인숭배의 전면화와 유일사상체계의 확립이 강화되면서 북한 사회에 커다란 변화가 수반되었다. 주체사상의 본질이 "우리 당의 혁명사상"에서 "김일성 동지의 혁명사상"으로 변모되었고, 실학과 전쟁영웅들에 대한 비판적인 평가가 집중되면서 이에 관한 연구가 사실상 금지되었으며, 그 동안 전통문화와 역사연구를 주도하였던 학술지들이 정간되었으며, 1967년을 마지막으로 『고고민속』도 더 이상 간행되지 못하였다(이종석 1995). 그리고 1969년에 비정기간행물인 『고고민속론문집』이 출간되기 시작하였다.

『고고민속론문집』 1(1969)에는 상원 검은모루유적과 고조선 문화에 관한 두 편의 글이 실려 있다. 그 가운데 고조선 부분은 고고학연구소와 력사연구소의 공동이름으로 발표되었다. 여기에서는 고조선뿐만 아니라 고조선 문화가 성립되기 이전의 원시문화에 대한 그 동안의 연구성과도 반영되었다. 따라서 그 글은 1960년대 말까지 원시시대부터 고조선에 이르기까지 서북조선과 요동지역을 중심으로 그 동안 북한 고고학계에서 이루었던 모든 성과를 체계적으로 정리한 것이며, 그와 관련된 앞날의 연구에 커다란 토대를 마련했다는 점에서 중요한 의미를 지닌다고 생각된다.

이와 아울러 『조선원시고고학개요』(김일성대학종합출판사 1971)가 출간되어 당시까지 이루어진 원시시대에 관한 연구성과가 종합적으로 서술되었고, 이 책에서 정리된 내용은 그 뒤 북한 학계의 원시시대 이해에 커다란 밑거름이 되었다는 점에서 중요한 의미를 지닌다고 볼 수 있다. 이 책은 『조선 원시 고고학』(도유호 1960c)이 간행된 이후 약 10여년 만에 나온 것으로 1967년의 시대상황을 경험한 뒤에 엮어졌다는 점에서도 주목을 끈다.

Ⅲ. 원시문화의 연구와 계승성 문제

1. 구석기시대

1950년대에 이루어진 유적발굴과 연구성과를 통하여 북한 고고학계에서는 신석기시대, 청동기시대, 철기시대에 관한 여러 문제를 많이 해결하였다. 그러나 이른 신석기시대로 평가할 수 있는 유적과 구석기시대의 유적[7]이 발굴되지 않았기 때문에 우리 나라 역사의 합법칙성을 세우기 위하여 새로

---

7) 구석기시대의 유물을 찾기 위하여 동굴조사의 필요성이 제기되었다(고고학 및 민속학 연구소 1961e, p.2). 동굴에서 구석기유적이 발견될 가능성에 대해서는 한흥수(1950)가 말한 바 있다.

운 유석의 발굴조사가 북한 학계에 필요하였다(고고학 및 민속학 연구소 1961e).

앞에서 말한 바와 같이 북한 고고학계에서는 1950년대 말부터 동굴과 같은 곳에서 구석기시대의 유적이 발견될 가능성에 기대를 걸기 시작하였다. 1961년 말, 함경북도 화대군 장덕리의 뻘늪골의 토탄층에서 털코끼리(맘모스)의 화석이 발견되었고, 그 다음해 이 유적에 대한 발굴조사가 이루어졌다(김신규 1962b). 비록 석기는 출토되지 않았지만, 구석기인들과 밀접한 관련을 맺었던 털코끼리가 출토되었다는 사실은 북한 지역에서 구석기문화가 존재하였을 가능성을 높여주는 계기가 되었다(력사연구소 1962).

이런 분위기 속에서 도유호는 1962년부터 그의 관심을 구석기시대 분야로 넓혀가면서 빙하기(도유호 1962c), 인류의 기원(도유호 1962d), 구석기(도유호 1962g)에 대한 글을 연이어 발표하였다. 당시 북한 고고학계에서 구석기 분야에 대한 가장 폭넓고 짜임새 있게 이해했던 학자가 바로 도유호였을 것으로 추정된다. 이와 같은 까닭으로 그가 굴포리 유적발굴을 주도할 수 있었다고 생각된다.

회령 오동유적에서 여러 종류의 뗀석기가 많이 나왔으나(도유호 1960b) 발굴보고서에서는 석기의 제작수법에 관하여 자세하게 논의되지 못하였다. 이 유적의 발굴 보고서에 뗀석기와 관련된 용어로는 긁개, 압출 수정(壓出修正)에 쓰던 눌러뜯개, 격지, 인기(刃器, lame), 측결기(側抉器, lame étranglée), 핵석(核石, nucleus) 등이 있다. 그러나 「구석기 시대란 무엇인가?」라는 글을 통하여 도유호(1962g)는 뗀석기에 대한 이해를 한층 넓혀 주었다. 그 글에서 도유호는 일면가공과 양면가공의 방법을 소개하였다. 그리고 격지제작에서 나타나는 타격면(打擊面) 또는 때린 자리, 혹, 타흔(打痕) 또는 때린 흠점, 가로 물결진 면, 세로 몇 줄의 금 등에 관하여 언급하였다.

털코끼리 화석(김신규 1962b)이 출토된 장덕리 토탄층의 분석자료는 북한의 제4기 지질과 구석기시대 연구에 새로운 방향을 제시하였다. 이 유적에서 이루어진 꽃가루분석(로영대 1962)과 층서 및 지리 환경(박준석 · 최현모 1962)에 관한 연구로 털코끼리 화석의 연대가 후기 갱신세로 설정되었다. 구석기시대의 동물화석이 나온다는 사실은 당시의 "자연 조건이 인류의 생존에도 적당하였음을 추측하게" 해주었다. 또한 연해주 오시노브까 유적의 일부 석기형태가 중국이나 동남아시아의 것과 닮은 점은 "그 두 지역 중간에 해당하는 조선 반도 일대에도 당시에 인류가 생활하였다는 것을 거의 확증적으로 립증하여 준다"고 북한 학계는 자신을 갖게 되었다(력사연구소 1962). 이와 아울러 그동안 논란이 되었던 동관진 짐승화석의 시기를 제4기의 갱신세로 설정하기에 이르렀다.

1962년 가을 함경북도 굴포리 서포항유적에서 해방 이후 처음으로 구석기시대의 뗀석기가 발견되었다. 이 석기는 신석기시대의 조개더미층 아래에 놓인 붉은 진흙층에서 나왔다. 그 동안 그처럼 찾으려고 했던 구석기유물이 굴포리에서 드디어 모습을 드러냈다. 이 발견은 북한 고고학계에 새로운 바람을 불어넣었다.

1963년 굴포리 구석기유적 발굴사업은 고고학 및 민속학 연구소의 기본과제 가운데 하나가 되었다(고고학 및 민속학 연구소 1963b. p.6). 1963년의 발굴에서 구석기유물이 두 지층에서 나온다는 사실을 확인하였다. 굴포리의 구석기문화를 "굴포문화"라고 이름을 붙였으나 두 문화층의 시기는 해결되지 못하였다(고고학 및 민속학 연구소 1963a ; 도유호 1963). 도유호(1964. p.7)는 굴포문화 1 · 2기층을 "구석기 시대 하단(전기)의 범위 안에서 론하여야 할 것 같다"고 말하였다. 그런데 그 뒤 그는 굴포문화 1기층을 구석기시대 전기 말, 그리고 2기층을 약 2만 년 전의 구석기시대 만기로 보았다(도유호 · 김용남 1964). 그렇지만 1965년에 발표된 글(도유호 · 김용남 1965)에서는 굴포문화 2기층의 연대가 구석기시대 하단(전기)의 최말엽일 가능성을 다시 말하였다. 이것은 당시까지만 하여도 굴포문화에 대한 시기가 분명하게 설정되지 않았음을 보여준다고 생각된다.[8)]

1966년부터 조사된 검은모루유적은 해방 이후 북한에서 처음으로 발굴된 구석기시대의 동굴유적이다. 이 동굴에서는 동물화석과 함께 석기가 출토되었으며,[9] 동물상은 중부 갱신세 초기에 해당하는 40-50만년 전의 것으로 보고되었다(고고학연구소 1969). 이에 따라 굴포문화보다 훨씬 앞서는 전기 구석기시대부터 우리 나라에 구석기인들이 살았다는 확신을 북한 학계에서는 갖게 되었다.

검은모루유적의 발굴성과는 전기 구석기시대의 자연환경과 문화성격을 이해하는데 중요한 자리를 차지하는 것으로 북한 학계에서 평가를 받았다. 그러나 1960년대 말까지만 하여도 이 유적을 통하여 우리 나라 역사의 순차적이고 합법칙적인 발전단계를 구체적으로 밝히려는 작업은 체계 있게 진행되지 않았다. 반면에 굴포리 구석기유적의 경우는 이 땅에 구석기시대 이래로 인류가 계속하여 살았다는 사실을 반영하는 것으로 북한 고고학계에서는 받아들였다(고고학연구소 · 력사연구소 1969. p.33).

그런데 그 뒤 『조선원시고고학개요』에서는 검은모루동굴과 굴포리유적의 발굴자료를 바탕으로 "이른 구석기시대의 아득한 옛날부터 줄기차게 이 땅에서 살아온 우리 인민의 유구한 력사"(김일성종합대학출판사 1971. p.28)를 체계화시키면서 구석기시대의 시기별 특징에 관하여 〈표 1〉과 같이 정리되었다.

---

8) 「서포항원시유적발굴보고」(김용간 · 서국태 1972)가 발표된 이후 북한에서는 굴포문화 1기층을 약 10만년 전의 중기 구석기시대, 그리고 굴포문화 2기층을 4-3만년 전의 후기 구석기시대로 잡고 있다.

9) 석기는 제4구획의 퇴적층 가운데 윗부분에 놓여 있는 4지층에서만 출토되었다. 이 지층에서 출토된 석기는 때려내기와 내리쳐깨기에 의하여 제작된 것으로 보고되었다(고고학연구소 1969).

〈표 1〉『조선원시고고학개요』에 서술된 구석기시대의 시기별 특징

시 기	전 기	중 기	후 기
사회조직	원시군	원시군	모계씨족
인 류	원인	고인	신인
석 기 제작기술	때려내기, 내리깨기	때려내기에 의한 격지제작수법이 발전	대고때리기, 눌러뜯기
석기종류	주먹도끼형석기, 제형석기 뾰족끝석기, 쪼각석기	찍개, 칼, 격지, 속돌	밀개, 긁개, 칼, 찍개, 속돌
유 적	검은모루동굴	굴포문화 1기층	굴포문화 2기층, 부포리 덕산유적
연 대	40-50만년 전	10여만년 전	3-4만년 전
비 고		막집, 불 사용	예술활동

2. 신석기시대

1950년대 중반 도유호(1955 ; 1958)는 무문토기가 유문토기보다 시기상 앞서는 것으로 추정한 바 있다. 이런 추정에 대하여 김용간(1959)은 민그릇(무문토기)을 무늬그릇(유문토기)보다 후대인 청동기시대와 철기시대의 특징적인 유물로 보았다. 그러나 궁산이나 지탑리 유적 등에서 무늬그릇과 함께 민그릇이 출토되면서 도유호는 "조선 원시 시대의 민그릇에도 여러 시대의 것이 있으며 또 서로 갈래를 달리하는 것이 있다"(도유호·황기덕 1961. 70쪽)고 추론하였고, 예를 들어, 동삼동 조개무지의 맨 아래층에서 출토된 민그릇은 빗살무늬그릇보다 시기가 앞설 가능성이 높다는 점을 지적하였다. 한편 지탑리유적의 발굴보고에서는 궁상문화의 분포범위를 황해도 지역까지 확대하여 여기에 지탑리유적의 신석기시대를 적용시켰다. 다시 말해서 궁산문화를 전기와 후기로 나누면서 궁산문화 전기(기원전 1700-2000년)의 특징

을 민그릇의 출현, 빗살무늬계통의 토기제작, 괭이농사단계로 설정하였다. 궁산문화 후기(기원전 2천년기 말)의 특징으로는 점선물결무늬그릇, 보습을 이용한 갈이농사, 피 또는 조의 재배 등을 들었다(도유호·황기덕 1961).

굴포리 서포항유적의 발굴중간보고(김용남 1961)에서 북한의 신석기시대와 청동기시대의 연대가 좀 더 위로 올라갈 수 있다는 가능성이 제시되었다. 이 중간보고에서는 당시 유적의 문화층을 크게 1문화층(신석기시대)과 2문화층(청동기시대)으로 나누었다. 김용남은 1문화층의 연대를 청진 농포리나 유성군 검은개봉과 비교하였고, 1문화층의 아랫부분을 검은개봉보다 이른 시기의 것으로 보면서 그 연대를 연해주 지역과 유적과 대비하여 기원전 3천년대 전반기 내지 4천년대로 서술하였다. 그리고 2문화층을 기원전 2천년대 중반으로 설정하였다. 또한 1문화층이 3개 이상, 그리고 2문화층이 2개 이상의 작은 층으로 나뉠 수 있음을 말하였다. 따라서 서포항유적의 발굴을 통하여 신석기시대의 연대는 종전보다 2000년 정도 올라가게 되었다. 당시의 발굴중간보고에서 문화층을 크게 둘로 나눈 김용남의 견해를 지지하면서 황기덕(1962a)은 2문화층의 석기, 토기, 뼈연모, 조소품, 장식품 등에서 1문화층의 전통을 계승한 흔적을 찾아볼 수 있다고 주장하였다.

황기덕은 두만강과 압록강 일대의 신석기시대를 비교하면서 당시 두 지역에는 "린근 주민들의 문화와 구별되는 고유한 특성의 문화적 통일"이 이루어져 있었고, 외부의 청동기 문화 요소를 받아들이며 자기 발전을 이룩하게 되었다고 말하였다. 그리고 그와 같은 "문화적 통일"은 고구려와 발해의 "정치적 통일"에 기초가 되었다고 주장하였다(황기덕 1962a. p.32). 따라서 그는 신석기시대부터 고구려 및 발해에 이르기까지 우리 나라의 문화가 계승발전의 관계에 있음을 서술하였다. 황기덕은 납작밑의 빗살무늬그릇이 출토되는 우리 나라의 북부 산림지대에는 수렵-어로를 생업으로 하는 주민이 있었고, 서해안 지역에는 둥근밑의 빗살무늬그릇을 만들며 원시농업 단계에 있었던 주민이 있었던 것으로 이해하였으며, 두 지역 주민간의 문화적인 접축을 보여주는 예로 납작밑과 둥근밑의 빗살무늬그릇이 함께 출토되었던 평북 대산리 당산 유적의 조개더미 유적 등을 들었다. 그리고 그는 북부 산림지대에서 보이는 그와 같은 신석기시대의 문화적인 통일성은 고구려 시대에 와서 정치적 통일이 이루어지는데 기반이 되었던 것으로 보았다. 그는 김용남과 마찬가지로 서포항 1문화층의 아랫부분이 타래무늬그릇 시기보다 앞섰을 가능성이 높다는 점을 인정하면서 두만강 두만강유역에서 출토되는 납작밑의 빗살무늬토기를 바탕으로 이 지역의 신석기시대를 타래무늬그릇 시기(기원전 3천년대 말-2천년대 전반기), 번개무늬그릇 시기(기원전 2천년대 전반기-후반기 초), 덧무늬그릇 시기(기원전 2천년대 후반)로 구분하였다.

두만강유역을 중심으로 한 신석기시대 유적의 발굴과 연구가 진전되면서 이제 동북지방의 신석기시대가 서해안 지역보다 시기상 앞선다는 사실이 밝혀지게 되었다. 그리고 이러한 경향과 함께 궁산문화에 대한 연구도 좀 더 자세하게 진행되어 갔다. 지탑리유적 발굴보고서(도유호 · 황기덕 1961)에서 제안되었던 궁산문화 전기 또는 후기와 같은 용어는 그 뒤 궁산문화 1기 또는 2기와 같은 용어로 대치되기 시작하였다(황기덕 1962a ; 김용간 1962). 김용간(1962)은 궁산문화 1기에 궁산의 집자리 문화층과 지탑리 1지구 문화층을 포함시켰으며, 궁산문화 2기에 궁산의 집자리 이외 문화층과 지탑리 2지구를 포함시켰다.[10] 그는 금탄리 2문화층에서 나온 손잡이 빗살

10) 1960년대부터 1970년 초까지 북한에서는 궁산문화를 2기로 나누었다(김용간 1966 ; 김용남 1967 ; 고고학연구소 · 력사연구소 1969. 38쪽). 김용남(1967)은 궁산문화 1기층(1 · 2 · 3 · 4 · 5호 집자리)을 서포항 2기층과 맞먹는 기원전 4천년기 후반기, 그리고 궁산문화 2기층을 서포항 3기층과 맞먹는 기원전 3천년기 전반기로 다루었다. 그런데 신석기시대 집자리 연구(김용남 · 김용간 · 황기덕 1975)에서는 종래 궁산문화 1기층의 1 · 3 · 4호 집자리를 기원전 5천년기-4천년기), 그리고 2 · 5호 집자리를 기원전 3천년기 전반기로 갈랐다. 그 뒤 궁산문화의 발전단계는 4기(김용간 1990. 105쪽)로 나누어졌으며, 근래에는 5기(력사연구소 1991)로 세분되고 있다. 이런 과정에 관해서는 고고학연구소(1977), 김용간(1979), 김용남(1983), 김용간(1990), 력사연구소(1991) 등의 글을 보기 바람.

무늬그릇을 팽이그릇보다 시기가 앞선 궁산문화 이후라고 보면서, 이 유물은 우리 나라 서해안일대의 궁산문화주민이 팽이그릇주민으로 발전하는 과정을 보여준다고 말하였다. 이런 시각은 대동강일대를 중심으로 한 지역에서 신석기시대와 청동기시대의 문화가 서로 계승관계에 있다는 뜻을 지니고 있는 것으로 풀이된다.

『금탄리 원시 유적 발굴 보고』(김용간 1964b)에서는 "금탄리 제 1 문화층 주민이 궁산 문화의 전통을 계승한 주민이라고 인정"하였다. 또한 금탄리 2문화층의 토기무늬(가로 그린 이깔잎무늬 수법의 단순화), 활발한 뗀석기 제작, 곰배괭이, 버드나무잎형의 활촉 등이 우리 나라 동북지방의 신석기유적에서 흔히 찾아볼 수 있다고 보면서 김용간(1964b. p.65)은 신석기시대 말기에 이르러, "그 어떤 원인으로 동북 조선 일대의 주민 중의 일부가 크거나 작거나 집체적으로 서북 조선 일대에로 이동하였으며 궁산 문화의 후예가 그것을 흡수하였을 가능성"을 이야기하였다. 이 인용문에서 알 수 있는 바와 같이, 김용간은 금탄리 2문화층에서 나타나는 토기와 석기의 몇몇 특징이 외래문화가 유입된 결과가 아니라, 우리 나라 내부에서 진행되었던 주민 사이의 이동 및 계승발전 관계로 다루었다.

앞에서 말한 바와 같은 서포항유적 발굴 중간보고(김용남 1961)가 발표되어 종래 기원전 2천년기 초로 보았던 우리 나라의 신석기시대 상한연대(도유호 1960e, pp.94~95)가 기원전 4천년기-3천년기로 올라가게 되었다. 그 뒤 도유호는 서포항의 이른 신석기시대 지층에서 민그릇[11]이 나온 점에 주목하여 이 유물의 연대가 기원전 5천년기로 올라갈 가능성을 제시하였다(도유호 1963). 이 가능성은 다음 해에 발표된 글(도유호·김용남 1964)을

11) 도유호(1955 ; 1958 ; 1960c, pp.72~73)는 동삼동 아래층에서 나온 민그릇에 주목하여, 이 토기 종류는 동삼동 조개더미에서 가장 오랜 시기의 유물일 것으로 추정한 바 있다. 서포항의 이른 신석기 시대 문화층에서 민그릇이 발굴되면서 김용간(1964b. p.58)은 후수(厚手)무문토기 종류가 아닌 민그릇이 유문토기보다 시기가 앞선다는 점을 인정하였다.

통하여 좀 더 자세하게 논의되었다. 그리하여 서포항유적의 신석기시대 이른 시기는 기원전 5천년기, 그리고 궁산문화의 연대는 기원전 4천년기로 설정되기에 이르렀다. 이와 아울러 그 글에서는 우리 나라의 신석기시대와 청동기시대의 연대 문제가 다음과 같은 점에서 재고되어야 한다고 이야기하였다.

> "최근 쏘련 연해주의 신석기 시대 말기와 청동기 시대 최초기 유적에서 출토한 숯의 방사성 탄소(C14) 분석치는 대략 4,200 년과 4,100 년 좌우로 나왔는바 이것들을 종합하여 보건대 지난날 형태 비교의 방법에 의한 년대 추정을 전반적으로 재고려 할 때가 왔다고 본다."(도유호 · 김용남 1964. p.59).

1950년대와 1960년대 초에 이루어진 북한의 원시고고학 유적과 유물에 대한 시기구분은 위 인용문에서 이야기하듯이 형식분류학에 기초하여 연구되었다. 그런 방법론을 통하여 여러 유적과 유물에 대한 시기구분이 이루어졌으나 그것만으로는 북한의 신석기시대와 청동기시대의 연대문제를 체계있게 해결하기가 어려웠다고 생각된다. 서포항유적의 발굴성과는 그 동안 북한에서 이루어진 원시유적의 시기를 재검토하는데 필요한 자료를 제공하여 주었고, 서포항의 신석기시대 전기 문화를 기원전 5천년기까지 올려잡을 수 있도록 해주었다. 서포항유적의 신석기시대 이른 시기의 연대가 올라감에 따라 우리 나라 서북지방의 신석기 유적 연대를 다시 검토하지 않으면 안되었다. 김용간(1966)은 서북지방의 신석기시대가 궁산문화 전기→궁산문화 후기→금탄리 1문화층→미송리유적 아래층→금탄리 2문화층→청등말래유적과 같은 선후관계를 보여준다고 서술하면서 이와 같은 지역에서 청동기시대는 기원전 2천년기 말이 아니라 그 이전으로 소급된다는 주장을 하였다.

「우리 나라의 신석기시대」(김용남 1967)가 발표되면서 우리 나라 서북지방과 동북지방 그리고 남한을 포함한 전지역의 신석기시대에 대한 시기구분의 틀과 문화성격에 관한 논의가 자세하게 언급되기에 이르렀다. 이 글에 서술된 우리 나라의 신석기시대 시기구분은 다음과 같다.

① 이른 신석기시대(기원전 5천년기-4천년기 전반기)
② 발전된 신석기시대(기원전 4천년기 후반기-3천년기 전반기)
③ 늦은 신석기시대(기원전 3천년기 후반기-2천년기 초)

김용남(1967)은 신석기시대의 사회를 집안살림과 생산활동 전반에서 여성의 역할이 컸던 발전된 모계씨족사회로 규정하였다. 그리고 당시 주민의 중요한 생업이 농업이었으며, 초기에는 뚜지개농사나 괭이농사를 지었고, 궁산문화에서 볼 수 있듯이 기원전 3천년기 전반기에 보습이나 가래를 이용한 갈이농사가 행하여졌던 것으로 보았다. 이와 함께 갈이농사에서는 일정하게 넓은 면적의 밭을 마련하고 일구어야 하기 때문에, 이 과정에서 남성의 노동력이 중요한 역할을 담당하게 되어 마침내 이를 계기로 부계씨족제도가 형성되었던 것으로 서술하였다.

1960년대 말에는 당시까지 북한 학계에서 연구되었던 신석기시대의 발전단계 가운데, 서북조선과 요동일대를 중점적으로 다룬 글이 발표되었다(고고학연구소·력사연구소 1969). 이 글에서 서술된 발전단계의 기본틀은 김용간(1966)의 주장과 많은 점에서 공통점을 지니고 있었다. 이 글에서는 특히 서북조선과 요동일대에서 신석기문화를 남겼던 주민은 서로 같은 겨레에 속하는 동시에 우리의 선조로서 역사적인 의미를 지니는 것으로 서술되었다.

한편 압록강유역의 원시시대 유적과 유물에 관한 여러 글을 발표한 바 있는 리병선(1961 ; 1962 ; 1963a ; 1963b ; 1964 ; 1965)은 그 지역에서 신석기시대의 토기전통이 청동기시대로 계승발전되었음을 논하였다. 그는 압록강 일대에서 나온 토기와 석기가 중국 동북의 것들과 서로 관련성을 보여주지만 그 일대의 유물은 연해주나 우리 나라 동북지방의 것들과 더 밀접한 관계에 있음을 주장하였다(리병선 1963a). 그리고 가장 늦은 신석기시대의 유적으로 평가된 쌍학리-신암리 유형 가운데 무늬가 없는 토기, 목이 달린 토기, 아가리를 밖으로 겹치거나 덧무늬의 띠를 돌린 토기 등을 비롯하여 그밖에 여러 간석기에서 보이는 문화전통이 공귀리-심귀리 유형의 청동기시대에 계승되었던 요소로 리병선(1965)은 주장하였다.

리병선(1965)은 압록강유역에서 발굴된 빗살무늬토기가 "미송리유적→토성리 및 장성리유적→신암리 및 쌍학리유적"의 순서대로 변천과정을 밟은 것으로 논증하였다. 그는 미송리유적의 특징으로 전나무잎무늬가 압도적으로 많은 가운데 꼬불무늬가 등장하며, 그릇의 겉면을 마연한 것이 없고, 바탕흙에 모래, 석면, 활석 등이 들어 있다는 점을 들었다. 토성리 및 장성리유적의 경우에는 전나무잎무늬가 계승되는 가운데 번개무늬, 직선무늬, 삼각무늬가 새롭게 등장하며, 가로방향으로 촘촘히 돋친 직선무늬와 삼각무늬의 그릇은 겉면이 모두 마연되었고 바탕흙이 모래만으로 이루어진다는 점을 지적하였다. 또한 신암리 및 쌍학리유적의 경우에는 각종 무늬그릇과 무늬가 없는 민그릇이 출토되며, 그릇의 겉면을 마연한 것과 그렇지 않은 것이 동시에 나타나며, 바탕흙에 주로 모래나 흑연 등이 섞였다는 점을 고찰하였다. 그리고 이와 같은 차이에도 불구하고 압록강유역에서는 "어떤 빗살무늬 그릇의 경우를 막론하고 아가리가 곧고 벽이 깊으며 밑이 납작한 바리 모양의 그릇이 나온다"(리병선 1965. p.6)라고 서술하였다.

앞에서 이야기한 바와 같이 1960년대 후반 김용남(1967)은 신석기시대를 이른 시기, 발전된 시기, 늦은 시기로 나누었으며, 발전된 시기를 다시 두 개의 시기로 세분하였다. 그런데 1970년대로 들어와 신석기시대를 전기와 후기로 나누는 새로운 기준이 설정되었다.[12] 이에 따라 구분된 대표적인 신석기유적의 시기별 구분은 다음과 같다(김일성종합대학출판사 1971).

(1) 전기(기원전 5천년기-4천년기)
① 기원전 5천년기-4천년기 전반기 : 서포항 1기층
② 기원전 4천년기 후반기 : 서포항 2기층, 궁산문화 1기층
· 집자리 평면윤곽 : 네모난 것보다 둥근 것
(2) 후기(기원전 3천년기-2천년기 초)
③ 기원전 3천년기 전반기 : 서포항 3기층, 궁산문화 2기층, 금탄리유적 1문화층
④ 기원전 3천년기 후반기-2천년기 초 : 서포항 4·5기층, 금탄리 2문화층, 범의구석 1기층, 청등말래유적, 쌍타자 1기층

당시 북한 학계에서는 집자리의 구조, 질그릇갖춤새, 석기의 제작기술과 종류, 농경도구 등이 전기에서 후기로 가면서 일정하게 변화되는 모습을 보여주는 것으로 이해하였다. 그리고 그와 같은 배경 속에서 농경을 통한 생산활동의 중요한 변화, 곧 후기의 보습농사 등으로 인하여 씨족제도 자체에 새로운 변화가 움트기에 시작하였던 것으로 서술되었는데, 이러한 경향은 이미 1960년대에 발표된 글에서 언급된 바 있다.

Ⅳ. 청동기시대와 고조선

1950년대의 연구성과를 바탕으로 1960년대 초반, 북한 학계에서는 청동기시대 및 철기문화의 시기설정과 고조선 문화의 관계에 대하여 많은 토론을 벌였다. 그 가운데 특히 조양의 십이대영자유적(朱貴 1960) 등에서 출토

12) 이와 같은 기준은 『조선전사 1(원시편)』(력사연구소 1979. p.80)에 적용되었다. 그 뒤 『조선의 신석기시대』(서국태 1986. p.19)에서는 신석기시대를 전기(기원전 5천년기-4천년기), 중기(기원전 3천년기 전반기), 후기(기원전 3천년기 후반기-2천년기 초)로 나누었다. 그런데 『조선고고학전서 : 원시편(석기시대)』(김용간 1990. p.114)에서는 전기를 기원전 6천년기, 중기를 기원전 4천년기, 후기를 기원전 3천년기로 구분하였다.

된 청동검을 비롯한 여러 청동유물에 많은 관심을 가지고 있었다(도유호 1960a ; 1961 ; 김용간 1961a).

『조선 원시 고고학』에서 도유호(1960c)는 북한 지역의 청동기시대 상한이 기원전 2천년기 말로 올라갈 가능성을 이야기하면서 그 연대폭을 대체로 기원전 7-4세기의 범위 안에 설정한 바 있다. 그 뒤 김용간(1964a)은 우리 나라와 요동지역에서 출토된 청동기유물을 비교하여 우리 나라 청동기시대의 상한을 기원전 2천년기 후반기로 올렸다. 그런데 금탄리 2문화층에 대한 연대가 기원전 3천년기 말 또는 그 이전으로 설정되면서 2문화층보다 늦은 팽이그릇집자리의 시기가 기원전 2천년기 전반기로 추정되기에 이르렀다(황기덕 1966). 또한 팽이그릇유적을 대표하는 묘제로 고인돌과 돌상자무덤이 언급되었으며, 변형고인돌이 전형고인돌보다 뒤늦은 시기에 해당하는 것으로 다루어 긴동 및 천진동 등의 변형고인돌이 기원전 2천년기 말-1천년기 초에 속하는 것으로 보았다(황기덕 1966).

당시 황기덕(1966)은 출토유물과 집자리의 변천과정을 통하여 서부지방의 팽이그릇집자리 유적을 다음과 같이 나누었다. 여기에서 그는 금탄리 2문화층의 연대가 기원전 3천년기 말 이전으로 올라가기 때문에 팽이그릇이 처음 사용되기 시작한 연대는 금탄리유적의 팽이그릇 층보다 시기가 앞선 기원전 2천년기 전반기에 해당한다고 추정하였다.

지탑리유적 2지구와 금탄리유적에서 확인된 팽이그릇층의 존재는 서북지방의 청동기시대 연구에서 중요한 역할을 하였다. 반면에 압록강유역의 청동기시대는 공귀리, 심귀리, 토성리 등의 유적과 공귀리와 풍청리에서 발굴된 돌상자무덤 등을 중심으로 연구되었다(리병선 1963b). 1960년대 중반 리병선(1966)은 압록강중상류와 송화강일대의 청동기시대를 세 시기로 나누어 살펴본 바 있다. 전기는 빗살무늬그릇, 무늬 없는 갈색그릇, 붉은간그릇과 함께 청동기가 나오는 유적(길림성 서강자유적, 흑룡강성 망해둔유적 등)이며, 중기는 공귀리와 심귀리유적,[13] 말기는 미송리형토기가 나오는 서단산자(西團山子)형의 유적에 해당하는 것으로 보았다. 한편 1960년대 초반 황기덕(1962b ; 1962c)은 두만강유역의 청동기시대를 전기와 후기[14]로 나누었고, 이 시기의 문화적인 특징을 다음과 같이 언급하였다.

> "두만강 류역의 청동기 시대 초기는 붉은 간그릇 시절이였다. 그리고 붉은 간그릇 시절 다음에는 갈색마연의 민그릇 또는 흙색 마연의 민그릇 시절이 온다. 이 시기의 문화는 벌써 붉은 간그릇 시절에 나타나기 시작한 새형의 도구와 기술이 더욱 보급되여 가는 시기였으며, 새로운 전통이 완성되여 가는 시기였으며, 다음의 철기 시대로의 이행을 준비하는 시기였다."(황기덕 1962c. p.1)

요컨대, 이와 같은 특징에 따라 우리 나라 청동기시대 이른 시기의 토기는 서북지방 중심의 팽이그릇과 두만강유역을 중심으로 광범위하게 분포되어 있는 붉은간그릇 유형으로 크게 구분되었다. 이 두 가지 유형의 그릇은 중부 이남지역에서도 발견되고 있으며, 청동기시대 말기에 검정간그릇이 널리 보급되기 시작한 것으로 북한 학자들은 서술하였다. 그리고 기원전 2천년기 후반기 이후의 모든 유적에서 공통적으로 가장 흔하게 나타나는 질그릇은 갈색의 무늬 없는 그릇으로 이해되었다(김용간 · 황기덕 1967b).

1950년대 말 도유호(1959a)는 고인돌을 크게 전형고인돌과 변형고인돌로 나눈 바 있다. 당시 도유호는 변형고인돌의 하부구조에 여러 가지 차이가 있음을 지적하였지만, 아직까지 그것을 자세하게 세분할 수 있을 만큼의 발

---

13) 김용간 · 황기덕(1967b)은 공귀리와 심귀리유적, 풍룡리의 돌상자무덤을 기원전 2천년기 후반기로 시기구분하였다.

14) 전기에는 무산 범의구석유적(15호, 20호, 35호, 40호 집자리), 회령 오동유적(1호, 2호 집자리), 웅기 서포항의 청동기시대층, 나진 초도유적이 속한다(황기덕 1962b). 후기에는 무산 범의구석유적(4호, 8호, 11호, 19호 집자리), 회령 오동유적(5호집자리)이 있는데 범의구석유적의 4호와 19호 집자리에서는 갈색마연의 민그릇 그리고 8호와 11호 집자리에서는 흑색마연의 민그릇이 출토되었다(황기덕 1962c).

굴성과는 뒷받침되지 않았다. 그 뒤 김기웅(1961 ; 1963)은 묵방리유적을 조사하여 관실이 놓인 방향에 따라 변형고인돌이 Ⅰ부류(동-서)에서 Ⅱ부류(남-북)로 변화된다고 보면서 묵방리의 고인돌을 거석문화 최말기로 추정하였다. 1960년대 중반 황기덕(1965)은 고인돌을 전형(1유형)과 변형으로 크게 나누면서, 변형고인돌을 다시 두 가지 유형으로 세분하는 글을 발표하였다. 그에 의하면 1유형은 종래의 탁상식 또는 전형적인 고인돌, 2유형은 한 개의 판석 밑에 석관 또는 석곽이 지하에 묻힌 것(예, 묵방리유적), 3유형은 한 개의 묘역 내에 여러 개의 석관 또는 석곽이 떼를 이룬 것(예, 심촌리유적과 대구 대봉동유적)을 가리킨다.

1959년 토광묘와 고조선과의 관계에 대한 토론회가 실시된 다음, 1960년 4월에는 "고고학상으로 본 고조선에 대한 과학 토론회"가 열렸다. 여기서 도유호는 고조선은 이미 국가였으며, 그 형성 시기는 기원전 3세기 이전으로 올라갈 수 없고, "만일 3 세기 이전에 국가를 설정할 수 있다면 그것은 조선 반도내에서가 아니라 중국 동북 지방에 있은 것일 것인바 이는 조선사의 취급 대상이 아니라고 하였다"(고고학 및 민속학 연구소 1960c. p.77). 그리고 "그는 고조선 국가의 령역이 오늘날의 대동강을 중심으로 한 일대이며 그 북계를 이룬 패수(浿水)는 청천강이라고 하였다"(고고학 및 민속학 연구소 1960c. p.77). 도유호는 또한 우리 나라에서 나온 검정간그릇을 철기문화의 영향으로 본다면, 그 시기는 기원전 6세기까지도 올라간다고 하였다. 당시 도유호(1960a)는 청천강 이북에서는 고조선 관계의 검모유적이 잘 보이지 않으며, 압록강이나 청천강상류 또는 자강도일대에서 나오는 명도전은 중국인과 관련된 유물이기에 고조선의 북계, 곧 패수를 청천강으로 비정하였다.

이 토론회에서 전주농은 토광묘를 한대(漢代)의 목곽묘 계통으로 보았던 황욱의 견해를 비판하면서 고조선의 기본묘제를 토광묘로 설정하였고, 토광묘에서 출토한 청동제품을 기준으로 "동검 동모 문화"라는 말 대신에 "검창 문화"라는 용어를 썼다. 그리고 이 문화가 먼저 일어났던 곳은 대동강을 중심으로 한 평양지역으로서 그 시기는 준(準)왕조의 고조선시대라고 논하였다. 따라서 그는 "검 창 문화"의 처음 연대가 준왕 이전으로 거슬러 올라간다고 설명하였다. 전주농(1960)은 도유호와는 달리 토광묘를 위만 때의 것이 아니라 그보다 앞선 준왕조 때의 것으로 다루었다.

한편 정찬영(1960)은 고조선이 "기원전 4 세기 경 이전에는 료하 류역 또는 그 서쪽에 있었으나 기원전 3 세기 이후에는 조선 서북 지방을 중심으로 하여 그 일부는 료동 지방에까지도 미쳤으며", 이 때에 이르러 고조선은 노예소유자적국가로 발전하였다고 주장했다. 이제 고고학 분야에서 고조선 국가의 사회성격에 관한 규정 문제는 노예소유자적국가로서 합의되는 데에 이르렀던 것으로 추정된다.[15)]

1960년에 발표된 고조선의 고고학 관계 글에서는 대체로 고조선 문화의 중심지를 우리 나라의 서북지방으로 추정하는 견해가 강하였던 것으로 생각된다. 도유호, 전주농 등만 아니라 정찬영도 고조선의 중심지를 우리 나라의 서북지방으로 보았다. 정찬영(1960)은 국가 단계의 고조선과 종족동맹 단계의 고조선을 구별해서 보아야 하며, 국가단계의 고조선은 다양한 종족으로 구성되었고, 그 가운데 핵심을 이루었던 종족이 예족과 맥족이었다고 말하였고, 동호족을 고조선의 조상 내지 전신으로 다루었던 역사학자들을 비판하였다. 그는 전주농과 마찬가지로 고조선 국가의 대표유물로서 세형동검(좁은놋단검)과 협봉동모(좁은놋창끝)를 들며, 이런 계통의 문화를 "검모 문화"라고 불렀다. 그리고 이 문화의 시기를 기원전 3-1세기로 잡았다. 이와 아울러 "검모 문화"의 유물이 평양 부근에 집중되었다는 점을 바탕으로 고조선의 정치 중심이었던 왕험성(王險城)을 평양 부근에서 찾으려고 하였

---

15) 당시 북한의 역사학과 고고학 분야에서 제기된 고조선의 사회 성격에 관한 논쟁에 대해서는 력사연구소(1960a ; 1960b), 김석형 · 정찬영(1960), 정찬영 · 김세익(1961)의 글을 참조하기 바람.

다. 따라서 전주농은 고조선국가가 "료동 이동, 구체적으로는 패수 이동에 있었다"고 주장하면서 패수를 압록강으로 보고자 하였다. 그러면서 그는 고조선이 처음부터 통일된 국가였고, 단일민족이었다고 주장하는 것은 부르죠아 민족주의자들의 그릇된 견해에 불과하다고 비판하였다.

1961년 7월 과학원에서 "고조선 연구에서 제기되는 몇 가지 문제"에 대한 학술 토론회가 열렸다(고고학 및 민속학 연구소 1961d). 이 토론회에서 도유호(1961)는 우리 나라에서 철기시대는 기원전 4세기 이전으로 올라갈 수 없으며, 철기문화를 기반으로 한 고조선은 우리 나라 서북지방에서 국가를 형성하였다고 주장하였다. 김용간(1961a)은 연해주의 철기시대 초기 연대를 활용하며 우리 나라의 철기시대가 기원전 1000년대 중엽에 시작되었고, 청동기시대는 기원전 2000년대 전반기 후반기부터 1000년대 전반기 사이에 해당하는 것으로 보았다. 한편 리응수는 문헌사료의 연구를 통하여 고조선의 국가형성시기를 기원전 2000년대로 잡았고, 그 출발점을 이족(夷族)이 거주했던 중국 동북지방으로 설정하였다. 림건상은 고조선 위치 문제와 관련하여 패수를 대릉하로 보면서, 만주 요동지방의 철기시대는 중국이나 우리 나라의 서북지방보다 시기가 빠른 것으로 연구되고 있기 때문에 고조선의 국가형성은 기원전 5세기로 보아야 한다고 논하였다. 반면에 정찬영은 기자와 관련된 중국의 은상(殷商)문화는 청동기시대인 까닭에 고조선의 철기시대와 관계가 없음을 지적하면서 패수는 압록강이라고 주장하였다. 이 토론회에서 고조선의 성립시기와 위치에 대한 문제 등이 논의되었으나 일정한 결론에 이르지는 못하였다. 그러나 토론에 참가한 백남운은, 토광묘문화가 위만조선의 것이며 고조선의 중심지가 평양이라고 하는 도유호의 주장은 신중하게 분석되어야 한다고 말하며, 고조선의 중심지를 요동지방에 비정한 견해를 지지하였다.

1961년 8월과 9월에 걸쳐 "고조선의 종족 구성과 시기 구분에 대하여" 및 "고조선의 생산력과 국가 형성"에 관한 토론회가 열렸다(고고학 및 민속학 연구소 1961f). 이 토론회에서도 고조선의 국가형성 시기와 위치 그리고 고조선의 종족구성 등에 관한 문제가 논의되었다. 발표된 여러 견해 가운데 리지린은 고조선이 국가를 형성한 곳은 요서지역이며, 그 시기는 늦어도 기원전 8세기 곧 춘추 초기라고 주장하면서 "고조선의 령역은 압록강 이북으로부터 열하 내몽고 일대에 뻗쳐 있기 때문에 조선 반도 내의 발굴품을 가지고서 고조선의 생산력을 론하기 곤란하다"고 말하였다. 이와 같은 리지린의 주장은 일부 역사학자 및 고고학자 등이 제기한 "고조선의 평양중심지설"이 갖는 문제점을 지적한 것이다.

한편 리지린(1960a ; 1960b)은 「고조선 국가 형성에 관한 한 측면의 고찰」이라는 글을 통하여 고조선의 국가형성 시기가 서주(西周) 초로 설정될 가능성을 제시한 바 있다. 리지린의 그와 같은 견해는 고조선 국가의 형성시기를 청동기시대로 올려볼 수 있는 가능성을 제시하였다는 점에서 주목된다. 그리고 그는 "동이족의 한 계열인 고대 조선족"에 의한 고조선이 기원전 4-5세기에 요서지역(발해 연안 지역과 난하 유역 일대)을 중심으로 넓은 지역에서 발전하였고, 기원전 4세기 말에 요동으로 이동을 완료했던 것으로 논한 바 있다. 따라서 리지린의 주장은 고조선의 국가성립시기가 기원전 4세기 이전으로 올라갈 수 없다는 견해를 비판하는 것이다. 그러면서 그는 "동방 아시아 력사에 있어서 우리 민족의 력사는 가장 오랜 기원을 가진 력사의 하나"이며, "우리 선조들은 기원전 유구한 시기에 걸쳐서 찬란한 력사를 창조"하였다고 결론을 내렸다(리지린 1960b). 이와 같은 리지린의 주장을 백남운은 대체로 받아들였던 것으로 생각된다. 위 토론회에서 백남운은 앞으로 진행될 고조선의 연구방향에 대하여 다음과 같은 고찰이 필요하다고 논하였다.

> "그는 고조선의 종족 구성에 대한 연구를 통하여 조선 민족의 단일성을 밝히는 것이 좋겠다고 하면서 조선 민족은 물론 여러 종족으로 구성되였지만

> 지도적 위치에 있었던 부여, 고구려, 예, 맥족 등의 언어 습관이 동일하였다는 것이 단일 민족으로 발전할 수 있는 요소였다고 하였다. 그는 시대 구분에 대하여 언급하면서 우리 선조들은 예로부터 단군 조선, 가자 조선, 위만 조선 또는 전기 조선, 중기 조선, 후기 조선으로 나누고 있는데 이것을 고려하지 않고 총괄적으로 노예 소유자 국가인 고조선, 계급 사회인 고조선이라고 한다면 과학적 구명이 천박해지며, 고조선은 원칙적 계선이 없이 몽롱해진다고 하면서 고조선을 상, 중, 하 또는 초, 중, 말기의 고조선으로 구분하고 연구해야 과학성이 보장될 수 있다."(고고학 및 민속학 연구소 1961f. p.80)

1960년대 초반 고조선의 국가형성 지역을 요서 또는 요동으로 보아야 한다는 주장과 우리 나라의 서북지방을 중심으로 보는 견해가 강하게 대립한 상태에 있었고, 이와 아울러 고조선 국가의 성립시기를 추정하는 관점도 달리 전개되었다. 이와 같은 분위기에서 도유호와 정찬영 등은 고조선의 평양 중심설을 내세우고, 그 국가의 기원이 기원전 4세기 이전으로 올라갈 수 없다고 설명하였다. 도유호의 이런 시각은 1962년에 발표한 그의 여러 논문에서 그대로 반영되었다(도유호 1962a ; 1962b ; 1962e ; 1962f). 도유호는 좁은놋단검(세형동검), 좁은놋창끝(협봉동모), 잔줄무늬거울(세문경) 등이 나오는 우리 나라 서북지방을 "고조선 문화권" 또는 "고조선 문화 령역"이란 말로 표현하기도 하였다(도유호 1962a). 그리고 왕검성의 위치를 평양에 비정하면서 리지린의 주장을 다음과 같이 강하게 비판하였다.

> "이렇게 고조선 유물은 서부 조선에서는 청천강 이북에는 보이지 않으며, 또 왕검성 및 기타 기씨 왕조 시절의 고조선 수도는 평양에 있었다고 보임에도 불구하고, 고조선의 령역이 압록강 이남에 미친 일은 전연 없었으며 왕검성은 료동에 있었다고 하는 주장을 승인할 수 있을 것인가? 문헌 사료나 고고학적 사료와 근본적으로 어긋나는 리 지린 동지의 주장은 근본적으로 틀린 것이다. 먼저 고조선 령역 문제에서부터 근본적으로 틀린 견해를 가졌으니 고조선에 관한 그의 그 밖의 견해가 모두 잘못 되었음은 가히 짐작할 수 있을 것이다. 고조선 국가는 어데서, 언제, 어떻게 하여서 생겨났는

가 하는 문제에서 가장 중요한 것은 그 ≪어데서≫다. 그 ≪어데서≫에 대한 해답을 바로 얻지 못하면 나머지 해답은 전연 불가능한 것이다. 료서 료동 지방에서 찾아낸 소위 고조선 력사라는 것은 암만 묘한 문구로 꾸며대였대야 결국은 중국 력사의 일부에 불과하게 되지 않을 수 없다. 그러한 종류의 고조선사는 우리 나라의 력사로 될 수는 도저히 없는 것이다."(도유호 1962e. p.65)

고조선에 대한 시각은 정찬영(1963)의 경우에도 도유호와 비교할 때, 크게 다를 바가 없었다고 생각된다. 정찬영은 십이대영자에서 나온 만주식동검이 기원전 4-5세기로 추정되지만 이 유물이 나온 곳은 고조선과 관계가 없는 지역이고, 전남 고흥군 운대리에서 나온 만주식동검도 고조선 이전 시대의 청동유물로 다루어야 한다고 논하였다. 그렇지만 정찬영(1962)은 좁은놋단검의 형태와 변천[16]을 논하는 글에서 좁은놋단검이 만주식동검의 기본 특성을 대체로 계승하였다는 점을 인정하였다.

대체로 북한에서는 1960년 중반에 이르기까지 고조선의 국가형성을 철기시대로 설정하였다. 1956년에 나온『조선통사(상)』에서는 고조선이 원시사회에서 문명사회의 계급국가로 이행하던 시기(철기시대)에 출현하였던 것으로 서술하고 있다. 1961년 8-9월에 열린 "고조선의 생산력과 국가 형성"에 관한 토론회에서 리지린은 고조선 국가의 형성이 청동기시대로 거슬러 올라감은 발표한 바 있으나, 백남운은 "국가 형성의 징표는 엥겔스의 명제에 의거해서" 살펴야 한다고 말하였다(고고학 및 민속학 연구소 1961f. p.77). 1962년에 나온『조선통사(상)』에서는 청동기시대까지를 원시공동체사회로

16) 정찬영(1962)은 청동단검의 변천과정을 "만주식단검→좁은놋단검의 전기형식→좁은놋담검의 후기형식"으로 설정하였다. 그는 좁은놋단검의 전기형식을 절대와 결입부가 뚜렷하며 절대 아래는 호선을 이루며 좁아들고 등날이 절대 아래로 세워지지 않는 것, 그리고 후기형식을 결입부가 명확하지 않고 퇴화하기 시작하며 칼날이 직선에 가까워지며 절대가 형식화되고 등날이 칼자루 뿌리까지 세워진 것으로 구분하였다.

처리하였으며, 철기의 보급에 따른 생산력의 발전을 통하여 기원전 5-4세기의 고조선 때 노예소유자국가가 발생한 것으로 보고 있다. 이것은 철기의 사용을 통하여 수공업과 농업이 분업화되었고, 여기서 생산성의 증가에 따른 새로운 노동력으로써 노예제가 국가사회제도의 중요 부분으로 자리를 잡았다고 보았던 엥겔스(김대웅 옮김 1991. pp.215~241 참조)의 관점이 북한 학계에 확립되었음을 보여준다.

1950년대 말과 1960년대 초에 요령지방에서 비파형단검 유적이 발견되면서 이 유물은 또 다른 시각에서 연구되기 시작하였다. 다음의 글은 고조선 고고학 연구의 전환점을 예고하는 듯한 북한 학계의 움직임을 알려준다고 생각된다.

> "먼저 우리는 좁은 놋단검(細形銅劍)을 내는 검모유적(劍鉾遺蹟)이 고조선 국가 시절의 유적임을 밝힘과 동시에 좁은 놋단검과 ≪비파형 놋단검≫(만주식 동검)과의 깊은 관계를 알게 되였는데 그 후 조사를 거듭하는 과정에 청동기 최말엽에 중국 동북 및 서부 조선에 걸치는 넓은 지역에 살던 종족이 바로 비파형 놋단검을 쓰게 되였으며 그것이 더 발전하여 좁은 놋단검으로 전 과정을 알게 되였다. 이는 질그릇 형태들의 복잡한 발전 과정을 추구하는 데서 더우기 명백하여졌다. 우리는 좁은 놋단검 시절은 틀림없이 국가가 형성된 시절이였음을 확고한 론거를 가지고 증명할 수 있었다. 그런데 비파형 놋단검 시절에 벌써 국가가 형성되였을 가능성이 있어 보인다. 우리는 비파형 놋단검이 고조선 이외에도 퍼졌음을 알게 되였다. 그러나 고조선 이외의 지역에서는 그것이 좁은 놋단검으로까지 발전하지는 못하였었다."(고고학 및 민속학 연구소 1963b. p.3)

황기덕(1964)은 두만강 유역의 철기시대를 논하는 글에서 비파형단검이 나오는 유적의 시기는 기원전 6세기 말에서 5세기 초로 올라간다고 설명하였고,[17] 이런 시기는 중국 전국시대의 문화가 요서 또는 요동 지방에 미치

17) 황기덕(1963)은 비파형단검의 초기 유적(예, 요령 조영 십이대영자 및 금서현 오금당

지 못하였음을 말하였다. 그러나 그는 전국 시대 이전에 요령지방에 있었던 비파형단검의 주인공이 누구였는가에 대해서는 언급하지 않았다.

요령지방에서 나온 비파형단검 등의 청동유물을 우리 나라의 청동기시대 것으로 체계 있게 논한 글이 김용간(1964a)에 의하여 발표되었다. 다음의 글에서 그 내용을 살펴볼 수 있다.

> "료하 유역을 중심하여 생활한 우리 선조의 한 집단은 일찍부터 금속기 문화를 발전시켰다. 상술한 비파형 단검 관계의 무덤들에서 나온 청동기들 즉 무기 및 각종 장식품들은 벌써 청동기 제조 기술이 적지 않게 발전한 모습을 보여준다. 그것을 만든 주민이 그러한 기술 수준에 도달하기까지에는 청동 제련의 일정한 선행 단계가 있었을 것은 의심할 바가 없다." (김용간 1964a. p.17)

김용간은 우리 선조의 한 집단을 고조선이라고 잘라 말하지 않았지만, 그의 위와 같은 주장은 요령지방의 유적을 고조선과 관계없다고 보았던 도유호의 시각을 비판하는 것으로 판단된다. 이와 아울러 김용간은 요령지방의 비파형단검 연대를 기원전 8-7세기로 추정하면서, 우리 나라 청동기시대의 연대를 "기원전 7-5세기 늦어도 4세기 초 전"으로 보았던 그 자신뿐만 아니라 도유호 등의 견해가 바로 잡혀야 한다고 주장하였다. 김용간(1964a. p.18)은 지금까지 나온 고고학 자료만 가지고도 우리 나라 청동기시대의 연대가 기원전 2천년기라고 설명하였다. 이제 북한 고고학계에서 고조선과 관련된 청동기시대의 연구 범위가 요령지방으로 확대되기에 이르렀다. 이를

등)과 돌상자무덤의 마지막 시기 유적(예, 길림 소달구)의 연대가 서로 맞먹는 것으로 보았다. 그는 무산 범의구석이나 회령 오동의 철기시대는 돌상자무덤의 마지막 시기와 비슷한 것으로 보았고, 돌상자무덤의 시기는 전국(戰國) 이하로 내려오지 않기 때문에 두만강유역의 철기시대 상한연대가 늦어도 기원전 7-5세기 사이에 해당한다고 추정하였다. 황기덕은 두만강유역의 초기 철기시대를 대표하는 유물로 검정간그릇, 젖꼭지 손잡이그릇, 굽접시, 시루, 세형동검 등을 들었다.

바탕으로 비파형단검과 좁은놋단검의 계승 관계가 좀더 뚜렷하게 서술되기에 이르렀다. 그렇지만 요동지방의 청동기시대에 노예소유자적국가가 형성되었는가에 대한 해답의 실마리는 아직 제시되지 않았다.

그런데 그 뒤 "철기시대=노예소유자국가의 발생"이라는 시각에 다른 의견을 제시하는 주장이 조심스럽게 나오기 시작하였다. 예를 들어 황기덕은 "우리 나라 최초의 국가인 고조선도 청동기 시대에 형성된 노예 소유자 국가"였을 가능성을 이야기하였다. 그러나 다른 한편으로 황기덕은 또한 청동기시대의 고인돌이 "국가 발생의 문턱에 도달한 군사 민주주의 시기"(황기덕 1965. p.19)라고 서술하기도 하였다. 김용간도 여전히 청동기시대 말기와 철기시대 초기에 계급 분화가 일어난 것으로 이해하였다(김용간 1966).

1963–65년에 걸쳐 북한과 중국이 공동으로 발굴한 중국 동북지방의 고고학 자료(조중 고고학 발굴대 1965)는 노예소유자국가로서 고조선의 출현시기를 청동기시대로 설정할 수 있도록 해주었다. 앞에서 살펴본 바와 같이 1959–61년 사이에 북한 학계에서는 고조선의 위치와 영역 및 그 담당 주민의 성격에 관한 논의가 활발하게 진행되었다. 그 과정에서 여러 차례의 토론이 전개되었으나 일정한 합의점에 다다르지는 못하였다. 따라서 북한에서는 요령지방에 대한 유적 발굴의 필요성이 매우 중요했던 것으로 생각된다.[18)]

중국 동북지방의 조사결과는 고조선이 언제 노예소유자국가로 전환되었는가를 알려주는 귀중한 자료로 북한 학자들은 평가하였다. 예를 들어 강상무덤에서는 비파형단검 등의 청동유물과 수십 사람 분의 뼈가 발굴되었다. 특히 여기서 나온 많은 사람뼈는 노예제에 따른 순장의 증거이며, 기원전 1천년기 전반기에 해당하는 당시 사회는 지배자–평민–노예의 관계로 구성되었다고 해석되었다(김용간・황기덕 1967a). 다음의 글에서 고조선에 대한 북한 고고학계의 변화된 시각을 잘 읽을 수 있다고 생각된다.

---

18) 고고학 및 민속학 연구소의 1963년도 기본과제 가운데 하나가 고조선 관계 유적발굴사업이었다(고고학 및 민속학 연구소 1963b. p.6).

> "기원전 8-7세기경부터 서북조선에서 료동 일대에 걸쳐 존재한 이러한 노예소유자국가는 문헌기록에 ≪조선≫이라 하였다."(김용간 · 황기덕 1967a. p.17)

이와 더불어 비파형단검과 좁은놋단검, 미송리형토기와 묵방리형토기 등의 관계가 차츰자세하게 논의되기 시작하였다. 중국 동북지방의 발굴자료가 연구되면서 비파형단검은 전형의 비파형단검(날 좌우에 돌기부가 뚜렷한 것)과 변형의 비파형단검(날 좌우에 뾰족한 돌기부가 없이 몸집이 밋밋이 휘였거나 곧고 갸름한 것)으로 나누어졌다. 그리고 전형의 비파형단검은 기원전 8-7세기, 변형의 비파형단검은 7-5세기, 초기의 좁은놋단검은 기원전 5-4세기로 설정되었다. 또한 전형의 비파형단검은 미송리형토기, 변형의 비파형단검은 묵방리형토기를 수반하는 것으로 연구되었다(김용간 · 황기덕 1967a).

1960년대에 이루어진 중국 동북지방의 발굴성과는 우리 나라의 청동기시대와 고조선 문제를 해결하는데 매우 중요한 자료가 된다. 따라서 이 유적의 발굴은 우리 나라 고고학사에서 큰 의미를 지니는 획기적인 사건으로 충분히 평가되어야 한다. 여기서 얻은 성과는 1960년대 말, 북한 학계에서 청동기시대 및 고조선에 관련된 관점을 확립하는데 중요한 역할을 하였다(김용간 · 황기덕 1967a ; 고고학연구소 · 력사연구소 1969). 당시에는 고조선이 성립하기 이전의 청동기시대를 기원전 2천년기 전반기와 후반기 이후시기로 갈라 보았고, 이런 시기구분은 김용간 · 황기덕(1967b)의 글에서도 읽을 수 있다. 그런데 1970년대에 들어와 청동기시대를 전기와 후기로 갈라보기 시작하였다. 예를 들어, 1950년대 후반부터 1960년대에 걸쳐 두만강유역의 원시문화에 관한 여러 가지 글을 발표하였던 황기덕은 1970년대 초반, 당시까지의 연구성과를 바탕으로 이 유역의 청동기문화(기원전 2천년기-1천년기 전반기)를 종합적으로 고찰하는 논문을 발표하였다. 그는 1960년대 초반에 발표했던 글(황기덕 1962b ; 1962c)을 바탕으로 두만강유역 청동기시대의 전기(붉은간그릇시기)와 후기(갈색간그릇 및 검정간그릇 시기)의 특징을 서술하였다(황기덕 1970).

『조선원시고고학개요』(김일성종합대학출판사 1971)에서도 청동기시대를 크게 두 시기로 나누어 전기를 기원전 2천년기, 후기를 기원전 1천년기 전반기로 잡아, 후기에 고조선의 초기단계 유물을 포함시키고 있다. 후기에 고조선 초기의 유물을 포함시킨 이유는 고조선의 성립을 기원전 8-7세기로 설정하였지만, 철기시대의 상한연대를 기원전 7-5세기(범의구석 5기층)로 보았기 때문인 것으로 설명될 수 있다. 『조선원시고고학개요』에서는 비교적 자세하게 연구된 기원전 2천년기 후반기와 1천년기 전반기를 중심으로 청동기문화에 관한 내용이 서술되었다. 그리고 지역에 따라 다음과 같은 몇 개의 유형으로 나누어 청동기문화의 전반적인 특성을 고찰하고자 하였다.[19]

⑴ 전기

① 서북조선 및 요하유역(신암리 3지점 2문화층, 쌍타자 2·3기층, 양두와유적, 대대산 조개무지, 강상무덤밑 집자리, 발해연안의 화동광 고인돌)
② 대동강 및 재령강유역(팽이그릇집자리 : 신흥동유적, 심촌유적, 석교리유적, 금탄리유적, 무진리유적)
③ 압록강중상류 및 송화강유역(공귀리유형의 유적 : 공귀리유적, 심귀리유적, 토성리유적, 훈강유역의 강구촌유적, 송화강유역의 산두촌유적과 소남구유적)
④ 동해안일대 및 두만강유역(범의구석유적 2기층, 오동유적, 서포항유적, 초도유적, 연해주의 뻬스챠느이유적, 연길 소영자무덤)

⑵ 후기

① 대동강 및 재령강유역(입석리유적, 실바위유적, 원암리유적, 대평리유적, 석탄리유적, 지탑리 2지구)

19) 여기서 제시된 지역별 문화유형의 구분은 『조선고고학개요』(고고학연구소 1977) 및 『조선전사 1(원시편)』(력사연구소 1979)에 큰 변화 없이 그대로 적용되었다.

② 압록강중상류 및 송화강유역(토성리유적, 풍룡리 돌상자무덤, 훈강유역의 왕팔발자유적 및 강연촌유적, 송화강유역 일대의 서단산자무덤, 양반산유적 위층, 학자정둔유적, 연길 왕기둔유적)
③ 동해안일대 및 두만강유역(범의구석유적 3·4기층, 오동유적 4·5호 집자리, 초도유적의 검정간그릇층, 왕청백초구의 신화려뒷산 및 천교령유적)
④ 용흥강 및 남대천유역(영흥읍유적, 중리유적)
⑤ 남조선일대의 유적(대봉정 고인돌, 외동리 돌무덤, 회현리 돌상자무덤, 장정리 고인돌, 운대리 고인돌)

위에서 살펴본 바와 같이 『조선원시고고학개요』에서는 청동기시대의 문화를 시기별, 지역별로 나누어 고찰하였다. 그리고 청동기시대 후기에 진행된 사회적인 생산성(농업생산의 확대, 짐승기르기의 증가, 수공업분야의 발전 등)으로 인하여 청동기시대 말에 차츰 계급분화가 촉진되어 기원전 8-7세기 무렵에 노예소유자국가인 고조선이 형성되는 것으로 서술되었다. 『조선원시고고학개요』에 실린 청동기시대에 관한 내용은 그 뒤 일부가 수정되거나 보완된 것은 있지만 그 기본골격은 1970년대의 북한 고고학계에서 중요한 역할을 하였다.

1959-61년에 걸쳐 고조선에 관한 토론회가 열려 고조선에 관한 여러 문제가 논의되었으나 고조선 문화와 고구려 문화 사이의 계승관계에 대한 문제는 자세히 검토되지 않았다. 그런데 "조선 고고학과 조선 민속학에서 주체를 확립하기 위하여 조상들이 이룩한 훌륭한 문화 유산을 과학적으로 천명하여 그것을 계승 발전시키기 위한 연구 사업"(고고학 및 민속학 연구소 1961a)의 필요성이 또다시 강조되고, "유구하고 찬란한 우리 민족의 력사"에서 고조선 문화를 고구려가 계승, 발전시켰다는 관점이 자리를 잡기 시작하였다(고고학 및 민속학 연구소 1961c). 이런 현실 속에서 고구려 묘제가 선행하는 무덤형식의 전통을 계승하여 자기 발전의 길을 확립하게 되었다는 정찬영(1961)과 주영헌(1962)의 주장은 당시 사회 분위기에 잘 어울

렸다. 반면에 고구려 봉토무덤의 기원을 외래 문화의 영향으로 보았던 도유호(1959)의 주장은 약화되었던 것으로 생각된다.

앞에서 이야기한 것처럼, 1961년에 열린 "고조선의 생산력과 국가 형성"이라는 토론회에서 백남운은 "고조선의 종족 구성에 대한 연구를 통하여 조선 민족의 단일성을 밝히는 것이 좋겠다"고 말한 바 있다(고고학 및 민속학 연구소 1961f).

이제 북한 사회에서는 우리의 고대역사가 단일민족에 의하여 이룩되었다고 보는 시각이 차츰 강한 힘을 갖기 시작하였다. 그래서 "단일 민족으로서 조선 민족의 민족적 단합의 공고성과 문화와 풍습의 공통성에서 발현되는 유구하고도 찬란한 민족적 전통"(고고학 및 민속학 연구소 1963b. 5쪽)을 밝혀내야 하는 것은 민속학자뿐만 아니라 고고학자들이 이루어야 할 가장 중요한 과업이 되었다. 그런데 당시 북한 사회에서 요구하였던 그와 같은 관점은 사회주의 경제건설의 수행에 따른 모든 인민의 힘을 하나로 모으고, 우월한 사회주의 국가체제를 통하여 분단된 남북한이 다시 통일되어야 한다는 역사적 당위성을 강조하기 위한 데에 중요한 목적이 있었던 것으로 생각된다.

북한 고고학계는 고조선과 초기 고구려의 문화를 연구하기 위하여 압록강유역에 분포한 유적에 많은 관심을 기울였다. 이 지역에서 얻은 고고학 유적과 유물의 연구성과를 바탕으로 미송리 윗문화층에서 보이는 고조선 전기의 문화가 후기로 발전하였고, 요컨대 고조선 문화를 바탕으로 초기 고구려의 문화가 형성되었다는 관점을 확신하게 되었다(정찬영 1965).

Ⅴ. 고구려

고구려 석실봉토분의 기원에 관한 채희국(1959)의 글이 발표된 이후, 북한 고고학계에서는 이 무덤형식을 선행하는 묘제로서 적석총을 다루는 논문이 여러 차례 발표되었다. 정찬영(1961)은 1950년대 말부터 1960년대 초까지 발굴된 압록강 중류지역의 심귀리, 노남리, 토성리 유적 등의 적석총을 연구하면서, 그 동안 흔히 사용되었던 석묘라는 개념이 적석총과 더불어 봉분이 돌로 되어 있는 석실묘까지도 포함하기 때문에 혼란을 일으키게 만들기 때문에 봉분이 무엇으로 되었는가라는 것보다는 석실이 있는가 또는 없는가를 기준으로 적석총과 석실묘를 구분하는 것이 바람직하다고 말하였다. 그는 적석총을 무기단적석총과 기단적석총으로 구분하여 무기단적석총에서 석실묘가 나타나는 과정을 "무기단적석총→연도 시설 없는 기단적석총→연도 시설 있는 기단적석총→석실묘"로 보았다. 정찬영은 압록강 중류일대의 적석총은 기원전 3세기 경 기단이 없는 방대형의 강돌적석총에서 시작하여 이후 오랫동안 고구려 묘제로서 역할을 하였고, 기단적석총으로의 발전은 기원 전후시기에 이루어졌다고 주장하였다. 그리고 적석총 가운데 이른바 산자갈 적석총은 고구려 후기에 발생한 것으로 추정하기도 하였다. 정찬영은 적석총이 자기 발전의 길을 걸어 석실묘 전통으로 확립되었음을 강조하였다. 이와 아울러 무기단적석총(기단 없는 돌각담무덤)은 강변의 둔덕진 곳에서부터 형성되기 시작하였고, 강변에서 멀리 떨어질수록 석실묘(돌간흙무덤)가 뒤늦은 시기에 축조되었음을 지적하였다(정찬영 1965).

반면에 주영헌(1962)은 고구려의 무덤을 분롱의 성격에 따라 봉토무덤과 적석무덤(돌각담무덤)으로 구분하면서 정찬영의 경우와 마찬가지로 적석무덤이 봉토무덤에 선행하는 것으로 논하였다. 그렇지만 그는 정찬영과 달리 적석무덤을 무기단적석무덤, 기단적석무덤, 곽실적석무덤(곽에 연도가 있는 유형), 묘실적석무덤으로 구분하였는데, 여기서 묘실적석무덤이란 용어는 석실봉토무덤과 구분하기 위하여 사용되었다. 이에 따라 그는 고구려의 적석무덤이 무기단적석무덤→기단적석무덤→곽실적석무덤→묘실적석무덤으로 계승발전되었으며 묘실 적석무덤은 일정 기간 동안 봉토무덤과 병존하였던 것으로 이해하였다.

1960년대 초, 주영헌(1961)은 『고구려 벽화 무덤의 편년에 관한 연구』라는 책에서 봉토무덤과 무덤벽화의 변천에 관한 폭넓은 연구를 하였다. 봉토무덤의 변천에 대하여 그는 ①초기에는 외간무덤(연도+현실)이 기본이었으며, ②초기의 외간무덤이 중기의 외간무덤으로 발전하는 과정에 감(龕) 또는 곁간(側室)이 달린 다실적(多室的)인 무덤이 출현하였고, ③다실적인 무덤은 두간무덤으로 이행하면서 중기 외간무덤과 일정 기간 병존하였으나, ④끝내는 외간무덤의 단일형식으로 변화발전된 것으로 서술하였다. 또한 그는 초기의 외간무덤에서는 벽화가 없으며, 중기 외간무덤 이후는 무덤의 구조와 벽화에서 다음과 같은 시기상의 특징을 지니는 것으로 보았다.

① 중기의 외간무덤, 감 또는 곁간이 있는 무덤(주인공의 실내생활을 왼쪽 벽에 그린 인물풍속도, 장식무늬)의 연대 : 4세기 초-4세기 말.
② 감 또는 곁간이 있는 무덤(인물풍속 및 사신도)의 연대 : 4세기 말-5세기 초.
③ 중기의 외간무덤, 두간무덤, 감 또는 곁간이 있는 무덤(주인공의 실내생활을 뒷벽에 그린 인물풍속도)의 연대 : 4세기 말-6세기 초.
④ 중기의 외간무덤, 두간무덤(인물풍속, 장식무늬 및 사신도)의 연대 : 4세기 말-5세기 말.
⑤ 후기 외간무덤(사신도)의 연대 : 6세기-7세기.

1960년대 초, 안악 3호무덤의 주인공에 대해서는 결론이 나지 않은 상태였고, 이에 따라 주영헌(1961)도 왕릉설과 동수묘설 등을 소개하는 데 그쳤다. 그런데 1963년 이 무덤의 주인공은 마침내 미천왕으로 굳어졌고, 동수묘설은 더 이상 논의의 대상이 되지 못하였다. 주영헌(1963a), 전주농(1963a),

박윤원(1963)은 무덤의 구조형식, 장방생활도(帳房生活圖)와 행렬도 등의 벽화, 묵서의 내용, 무덤의 위치 등에 관하여 언급하면서 안악 3호분은 왕릉에 해당하며, 그것은 고국원왕의 무덤(리여성 1955)이 아닌 미천왕의 무덤으로 규정하기에 이르렀다.[20] 그 내용을 요약하면 다음과 같다.

① 같은 무덤의 유형(인물풍속도를 그린 감 또는 곁간이 있는 무덤) 가운데 묘실의 규모가 가장 크다.
② 장방생활도는 그 주인공인 왕이 보고를 받거나 명령하는 장면을 표현한 것이다. 남자 주인공의 관은 왕이 착용하는 백라관(白羅冠)이다.
③ 행렬도에 나타난 행렬의 규모, 대열편성, 각종 깃발 등으로 볼 때 무덤의 주인공은 왕이다. 주인공 수레 앞에 있는 표식기의 깃발에 쓰인 '성상번(聖上幡)'이란 글씨는 표식기가 어기(御旗)임을 알려준다.
④ 342년 연(燕)의 침략을 받아, 343년 고구려는 수도를 집안의 환도성에서 평양의 동황성(東黃城)[21]으로 잠시 옮겼으며, 집안에 있던 미천왕(300-331)의 무덤이 연(燕)에 의하여 도굴을 당하였기 때문에 고국원왕(331-371)은 미천왕의 새로운 무덤을 평양 부근에 축조하였다.
⑤ 장수왕의 평양 천도 이전, 왕들의 장지 중에 고국(故國)이라는 이름이 자주 보이는데, 이러한 이름이 붙은 무덤의 소재지는 통구지방이다.

---

20) 1980년대 중반 이후, 북한에서는 다음과 같은 이유에서 안악 3호무덤을 고국원왕의 무덤으로 보고 있다. 첫째, 동수는 336년(고국원왕 6년)에 고구려로 망명하여 357년에 죽었기 때문에 미천왕과는 직접적인 관계가 없으며, 고국원왕이 대연(對燕) 관계에 동수를 이용하였던 특별한 점으로 그에 관한 묵서를 남기게 되었고, 고국원왕이 371년 백제와의 평양성 전투에서 사망한 점을 고려하면 그의 무덤이 평양 지방에 있을 수 있다. 따라서 안악 3호무덤의 축조는 371년 이후일 것이다(채희국 1985. p.110). 둘째, 고국원왕은 본래 국원왕 또는 국강왕이었고, 이와 관련하여 '고국원'이라는 명칭 가운데 '국원'이라는 지명은 집안과 충주(국원성) 등에서도 존재하며, 남평양성(황해도 신원군)의 후방기지로서 중요한 역할을 하였던 안악지방에 고국원왕의 무덤을 축조하는 일은 자연스러운 것이다(손영종 1990. pp.289~292).

21) 채희국(1964 ; 1965)은 이것을 평양의 동황성이 아니라 평양의 동쪽에 있는 황성의 의미로 풀이하였다. 그리고 그 황성을 247년에 축조되었던 평양성(장안성)의 북성으로 비정하였다(채희국 1965). 반면에 정찬영(1966a)은 황성은 수도성이 아닌 행궁소재지로서 남강과 대동강이 합류하는 대동강 북쪽의 고봉산에 있는 용당산성(龍塘山城 또는 용담산성)으로 추정하였다.

고구려 묘제의 기원을 외래문화의 영향으로 보는 도유호(1959)의 주장에 대한 주영헌(1963b)의 비판은 고구려 봉토무덤의 기원 문제를 논하는 글에서 다시 제기되었다. 채희국(1959), 정찬영(1961), 주영헌(1962 ; 1963b) 등이 발표한 글을 통하여 고구려 봉토무덤의 독창성과 그 무덤에 선행하는 묘제 사이의 계승관계가 검토된 바 있다. 그리고 고조선과 고구려의 문화상 계승관계를 연결짓는 글(고고학 및 민속학 연구소 1961c)도 나왔다. 따라서 당시 북한에서는 고구려 봉토무덤의 기원을 외래문화의 영향보다는 고유한 전통을 계승한 내적 발전의 결과로서 이해하는 움직임이 강하게 일어났다(주영헌 1963b).

1960년대 중반 이후, 그 동안 압록강 중류지역에서 조사된 노남리, 토성리, 세죽리, 심귀리 유적 등의 발굴성과를 바탕으로 초기 고구려의 문화와 그 묘제의 기원에 관한 글이 발표되었다. 정찬영(1965)은 노남리 제2문화층, 토성리 제3문화층, 세죽리에서 명도전이 출토하는 층의 상한을 기원전 4-3세기로 설정하면서 이 시기에 해당하는 문화층이 초기 고구려에 속하는 것으로 보았다. 그리고 이러한 초기 고구려문화는 압록강 중류지역에서 "공귀리유형의 청동기시대→미송리형질그릇을 내는 비파형단검시기(고조선)→초기 고구려문화"로 발전의 길을 거친 것으로 이해하였다. 이와 함께 초기 고구려문화의 특징으로 제철기술과 광업의 발달, 갈색간그릇의 폭넓은 사용, 구들시설을 갖춘 지상가옥 등의 예를 들었다.

주영헌(1963b)은 고구려 봉토무덤의 기원을 논하면서 이 묘제에 선행하는 것이 변형고인돌이라고 주장한 바 있다. 그는 변형고인돌의 시기를 청동기시대 말-철기시대 초기로 보았고, 무덤의 구조형식과 출토유물의 특징을 바탕으로 이를 다시 두 가지 부류로 나누었다. 제1부류의 곽시설은 지산과 반지하에 축조되었고 반달칼과 미송리형토기 등이 출토하며, 제1부류보다 늦은 시기에 해당하는 제2부류는 곽시설이 모두 지상에 축조되었고 회색질그릇 등의 유물이 나오는 것으로 서술하였다.

중국 동북지방의 발굴을 통하여 얻은 자료를 바탕으로 그 동안 논의되었던 고구려의 초기 묘제에 관한 문제에 대하여 정찬영(1967)은 재검토를 시도하였다. 그는 고구려 묘제의 발전과정을 "기단이 없는 돌각담무덤→돌기단무덤→돌간흙무덤"의 단계로 구분하였다. 그리고 고구려 무덤에 선행하는 것으로 종래 이야기되었던 청동기시대의 돌각담무덤, 돌상자무덤, 고인돌 중에서 강상이나 누상 등의 무덤에서 나타난 돌각담무덤이 고구려의 돌각담무덤에 선행하는 형식이라고 다음과 같이 주장하였다.[22)]

> "고조선의 령역에 들어있었던 고구려초기의 문화는 그 선주민들이 당시 료하이동에서 강력한 정치적세력을 가지고 있었던 고조선문화의 영향을 받아 이루어진것이라고 보는것은 당연한 일이다. 그리하여 그들의 무덤에서도 고조선전기 료동지방에 있었던 신석기시대말 청동기시대 초기이래의 전통적인 무덤형식이였던 돌각담무덤의 전통을 이어받게 되었다고 보는것도 당연하다 할것이다."(정찬영 1967. p.16)

1958-1962년까지 6차에 걸쳐 이루어진 발굴에서는 대성산성 일대의 고구려유적에서는 무덤, 산성, 궁터(안학궁) 등이 조사되었다(채희국 1964). 그러한 유적에서 나온 유구와 유물은 4세기 말-5세기 초에 해당하는 것으로 연구되었다. 그와 같은 연구 결과에 따라 안학궁은 427년 평양 천도 이후부터 586년 평양성(장안성)으로 천도하기 이전까지 사용되었던 왕궁이며, 대성산성은 수도성의 역할을 하였던 것으로 밝혀지게 되었다.

대성산성의 발굴 이후, 북한에서는 평양성의 연대와 축조형식에 관한 몇 편의 글이 발표되었다. 채희국(1965)은 평양성이 247년의 북성 축조로부터 시작되어 551-586년 사이에 대규모의 도성건축으로 발전하게 되었던 것으

22) 정찬영(1967)은 돌상자무덤의 축조방법과 규모 등이 고구려의 돌각담무덤과 많은 차이를 지녔으며, 돌각담무덤에서 큰 돌을 다룬 흔적 등이 없기 때문에 고인돌과의 직접적인 계승관계를 연결시키기도 어렵다고 보았다.

로 보았다. 그러나 정찬영(1966a)은 평양의 황성이 평양성의 북성이라는 채희국의 주장에 비판을 가하면서, 장안성이 552년에 시작되어 593년에 완공되었던 것으로 서술하였다. 그 뒤 글자를 새긴 성돌이 새롭게 발견되고, 그에 관한 좀 더 자세한 연구가 이루어지면서 최희림(1967)은 장안성의 축조기간을 566-586년으로 설정하였다.

Ⅵ. 맺음말

1960년대를 거치면서 북한 학계는 앞으로의 고고학 연구에 새로운 전환점을 마련하였다. 특히 이 당시는 우리 나라의 원시시대부터 고조선과 고구려 등 고고학 전반에 관한 기본적인 체계가 완성된 시기였다는 점에서 매우 주목할만한 시기라고 생각된다.

많은 유적이 발굴되고, 이에 대한 연구성과가 쌓이면서 북한 학계에서는 구석기시대부터 역사시대에 이르기까지 우리 나라 역사발전의 합법칙성에 대한 체계를 마련하였다. 이러한 경향은 1960년대를 거치며 더욱 강화되었다. 특히 1960년대 말 상원 검은모루유적의 중간보고(고고학연구소 1969)가 발표되면서 북한에서는 우리 문화가 유구한 역사를 거치며 이룩되었다는 점을 강조하게 되었다.

굴포리유적 등에서 구석기시대의 유물이 발견되면서 북한에서는 우리 나라 원시문화의 기원을 내적 발전의 단계에서 찾으려고 시도하였고, 이에 따라 문화발전의 계승성 문제를 밝히기 위한 여러 분야의 많은 글이 발표되었다. 비록 당시까지 구석기시대→중석기시대→신석기시대의 이행관계에 관해서는 해결되지 못한 과제가 남아 있었지만, 서포항유적에서 발굴된 이른 신석기시대의 존재는 이 시대의 연구가 한 단계 높은 차원에서 검토될 수 있는 근거를 제공하였다. 이것은 북한뿐만 아니라 남한 고고학계의 경우에도 그대로 적용될 수 있다.

1950년대 말과 60년대 초에 걸쳐 고조선의 사회성격과 고구려 묘제에 대한 논쟁과 토론이 활발하게 이루어졌다. 도유호와 정찬영 등의 고고학자는 당시까지 조사된 고고학유물을 바탕으로 고조선의 평양중심지설을 주장하였고, 리지린 등의 역사학자는 고조선의 영역으로 요동지방의 중요성을 강조하였다. 이런 문제는 고조선국가 형성시기를 철기시대로 보아야 하는가 또는 청동기시대로 올려잡는 것이 가능한가라는 논쟁과 맞물려 전개되었다.

중국 동북지방의 발굴성과는 북한 학계의 고조선 연구에 커다란 도움을 주었다. 강상무덤 등에서 발굴된 청동유물과 묘제 그리고 이 유적에서 나온 여러 사람의 뼈가 순장의 증거로 해석되면서 고고학연구소와 력사연구소는 1969년에 고조선국가의 형성시기를 청동기시대의 기원전 천년기로 확정하기에 이르렀다(고고학연구소・력사연구소 1969). 그리고 요동지역이 고조선국가의 형성시기에 중요한 역할을 하였던 것으로 서술할 수 있는 고고학 증거를 확보하게 되었다. 이와 함께 1971년에 간행된 『조선원시고고학개요』은 당시까지 조사된 고조선 이전 단계의 원시시대를 종합적으로 체계화시킨 결과였으며, 여기서 논의된 내용은 그 뒤 이 분야의 연구에 중요한 역할을 하였다.

안악 3호무덤을 비롯한 고구려 묘제의 연구를 통하여 고구려 문화의 우수성과 그 묘제의 기원을 외래문화의 영향보다는 내적 발전의 틀 속에서 받아들이려는 분위기가 강하게 일어났다. 그리고 고조선과 고구려 문화가 서로 계승발전관계에 놓였음을 논증하려고 북한의 여러 학자들이 이 문제에 큰 관심을 두었고, 그 관심은 노동당에서 요구한 주체의 확립과 긴밀한 연관을 맺고 있었다.

〈白山學報 第55號, 2000.6.30. pp.5~47〉

북한의 유적답사와 고고학계 연구동향

하 문 식*

〈目 次〉

Ⅰ. 시작하면서

1980년대 후반부터 냉전의 갈등 고리가 풀리면서 제한적이지만, 중국과 러시아지역의 고고학유적에 대한 답사나 연구결과는 비교적 접근이 쉽게 이루어져 왔다. 그러나 북한지역의 유적이나 유물에 관하여는 현실적으로 불가능하였다.

그러다가 최근 남북화해의 분위기 속에서 부분적이지만 북한의 변화가 진행되고 있다. 이러한 분위기는 지난 반세기를 거치는 동안 다른 체제 밑에서 굳어져 온 서로의 입장차이를 극복하고 문화의 동질성 위에서 하나가 되는 새로운 역사를 만드는 앞으로의 미래지향적인 관점에서 상당히 고무적인 사실로 인식된다.

필자는 북한지역의 고인돌유적에 대한 세계 문화 유산 등록을 위한 현황조사 및 한국방송(KBS) 역사 다큐멘터리 제작을 위하여 지난 9월 16일부터

* 세종대학교 교수

9월 28일까지(13일) 북한을 방문하였다.

같이 참가한 일행은 하문식을 비롯하여 서영수(단국대 역사학과)교수, 송호정(한국 교원대 역사교육과)교수, 유인학(한양대학교) 교수, 우종택・김관수(한국방송공사) 감독 등이며 방북기간동안 평양의 고려호텔에서 지냈다.

Ⅱ. 답사한 유적과 문화재 관리

이번 방북기간동안에는 평양지역의 유적을 중심으로 답사를 하였는데 고인돌유적 이외에는 북한의 안내쪽에서 역사고고학 관련 유적을 미리 제시하였다.

1. 단군릉(9월 18일 답사)

1993년 1월에 고고학 연구소에서 평양시 강동군 강동읍 대박산 기슭의 단군릉을 발굴하여 무덤구조, 청동관, 단군부부 뼈를 찾았다고 주장한 다음 복원하여 놓았다.

복원된 단군릉은 계단식 돌무덤으로 밑변의 길이가 50m인 정4각형이고 높이는 22m이다. 길림성 집안에 있는 장군총을 모방하여 1994개의 화강석을 다듬어 3단 9층으로 쌓고 무게 1.2톤 되는 돌문 2개를 설치하였다.

북한 학계에서는 단군릉을 복원한 다음 평양지역이 고조선의 중심지라고 주장하면서 정통성을 강조하고 있다. 하지만 남한 학계에서는 연대문제, 사람뼈가 나온 무덤의 형식, 출토유물을 근거로 부정적인 의견을 제시하고 있다.

그런데 최근 몇 년 사이에 북한 학계에서는 단군릉에 대한 것을 일관되게 주장하고 있어, 주장 그 자체로서 단순히 끝나는 것이 아닌 것 같다. 이런 점에서 남・북한 학계는 단군릉 문제를 여러 각도에서 체계 있게 검토하여야 할 것이다.

2. 동명왕릉(9월 21일 답사)

평양시 역포구역 용산동(옛 지명:중화군 무진리·진파리)에 위치한 이 유적은 1993년 복원·단장하였다. 이 무덤은 복원되기 이전 진파리 10호 무덤이었다.

고구려의 시조인 동명왕릉은 도읍지를 옮길 때 마다 왕릉도 옮긴 것으로 알려져 이전·복원하였다고 한다.

이 곳에는 1993년 5월 14일 김일성이 세운 「동명왕릉 재건기념비」가 있으며, 주변에는 정릉사(定陵寺), 진파리 무덤 등을 복원하여 놓았다.

사진 1. 중화 진파리 7호무덤의 모줄임천정

이 유적은 1974년 발굴하여 무덤 앞의 절터(후에 定陵寺址로 밝혀짐)에서 목탑지(8각형), 회랑, 건물지 등이 찾아졌다. 그리고 定, 寺, 定陵, 高句麗 등의 명문기와 조각이 발견되어 북한에서는 동명왕릉이라고 주장한다.

한편 동명왕릉 뒤편에는 진파리 고분군이 위치하고 있는데 4호는 온달장군과 평강공주의 무덤(벽화, 관못 출토)이고, 7호는 대신 마리의 무덤으로 모줄임천정을 이루고 있었다.

답사일이 추석이라 많은 사람들이 참배하였으며, 특히 고구려의 정통성과 계승성을 강조하고 있는 많은 주민들이 참배하고 있는 것으로 파악되었다.

3. 대성산성(9월 22일 답사)

사진 2. 대성산성의 소문봉 성벽 복원모습

평양시의 대성산을 중심으로 쌓은 고구려성이다.

대성산은 평양시내에서 동북쪽으로 약 7㎞쯤 떨어져 있으며 평양부근에서 가장 험준한 지세를 이룬다. 주봉인 해발 274m 의 을지봉을 비롯하여 소문봉, 장수봉, 국사봉, 주장봉 등이 병풍처럼 솟아 있으며 2개의 계곡이 있다. 그리고 산의 남쪽에는 들판이 펼쳐져 있다.

대성산성은 주변의 안학궁과 함께 6차례에 걸쳐 발굴조사가 실시되어 장대터, 옹성, 황, 연못이 발견되었다. 또한 주변에서는 1200여기의 대규모 고분이 조사되기도 하였다.

성벽은 자연지세를 아주 잘 이용하였는데 남문지 부근을 제외하고는 대부분 돌을 쌓았으며 전체 길이는 7218m로 알려져 있다. 특히 남문지에서 소문봉에 이르는 약 1000m는 이중으로 성벽을 만들어 놓아 주목된다.

남쪽에는 안학궁터가 있으며 최근 성벽을 복원하였다. 복원결과에 관하여는 긍정보다 부정적인 평가가 많은 편인데 특히 현대적인 관점에서 고대성을 복원하는 것이 문제점으로 지적된다.

대성산성 입구에는 동물원과 식물원 그리고 놀이시설이 있어 많은 평양시민들이 이곳을 찾고 있었다.

4. 평양성(9월 25일 답사)

고구려의 도성으로 양원왕 8년(552년)에 축성하기 시작하여 평원왕 28년(586년)에 천도하였고, 장안성이라고 한다.

평양성은 크게 내성·외성·북성·중성으로 구분되며 전체길이는 약 23㎞쯤 되는데 산성과 평지성을 연결시킨 평산성이다. 해발 96.1m의 모란봉과 을밀대, 그리고 만수대의 능선을 북벽으로 이용하고 동쪽과 남쪽은 대동강 기슭을 따라서 있고 서쪽은 보통강쪽이다.

현재 외성과 중성은 평양 시가지에 해당하며 대동강 옆에 있는 대동문은 내성의 동문이다. 또한 대동문 옆의 연광전은 부벽루와 함께 관서지역의 대표적인 누각이다.

5. 보현사(9월 23일 답사)

묘향산에 있는 보현사는 「묘향산 역사박물관」이라고 부르며, 현재 조계문, 해탈문을 비롯하여 만세루, 대웅전 그리고 4각 9층탑, 8각 13층탑 등이 있다. 그리고 심검당, 수월당, 영산전 등의 오래된 건물이 위치하고 있다.

특히 다라니석당(국보유적 제59호), 관음전(국보유적 제57호), 팔만대장경고 등은 고려시기의 보현사 특징을 잘 보여주고 있다.

절의 건립에 관하여는 고려 인조가 篆하고, 김부식이 撰한 보현사비(국보

제144호)에 잘 기록되어 있다. 보현사는 김일성의 특별한 관심으로 1976년부터 복원 사업이 진행되었으며, 국제친선전람관과 같이 있어 많은 사람들이 찾았다.

이번 답사에서 두드러지는 특징은 외지인으로는 중국 관광객이 대부분이었다. 상점, 호텔, 식당이 모두 중국사람들 중심으로 움직이고 있었다.

6. 고인돌유적(9월 18일/9월 20일/9월 25일)

고인돌유적은 강동 문흥리를 비롯하여 은율 관산리 · 상원 용곡리 방울뫼 · 매미골, 상원 귀일리, 상원 장리 그리고 평양 만경대 구역을 답사하였다.

답사한 고인돌유적은 대부분 보존유적으로 지정되어 관리 · 보호 받는 유적이며, 관계유물은 조선중앙 역사박물관에 전시되어 있었다.

특히 현재 발굴이 진행중인 만경대구역 고인돌유적의 답사는 북한의 발굴정황을 살펴볼 수 있었다.

1) 은율 관산리 고인돌

은율 관산리 고인돌은 구월산 줄기의 한 산능선인 봉화산 자락에 위치하고 있다. 이 고인돌은 일제 침략기부터 널리 알려진 한반도의 대표적인 유적이며, 북한에서는 안악 로암리 고인돌. 연탄 오덕리 1호 고인돌과 함께 한반도 3대 고인돌의 하나로 여기고 있다. 현재 「지정고적 제98호」로 지정되어 보호받고 있는데 서쪽으로는 멀리 서해 바다가 보이는 조망이 아주 좋은 곳에 위치한다.

탁자식인 관산리 고인돌은 덮개돌의 길이가 875㎝이고 두께는 거의 30㎝로 고른편이며 동서쪽에 굄돌이 있는데 손질을 매우 매끈하게 하였다. 이런 점에서 덮개돌을 채석하고 굄돌을 손질한 솜씨는 어느 고인돌 보다도 뛰어

사진 3. 은율 관산리1호 고인돌모습(앞)

사진 4. 은율 관산리1호 고인돌모습(옆)

사진 5. 은율 관산리1호 고인돌모습(뒤)

사진 6. 은율 관산리 5호 고인돌 원경

나며, 특히 덮개돌의 중심과 무덤방의 중심 위치가 일치하는 점은 역학의 원리를 터득한 축조기술을 가지고 만든 것으로 이해된다.

관산리 고인돌이 위치한 곳의 지세조건·규모·축조기술 등을 살펴볼 때 요동반도의 개주 석붕산 고인돌과 비슷한 것으로 여겨진다. 아울러 이 고인돌의 기능은 무덤 뿐만 아니라 제사를 지낸 제단의 역할도 하였을 것이다.

관산리 지역에서는 대형인 이 고인돌 이외에도 독립된 산능선마다 탁자식 고인돌이 1기씩 자리하고 있어 주목된다.

2) 강동 문흥리 고인돌

강동 문흥리 고인돌(「보존유적 제45호」)은 단군릉 근처에 있는 유적으로 이곳에는 산능선마다 고인돌이 자리하고 있다.

이번에 답사를 한 지역은 1990년에 발굴된 곳으로 탁자식(3기)과 개석식(2기) 고인돌이 함께 있었다.

문흥리 고인돌의 일부 덮개돌은 일제 침략기에 파괴된 것도 있었으며, 발굴조사결과 축조과정을 알 수 있는 여러 가지 자료가 밝혀져 중요한 의미를 지닌다.

이곳의 탁자식 고인돌은 축조할 때 먼저 굄돌을 세울 지점에 기초홈을 파고 고인돌의 안정감을 유지하기 위하여 안기울임을 한 것으로 밝혀졌다. 또한 3호 고인돌처럼 축조할 자리에 높이 40㎝쯤 되게 흙과 돌을 쌓아 단(壇)을 만든 것은 요동지역의 소관둔·석붕욕·백점자 고인돌과 앞에서 설명한 관산리 고인돌이 있다.

한편 탁자식인 2호 고인돌의 굄돌 위부분(덮개돌과 맞닿는 쪽)에는 7~8㎝ 되는 홈이 있어 주목된다. 이 홈은 상당히 많이 닳았으며 굄돌의 운반에 이용되었던 것 같다.

사진 7. 강동 문흥리 고인돌유적과 단군릉

사진 8. 강동 문흥리 고인돌유적(석광준선생과)

3) 상원지역 고인돌

상원지역의 고인돌은 용곡리 방울뫼와 매미골, 귀일리, 장리 유적을 답사하였다.

용곡리와 귀일리 고인돌 유적은 상원강의 샛강인 문포천 언저리에 자리하고 있지만, 장리는 황주천의 샛강 언저리에 위치하여 자연지세로 보면 서로 다른 물줄기에 있다.

방울뫼 고인돌 유적(「보존유적 제18호」)은 좁은 지역에 탁자식과 개석식 고인돌이 함께 분포하고 있어 묻힌 사람들의 관계를 이해하는데 중요한 의미를 지닌다. 고인돌이 무덤이라면 일정하게 차지하는 범위가 있을 것이고, 그렇게 해석하면 이 유적의 고인돌은 서로 가까운 핏줄을 가진 사람들이 묻힌 가족 무덤이거나 공동체 무덤일 가능성이 많다. 또한 4호 고인돌에서

사진 9. 상원 용곡리 방울뫼 고인돌유적

사진 10. 상원 용곡리 매미골 고인돌유적

는 불탄 사람뼈가 발견되어 화장이 고인돌 사회의 장례습속으로 유행하였으며, 5호에서는 지금까지 고인돌에서 처음으로 비파형 창끝이 찾아져 고인돌 사회를 이해하는데 도움이 된다.

매미골 고인돌(「보존유적 제17호」)은 현재 덮개돌이 없고 굄돌만 있는 탁자식이다. 굄돌의 길이가 340㎝나 되어 다른 고인돌과 비교해 볼 때 덮개돌의 길이가 10m쯤 될 것으로 여겨져 상당히 큰 대형 고인돌일 가능성이 많다.

귀일리 고인돌 유적(「보존유적 제19호」)은 1995년 일부 발굴 조사가 실시되었다. 그런데 발굴이 되지 않은 1호 고인돌의 덮개돌에는 많은 구멍이 파여 있어 그 동안 이것의 성격규명에 대해 여러 의견들이 제시되었다. 현재 북한학계에서는 이것을 별자리로 해석하면서 남두육성일 가능성을 이야기하고 있다.

사진 11. 상원 장리 2호 고인돌모습

사진 12. 상원 장리 2호 고인돌 굄돌의 홈

사진 13. 상원 장리 5호 고인돌모습

장리 고인돌 유적(「보존유적 제14호」)은 마을 앞의 들판과 마을입구에 50여기의 고인돌이 분포하고 있다.

1호 고인돌에서는 청동방울(1쌍)과 청동교예장식, 청동끌 등 여러 가지 청동기가 출토되었다. 특히 청동교예장식품은 서로 어깨를 걸고 발목을 붙인 2사람의 교예사가 2개의 바퀴에 올라서서 재주를 부리는 모습을 나타낸 것으로 북한 학계에서는 고조선시기의 음악과 춤을 알 수 있는 자료라고 주장한다.

4) 만경대 고인돌

만경대 고인돌 유적은 지난 7월부터 현재까지 김일성종합대학 고고학과에서 발굴조사를 하고 있다. 이 유적은 평양 시내 지역에서는 처음 발굴된 것으로 1호 고인돌은 먼저 구덩(土壙)을 판 다음, 두께 2~3㎝쯤 되는 얇은 청회색 점판암의 판자돌로 무덤방을 만들고 그 주위에는 사람 머리크기의 막돌을 쌓아 놓았다. 특히 무덤방을 이룬 돌널들의 짜맞춘 모습을 보면 마치 나무를 다룬 것처럼 홈을 이용하여 끼워 놓은 상태이다.

그리고 덮개돌을 올려 놓았는데 고인돌의 구조로 보면 "침촌형 고인돌"의 성격을 지녔고, 무덤의 성격을 보면 '묵방리형 고인돌'의 변형이다.

이런 점에서 이 고인돌은 앞으로 서로의 형식 변화에 대한 과정을 이해하는데 중요할 것이다.

사진 14. 평양 만경대 1호 고인돌모습

Ⅲ. 사회과학원 고고학 연구소

북한의 고고학연구소(소장 손수호, 고구려 고분벽화전공)는 사회과학원(원장 태형철) 소속으로 인민대학습당(1백화점) 근처의 승리거리에 위치한다.

1952년 10월 9일 과학원 물질문화사연구소에서 출발한 이 연구소는 1957년 과학원 고고학 및 민속학 연구소로 개칭한 다음, 1969년 사회과학원 소속 고고학 연구소로 자리를 잡게 되었다.

1970년대 후반까지 북한 고고학연구의 중심적인 기능을 수행하게 되었으며, 1980년대 김일성 종합대학의 인류진화발전사 연구실이 개설되어 구석기 관련 유적을 조사·연구하기까지 모든 발굴을 전담하게 되었다.

고고학 연구소의 연구조직은 고고학실(손수호?) / 인류학실(장우진) / 연대측정실(김교경) / 고동물실(김신규)로 구성되며, 고고학실 안에는 원시 고고학실(구석기시대~청동기시대, 실장 서국태), 고대사 고고학실(고조선, 삼국시대, 실장 김동일), 중세사 고고학실로 이루어져 있다.

1980년대부터 김일성종합대학과 발굴조사·연구에 있어서 역할 분담이 이루어지고 있는 것으로 판단된다.

그리고 고고학연구소의 연구인력에 있어서도 새로운 세대 즉 30대 중반의 신진학자(로철수 / 김광명 등)들이 중심적인 역할을 하고 있는 것으로 파악 되었으며 이것은 소장의 입지 확립과 관련이 있는 것 같으며 가까운 시일내에 인적구성에서 새로운 변화가 있을 것으로 기대된다.

그런데 이들 신진학자들은 남한의 고고학 연구 방법론이나 최근 연구성과에 상당히 많은 관심을 가지고 있었으며, 상황판단을 위하여 노력하는 분위기였다.

고고학연구소에서는 사회과학원 역사학연구소와 공동으로 2000년 중국 연변대학에서 朝·中 공동 국제학술세미나를 개최하였다. 이 세미나는 고고학연구소의 침체된 분위기 반전과 연구성과를 외부에 소개하고자 하는데 목적이 있었던 것 같다.

또한 원시 고고학실에서는 무산 지초리에 있는 동굴조사를 하여 바위그림을 찾아 곧 학계에 보고할 예정으로 있다. 이 바위그림은 동굴입구의 서쪽벽 6m 정도를 쪼아 매끈하게 다듬은 다음, 320×130㎝범위에 여러 무늬를 새겼다. 그림의 내용은 넝쿨무늬/둥근무늬/타래무늬/번개무늬 등이고, 서로 겹쳐있는 모습이다.

최근의 발굴조사는 황해북도 연탄지역을 중심으로 이루어지고 있는데 고인돌 유적과 고구려 벽화고분(최근 언론에 보도됨)을 중심으로 진행되고 있다. 방북기간동안에 이들 지역의 답사를 수 차례 요청하였지만 수해 피해 등을 이유로 완곡하게 거절하였다. 특히 일본 고구려회의 재정지원으로 조사가 이루어진 송죽리 고구려 고분벽화의 경우 재정적인 지원조건에 제한적인 사항이 있는 것 같았다. 이 조사계획은 연차적으로 실시되는 것 같았으며, 일본의 조사 참가자가 최근 남한(부산대 박물관)에서 자료를 공개한 것은 남북한 공동조사의 실현을 위한 분위기 조성이 주된 요인이 아닌가 판단된다.

고고학 연구소의 현실정은 경제적인 어려움으로 인해 연구분위기가 위축되어 있는 것 같았으며, 제한적인 조사가 실시되고 있었다.

특히 발굴을 완료한 후 연구과정을 거쳐 종합적인 보고서를 간행하여 학계에 배포하여야 하지만 현재 북한 고고학계에서는 단위유적의 발굴 보고서는 간행하지 못하고, 발굴성과를 총괄한 4×6판 50쪽 분량의 「조선 고고연구」를 1년에 4번 간행하고 있는 실정이다.

이러한 사실은 북한의 유적조사와 고고학 연구를 상당히 침체되게 만드는 중요한 요인이며, 남쪽에서 관심을 가져야 될 근본적인 사안으로 판단된다.

또한 지방 박물관(신의주 박물관 / 청진 박물관 / 개성 박물관 등)에서도 제한적이고 부분적으로 발굴조사를 하지만, 보고서를 작성하고도 출판을 하지 못하는 실정인 것 같았다.

Ⅳ. 김일성종합대학 고고학과의 동향

김일성종합대학의 고고학과는 역사학부내에 김일성동지 혁명 역사학과·김정일동지 혁명 역사학과·조선 역사학과·세계 역사학과·민속학과·종교학과와 같이 있다.

역사학부의 학생은 1,000명이고 교직원은 200명이며, 이 가운데 고고학과는 1학년~5학년이 150명(한 학년 30명), 교수 30여명이다. 학생들은 1~2학년에 이론 위주의 수업을 하고, 3학년때에는 기초실습과정을 거쳐 4·5학년에는 전공실습으로 유적발굴에 참가하여 발굴과정을 현장 학습한다. 이렇게 5년 동안에 강의를 마친 사람은 졸업논문을 제출하여 통과한 후 박물관과 출판, 행정관련 부서에 배치를 받게 된다.

현재 고고학 강좌장(학과장)은 남일룡 교수(고대 성곽 전공)이고 김영찬 교수(중세 성곽), 이영식 교수(고구려 고분), 이광희 교수(유물 분석) 등이 중추적인 역할을 하고 있는 것 같다.

특히 인류진화발전사연구실은 대동강 문화권의 설정을 위한 기초자료를 연구하는 김일성 종합대학의 핵심적인 연구기관이다.

이 연구소의 설립배경은 김일성 종합대학 설립 30주년을 맞아 김일성이 방문하여 '인류진화발전사를 다시 검토하여 우리나라에서 인류진화발전사를 확고한 물질자료에 기초하여 해명할 데 대한 과업 부여'라는 교시를 전달하였기 때문으로 해석된다.

그래서 이 연구소는 1970년대 후반부터 상원 룡곡 동굴 유적을 비롯하여 황해도 랭천동굴, 독재굴, 화천동굴 등을 발굴하였으며 연구원인 박한덕은 랭천동굴 자료를 가지고 2002년 학사논문(우리의 석사학위)을 작성하였다.

또한 최근에는 황주 청파대 동굴유적을 98년부터 연차사업으로 발굴하고 있는데 현재까지 3개체의 사람뼈와 12,000여 점의 유물을 발굴한 것으로 알려지고 있다.

사진 15. 상원 용곡1호동굴 입구

인류진화발전사연구실의 연구경향 가운데 이전의 고고학 연구소에서 하던 것과 다른 특이한 점은 종합적인 분석연구를 하고 있다는 것이다. 이 연구실의 보고 관련 논문을 보면 지질과 층위 분석, 화석 감정(인류화석 / 동물화석), 꽃가루 분석, 절대연대측정(주로 열형광법과 핵분열 흔적법)등 구석기 연구를 전문영역으로 구분하여 진행하고 있다.

한편 이번 방북기간에 김일성 종합대학을 방문하여 북한 구석기 연구의 계기에 대한 새로운 자료를 찾을 수 있었다. 지금까지 남쪽 학계에서는 1950년에 시작된 웅기 서포항유적의 발굴조사 후 같은 지역에 층위를 이루고 있던 굴포리 구석기 유적을 1963년 4월부터 발굴하였다고 인식하고 있었다. 그런데 1974년 9월에 개관한 김정일 사적관의 자료를 살펴본 결과 1960년 8월 29일 김정일이 김일성 종합대학 학생들과 '우리 나라 구석기시대의 존재문제를 주체적 립장에서 고찰할데 대하여'라는 제목으로 담화를 하고 난 다음 굴포리 유적을 발굴하게 되었다는 것이다(1985, ≪김일성 종합대학의 임무에 대하여≫ 1권 참조).

이러한 사실은 향후 한반도의 구석기 연구에 대한 계기를 인식하는데 있어서 큰 시각의 차이를 보여줄 것이 분명하므로 남쪽학계에서도 빨리 이런 문제에 관하여 -한국의 구석기 학사- 준비를 하여 공론화할 필요가 있다고 판단된다.

Ⅴ. 조선중앙 역사박물관 관람

평양시내의 승리거리(인민대학습당과 1백화점 부근)에 위치한 조선중앙 역사박물관은 북한의 중앙박물관 역할과 기능을 하고 있었다.

현황을 보면 3층 건물로 15만㎡의 면적이고, 1층은 연구관리실/2~3층은 전시실이었다. 조직은 관장밑에 부관장과 여러 연구실로 이루어져 있다. 연구를 중심으로 하는 학술실, 안내를 맡는 군중실(군중강사실 또는 교양실), 유물을 보존관리하는 보존연구실(보존실, 미술실, 실험실, 미술제작실, 표구실), 청사관리실(조직계획실) 등이 있다. 하루 관람객은 7~800명이며 많게는 1,000여명 정도라고 관계자는 밝혔다.

전시실은 모두 19실로 이루어져 있으며, 전시실 입구에 김일성 주석의 좌상이 있는데 처음에는 석고상이었지만 1994년 사망이후 청동상으로 바꾸었다고 한다.

1실은 「김일성 주석다녀가신 방」이라하여 김일성·김정일·김정숙 관련 혁명사적 일람표를 중심으로 전시되어 있다. 2실~3실은 「원시실」, 4실~5실 「고대실」, 6실~9실은 「중세-고구려실」, 10실은 「중세-백제·신라·가야실」, 11실 「중세-발해실」, 12실~14실은 「중세-고려실」, 15실~17실 「중세:리조실」, 18실 「근세실」 그리고 19실은 「3·1독립운동 관련 자료실」로 대부분 김형직 혁명활동 주요지역도 및 사진판넬 등이 전시되어 있다.

전시관람자는 평양시민 이외에도 지방도시의 근로자가 직장별(단위별)로 관람을 하고 있었으며 의외로 학생들이 없었다.

전시내용 가운데에는 남한 관련자료가 사진판넬로 전시되었는데 구석기 유적인 청원두루봉 제2굴과 공주 석장리유적 사진을 비롯하여 서울 암사동 출토 토기, 대구 평리출토 청동유물 등이다.

전시면적이나 전시 공간에 비하여 유물이 적고 사진·그림의 판넬로 전시한 점이 많아 주목되어 안내자에게 질의한 결과 시각적인 효과를 위한 것이라고 주장하지만 실제는 유물의 정리와 보존문제일 것으로 판단된다.

또 진열장속의 중요한 유물이 상당부분 빠져 있었는데 안내자는 전시를 위하여 현재 복제 또는 정리 중이라고 하였다. 이점은 앞으로 남북교류전시가 이루어진다면 남쪽의 준비과정에서 참고가 될 것으로 여겨지며 유물의 진품과 복제품에 대한 철저한 관리가 필요할 것이다.

Ⅵ. 북한의 문화재 관리정책과 실태

북한에서는 1994년에 제정된 〈조선민주주의 인민공화국 문화유물 보호법〉에 의하여 문화재 관리정책을 입안·추진하고 있다.

이번 방북기간에 답사한 유적이나 박물관 그리고 관련 학자들의 의견을 종합하여 보면, 문화유물은 유구한 역사와 문화전통을 보여주는 나라의 귀중한 보물로서 원시유적·성·건물(터)·가마터 등의 역사유적과 생산도구·인류화석·무기·조형예품 등이 속한다.

그리고 문화유물은 원칙적으로 국가만 소유할 수 있으나, 상속받은 유물은 개인도 소지할 수 있다.

불법으로 해외에 유출된 유물은 소유권을 인정하지 않으며, 반환을 적극적으로 추진하고 있다. 실례로 이 반환운동은 일본에서 조총련 기구를 중심으로 1980년대에 활발하게 진행되고 있었지만, 현재는 큰 성과가 없는 것 같다. 지금까지 300여점이 돌아온 것으로 이번에 확인되었다. 대표적인 사례는 조총련 중앙상임위원회의 〈연가 7년명 1광 3존불(고구려)〉, 〈금동미륵보살 반가사유상(백제)〉, 〈금동약사여래립상(신라)〉, 〈용구름무늬 백자항아리(조선)〉를 비롯하여 대원군의 병풍인 〈란초〉, 김규진의 〈두루미〉그림 등이 있다. 또 재일 조선인 중앙교육회에서 〈꽃새무늬 청자(고려)〉, 조총련 오오이따현 본부에서 〈배부른 단지(신라)〉, 조총련 오사까 본부에서 〈금강산모양 진홍자기(조선)〉등을 보냈다.

북한에서는 문화재의 발굴과 수집을 문화유물 보존기관이나 전문기관만 할 수 있으며, 건설공사등 국가 사업에서 유물이 발견되면 곧 바로 신고하고 현지 조사를 하여야 한다.

이번 방북과정에서 확인된 사실 가운데 하나는 2002년 3월에 함경북도 화대군 석성리에서 도로공사과정에 구석기시대의 사람머리뼈(현재 약 30만년전으로 추정)가 발견되어 고고학연구소에서 조사를 실시하였다. 이 과정에서 공사시행자와 발굴 조사기관사이에 의견이 일치되지 않아 어려움이 있었던 것 같다. 그런데 고고학 연구소의 관계자에 의하면 이와 유사한 일들이 최근에 많이 일어난다고 한다.

북한의 문화재 보호는 역사의 정통성 확보에 모든 정책이 집중되어 있다.

1990년에 설정한 대동강 문화권의 확립에 따라 고조선-고구려-발해-고려 유적을 집중적으로 복원하여 왔다. 이런 복원에는 당성과 노동계급성의 원칙, 역사주의 원칙이 전제된다고 한다.

대표적인 복원사업은 대성산성, 낙랑거리의 낙랑국 무덤 등이 있으며, 최근에는 낙랑구역의 아파트 건립에 따른 문화재 조사와 복원문제로 관계당국사이에 어려움이 많은 것으로 확인되었다.

Ⅶ. 남북교류를 위한 몇 가지 제언

이번 방북을 통하여 북쪽 고고학자들과 같이 답사하고 토론한 내용을 중심으로 남북교류를 위한 몇 가지 제언을 하고자 한다.

최근 북한에서의 고고학연구(발굴조사 포함)는 경제사정으로 인하여 많은 어려움을 겪고 있는 것 같다. 고고학 연구소의 관계학자들에 의하면 공사로 인한 구제발굴 이외에는 조사가 어려운 실정이라고 한다.

올해 8월과 9월에 일본 NHK의 후원으로 일본 고구려회와 공동 사업으로 발굴한 황북 연탄지역의 고구려 고분벽화는 재원확보가 최우선 과제임을 잘 보여준다.

또한 문화재 관리는 현실적인 유지에 급급하며, 새로운 유적의 발굴이나 복원은 현 상태에서 거의 불가능한 것으로 판단된다. 이런 관점에서 국가적인 차원으로 남한의 문화재 보존관리기술을 가지고 공동연구사업을 실행하도록 관계당국의 관심이 필요하다.

먼저 고고학은 다른 어느 분야보다도 남북한 교류의 가능성이 높은 학문분야라고 여겨진다. 그 이유는 고고학의 기본적인 연구방법이 유적이나 유물을 1차 대상으로 하고 연구의 분석에 대한 목표가 이데올로기나 주장을 넘는 실증적인 자료에 바탕을 두고 있기 때문이다.

첫째, 선사고고학분야의 답사 그리고 유적조사나 학술토론회 개최다.

선사고고학은 학문의 성격상 국가형성이전의 유적이나 유물이 연구대상이기에 교류에 대하여 역사고고학보다 수월성이 있다.

따라서 현재 남북한 학계에서 서로 의견이 대립하는 역사분야보다는 합일점을 찾기 쉬울 것으로 판단된다.

이런 점에서 민족과 문화의 동질성회복을 위하여 남북한 관련학자들이 서로의 이해관계를 벗어날 수 있는 휴전선 지역의 유적을 지정하여 공동으

사진 16. 남북 고인돌 사진전모습

로 답사하거나 발굴 조사할 수 있을 것이다. 이를 위하여 최근 대규모 토목 사업이 벌어지고 있는 지역을 선택하여도 좋을 것으로 생각된다.

이 조사에서 가장 가능성이 높은 지역은 개성공업단지 건설지역의 문화재 조사다.

북한에서는 고고학 연구소나 김일성 종합대학 역사학부에서 황해·강원 지역에 최근 5년간에 걸쳐 대대적인 지표조사를 한 사실을 이번에 확인하였는데 우리도 이것에 대비하여야 할 것이다.

또한 선사고고학에 대한 주제를 설정하여 남한이나 북한 또는 제3국에서 공동으로 학술토론회를 개최하는 일이다. 이 문제는 1993년~1995년까지 일본 오사카의 오사카경제법과대학에서 개최된 「단군과 고조선에 관한 학술발표회」가 참고될 것이다.

둘째는 북한의 발굴보고서 발간을 지원하는 일이다.

이번 방북과정에서 확인된 사실이지만, 경제적인 어려움이 고고학분야에 큰 충격을 준 것으로 파악되었다. 북한에서는 학술적인 발굴을 하여 보고서를 작성하였지만, 경제적인 어려움으로 인하여 발간을 못하고 있는 실정이다.

이런 점에서 정부당국의 남북교류협력법에 의한 남북교류기금의 지원이 이루어지면 북한 고고학의 발전기회가 될 것으로 판단된다.

셋째, 고고학관련 자료전시회를 개최하는 일이다.

사실 이번 방북기간인 9월 26일 윤이상음악연구소(평양국제문화회관)에서 남북한 고인돌 사진 공동전시회를 개최하였다.

전시회 동안 북한학자들은 남한지역의 50여점에 달하는 고인돌사진을 보고 많은 관심을 표시하면서 이런 전시회를 상호교류하면 도움이 될 것이라고 적극적인 인식을 하였다.

넷째, 제3국을 통한 공동의 유적조사 사업이다.

이 주제는 발해와 관련되는 것이 가장 가능성이 높은 것으로 판단된다.

사실 1990년대 후반에 남한의 대륙 연구소·고구려 연구회에서 연해주 지역의 발해유적을 발굴하였는데, 북한의 고고학 연구소도 시차를 두고 연해주에서 발굴을 하였다.

〈白山學報 第64號, 2002.12.25. pp.317~341〉

북한 학계의 고조선 연구 경향

하 문 식*

〈目 次〉

Ⅰ. 머리말

고조선에 대한 연구는 일찍부터 중심 지역과 영역 문제, 주민 구성, 사회상(社會相) 등 상당히 다양한 주제가 관심의 대상이었으며, 최근까지도 이에 대한 논의가 계속되고 있다.

북한 학계의 고조선에 관한 연구는 초기에 진행된 여러 분야의 역사 연구와 함께 비교적 중요한 관심사로 대두되어 왔다. 이러한 관점은 한국사에 있어 고조선이 갖는 의미를 깊이 인식하고 있었다는 것이다. 광복 이후 이루어진 북한 학계 나름대로의 역사 서술 과정에서 고조선 관계는 일제 식민사관에 의한 역사 왜곡의 심각함을 이해하고 민족주의 역사학자들의 견해를 상당히 참고하였던 것 같다. 그러면서 고조선은 물론 고조선과 관련되는

* 세종대학교 교수

한사군, 낙랑(악랑), 기자조선 등에 문제의식을 갖고 연구를 진행하여 왔다.

이 글은 광복 이후부터 최근까지 북한 학계에서 진행되어온 고조선 관련 연구를 되돌아보는 것으로 최근의 연구 성과인 단군릉 발굴을 구분의 기점으로 삼았다. 사실 1993년에 이루어진 단군릉의 발굴 조사와 이에 따른 북한 학계의 연구 경향, 발표된 연구 논문들은 이전의 연구 성과와는 전혀 다른 내용이다. 따라서 기존의 관점에서 이루어진 고조선(청동기시대) 관련 연구는 완전히 새로운 틀로 짜여질 수 밖에 없다.

북한 학계의 고조선 연구에 관하여는 한국 역사학계에서 그동안 여러 차례 논의가 있었고 상당히 많은 연구 성과들이 소개되어 왔다. 여기에서는 이러한 선행 연구를 참고하면서 북한에서 진행된 연구의 흐름을 살펴보고자 한다.

Ⅱ. 단군릉 발굴 이전

고조선에 대한 북한 학계의 연구는 광복 직후부터 이루어져 왔다. 처음에는 고대사 연구의 범위에서 있었던 노예제 사회의 논의 과정에 고조선의 사회 성격에 대한 문제가 제기되었다. 또한 한사군과 낙랑에 대한 연구도 이러한 틀 속에서 있었다.

한국 학계에서는 북한의 이러한 여러 연구 성과들을 소개하면서 나름대로의 의미와 해석을 하였다. 지금까지 정리 발표된 대표적인 것으로는 이기동,[1] 이광린,[2] 권오영,[3] 조법종,[4] 이형구,[5] 노태돈,[6] 오강원·윤용구,[7] 김

1) 이기동, 1988.「北韓에서의 古朝鮮 硏究」『韓國史市民講座』2, pp.89~108.
2) 이광린, 1989.「北韓學界에서의「古朝鮮」硏究」『歷史學報』124, pp.1~23.
3) 권오영, 1990.「古朝鮮史 硏究의 動向과 그 內容」『北韓의 古代史硏究』, pp.25~70.
4) 조법종, 1991.「北韓의 古朝鮮史 認識體系에 對한 考察」『북한의 우리 고대사 인식 (Ⅰ)』, pp.138~157 ; 1994.「북한 학계의 고조선 연구」『북한의 고대사 연구와

창겸[8] 등의 연구가 있다.

북한 학계에서의 고조선 연구에 있어 전환점이 된 단군릉 발굴 이전의 연구 경향을 살펴볼 때 1963년 이전과 이후가 하나의 기준이 될 수 있을 것 같다. 그 이유는 1959년부터 시작되어 1962년까지 진행된 고조선 관련 토론회의 결과물이 1963년 8월에 발간되어 그동안의 연구 성과를 정리하고 고조선 연구에 있어 하나의 획을 긋게 되었다. 또한 이 토론회의 뒷부분에서 주도적인 역할을 한 이지린의 『고조선 연구』가 간행되어 이 사실을 뒷받침하고 있다.

1. 1963년 이전의 고조선 연구

광복 이후 북한 학계의 고조선 연구는 식민사관에 의하여 왜곡·부정되어 왔던 고대사 연구와 일제 강점기 일본 학자들에 의하여 발굴된 평양지역의 유적과 유물에 대한 재해석 과정에서 관심이 모아졌다.

이어서 이 시기에 논의되었던 주관점은 식민사관에 대한 비판이 이루어지면서 기존의 민족주의 사학자들이 밝혀온 견해들이 상당부분 그대로 수용되었다. 이러한 여러 가지 가운데 고조선의 중심지가 요하 일대라는 견해가 주목된다.

초기에 고조선과 관련된 글은 홍기문(1949ㄱ. 「조선의 고대 사료로서 한

성과』, pp.134~171 ; 1999. 「古朝鮮 關聯 硏究의 現況과 課題」 『단군학 연구』1, pp.79~133.

5) 이형구, 1995. 「북한의 고조선 연구」 『통일 대비 연구』, pp.45~69 ; 1999. 「단군(檀君)과 고조선사(古朝鮮史) 연구의 현황과 과제」 『단군학 연구』1, pp.29~49.

6) 노태돈, 2000. 「북한 학계의 고조선사 연구 동향」 『단군과 고조선사』, pp.240~264.

7) 오강원·윤용구, 2003. 「북한 학계의 고조선·단군 연구 동향과 과제」 『북한의 한국사 연구 동향(1)』, pp.51~96.

8) 김창겸, 2004. 「북한의 고조선사 연구 동향과 남북한 학술 교류」 『남북 사회 문화 교류와 북한의 한국학』, pp.361~409.

위이전 중국문헌의 검토」『력사제문제』9 ; 1949ㄴ. 「조선의 고고학에 대한 일제 어용 학설의 검토(상)」『력사제문제』13 ; 1950. 「조선의 고고학에 대한 일제 어용 학설의 검토(하)」『력사제문제』14), 김무삼(1949. 「조선 금석에 대한 일제 어용 학설의 검토」『력사제문제』10), 정현(1950. 「한사군고」『력사제문제』17), 정세호(1950. 「고조선의 위치에 대한 일고찰」『력사제문제』16) 등이 조선력사편찬위원회에서 펴낸 당시 북한 역사학계의 대표적인 기관 연구지인 『력사제문제』에 발표하였다.

한편 한국전쟁의 와중에서 새로운 사회 분위기가 형성되었고 역사학 연구도 전기를 맞게 되었다. 1952년 10월 과학원이 창립(내각 결정 제183호)되면서 그 안에 역사연구소와 물질문화사연구소(1957년 고고학 및 민속학 연구소로 개칭)가 설립되었다. 그 후 리여성(1955. 「대동강반 한식 유적·유물과 「악랑군치」 설치에 대하여」『력사과학』5),[9] 정세호(1956. 「사기를 중심한 고조선의 위치에 관하여」『력사과학』2) 등이 고조선 관련 논문을 새롭게 간행되기 시작한『력사과학』에 발표하였고 뒤이어 1956년 3월 역사연구소에서 『조선통사(상)』를 간행하였다.[10]

1950년대 후반 '삼국 시기의 사회 경제 구성에 관한 토론회'가 진행되면서 1959년과 1960년 3차에 걸쳐 노예제 사회에 대하여 본격적인 논의가 있었다. 그 결과 고조선이 노예제 사회이고 이것을 바탕으로 삼국이 봉건국가로 발전하였다는 해석을 진행하였다.[11] 더구나 1960년대 초반에 발굴 조사된 강상과 누상 돌무지무덤은 이러한 고조선의 사회 성격 규정에 뒷받침이

---

9) 리여성이 펴낸 『조선미술사개요』(1955년)에 김두봉의 고조선 요동중심설이 부분적으로 소개되어 있다.

10) 북한 학계에서 펴낸 최초의 한국사 통사류인 『조선통사(상)』에 림건상이 쓴 「제1장 원시 공동체 사회와 그 붕괴, 고조선」이 있다.

11) 김석형·정찬영, 1960. 「우리나라 노예 소유자 사회의 특성과 봉건사회의 성립」『력사과학』2 : 김석형, 1960. 「조선 고대사 연구에서 제기되는 몇가지 리론상 문제」『력사과학』3.

되고 있었던 것 같다.

이 시기에 나타난 또 다른 특징은 고조선에 대한 논의가 지금까지는 주로 문헌사학자들에 의하여 진행되어 왔지만 1960년대 들어 발굴조사가 활발하게 이루어지면서 고고학자들이 의견을 제시하기 시작하였다.

사실 이미 고조선의 중심지를 요령지역(요하)과 평양지역으로 해석하는 견해의 대립이 본격적으로 시작되었다고 볼 수 있다.[12] 고고학적 관점으로 전주농이 대동강과 재령강 유역에서 많이 조사된 움무덤을 고조선 시기의 대표적인 무덤으로 보고 이곳에서 출토된 좁은놋단검, 마구류 등 청동 유물을 이 시기의 것으로 해석하였다.[13] 그리고 이런 관점에서 평양지역이 고조선의 중심지라는 견해가 제시되었다.

이어 도유호를 중심으로 한 고고학자들은[14] 고조선의 중심지가 평양지역이라는 견해를 굳히면서 요령지역으로 주장하는 문헌사학자들을 반박하기 위하여 1960년 4월 토론회를 개최하는 동시에 관련 논문을 발표하였다.[15]

하지만 곧이어 삼국의 사회 성격을 규정하는 과정에서 김석형, 리지린을 중심으로 한 문헌사학자들은 계속 요령 중심지를 주장하였고,[16] 이런 견해

---

12) 조법종·노태돈 등은 1958년에 있었던 조선 로동당 제1차 대표자 회의에서 1956년의 '8월 종파사건' 때문에 연안파·소련파의 중진들이 물러나면서 고조선의 중심지를 요령지역으로 주장하던 견해가 변화를 보이는 것으로 해석하고 있다.
조법종, 1994.「앞 글」, pp.148~149 : 노태돈, 2000.「앞 글」, pp.245~247.

13) 전주농, 1960.「고조선 문화에 관하여-토광무덤 년대의 고찰을 중심으로」『문화유산』2, pp.39~59.

14) 당시 조선중앙력사박물관장인 황욱을 비롯하여 백연행 등 일부 박물관 연구자들은 고고학 및 민속학연구소의 고고학자들과는 다른 견해를 보였다(이광린, 1989.「앞 글」, pp.7~8).

15) 도유호, 1960.「고조선에 관한 약간의 고찰」『문화유산』4, pp.28~57 ; 1961.「고조선 문화에 대하여」『력사과학』5 ; 1962.「진번과 옥저성의 위치-고조선 령역 문제와 관련하여」『문화유산』4, pp.1~13 : 정찬영, 1960.「고조선의 위치와 그 성격에 관한 몇가지 문제」『문화유산』3, pp.39~51.

16) 김석형, 1960.「3국에 선행한 국가들과 종족들에 대하여」『력사과학』1 : 리지린, 1960ㄱ.「고조선 국가 형성에 관한 한 측면의 고찰(상)」『력사과학』2 ; 1960ㄴ.「고

는 상당 기간 북한 학계의 공식적인 견해가 되었다.

한편 1959년의 과학 토론회를 시작으로 다음과 같은 여러 차례의 논의가 있었다.[17)]

- ○ 1959. 12.「우리나라 고대 종족과 국가 발생에 관한 과학 토론회」
- ○ 1960. 4.「『고고학상으로 본 고조선』에 대한 과학 토론회」
- ○ 1961. 6.「『기자 동래설』의 허황성에 대한 과학 토론회」
- ○ 1961. 7.「『고조선 연구에서 제기되는 몇가지 문제』에 대한 학술토론회」
- ○ 1961. 7.「『고조선의 위치와 령역』에 대한 학술 토론회」
- ○ 1961. 8.「『고조선의 종족 구성과 시기 구분에 대하여』에 관한 과학 토론회」
- ○ 1961. 8.「『고조선의 생산력과 국가 형성』에 관한 과학 토론회」
- ○ 1962. 7.「『단군 건국신화』에 대한 과학 토론회」
- ○ 1962. 10.「고조선 령역에 대한 학술 토론회」

위의 자료에서 보듯이 1961년 7·8월에 집중적인 논의가 있었음을 알 수 있다. 특히 고조선의 위치와 영역에 대한 토론회에서는 고조선의 중심지에 관하여 고고학자(도유호/황철산/정찬영)와 문헌사학자(림건상/박시형/리상호/리필근/백남운)의 의견이 요동 중심설과 평양 중심설로 구분되어 논란이 심각한 수준에까지 이르게 되었다. 이렇게 되자 역사연구소장인 김석형은 요하 중심설이 합리적이라는 견해를 제시하였으며, 이후부터는 요하 중심설이 보다 설득력을 얻게 되었다. 하지만 고고학자의 대표격인 도유호와 몇몇 연구자들은 계속 대동강 유역의 평양설에 대한 주장을 꺾지 않았다.[18)]

조선 국가 형성에 관한 한 측면의 고찰(하)」『력사과학』4.

17) 여기에 관한 토론의 주체와 참가자, 토론 요지, 관련 자료 등은 조법종의 글을 참고하기 바람(1994.「앞 글」, pp.157~164).

18) 도유호, 1962ㄱ.「신천 명사리에서 드러난 고조선 독널에 관하여」『문화유산』3, pp.45 ~60 ; 1962ㄴ.「왕검성의 위치」『문화유산』5, pp.60~65 ; 1963.「예맥조선에 관하여」『문화유산』6 : 전주농, 1963.「신창군 하세동리에서 드러난 고조선 유물에 대하여」『고고민속』1.

이런 논란 속에서 1962년에 진행된 「고조선 령역에 대한 토론회」는 3차례에 걸쳐 집중적인 논의가 있었다. 이 토론회를 기점으로 고조선의 중심지 논란은 일단락되는 것 같으며, 역사연구소의 문헌사학자들의 요동중심설이 지지를 받게 되었다.

2. 1963년 이후의 고조선 연구

1960년대 초반을 전후한 시기에 진행된 고조선 관련 토론회는 대부분 고조선의 중심지에 관한 것이었고 문헌사학자들의 주장이 북한 학계의 공식 의견으로 채택되었다.

1963년은 북한의 고조선 연구에 있어서 하나의 기점이 된다고 판단한다. 그것은 1960년대 초반에 논의된 의견을 중심으로 자료가 정리되어 『고조선에 관한 토론 론문집』으로 1963년 8월에 발간되었다.[19]

이 논문집에는 다음과 같은 6편의 논문이 수록되어 있다.

- ○ 리지린, 「고조선의 위치에 대하여」
- ○ 김석형, 「고조선의 연혁과 그 중심지들에 대하여」
- ○ 황철산, 「고조선의 위치와 종족에 대하여」
- ○ 정찬영, 「고조선에 관한 몇가지 문제들에 대하여」
- ○ 리상호, 「단군고」
- ○ 림건상, 「고조선의 위치에 대한 고찰」

위의 논문 제목에서 알 수 있듯이 고조선에 관한 연구 결과를 정리한 6편의 논문 가운데 위치와 중심지에 관한 것이 4편으로 고조선 연구의 당시 관심 부분이 무엇인지 우리는 단적으로 알 수 있다.

---

19) 사회과학원 력사연구소, 1963. 『고조선에 관한 토론 론문집』 참조.

한편 이 논문집에는 당초 도유호의 논문인 「우리나라 최초 국가 형성 과정에 관한 연구」가 게재될 예정으로 있었지만 학계 사정으로 게재되지 못하였다는 견해가 제시되어 주목된다.[20]

1960년대에 들어와 고조선 연구에 중심적인 역할을 한 대표적인 연구자로는 리지린을 들 수 있다. 그는 1963년에 『고조선 연구』라는 북한 학계의 공식적인 견해를 담은 단행본을 출간하면서 주목을 받기 시작했다. 하지만 이미 1960년대 초부터 고조선 관련 논문을 발표하여 왔고,[21] 『고조선에 관한 토론 론문집』에서도 그의 위치가 크게 부각되었다.

리지린은 중국 고문헌에 깊은 조예가 있는 중국 철학 전공자였으나 중국 문헌에 대한 해박한 지식을 기본 자료로 하여 역사지리학적 입장에서 고조선을 연구하였다.[22] 특히 『고조선 연구』는 역사지리학적인 측면에서 중국 고문헌 관련 자료를 치밀하게 분석한 연구 결과다.

또한 『고조선 연구』가 발간된 다음에도 고조선 중심지에 대한 고고학자들의 견해에 대하여 문헌사학자들의 비판은 계속 이어져 왔다. 그 중심적인 연구자로는 리상호를 들 수 있다.[23]

---

20) 조법종에 의하면 1963년에 간행된 『력사과학』2호의 「근간도서 안내」에서는 『고조선 문제에 관한 토론 론문집』의 수록 논문이 7편이고 도유호의 논문도 게재될 예정이었다고 함(조법종, 1994. 「앞 글」, p.167).

21) 리지린, 1960ㄱ. 「고조선 국가 형성에 관한 한 측면의 고찰-한자 사용 시기에 대하여(상)」 『력사과학』2 ; 1960ㄴ. 「고조선 국가 형성에 관한 한 측면의 고찰-한자 사용 시기에 대하여(하)」 『력사과학』4 ; 1962. 「고조선과 삼한 사람들의 해상 활동」 『력사과학』1 ; 1963ㄱ. 「진한대 료동군의 위치」 『력사과학』1 ; 1963ㄴ. 「창해군(滄海郡)과 창해군(倉海君)」 『력사과학』3 ; 1965. 「『삼국유사』와 『제왕운기』를 통해 본 고조선의 위치」 『력사과학』5 참조.

22) 리지린의 학문적인 성장 배경과 연구 경향에 대하여는 이광린의 연구가 있다(이광린, 1989. 「앞 글」, pp.13~20).

23) 리상호, 1963ㄱ. 「고조선 중심을 평양으로 보는 견해들에 대한 비판(상)」 『력사과학』2 ; 1963ㄴ. 「고조선 중심을 평양으로 보는 견해들에 대한 비판(하)」 『력사과학』3 ; 1964ㄱ. 「기원전 4세기 이전 고조선의 서단과 중심지에 대하여(상)」 『력사과학』2 ; 1964ㄴ. 「기원전 4세기 이전 고조선의 서단과 중심지에 대하여(하)」 『력사과학』3 ;

그런데 고조선 연구에 있어 문헌사학자 중심의 이러한 연구 분위기가 확산되고 있는 과정에서도 고고학 및 민속학연구소에서는 중국 동북지역의 고조선 관련 유적 발굴을 비롯하여 청동기유적의 조사와 발굴에 많은 노력을 기울이고 있었다. 특히 요령성 일대의 청동기시대 유적 조사는 문화의 공간적인 범위를 새롭게 인식하는 계기가 되었던 것으로 여겨진다. 그리고 관련 유적 보고서 및[24] 논문도[25] 계속 발표되었다.

이 시기에 고고학 자료를 바탕으로 고조선 사회의 성격을 규명하려는 분위기가 있어 왔다.[26] 이것은 이미 발표된 글을 보완하고 고조선의 전반기에 관하여 고고학적인 입장에서 좀더 가까이 접근하고자 노력하였던 연구 결과다.[27]

1970년대 들어와서는 1960년대 후반에 있었던 학문외적인 사회 분위기의 영향을 상당히 받았던 것 같다. 특히 1967년에 '당의 유일사상 체계'와 관련된 '5.15 교시'는 고조선 연구에 직·간접적으로 많은 영향을 미치게 되었다. 주체사상의 확립을 전제로 시작된 일련의 과정들은 학문 연구의 단절성을 가져 왔고 고조선 연구도 예외가 아니었다. 그리고 1972년 12월 최고인민회의 제5기 제1차 회의에서 '조선 민주주의 인민공화국 사회주의 헌법'이 채택됨으로써 역사학 연구에 있어서 기존의 관점과 여러 견해들에 변화가 있을 것임을 예고하기도 하였다.

1965.「렬수·렬양·렬구·렬고사」『력사과학』1.

24) 도유호, 1960.『회령 오동 원시유적 발굴보고』: 김용간, 1964.『금탄리 원시유적 발굴보고』: 조·중 고고학발굴대, 1966.『중국 동북지방의 유적 발굴보고』

25) 김용간, 1964.「우리나라 청동기시대의 년대론과 관련한 몇가지 문제」『고고민속』2, pp.8~18 : 김용간·황기덕, 1967.「우리나라의 청동기시대」『고고민속』4, pp.1~9 : 최상준, 1966.「우리나라 원시시대 및 고대의 쇠붙이 유물 분석」『고고민속』3, pp.43~46 : 황기덕, 1965.「무덤을 통하여 본 우리나라 청동기시대의 사회 관계」『고고민속』4, pp.8~23.

26) 고고학연구소, 1969.「기원전 천년기 전반의 고조선 문화」『고고민속론문집』1 참조.

27) 이 문제에 관하여는 권오영의 언급이 있다(1990.「앞 글」, 31, 주 11 참조).

이러한 분위기에서 고조선 연구는 문헌사학보다 고고학 연구가 중심이 된 듯 하며, 몇몇 자료가 정리되어 발표되었다.

먼저 리순진·장주협이 엮어 1973년에 펴낸 『고조선 문제 연구』(사회과학출판사)가 있다. 이 책은 주로 고고학 자료를 검토한 결과이며, 제1편 고조선의 문화와 제2편 마한의 문화로 구분되었다. 고조선의 후기 문화는 고고학 연구 성과에 따라 이름붙여진 '세죽리-연화보 유형'이며, 평양 지역의 낙랑 유적을 마한 유적과 연관시키고 있다. 또한 고조선의 남쪽 경계를 청천강유역으로, 고조선의 중심지를 요동지역으로 본 고고학자들이 쓴 '악랑'이라는 낱말을 '락랑'으로 사용하는 점이 돋보인다.

다음은 사회과학원 고고학연구소의 연구자들이 집필하고 최택선·리란우가 엮은 『고조선 문제 연구 론문집』이 1976년 발간되었다.

이 논문집은 고고학연구소의 고조선 관련 연구자들이 쓴 것으로 다음과 같이 모두 5편의 논문이 실려 있다.

ㄱ. 「고조선문화의 특성과 그 발전」
ㄴ. 「고조선의 사회 성격과 그 형성 시기」
ㄷ. 「고조선의 령역과 그 중심지」
ㄹ. 「나무곽무덤에 대하여」
ㅁ. 「평양 부근의 1~3세기 유적에 대하여」

이 논문들은 그동안 발굴조사에서 밝혀진 연구 성과들을 중심으로 고조선의 역사와 문화, 사회 성격을 규명하기 위한 것이다. 여기서 언급되고 있는 대부분은 기존의 견해들을 그대로 받아들이는 것도 많이 있지만 고조선의 무덤을 돌무덤, 움무덤, 나무곽무덤으로 구분하면서 특히 나무곽무덤〔木槨墓〕에 관하여 상당히 자세히 언급하고 있다. 나무곽무덤에서 출토된 유물 가운데 무기류와 마구류를 가지고 계급 신분 관계를 정하여 지배층과 피지배층으로 구분하고 있다. 또한 움무덤과 나무곽무덤의 계승성은 물론 귀틀무덤으로의 변천 과정도 밝히고 있다. 영역에 있어서는 고조선 말기의 남쪽 경계선을 패하로 설정하고 있는데 패하는 예성강으로 해석하고 있다. 그리고 서쪽 경계는 대릉하로 이해하고 있다.

한편 1970년대 후반에는 복잡한 북한 사회의 내부 사정으로 인하여 다른 분야의 연구도 활기를 잃었듯이 고조선 연구도 별다른 연구 성과들이 나오지 못하였다.

이 시기의 역사 연구는 대부분 앞 시기의 연구 성과들을 묶어서 단행본으로 간행하고 있는 점이 주목된다. 이것은 고조선 역사도 큰 틀에서 계몽적인 의미로 여기고 역사의 대중화에 이용되었던 것 같다. 또한 북한 학계에서 이 시기에 역사 계몽화에 큰 관심을 기울이게 된 것은 주목된다. 대표적인 단행본들은 다음과 같다.

- 고고학연구소, 1977. 『조선 고고학 개요』(과학백과사전출판사)
- 력사연구소, 1977. 『조선문화사』(과학백과사전출판사)
- 력사연구소, 1979. 『조선전사』(중세편)(과학백과사전출판사)
- 황기덕, 1984ㄱ. 『조선의 청동기시대』(사회과학출판사)
- 황기덕, 1984ㄴ. 『조선 원시 및 고대사회의 기술 발전』(과학백과사전출판사)
- 손영종 · 박영해 · 김용간, 1987. 『조선통사(상)』(사회과학출판사)
- 김순영 · 리철 · 리임출 · 박현종 · 조인규, 1987. 『조선미술사』1, (과학백과사전출판사)
- 박영초, 1988. 『조선인민경제사(원시-고대편)』(사회과학출판사)
- 박진욱, 1988. 『조선 고고학전서(고대편)』(과학백과사전출판사)
- 장국종, 1989. 『조선정치제도사(1)』(과학백과사전종합출판사)
- 장국종 · 홍희유, 1989. 『조선농업사(1)』(농업출판사)
- 조선유적유물도감편찬위원회, 1989. 『조선유적유물도감』II(고조선 · 부여 · 진국편)
- 손영종 · 조희승, 1990. 『조선수공업사(1)』(공업종합출판사)
- 리태영, 1991. 『조선광업사(1)』(공업종합출판사)
- 허종호, 1991. 『조선토지제도발달사(1)』(과학백과사전종합출판사)

- ○ 력사연구소, 1992.『조선 고대 및 중세 초기사 연구』(교육도서출판사)
- ○ 조선기술발전사편찬위원회, 1996.『조선기술발전사』1(원시 · 고대편)(과학백과사전종합출판사)

그리고 고고학 분야에서 당시까지의 조사와 연구 성과를 토대로 하여 고조선과 직접 관련된 연구 결과가 발표되기도 하였다.[28)]

『비파형단검문화에 관한 연구』는「비파형단검문화의 발원지와 창조자에 대하여」(박진욱),「료서지방의 비파형단검문화와 그 주민」(황기덕),「기원전 4~3세기 고조선의 서변」(강인숙) 등 모두 3편의 글로 이루어져 있다. 고조선의 표지 유물로 인식되었던 비파형동검의 출토 지역이 광범위하게 확대되자 이에 대한 문제를 규명하기 위한 자료가 정리되어 있다. 또한 비파형동검의 형식 분류, 기원 문제, 담당 주민에 대한 것을 기존 연구보다 심화시켰다.

고고학연구소에서 1983년 펴낸『고고학자료집』6은 평양 낙랑구역 일대의 무덤유적에 대한 조사 결과와 각 지역의 고조선 관련 유적 발굴 보고에 관한 것이다.

낙랑구역의 무덤으로는 정백동의 나무곽무덤과 정백동, 정오동, 남사리, 토성동유적의 귀틀무덤에 대한 발굴 결과이다. 이것은 고조선 연구에 있어 고고학의 중요성을 강조하는 것으로 해석되며 특히 고조선 후기의 사회 성격을 이해하는데 많은 도움이 된다.

그리고 1984년 6월에는 고고학연구소 안에 약 100여 명으로 고적발굴대가 조직되어 낙랑유적이 밀집 분포된 지역으로 널리 알려진 통일거리의 아파트 건설지역에 있던 낙랑유적을 집중적으로 발굴하여 대단한 성과를 얻었다.[29)]

---

28) 박진욱 · 황기덕 · 강인숙, 1987.『비파형단검문화에 관한 연구』(과학백과사전출판사).
29) 김사봉, 1991.「최근 통일거리 건설장에서 드러난 고조선 계통의 유적과 유물」『력사과학』3.

문헌사학 분야에서의 고조선 연구는 상당히 위축된 상황이었던 것 같다. 발표된 연구 논문도 그다지 많지 않고 연구 성과도 기존의 틀 속에서 이루어졌다. 이 시기의 주된 연구는 강인숙을[30] 비롯하여 박영초,[31] 김병룡에[32] 의하여 이루어졌다.

Ⅲ. 단군릉 발굴 이후

1993년 1월과 2월에 있었던 단군릉 발굴 조사는 북한 학계의 고조선 연구에 대한 기본적인 틀을 완전히 새롭게 만들도록 하였다.

지금까지 인식하고 있던 고조선의 중심지, 시기 문제 등 거의 모든 부분이 완전히 다른 시각에서 접근하게 되었다. 특히 모든 연구자들은 기존의 견해를 무시하거나 고쳐야 했기 때문에 북한 학계 내부에서도 많은 고민이 뒤따랐을 것이다. 하지만 이러한 연구 분위기는 사회주의 연구 풍토에서 늘 있어왔던 것처럼 일률적으로 제법 빠른 기간 내에 진행되어 곧바로 완료되었다. 그래서 외부적으로는 부작용이 많은 것 같았지만 내부적으로는 효율성이 극대화되었다고 판단된다.

단군릉의 발굴조사 후 북한 학계에서 있었던 유적의 성격과 그 의미에 대하여는 최근까지 여러 각도에서 문제점이 제기되어 왔다.[33]

---

30) 강인숙, 1985.「연나라 료동군의 위치」『력사과학』2 ; 1987ㄱ.「단군신화의 형성시기」『력사과학』3 ; 1987ㄴ.「단군신화의 근사한 원형」『력사과학』4 ; 1988ㄱ.「단군신화와 력사(1)」『력사과학』3 ; 1988ㄴ.「단군신화와 력사(2)」『력사과학』4 ; 1990.「단군신화와 력사(3)」『력사과학』1.

31) 박영초, 1989.「고조선에서 수공업의 발전」『력사과학』2.

32) 김병룡, 1991.「후부여의 성립」『력사과학』3.

33) 최몽룡, 1994.「단군릉 발굴에 대한 몇가지 이견」『韓國上古史學報』15, pp.455～457 : 오강원, 1996.「최근 제기된 북한 학계의 古朝鮮=平壤說에 관하여」『白山學報』46, pp.463～464 ; pp.478～487 : 이선복, 1997.「최근의 '단군릉' 문제」『韓國史 市民講

여기에서는 단군릉 발굴 이후 북한 학계의 연구 동향을 정리해 보고, 이를 토대로 몇가지에 관하여 살펴보고자 한다.

- 1993년 1월~2월 단군릉 발굴
- 1993년 9월 단군릉 개축(개건)
- 1993년 10월 단군 및 고조선에 관한 제1차 학술발표회[34)]
- 1994년 10월 단군 및 고조선에 관한 제2차 학술발표회[35)]
- 1995년 11월 단군 및 고조선에 관한 제3차 학술발표회[36)]

위와 같이 북한 학계에서는 단군릉의 조사 결과를 가지고 3차에 걸쳐 토론회를 개최하였다. 이렇게 발굴조사가 끝나자마자 학술 토론회를 개최하였다는 것은 그만큼 중요한 의미를 지니며, 조사와 연구가 당 차원에서 진행되고 있었음을 알 수 있다.

3차에 걸쳐 발표된 학술 논문은 1986년 창간되어 북한 고고학계의 중추적인 학술지로 자리잡은 『조선고고연구』에 거의가 실리게 되었다. 여기서 발표된 논문의 내용과 성격은 단군릉 발굴조사 당시에 알려진 연구 결과에 따라서 절대적인 영향을 받았음을 알 수 있다. 다시 말하여 기존의 연구 성과와 견해와는 비교될 수 없을 정도로 새로운 의견들이 제시되었다.

여기에서는 단군릉 발굴 이후 『조선고고연구』에 소개된 고조선과 관련된 청동기시대의 자료를 중심으로 검토해 보겠다.

단군릉의 조사가 이루어진 다음 북한 학계에서는 고조선과 관계가 있는 청동기시대의 고인돌·돌널무덤 등의 무덤 유적, 집터 유적, 성터, 제사 유

座』21, pp.43~57 : 노태돈, 2000.「앞 글」, pp.259~261 : 송호정, 2002.「고조선과 낙랑의 북한 문화유산」『韓國古代史硏究』25, pp.34~36 ; pp.55~57.

34) 사회과학원 력사편집실 엮음, 1994.『단군과 고조선에 관한 연구론문집』(사회과학출판사) : 이형구 엮음, 1994.『단군을 찾아서』(살림터).

35) 이형구 엮음, 1995.『단군과 단군조선』(살림터).

36) 이형구 엮음, 1999.『단군과 고조선』(살림터).

적 등을 집중적으로 조사·연구하고 있다. 이런 성과에 의하여 일단 1998년 평양을 중심으로 대동강 유역에서 고대문화가 형성·발전하였다는 '대동강 문화'로 자리매김 되었다.[37] 이렇게 상당히 빠른 기간에 모든 연구 성과가 집대성되어 하나의 문화론으로 자리잡게 된 것은 북한 학계의 특수한 사정을 반영하고 있는 것 같다.[38] 그 다음 북한 학계는 청동기시대에 대한 연구를 보다 심화시키기 위하여 단군조선의 국가적 성격을 규명하고 그 중심이 평양지역이었다는데 무게의 중심을 두고 있다.[39]

1. 무덤유적

발굴 조사된 무덤은 대부분 고인돌이고 그밖에 돌널무덤(돌관무덤), 돌곽무덤 등이 있다.

대동강유역을 중심으로 지표조사를 한 결과 1만 4천여 기의 고인돌이 분포하고 있는 것으로 밝혀졌으며, 최근 500여 기를 발굴하였다. 고인돌의 분포는 큰 강과 샛강을 따라 수백 기씩 밀집되어 있으며, 평양 만경대 구역을 비롯하여 평양에만 100여 기 이상되는 곳이 20여 곳 알려져 있다.[40]

서북한지역의 안악 노암리, 은율 관산리, 연탄 오덕리, 배천 용동리에는 규모가 상당히 큰 탁자식 고인돌이 있는데 북한 학계에서는 이런 고인돌이 일정한 거리를 유지하고 있는 점에 유의하여 소국(小國)의 지배자 무덤으로 해석하고 있다.[41]

---

37) 이순진, 1999.「대동강문화의 기본 내용과 우수성에 대하여」『조선고고연구』1, pp.3~8. : Ri Sun Jin · Jang U Jin · So kuk Thae · Sok Kwang Jun, 2001. *Taedonggang Culture* 참조.

38) 권오영, 2003.「단군릉 사건과 대동강문화론의 전개」『북한의 역사 만들기』, pp.89~109.

39) 한창균, 1999.「최근 북한의 청동기시대 연구 동향」『韓國上古史學報』30, pp.103~140.

40) 하문식, 2005.「고조선의 무덤 연구-북한지역 고인돌을 중심으로」『단군학연구』12, pp.138~141.

1990년대 이후의 고인돌 조사에서 두드러지는 점은 청동 유물이 많이 찾아진다는 것이다. 청동 유물에는 비파형 청동 투겁창을 비롯하여 한국식 동검, 청동 화살촉, 청동 놋비수, 청동 끌, 청동 송곳, 청동 단추, 청동 치레걸이, 청동 방울, 청동 교예 장식 등 상당히 다양한 편이다.

북한지역에서 처음 찾아진 투겁창은 상원 방울뫼 5호 고인돌에서 출토되었다. 성분 분석 결과 집터 출토품보다 구리의 함량이 적고 상대적으로 납의 함량은 많은 것으로 밝혀졌다. 한국식 동검은 평양 오산리, 성천 백원리 고인돌에서 발굴되었다. 덮개돌의 길이가 630㎝ 되는 대형 탁자식 고인돌인 장리 1호에서는 청동 끌과 청동 방울, 청동 교예 장식품 등이 찾아졌다. 고인돌에서 이러한 청동 의기가 찾아진 것은 처음이며 고인돌 사회의 성격을 이해하는데 중요하다.

북한지역의 고인돌 연대에 관하여는 여러 의견이 제시되었지만, 그 견해차가 너무 커 현실적으로 어려움이 많다. 연대 측정값은 성천 용산리 순장무덤이 5069±426 bp, 5037±852bp로 가장 이른 시기이고 강동 구빈리가 4990±444 bp, 증산 용덕리 10호 4926±700 bp, 성천 백원 노동자구 고인돌이 3324±465 bp 등이 있다. 이처럼 연대값은 상당히 이른 시기이고 단군릉을 발굴한 다음 얻어진 절대연대값을 뒷받침해 줄 수 있는 비슷한 시기의 관련 자료의 하나로 고인돌 유적이 선택되었을 것이고 그에 따라 절대연대 측정이 이루어졌을 것으로 판단된다.

한편 북한지역에서는 고인돌과 한 곳에 있으면서 당시 사람들이 제의를 행하였던 것으로 여겨지는 돌돌림유적이 연탄 송신동, 평양 당모루, 철원 두문동, 길주 문암리와 평륙리, 피현 동상리 등에서 조사되었다.[42]

돌널무덤은 강동 황대성 안의 유적을 비롯하여 강동 순창리 글바위와 문선당, 유동, 탑재기, 검은개 지역의 돌널무덤, 평성 경신리 돌널무덤이 조사

41) 석광준, 1993.「로암리 고인돌에 대하여」『조선고고연구』1, pp.6～7.
42) 하문식, 2004.「고조선의 돌돌림유적에 관한 문제」『단군학연구』10, pp.311～328.

되었다. 이 돌널무덤은 주로 강동지역에서 집중적으로 발굴이 이루어졌는데 이것은 단군릉의 위치와 밀접한 관련이 있을 것으로 판단된다. 북한 학계에서 단군릉을 조사한 다음 주변 지역에 대한 비슷한 시기의 유적에 관하여 집중적인 발굴을 실시한 결과이다. 그런데 돌널무덤에서는 금동 제품과 철제 유물이 제법 많이 출토되어 절대연대 측정값과 마찬가지로 기존의 문화 성격과 차이가 많으며 그 결과를 이해하는데 어려움이 뒤따른다.

돌곽무덤은 나무관을 보호하기 위하여 바깥에 돌을 쌓은 구조를 지니고 있는데 기존에 돌관무덤으로 인식하고 있던 것이다. 조사된 유적은 평양 신성동과 신계 정봉리 돌곽무덤이 있다. 북한에서는 이 돌곽무덤을 돌관(돌널)무덤에서 돌칸무덤(문 시설이 있는 횡혈식 돌널무덤)으로 바뀌는 중간 단계의 무덤 구조로 해석하고 있다.

2. 집터

이 시기의 집터 조사는 무덤 유적과 더불어 상당히 활발하게 이루어졌다. 특이한 점은 대규모의 발굴 조사 결과, 한 곳에서 마을로 해석할 수 있는 많은 집터가 조사되었다는 점이다. 덕천 남양리유적, 평양 호남리 표대유적, 청단 소정리유적, 황주 고연리유적, 영변 구룡강유적, 평양 남경유적 등이 대표적이다.

남양리유적은 대동강 상류의 강안 충적대지에 위치하며 150여 기의 집터가 발굴되었다.[43] 발굴조사 결과 기둥구멍, 주춧돌 문제, 화덕자리, 토기의 특징에 따라 4시기로 구분하고 있다. 특히 층위에 따라 구분되는 미송리형 토기와 묵방리형 토기의 발달 과정은 서북지역의 토기 연구에 하나의 기준이 되고 있다. 또한 4기에 해당하는 집터에서 출토된 목이 달린 납작밑 배

43) 서국태 · 지화산, 2003. 『남양리유적 발굴보고』, pp.24~247.

부른 단지를 묵방리형 토기가 좀 더 발달한 것으로 여기면서 '남양형 단지'라는 새로운 유형 설정을 한 점이 주목된다.

표대유적은 대동강 언저리에 위치하며,[44] 금탄리유적과는 6㎞, 남경유적과는 3㎞쯤 떨어져 있다. 유적의 범위는 약 60만㎡ 이상인 것으로 밝혀졌고 500여 기 이상의 집터가 있을 것으로 추정된다. 1994년부터 1지점에서 조사를 하여 44기의 집터를 발굴하였다.

집터의 구조와 겹놓인 상태, 출토된 토기를 기준으로 4시기로 구분하고 있다. 특히 2기에 해당하는 3호 집터에서는 콩이, 23호에서는 탄화된 벼가 출토된 것을 비롯하여 3기인 10호에서는 이른 시기의 비파형 창끝이 찾아졌다.

이렇게 대동강유역의 팽이형토기 관련 집터의 발굴 결과 새로운 몇 가지 사실이 밝혀지게 되었다.[45] 마을 유적이 대동강을 따라 일정한 거리에 자리하고 있다는 점이다. 마을 유적은 동서 30㎞, 남북 20㎞ 되는 범위에 있으며 가장 많이 조사된 곳은 중류지역이다. 집터의 평면 생김새는 긴 네모꼴로 길이와 너비가 1.3~1.7 정도이고, 움의 깊이는 30㎝ 안팎으로 상당히 얕은 편이며 기둥 구멍에서 주춧돌이 비교적 많이 찾아졌다. 유물 가운데 청동기와 미송리형토기의 발달된 여러 형태는 기존의 문화 성격에 대한 새로운 인식을 전환시키는 계기가 될 것 같다.

3. 성터

단군릉의 발굴에 뒤이어 북한 학계에서는 청동기시대와 고조선 문제를

---

44) 김종혁, 2003.「표대유적 제1 지점 팽이그릇 집자리 발굴 보고」『마산리 반궁리 표대유적 발굴 보고』, pp.215~388.

45) 김종혁, 1999.「대동강 류역 일대의 고대 부락터 유적에 대하여」『조선고고연구』1, pp.28~32 ; 2004.「단군조선 시기 대동강류역 일대의 부락 구조에 대한 고찰」『조선고고연구』3, pp.2~6.

새로운 시각으로 해석하고 있다. 이와 관련하여 고조선 후기에 해당하는 것으로 여기고 있던 토성의 연대를 이제는 단군조선 시기로 이해하는 실정이다.

최근 발굴 조사한 유적으로는 강동 봉화리 토성과 황대성, 봉산 지탑리 토성, 온천 성현리 토성, 평양 청암동 토성, 평양성 등이 있다. 지형에 따라 구분하면 평지성은 구릉지대에 쌓은 것과 완전히 평지에 자리한 것이 있는데 지탑리 토성이 여기에 해당하고 평산성은 봉화리 토성이, 산성으로는 황대성이 있다.

황대성은 남강 옆의 높다란 곳에 자리하며, 남강의 자갈돌을 옮겨 쌓고 그 주위에 흙을 덮은 토석 혼축의 축성법으로 만들었다.[46] 성벽을 이룬 강자갈과 성곽 바로 옆에 형성된 강안 단구의 문제가 앞으로 밝혀져야 할 과제이다.

지탑리 토성은 사이층을 경계로 하여 주변의 흙을 가지고 막쌓기한 아래층과 판축법으로 쌓은 위층이 뚜렷이 구분된다. 성현리 토성은 청동기시대의 유물이 나오는 아래층을 진흙과 석비레로 엇지게 쌓은 반면 위층은 판축법으로 쌓았다.[47]

청암동 토성은 북문과 서문 주위를 발굴하였는데 그 결과 성벽의 아래층은 흙으로만 쌓은 것으로 밝혀졌고 팽이형토기 조각, 반달돌칼 등 청동기시대의 유물이 출토되어 고조선 시기에 축조된 것으로 해석하고 있다.[48]

이렇게 조사된 몇몇 성터를 북한 학계에서는 단군릉 발굴 이후 고조선과 관련있는 방어 시설로 해석하고 있다. 그런데 이러한 성의 축조 시기를 단

---

46) 리순진, 1995.「평양 일대에서 새로 발굴된 황대성에 대하여」『조선고고연구』1, pp.7～12.

47) 남일룡, 1995.「평양지방의 고대 토성」『조선고고연구』2, pp.16～20 ; 1996ㄱ, 「평양 일대 고대 토성의 축조 년대에 대하여」『조선고고연구』1, pp.16～19 ; 1996ㄴ, 「평양 일대 고대 성곽의 특징에 대하여」『조선고고연구』3, pp.24～26.

48) 남일룡·김경찬, 1998.「청암동 토성에 대하여(1)」『조선고고연구』2, pp.13～15 ; 2000.「청암동 토성에 대하여(2)」『조선고고연구』1, pp.6～9.

순히 성벽에서 출토되는 유물에 근거하여 설정하는 것은 문제점이 있다. 따라서 평양을 중심으로 발굴 조사된 고조선 시기의 성터는 앞으로 여러 측면에서 연구를 진행하여[49] 그 시기를 설정하여야 할 것이다.

한편 1995년 4월에는 사회과학원 력사연구소 주관으로 '락랑문화의 성격과 락랑군의 위치에 관한 학술 토론회'가 개최되었다. 주로 문헌사학 중심으로 토론이 진행되었지만 고조선에 관한 당시의 연구 분위기는 고고학자들이 주도하고 있는 실정이어서 그렇게 크게 부각되지는 못하였다.

이처럼 단군릉 발굴 이후의 북한 학계에서 이루어지고 있는 고조선 관련 연구 분위기는 고고학연구소 주도로 고고학자들에 의하여 대부분 유적의 발굴과 연구가 있어 왔다. 현재의 상황으로 볼 때 큰 변화가 일어나지 않는 한 이러한 경향은 계속 이어질 것 같다.

Ⅳ. 단군릉 발굴 이후 몇몇 연구 성과들

단군릉 발굴 이후 북한 학계의 고조선 연구 결과는 거의 대부분 『조선고고연구』와 『력사과학』에 소개되어 왔다. 한국 학계에서도 앞의 학술전문지를 통하여 북한 학계의 연구 경향을 이해하고 있는 실정이다.

여기에서는 『력사과학』에 소개된 고조선 관련 논문과 단행본으로 간행된 전문 학술 서적, 학술 토론회 등에 관하여 몇가지 언급하고자 한다.

「자료」1에서 보듯이 1994년부터 2004년까지 『력사과학』에 발표된 논문은 30여 편으로 파악되었다. 이들 논문의 주제는 주로 고조선 연구의 초기에 많은 관심을 모았던 강역이나 중심지에 관한 것보다는 단군, 고조선의 변천 과정, 국가 성격 문제 등으로 그동안의 연구 흐름을 알 수 있다.

특히 단군릉 발굴 이후 고조선의 역사 서술에서 북한 학계가 새롭게 전

49) 한창균, 1999. 「앞 글」, pp.134~135.

개시킨 3개의 고대 조선 국가 범위 안에서 주제를 설정하고 있는 것 같다.

다음은 이 시기에 발간된 단행본 가운데 고조선과 관련된 몇 자료를 소개하고자 한다.

- ○ 리철화, 1995.『조선출판문화사(고대~중세)』(사회과학출판사)
- ○ 허종호 등, 1999.『고조선력사개관』(사회과학출판사)
- ○ 장우진, 2000.『조선 민족의 발상지 평양』(사회과학출판사)
- ○ 이순진·장우진·서국태·석광준, 2001.『大同江文化』(中文 : 외국문출판사) ; 2001. Taedonggang Culture(외국문출판사)
- ○ 조희승, 2001.『조선의 비단과 비단길』(사회과학출판사)
- ○ 리순진, 2001.『평양 일대 락랑무덤에 대한 연구』(중심)
- ○ 장우진, 2002.『원시사회사개요』(사회과학출판사)
- ○ 장우진, 2002.『조선 민족의 력사적 뿌리』(사회과학출판사)
- ○ 리순진·김재용, 2002.『락랑구역 일대의 고분 발굴 보고』(백산자료원)
- ○ 장우진, 2002.『조선 민족의 원시조 단군의 유골 감정 보고』(사회과학출판사)
- ○ 석광준, 2002.『각지 고인돌 무덤 조사 발굴 보고』(백산자료원)
- ○ 석광준·김송현·김재용, 2003.『강안리·고연리·구룡강유적 발굴 보고』(백산자료원)
- ○ 김동일·서국태·지화산·김종혁, 2003.『마산리·반궁리·표대유적 발굴보고』(백산자료원)
- ○ 서국태·지화산, 2003.『남양리유적 발굴보고』(백산자료원)

위의 여러 자료 가운데 우리의 관심을 끄는 것은『고조선 력사 개관』이다. 이 책은 머리말에서 언급하고 있듯이 3차례에 걸쳐 있었던 학술발표회의 연구 성과들을 토대로 단군릉 발굴 이후 고조선에 대한 역사 서술을 체계화한 것이다. 먼저 이 책을 쓴 집필자를 살펴보면 조선력사학회 위원장 허종호교수를 비롯하여 손영종, 강인숙, 김유철 등 모두 13명으로 사회과학원의 연구진은 물론 김일성종합대학 역사학부의 교수들도 참가한 것으로 보아 그 중요성을 충분히 인식할 수 있다.

서술 내용은 기존의 고조선 관련 역사 서술 자료를 참고하면서 단군릉 발굴로 인하여 북한 학계에서 새로 등장한 고조선 관계 연구 성과를 대부분 인용하고 있다. 그 결과 단군조선(전조선) - 후조선 - 만조선의 큰 틀을 유지하고 있다.

이 책의 차례를 보면 단군릉 조사 이후의 북한 학계에서 연구되고 있는 고조선의 흐름을 한 눈에 볼 수 있으며, 앞으로의 연구 경향을 짐작할 수 있다. 차례의 대개는 다음과 같다.

1. 단군조선(전조선)의 성립과 발전
   1) 단군조선의 성립
   2) 중앙 관료체제와 지방 통치체계의 확립
   3) 생산의 발전, 경제제도와 계급 신분 관계
   4) 령토의 확장
   5) 부여, 구려, 진국의 분립
2. 후조선의 성립과 발전
   1) 단군조선의 종말과 후조선의 성립
   2) 생산의 발전과 노예제도의 변천
   3) 령역의 변천, 이웃 나라들과의 관계
3. 만조선의 성립과 멸망
   1) 만의 정변과 만왕조의 성립
   2) 만조선 사회의 발전
   3) 만조선의 대외 관계, 한나라 침략을 반대한 인민들의 투쟁
4. 고조선의 문화
   1) 사상과 신앙
   2) 말과 글
   3) 과학과 기술
   4) 문학과 예술
   5) 풍습

부록 : 락랑국과 락랑군

그리고 『조선 민족의 원시조 단군의 유골 감정 보고』는 단군릉 발굴 과정에서 조사된 단군의 뼈에 대한 논란이 많이 제기되자 뼈의 보존환경 문제와 체질인류학적인 측면에서 출토된 뼈를 분석하고 있어 북한 학계의 인식 경향과 학계의 수준을 우리 나름대로 가름할 수 있다.

이 책의 차례는 다음과 같다.

1. 유골의 보존 상태
2. 릉의 매장 조건
3. 유골의 성별 관계
4. 단군의 나이
5. 몸뼈의 인류학적 특징
6. 키와 몸매

부록 : 몸뼈 계측치

한편 2000년대 들어와 남북간의 화해 분위기에 따라서 역사의 동질성 회복을 위하여 남북 교류가 적극적으로 이루어지고 있다.

이러한 일련의 과정 속에서 몇차례 고조선에 관한 남북 공동연구가 이루어졌다.

먼저 단군학회와 조선력사학회의 주관으로 단군 및 고조선의 역사적 실체를 밝히기 위하여 '단군 및 고조선에 관한 남북 공동연구'가 실시되었다. 제1차 학술회의는 2002년 10월에 개최되었는데 북측에서 5편의 논문을 발표하였으며 그 내용은 자료2와 같다.[50]

자료2에서 살펴보듯이 발표된 논문의 대개는 단군릉 발굴 이후 북한 학계에서 이미 정리된 단군과 고조선에 관한 기본 틀을 벗어나지 않는 것이었다. 그리고 2차 학술회의는 2003년 10월에 개최되어 북한 학자들이 12편의 논문을 발표하였다.[51] 여기서 발표된 논문의 제목이나 그 내용도 1차

---

50) 단군학회 엮음, 2005. 『남북학자들이 함께 쓴 단군과 고조선 연구』참조.

회의에서 있었던 범위를 벗어나지 않은 상황이었다.

또한 2005년 2월에는 러시아 블라디보스톡에서 고조선에 관한 남북 공동 연구 발표회가 있었다. 여기에서 북한 학자들은 기존에 발표된 논문을 보완하여 5편을 발표하였다(자료 4). 그런데 이 발표회에는 논문 발표자 이외에도 고조선을 연구하는 30대의 젊은 학자들이 제법 참가하였다. 이들은 모두 김일성종합대학이나 김형직사범대학 출신이 아니고 사회과학원의 사회과학대학 출신으로 현재 박사 논문을 준비하고 있는 연구자들이라 앞으로 북한 학계의 연구 흐름을 이해하는데 도움이 된다.

Ⅴ. 맺음말

북한 학계의 고조선 연구는 그 중요성이 상당히 일찍부터 인식되어 폭넓은 연구가 진행되어 왔다.

초기에는 북한 학계 나름의 역사틀을 만드는 과정에서 연구가 이루어져 왔으며, 1960년대에 들어와 많은 연구 성과가 발표되었다. 그러다가 1993년 단군릉 발굴을 기점으로 기존의 연구 경향이나 성과와는 완전히 다른 새로운 연구의 방향이 설정되고 전혀 다른 결과가 학계의 연구 성과로 발표되고 있다.

무엇보다 단군릉의 조사가 이루어진 다음 고조선과 관련있는 무덤유적(고인돌/돌널무덤 등), 집터유적, 제사유적, 성터 등이 집중적으로 조사되었고, 이러한 조사 결과는 고조선에 관한 기존의 인식을 바꾸게 되었다.

특히 북한 학계에서는 단군릉 발굴 이후 고조선의 연구를 심화시키는 방안으로 단군조선의 국가적 성격을 규명하고 그 중심이 평양지역이라는데

51) 이때 발표된 논문은 자료3과 같으며, 여기에는 여러 가지 사정상 발표는 되지 않아도 학술회의에 제출된 논문도 포함되어 있다.

연구의 초점을 맞추고 있다.

북한 학계에서 이루어지고 있는 이러한 일련의 연구 결과는 앞으로 철저한 검증과 공론화가 이루어져 서로의 공감대가 형성될 때 그 자리매김이 의미있을 것이다.

〈白山學報 第74號, 2006.4.28. pp.53~77〉

북한의 구석기 유적 연구*

한 창 균**

〈目 次〉

Ⅰ. 머리말

북한 지역에서 구석기 시대의 석기와 짐승 화석이 발굴된 것은 1930년대의 일로서 함경북도 강안리(동관진) 한데 유적에서 흑요석으로 만든 격지 몇 점과 갱신세의 짐승 화석이 발견된 바 있다. 그러나 그 뒤 거의 20여년 동안, 곧 1950년대까지만 하여도 북한에서는 강안리 유적을 구석기 시대의 것으로 인정하지 않았다.[1] 당시 북한 지역에서는 구석기 유적에 대한 발굴 조사가 실시되지 않았으며, 선사 유적 발굴은 신석기 시대 또는 청동기 시대를 중심으로 이루어졌다.

1950년대에 이르기까지 북한 학계에서는 압록강 이남 지역에 사람이 살기

* 이 논문은 1996년도 단국대학교 교내 연구비의 지원을 받아 작성되었음.
**단국대학교 교수

1) 황기덕, 1957. 〈두만강 류역과 동해안 일대의 유적 조사〉 ≪문화유산≫ 1957년 6호, p.53. 고고학 및 민속학 연구소, 1958. ≪조선 원시 유적 지명표≫(과학원 출판사). 도유호, 1960. ≪조선 원시 고고학≫(과학원 출판사).

시작한 시기를 대체로 신석기 시대 이후로 잡는 경향이 강했다.[2] 몇몇 학자들이 북한 지역에 구석기 문화가 존재했으리라는 주장을 하였지만, 이런 문제를 풀어가는데 도움이 될 유적 발굴은 그때까지 이루어지지 못하였고, 동굴과 같은 곳에서 구석인들의 유물이 발견될 가능성만이 제시되었다.[3]

1960년대 초반 함경북도 화대군 장덕리의 뻴늪골에서 발굴된 털코끼리 화석[4]은 강안리 유적에서 나온 짐승 화석을 갱신세의 것으로 설정하는데 크게 이바지하였다.[5] 한편 1950년대에 알려진 연해주의 오시노브카(Osinovka) 유적[6]에서 뗀석기가 발굴되었고, 그 연대가 15,000- 10,000년 전으로 알려지면서 북한 학계는 한국의 동북 지방에 구석기 시대의 문화가 존재했을 가능성에 많은 관심을 갖게 되었던 것으로 생각된다. 이런 분위기 속에서 굴포리 유적의 갱신세 퇴적층에서 구석기 시대의 뗀석기가 해방 이후 처음으로 발굴되었다.[7]

1960년대 중반 이후에 조사된 상원군 검은모루 유적[8]은 북한에서 가장 먼저 발굴된 동굴 유적이며, 이 유적에서 보고된 여러 종류의 짐승 화석과

---

2) 史料調査部, 1950.〈朝鮮人民歷史講座〉≪歷史諸問題≫ 16, p.84.

3) 韓興洙, 1950.〈朝鮮原始史硏究에 關한 考古學上諸問題〉≪歷史諸問題≫ 15, pp.12~13. 여기에서 한흥수는 한국에 구석기 시대가 존재했다고 긍정하는 글로서 다음과 같이 것이 있음을 소개하고 있다. 白南雲, 1933. ≪朝鮮社會經濟史≫. 金錫亨, 1948. ≪朝鮮歷史≫.

4) 김신규, 1962.〈함경북도 화대군에서 나온 털코끼리(맘모스)의 유골을 발견〉≪문화유산≫ 1962년 2호.

5) 력사연구소, 1962. ≪조선통사≫, p.5(사화과학출판사).

6) Okladnikov, A. P., 1965. *The Soviet Far East in Antiquity: An Archaeological and Historical Study of the Maritime Region of the U.S.S.R.*, pp.24~41(University of Toronto Press).

7) 고고학 및 민속학 연구소, 1963.〈함경 북도 웅기군 굴포리 서포항동에서 구석기 시대 유적 발견〉≪고고민속≫ 1963년 2호. 김용간·서국태, 1972.〈서포항원시유적발굴보고〉≪고고민속론문집≫ 4.

8) 고고학연구소, 1969.〈상원 검은모루유적 발굴중간보고〉≪고고민속론문집≫ 1. 김신규·김교경, 1974.〈상원 검은모루 구석기시대유적 발굴보고〉≪고고학자료집≫ 4.

석기는 한국 구석기 시대의 상한과 자연 환경을 새롭게 이해하는데 큰 도움을 주었다. 그 뒤 1970년대 초반에 발굴된 평안남도 덕천시 승리산 동굴 유적[9]에서 갱신세의 짐승 화석과 고인(古人, 덕천 사람)의 이빨과 어깨뼈, 그리고 신인(新人, 승리산 사람)의 아래턱뼈가 보고되었고, 이에 따라 한국의 구석기 문화를 담당하였던 구석기인의 체질 특성에 대한 관심이 커지게 되었다. 굴포리 유적이 발굴된 이후, 북한에서의 구석기 유적 발굴은 석회암 지대에 자리를 잡은 동굴 유적을 중심으로 이루어지고 있다. 그리하여 석회암 지대가 분포하고 있는 평안남도, 평양시, 황해도, 함경남도에서 구석기 시대의 유적이 발굴되었다. 발굴된 동굴 유적에서는 갱신세의 짐승 화석이 나왔고, 유적에 따라 석기와 불땐자리 그리고 사람 화석이 출토되기도 하였다. 특히 1980년대 초에 발굴된 상원군 용곡 동굴 유적[10]에서는 10여 개체분에 해당하는 사람 화석을 비롯하여 짐승 화석, 석기, 불자리 등이 발견되어 한국 뿐만 아니라 동북 아시아 지역의 구석기 시대를 연구하는데 매우 중요한 자리를 차지하고 있다.

강안리 유적을 비롯하여 지금까지 북한 지역에서 조사된 구석기 유적은 20여 군데가 넘는다. 한데 유적은 함경북도 지역에서만 조사되었고, 동굴 유적은 앞에서 말한 석회암 지대를 중심으로 조사되고 있다. 그런데 지금까지 보고된 북한의 구석기 유적 가운데는 그 유적의 형성 시기를 밝히는데 활용된 방법이 적지 않은 문제를 안고 있는 것으로 생각된다. 이 글은 그동안 북한 지역에서 조사된 몇몇 한데 유적과 동굴 유적을 중심으로 각 유적의 형성 시기에 대한 재평가를 시도하려는 뜻에서 마련되었다.

---

9) 고고학연구소, 1978. ≪덕천 승리산유적 발굴보고≫(유적발굴보고 11). 김교경, 1979. 〈덕천 승리산유적의 년대에 대하여〉 ≪고고학자료집≫ 7.

10) 전제헌 · 윤진 · 김근식 · 류정길, 1986. ≪룡곡동굴유적≫(김일성대학종합출판사). 김근식, 1991. 〈룡곡 제1호동굴유적의 포유동물상에 대한 연구〉 ≪과학원통보≫ 1991년 3호.

Ⅱ. 한데 유적의 검토

지금까지 북한에서 알려진 구석기 시대의 한데 유적은 함경북도 지방에서만 알려지고 있다. 강안리 유적[11]에서는 짐승 화석과 흑요석 격지가 출토하였고, 뿔이나 뼈로 만든 연모가 있는 것으로 보고되었다. 장덕리 유적[12]에서는 털코끼리의 화석만이 발굴되었으며, 굴포리 유적에서는 뗀석기만이 출토하였다. 굴포리 유적을 조사하는 과정에서 이곳으로부터 서북쪽으로 약 5km 떨어진 부포리 덕산에서 뗀석기가 발견된 바 있다. 덕산 유적의 뗀석기는 발견 초기에 굴포 문화 2기층에 해당하는 구석기 시대의 것[13]으로 보고되었으나 그 뒤 이곳에서 찾은 석기의 일부가 그보다 시기가 늦은 중석기 시대에 속하는 것으로 서술되었다.[14] 그런데 최근 부포리 유적의 석기를 후기 구석기 시대의 것으로 보는 글이 발표되었다.[15] 이런 점은 부포리 덕산 유적의 연대 문제가 북한 학계에서 계속해서 논의되고 있음을 알려준다.

함경북도 온성군 지경동에서 지표 조사된 세석기를 북한에서는 중석기 시대의 것으로 설명하고 있다. 지경동에는 신석기 시대와 청동기 시대 유물이 넓은 면적에 걸쳐 나오고 있지만, 이곳에서 채집된 세석기는 질그릇과

---

11) 德永重康・森 爲三, 1939.〈豆滿江沿岸潼關鎭發掘物調査報告〉≪第一次滿蒙學術調査團報告≫ 2-4. 直良信夫, 1940.〈朝鮮潼關鎭發掘舊石器時代遺物〉≪第一次滿蒙學術調査團報告≫ 6-3.

12) 김신규, 1962. 앞 논문.

13) 도유호・김용남, 1965.〈굴포 문화에 관한 그 후 소식〉≪고고민속≫ 1965년 1호. 김용간・서국태, 1972.〈서포항원시유적발굴보고〉≪고고민속론문집≫ 4. ≪조선고고학개요≫(고고학연구소, 1977. p.10~11)에서도 부포리 덕산 유적의 뗀석기가 굴포 문화 2기의 유물과 공통된 특징이 있는 것으로 설명되었다.

14) 력사연구소, 1979. ≪조선전사≫ 1(원시편), p.57.

15) 어해남, 1994.〈우리 나라 구석기 시대 석기재료의 특성에 대하여〉≪조선고고연구≫ 1994년 3호.

출토 지점이 다르고, 석기의 제작 수법이 흑룡강이나 연해주 지역의 유물과 비교될 수 있기 때문에 중석기 시대에 속하는 것으로 북한 학계에서는 보았다.[16] 그러나 함경북도 회령시 오동 유적[17]의 집자리 안에서는 청동기 시대의 질그릇과 함께 흑요석 석기가 출토한 바 있기 때문에 지표에서 채집된 뗀석기의 특징만으로 그 유물의 정확한 연대를 설정하기란 쉽지 않다고 생각된다. 특히 두만강 언저리에 있는 선사 유적의 경우, 그와 같은 문제는 앞으로도 계속 제기될 수 있기 때문에 발굴 조사에 의한 퇴적층의 정확한 분석 결과가 중석기 시대의 문화층임을 입증할 수 있도록 뒷받침되어야 한다고 생각된다.

강안리 유적의 퇴적층은 크게 다음과 같은 6개의 층으로 이루어지며, 이곳에서 나온 짐승 화석은 중기 갱신세 말기 또는 후기 갱신세에 속하는 것으로 보고되었다.[18]

① 1층(겉흙층): 젖먹이짐승 뼈 이외에 신석기 시대의 토기가 석기가 흐트러진 상태로 나옴.

② 2층(제1황토층, 두께 2-3.5m): 털코끼리 · 털코뿔이 · 하이에나[19] · 우는토끼 · 갈밭쥐 · 노루 · 사슴 · 큰뿔사슴 · 첫소 · 들소 · 양 · 말 등의 짐승 화석과 흑요석 격지(2점)가 나옴. 이곳에서 나온 뿔이나 뼈 조각 가운데 인공으로 가공된 유물이 있는 것으로 보고되었음.[20]

---

16) 력사연구소, 1979. 앞 책, pp.57~58.

17) 도유호, 1960. ≪회령 오동 원시 유적 발굴 보고≫(유적 발굴 보고 7집).

18) 德永重康 · 森 爲三, 1939. 앞 논문.

19) 현재 살고 있는 하이에나과(Hyaenidae)는 줄무늬하이에나속(Hyaena)과 점박이하이에나속(Crocuta)으로 나뉘며, 동굴하이에나(cave hyena)의 머리뼈 및 그밖에 뼈에서 보이는 특징은 점박이하이에나속과 매우 닮은 특징을 지니고 있다. Vereshchagin, N.K. and G.F. Baryshnikov, 1989. Quaternaty Mammalian Extinctions in Northern Eurisia. *Quaternary Extinctions*(Martin P.S. and R.G. Klein, eds.), pp.496~497 (University of Arizona Press, Arizona). 한편 박선주는 강안리에서 보고된 *Hyaena ultima dokantinensis*를 *Crocuta crocuta ultima*로 보고 있다. 박선주, 1993. 〈한국 플라이스토세 유적지에서 출토된 식육류화석〉 ≪선사와 고대≫, pp.3~39.

③ 3층(검은색 황토층, 두께 2.4m): 다람쥐, 땅쥐, 말사슴(누렁이) 등의 화석이 나왔음.

④ 4층(제2황토층, 두께 2.8m): 비유물층.

⑤ 5층(자갈이 들어 있는 모래층, 두께 1m): 비유물층. 5층의 윗부분이 점이적으로 변하며 4층의 황토층이 형성되었음.

⑥ 6층(자갈층, 두께 1.4m): 비유물층.

중국 동북 지방에서 송화강 이남 지역의 후기 갱신세 짐승으로서 추운 시기를 대표하는 것에는 털코끼리(Mammuthus), 털코뿔이(Coelodonta antiquitatis), 메말(Equus przewalskyi), 첫소(Bos primigenius) 등이 있다.[21] Crocuta ultima를 포함하여 이와 같은 짐승의 구성 관계는 흔히 털코끼리-털코뿔이 동물군에 의하여 대표된다.[22]

중국 동북부와 한국의 동북 지역을 포함하여 털코끼리 화석은 요동반도-안도현(安圖縣)-강안리-장덕리를 잇는 경계선 이북에서 나온다. 그런데 중국 동북 지역에서 털코끼리-털코뿔이 동물군의 연대는 대체로 35,000-18,000년 전 사이,[23] 곧 후기 갱신세의 후반기(late stage)로 연구되고 있다. 그리고 이 시기를 특징짓는 식물로는 가문비나무(Picea), 전나무(Abies), 자작나무(Betula) 등이 있으며, 후기 갱신세 중에서 기후가 가장 추웠던 18,000년 전 무렵에 털코끼리는 이미 연해주 지역과 같은 고위도 지역에 국한되어 서식했을 것으로 추정된다.[24]

---

20) 直良信夫, 1940. 앞 논문.

21) Guo Shengqiao and Shao Shixiong, 1991. Quaternary Lithofacies and Palaeogeography in China. *The Quaternary of China*(Zhang Zonghu and Shao Shixiong, eds.), pp.147~148(China Ocean Press, Beijing).

22) 姜鵬(崔茂藏 옮김), 1992. ≪中國東北舊石器時代文化硏究≫, pp.91~99(도서출판 三文).

23) 姜鵬(崔茂藏 옮김), 1992. 앞 책, pp.91~99. Liu Tung-sheng and Li Xing-guo, 1989. Mammoths in China. *Quaternary Extinctions*(Martin P.S. and R.G. Klein, eds.), pp.517~527(University of Arizona Press, Arizona).

24) Liu Tung-sheng and Li Xing-guo, 1989. *op. cit.*, p.526.

길림성 안도현에 있는 안도 동굴의 짐승 화석은 강안리 유적 제1황토층에서 나온 것과 유사한 구성 관계를 보여준다. 털코끼리와 털코뿔이를 비롯하여 하이에나 · 말사슴 · 노루 · 메말 · 들소 등의 화석이 두 유적에서 나왔다. 한편 안도 동굴의 짐승 화석 종류는 길림성 유수현(榆樹縣) 주가유방(周家油坊) 유적과도 공통된 특징을 보여준다. 방사성탄소 동위원소 연대값은 안도 동굴 유적이 약 35,000-26,000년 전 사이, 그리고 주가유방의 경우는 32,000-26,000년 전 사이에 해당한다.[25] 따라서 강안리 유적의 제1황토층(2층)을 대표하는 털코끼리-털코뿔이 동물군의 연대도 그와 같은 범위에서 설정하는 것이 가능하다고 생각된다.

중국에서 땅쥐속(Myospalax)의 진화 단계[26]는 황토층의 시기 구분과 상호 관계를 비교하는데 중요한 자료가 되며, Myospalax cf. epsilanus는 후기 갱신세 중반부(middle Upper Pleistocene)에 속하는 것으로 연구되고 있다. 그런데 이와 같은 땅쥐 종류가 강안리의 검은색 황토층(3층)에서 나왔으며, 이런 점은 이 황토층의 상대 연대를 추정하는데 도움을 준다.

강안리 유적에서는 제2황토층(4층) 위에 검은색 황토층이 놓여 있다. 그러나 현재로서는 검은색 황토층이 제2황토층보다 늦은 시기에 쌓인 것인지 또는 제2황토층이 형성된 이후 그 윗부분이 변화된 주변 자연 환경의 영향을 받아 검은색을 띠게 되었는지에 대해서는 알 수 없다. 따라서 강안리 유적의 검은색 토양층이 황토층 내에 흔히 형성되는 고토양층(paleosol layer)과 어떠한 관계를 맺고 있는지 앞으로 자세하게 연구될 필요가 있다.

강안리 유적의 6층과 5층의 퇴적은 하안 단구로서의 특징을 지니고 있으며, 황토층 안에서는 그와 같은 종류의 지층이 형성되지 않았다. 이것은 황

---

25) 姜鵬(崔茂藏 옮김), 1992. 앞 책, pp.75～83.

26) Xue Xiangxi and Zhang Yunxiang, 1991. Quaternary Mammalian Fossils and Fossil Human Beings. *The Quaternary of China*(Zhang Zonghu and Shao Shixiong, eds.), pp.311 and 361(China Ocean Press, Beijing).

토층과 6·5층을 퇴적시킨 주변의 환경 조건이 서로 달랐음을 보여준다. 그런데 여기서 주목되는 것은 5층의 윗부분으로 가면서 점이적으로 황토층이 형성되고 있다는 점이다. 이러한 점은 5층과 4층이 부정합 관계에 있는 것이 아니라는 점을 알려주며, 두 층 사이에 퇴적 정지 현상이 작용하지 않았음을 동시에 보여준다. 따라서 5층과 4층은 일련의 연속성을 지니며 쌓이게 되었고, 이것은 당시 자연 환경의 변화와 관계가 깊은 것으로 이해할 수 있다.

북한 지역에서 후기 갱신세의 하안 단구는 큰 강 하류 유역쪽의 바다물 높이를 기준으로 할 때 그곳보다 10-40m 높은 고도에 자리를 잡고 있다.[27] 한편 남한 지역에서 그와 같은 시기의 하안 단구(두번째 단구)는 조사된 지점의 현재 강물 또는 바닷물 높이보다 10-15m 높은 곳에 발달하였고, 이와 같은 퇴적은 후기 갱신세 초기의 환경 조건과 밀접한 관계를 맺고 있는 것으로 연구되고 있다.[28] 이런 점으로 가늠할 때, 강안리 유적의 하안 단구는 후기 갱신세의 마지막 간빙기(Last Interglacial)에 퇴적되었고, 그 위에 놓인 황토층은 마지막 빙하기(Last Glacial)에 형성된 것으로 추론할 수 있다. 한편 강안리 유적의 황토층이 두만강의 현세 충적층보다 약 10m 높은 곳에 형성되었다는 사실은 남한 지역에서 알려진 두번째 단구층이 후기 갱신세의 마지막 간빙기에 해당한다는 점을 거꾸로 입증해준다고 볼 수 있다.

강안리 유적에서 뿔 또는 뼈로 만든 도구가 있는 것으로 보고되었다.[29] 그러나 도구로 보고된 유물에서 인공의 흔적을 찾기 어렵다.[30] 대부분의 유물 겉면에 있는 줄 모양 자국은 도구를 만드는 과정에서 남겨진 자른 자

---

27) Academy of Science, 1996. *Geology of Korea*, pp.224~225(Foreign Language Book Publishing House, Pyongyang).

28) 이동영, 1996. 〈한반도 문화유적지층의 지질학적 특징〉 ≪古文化≫ 49, p.245.

29) 直良信夫, 1940. 앞 논문. 다음의 글도 그와 같은 유물을 뼈연모〔骨角器〕로 다루고 있다. 이융조, 1991. 〈북한의 구석기연구 성과와 분석〉 ≪國史館論叢≫ 29, pp.161~162.

30) 김정학, 1958. 〈韓國에 있어서의 舊石器文化의 問題〉 ≪高麗大學校 文理論集≫ 3.

국(cut marks)[31]이 아니라 짐승의 이빨 자국(tooth marks)[32]으로 보인다. 강안리 유적에서 줄 모양 자국은 유물의 길이축에 가로 방향으로 밀집되어 나타나는 특징이 있다. 따라서 강안리 유적의 구석기 시대 문화 유물로는 잔손질된 흔적이 없는 흑요석 격지만을 인정할 수 있다.

털코끼리가 나온 장덕리 유적의 이탄층은 화대천의 하류 지역에 자리를 잡고 있으며, 북한에서는 이곳의 지층이 후기 갱신세(상세)를 대표하는 퇴적층 가운데 하나로 서술하고 있다.[33] 장덕리 유적이 처음 조사될 당시 이곳에서 털코끼리가 나온 지층을 후기 갱신세의 상부[34](late stage) 또는 후기 갱신세 말 내지는 현세(후빙기)[35]로 보는 견해가 발표되었다. 털코끼리 이외의 다른 짐승 화석은 장덕리 유적에서 나오지 않았지만, 장덕리에서 발굴된 털코끼리 화석의 연대는 강안리 유적의 제1황토층과 거의 같은 시기로 추정된다.

장덕리 유적에서 이루어진 꽃가루의 분석 결과[36]는 털코끼리가 살았던 시기의 기후 조건이 오늘날보다 더 추었던 것으로 나타난다. 장덕리 유적은 현재의 동해안에서 약 15km 이내의 거리에 있다.[37] 그러나 장덕리 유적이 추운 기후 조건 속에 놓였을 때, 당시의 바닷물 높이는 지금보다 낮았으며, 동해안의 해안선도 그만큼 더 동쪽으로 물러났음을 짐작할 수 있다.[38]

---

31) 그러므로 강안리 유적에서 사용되고 자른 자국이란 용어는 짐승의 도살 행위 과정과 관계없는 의미로 사용되었다.

32) Binford, L., 1981. *Bones: ancient men and moderns myths*, pp.44～49(Academy Press, New York and London).

33) 림경화·리혜원, 1987. ≪조선의 지질≫, pp.187～188(과학,백과사전출판사).

34) 박준석·최현모, 1962. 〈털코끼리가 발견된 함북 화대군 장덕리 4기층의 층서와 고지리적 환경에 대한 고찰〉 ≪문화유산≫ 1962년 4호, pp.55～57.

35) 로영대, 1962. 〈함북 화대군 털코끼리 발굴지에 발달한 니탄층의 포자 화분 조합(胞子 花粉 組合)〉 ≪문화유산≫ 1962년 4호, pp.49～54.

36) 로영대, 1962. 앞 논문.

37) 김신규, 1962. 앞 논문, p.82, 그림 1 참조.

38) 예를 들어 후기 갱신세 동안 가장 기후가 추웠던 BP 15,000년 무렵, 한국 동해안

굴포리 구석기 유적에서는 7개의 층이 발굴되었고, 그 가운데 Ⅴ층(굴포문화 2기)과 Ⅵ층(굴포문화 1기)에서 뗀석기가 출토하였다. Ⅴ층 위에 놓인 Ⅳ층(두께 6cm)은 산화철을 많이 포함하고 있으며, 이 산화철은 더운 환경 조건에서 형성된 것으로 보고되었다.[39] 따라서 굴포리 유적에서 보이는 산화철층의 존재는 Ⅴ층의 하한 연대를 밝히는데 중요하다고 볼 수 있다.

전남 화순 대전리 유적의 Ⅱ층(고운 모래층) 중심 부분에 한냉 습윤한 환경에서 형성된 산화철층(두께 5-10cm)이 발달하여 있으며, 이 부분의 지층은 언땅트기 현상을 수반하며 나타나는 특징을 보여준다.[40] 그러므로 대전리 유적의 산화철층은 토양 내에서 진행된 포드졸화 작용(podzolization)으로 볼 수 있으며, 더운 환경에서 이루어지는 라테라이트화 작용(lateritization)과는 거리가 멀다고 생각된다. 굴포리 유적에서는 언땅트기 작용과 관련된 퇴적상의 특징이 보고되지는 않았지만, 이곳의 산화철층은 한냉 습윤한 기후 조건과 관계가 있으며, 이 지층은 후기 갱신세의 마지막 빙하기 가운데 어느 한 시기에 형성된 것으로 추정된다.

굴포문화 1기와 2기의 상대 연대를 논하기 위하여, 두 시기의 지층에서 나온 석기의 암질과 제작 기술상의 변화를 설명하고 있다. 다시 말해서 1기층의 석기는 석영이 주를 이루며, 제작 수법이 후기 구석기 단계에 미치지 못하고, 2기층의 석기는 각암(각혈암)이 대부분이며, 눌러뜯기 수법이 나타난다고 보았다. 이를 바탕으로 1기층을 10만년 전, 2기층을 4-3만년 전으로 추정하였다.[41]

남부 지역의 해안선은 지금보다 평균 18km 후퇴한 곳에 형성되었다. Park Y.A., C.S. Lee and Y.I. Song, 1987. The Lowest Stand of the Holocene Sea-Level Along the Continental Margin off the Eastern and Southeastern Coasts of Korea. *Late Quaternary Sea-Level Changes*(Qin Yunshan and Zhao Songling eds.), pp.239 ~ 251(China Ocean Press, Beijing).

39) 도유호, 1964. 〈조선의 구석기 시대 문화인 굴포 문화에 관하여〉 ≪고고민속≫ 1964년 2호, pp.3~7.

40) 이융조·윤용현, 1992. 〈화순 대전 후기 구석기문화〉 ≪先史와 古代≫ 3, pp.6~8.

도유호는 굴포문화 2기에 나온 각암제 석기가 중국 산서성의 정촌(丁村) 출토품과 유사하며, 굴포문화 1기는 무스떼리앙에 비정될 수 있음을 언급한 바 있다.[42] 그런데 굴포리 유적에서 각암제 석기는 굴포문화 2기에 나타나며, 중국에서는 정촌의 석기를 대체로 중기 구석기 시대의 것으로 다룬다. 따라서 그와 같은 도유호의 견해에는 많은 무리가 뒤따르며, 선후 관계가 대한 자세한 논증이 없이 굴포문화 1기를 10만년 전으로 설정하기는 어렵다고 생각된다. 이와 아울러 지금까지 보고된 굴포문화 2기의 석기에서 눌러뜯기 또는 대고때리기 수법을 보여주는 유물이 없는 것으로 생각된다.[43] 굴포리 구석기 유적의 퇴적층이 후기 갱신세에 형성되었을 가능성이 매우 높다고 생각되지만, 굴포문화 1·2기의 정확한 연대 설정은 앞으로 자세하게 연구되어야 할 것으로 믿는다.

Ⅲ. 동굴 유적의 검토

지금까지 보고된 북한의 구석기 시대 동굴 유적에서는 모두 짐승 화석이 출토하였다. 사람뼈가 나온 곳은 7군데(승리산 동굴, 대현동 동굴, 용곡 동굴, 금천 동굴, 만달리 동굴, 검은녕 동굴, 랭정골 동굴), 석기가 나온 곳은 4군데(검은모루 동굴, 용곡 동굴, 랭정골 동굴,[44] 만달리 동굴), 뼈연모가 나

41) 김용간·서국태, 1972. 〈서포항원시유적발굴보고〉 ≪고고민속론문집≫ 4, pp.36~40, pp.135~137.

42) 도유호, 1964. 앞 논문.

43) 한창균, 1990. 〈굴포리 구석기유적을 다시 논함〉 ≪古文化≫ 36, pp.3~21.

44) 황해남도 태탄군에 있는 이 유적에는 전기, 중기, 후기의 구석기 시대 문화층이 있다(어해남, 1994. p.31). 랭정골 동굴 유적과 검은녕 동굴 유적에 관한 내용은 다음 글에 간단히 소개되었다. 리기동, 1995. 〈위대한 령도자 김일성동지의 현명한 령도밑에 력사유적유물을 발굴보존하기 위한 우리 인민의 투쟁〉≪력사과학론문집≫ 18, p.106.

온 곳은 2군데(용곡 동굴, 만달리 동굴)가 알려졌다.[45] 승리산 동굴, 해상 동굴, 용곡 동굴 유적 등에서는 꽃가루 분석이 실시되었다.

북한에서 가장 시기가 올라가는 구석기 시대 유적은 검은모루 동굴 유적으로 보고되었다. 당시 검은모루 유적의 짐승 화석(예: 습들쥐, 밭쥐,[46] 상원큰뿔사슴, 넙적큰뿔사슴, 상원말)은 주구점 제13지점[47]이나 제1지점 아래층과 비슷한 동물상에 대비되며, 그 시기는 50-40만년 전으로 발표되었다.[48] 그 뒤 시기를 조금 올려 60-40만년 전으로 잡았고, 북한 학계에서는 1980년대에 이르기까지 검은모루 동굴 유적의 연대를 그와 같은 시기로 설정하였다.

검은모루 유적의 동물상이 주구점의 제13지점 또는 제1지점 아래층과 비슷하다면 1980년대에 이르기까지 북한 학계에서 이야기하였던 검은모루 동굴 유적의 연대를 60-40만년 전의 범위 안에서 추정하는 것이 가능하다. 그런데 이와 같은 추정을 가능하게 하기 위해서는 무엇보다도 발굴된 짐승 화석에 대한 정확한 감정이 앞서야 한다. 그 한 예로 검은모루 동굴 유적에

---

45) 만달리 유적에서 사람뼈, 석기, 뼈연모가 나온 지층은 후기 구석기 시대(김신규 및, 1985)되었으나, 그 뒤 시기가 중석기 시대(김용간 1990)로 바뀌었고, 이것을 다시 후기 구석기 시대(어해남, 1994)로 보는 글이 발표되었다. 김신규 · 김교경 · 백기하 · 장우진 · 서국태, 1985. 〈승호구역 만달리 동굴유적발굴보고〉 ≪평양부근동굴유적발굴보고≫(과학,백과사전출판사). 김용간, 1990. ≪조선고고학전서(원시편)≫(과학백과사전종합출판사). 어해남, 1994. 앞 논문.

46) 이것은 뒤에 검은모루땅쥐로 분류되었다. 김신규 · 김교경, 1974. 〈상원 검은모루 구석기시대유적 발굴보고〉 ≪고고학자료집≫ 4, p.13(사회과학출판사).

47) 현재 주구점 제13지점은 50만년 전(Zhou Kunshu *et al*., 1991), 그리고 제1지점은 70-20만년 전(孔昭宸等, 1985)으로 연구되고 있다. Zhou Kunshu *et al*., 1991 *Quaternary Geology in the Beijing Area*, pp.31～32(Excursion Guidebook XIX, INQUA, XIII International Congress, Beijing). 孔昭宸 等, 1985. 〈依據孢粉資料討論周口店地區北京猿人生活時期及其前後自然環境的演變〉 ≪北京猿人遺址綜合研究≫, pp.129～139 (科學出版社).

48) 고고학연구소, 1969. 〈상원 검은모루유적 발굴중간보고〉 ≪고고민속론문집≫ 1, p.29(사회과학출판사).

서 보고된 습들쥐에 대하여 살펴보기로 하겠다. 쥐 종류의 화석은 진화 속도가 빠른 편이며, 서식 환경이 잘 알려져 있기에 퇴적의 형성 시기와 환경 조건을 연구하는데 중요한 자료로 활용된다.49)

검은모루 동굴 유적의 발굴 중간 보고에서 언급된 바와 습들쥐(Mymomys)는 제3기 말tlsa〔early Middle Pliocene〕에 나타나 전기 갱신세가

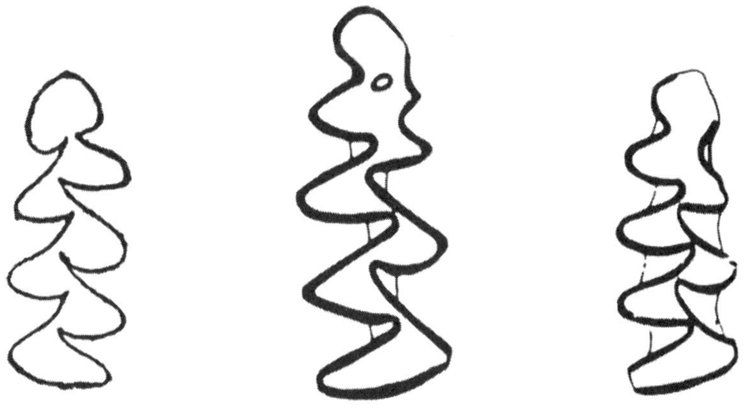

①　　　②　　　③

그림 1. 습들쥐속과 들쥐속의 아래턱 첫째 어금니 윗면의 모습

① 검은모루 동굴 유적에서 보고된 습들쥐종(*Mimomys sp.*)의 왼쪽 첫째 어금니(고고학연구소, 1969. p.8, 그림 4).
② 습들쥐(*Mimomys savini*)의 오른쪽 첫째 어금니(Chaline et Mein, 1979. p. 135, Figure 52).
③ 들쥐(*Arvicola cantiana*)의 오른쪽 첫째 어금니(Chaline et Mein, 1979. p. 135, Figure 52).

49) Chaline, J., 1972. *Les Rongeurs du Pléistocène Moyen et Supérieur de France*, p.18 (Editions du C.N.R.S., Paris).

끝날 무렵에 절멸하였다.[50] 북한 학계에서도 이와 같은 습들쥐의 존속 기간을 인정하고 있다.[51] 그런데 여기서 문제가 되는 것은 검은모루 동굴 유적에서 나온 쥐 화석을 습들쥐로 감정할 수 있느냐라는 점이다.

〈그림 1〉은 검은모루에서 습들쥐(Mymomys sp.)로 보고된 것과 갱신세 전기에 살았던 습들쥐와 습들쥐의 뒤를 이어 나타난 들쥐속(Arvicola)의 아래쪽 첫째 어금니의 윗면을 비교한 것이다. 그림에 있듯이 습들쥐와 들쥐에서 보이는 가장 큰 차이점은 이빨 윗면 안쪽에 있는 에나멜질로 된 둥그스럼한 구조(puiselet)의 모습이 들쥐에서는 없어졌다는 것이다.[52] 검은모루에서 보고된 습들쥐의 이빨 그림에서도 그와 같은 특징은 표현되지 않았다. 이러한 사실은 검은모루에서 보고된 습들쥐가 습들쥐보다는 오히려 들쥐에 가까운 종류임을 알려주며, 습들쥐 화석의 존재를 활용하며 설정된 검은모루 동굴 유적의 연대 추정에 문제가 있음을 보여준다. 이와 아울러 검은모루 유적을 중기 갱신세의 이른 시기[53]로 잡는데 중요한 구실을 하였던 상원말이나 상원큰뿔사슴의 종 감정과 시기 추정도 재검토될 필요가 있다고 생각된다.

현재 북한에서는 검은모루 동굴 유적을 약 100만년 전의 전기(하부) 갱신세로 잡고 있다.[54] 검은모루 유적의 연대가 그렇게 올라가게 된 것은 만달리(평양 승호구역) 절골 아래층에서 전자스핀공명법[55]으로 측정된 연대가 BP 943,825±21,802으로 나왔고, 그 층의 짐승 화석이 검은모루 동굴의 경우보다 시기가 조금 떨어지는 것으로 연구되었기 때문이다.

검은모루 동굴에서 나온 물소, 원숭이, 큰쌍코뿔이 등의 화석은 이 유적

---

50) Xue Xiangxi and Zhang Yunxiang, 1991. *op. cit.*, p.310.

51) 고고학연구소, 1969. 앞 논문, p.8.

52) Chaline J. et P. Mein, 1979. *Les Rongeurs et l'Evolution*, pp.131~140(Doin Editeurs, Paris).

53) 김신규·김교경, 1974. 앞 논문.

54) 김용간, 1990. ≪조선고고학전서: 원시편(석기시대)≫, pp.10~15(과학백과사전종합출판사).

55) 김교경·전영수, 1990. 〈절골동굴(아래층) 화석산지의 년대〉 ≪조선고고연구≫ 1990년 1호, pp.32~34.

이 아열대성 기후 조건 속에서 형성된 것으로 설명하는데 활용되고 있다. 그리고 앞에서 이야기한 것처럼 유적의 연대를 100만년 전으로 다룬다. 그렇다면 100만년 전 무렵 동북 아시아 지역의 자연 환경이 어떠했는가를 살필 수 있다면 북한 학계에서 주장하는 내용의 타당성을 검증하는 작업이 가능하다고 생각된다.

중국[56]에서 BP 110-80만년은 전기 갱신세 가운데 가장 메마르고 추운 시기였다. BP 100-90만년 무렵에 기후가 조금 온난하게 변하였으나 BP 90-80만년 무렵 중국의 동북 지역은 빙하 주변 지대의 환경(periglacial environment)에 놓여 있었다. 만주 할빈의 황산층군(Huangshan Formation) 에서는 BP 100-80만년 시기의 퇴적에서 언땅트기에 의한 쐐기 모양의 토양 구조(frozen wedges)가 발견되었다. 그리고 〈그림 2〉에 볼 수 있듯이 그와 같은 시기에 중국에서 아열대성 기후는 양자강 이남, 곧 북위 26-27도 이남 지역에 발달하였다. 대체로 압록강과 두만강 일대는 'frigid- temperate zone'의 남쪽 부분에 속하며, 검은모루 유적(북위 약 38도 50분)은 'frigid-temperate zone'과 'temperate zone'의 경계 지점에 해당하는 것으로 나타난다. 따라서 검은모루 유적의 동물군이 100만년 전의 아열대성 기후를 반영한다는 견해는 설득력이 떨어진다.

검은모루 유적에서는 "소형포유류화석이 대형포유류화석과 떨어져있거나 어떤데서는 약간 덮여 퇴적된" 특징을 지닌다. 이에 대하여 "소형동물뼈는 무거운 대형동물뼈들이 가라앉은 다음에도 물에 떠있다가 한쪽벽쪽으로 밀리였거나 대형동물뼈와 다른 방향으로 흘러들어온 관계로 대형동물과 같이 섞이지 않은것으로 생각한다"고 설명되었다.[57] 이 설명에 따르면 소형 짐승

---

56) Tong Guobang and Shao Shixiong, 1991. The Evolution of Quaternary Climate in China. *The Quaternary of China*(Zhang Zonghu and Shao Shixiong, eds.), pp.42~76 (China Ocean Press, Beijing).

57) 김신규 · 김교경, 1974. 앞 논문, pp.5~6.

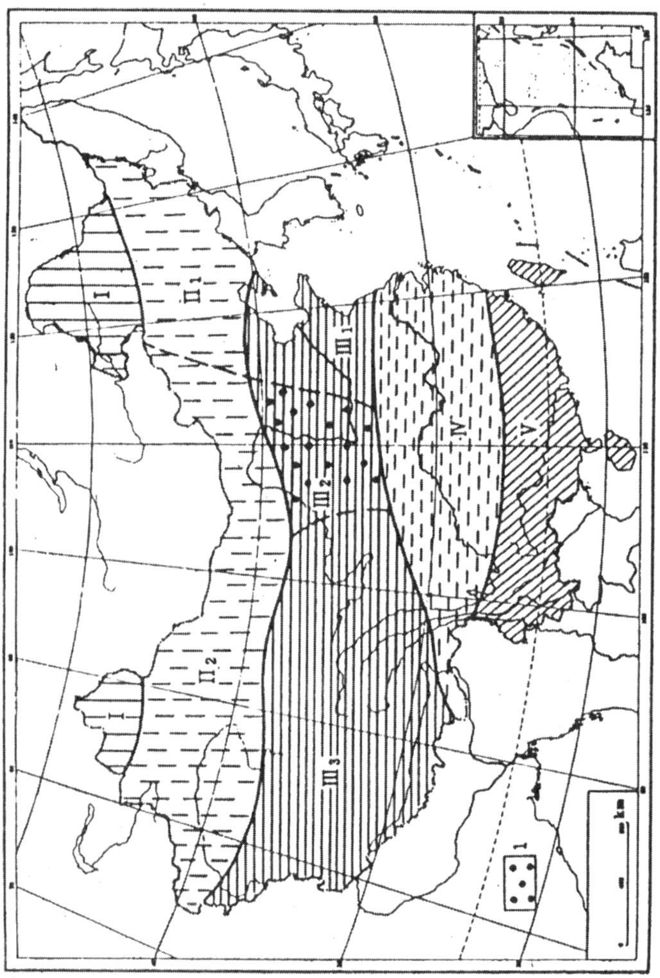

그림 2. 중국에서 연구된 전기 갱신세 후기(100-80만년 전)의 기후 환경

(Tong Guobang and Shao Shixiong, 1991. p.55, Fig. 3.5.).

Ⅰ-frigid zone; Ⅱ-frigid-temperate zone(Ⅱ1-semi-humid; Ⅱ2-semi-arid and arid); Ⅲ-temperate zone(Ⅲ1-semi-humid; Ⅲ2-semi-arid; Ⅲ3-semi-humid or humid); Ⅳ-warm-temperate zone; Ⅴ-subtropical zone. 1-loess.

뼈와 대형 짐승뼈가 같은 시기에 퇴적되었음을 짐작할 수 있다. 그러나 전체 퇴적 상황에 관한 자세한 분석 자료가 없기 때문에 그와 같은 설명을 받아들이기 어렵다. 오히려 소형 짐승뼈와 대형 짐승뼈는 서로 층위를 달리하며 출토한 것으로 갈라보는 편이 더 맞는다고 생각된다.[58] 요컨대, 이러한 점은 따뜻한 기후의 남방형 동물군이 그보다 늦은 시기에 이르러 추운 기후의 북방형 동물군으로 바뀌게 되었다는 것을 반영한다고 판단된다.

검은모루 유적의 화석 포함층은 두께가 약 2.5m이며, 이곳에서 밑으로 15-17m 떨어진 곳에 큰 길이 나 있다. 유적 앞을 흐르는 상원강의 강바닥과 큰 길 사이의 높이는 보고되지 않았다. 이 유적에서는 5개의 층이 알려졌고, 짐승뼈는 주로 아래쪽의 1층과 위쪽의 4층에서 주로 나왔으며, 2층은 비유물층이고, 3층에서 나온 것은 적었다.[59] 중간 보고에서는 화석층이 물의 작용에 의하여 2차 퇴적을 거친 것으로 서술되었고, 상원강의 수량이 많아짐에 따라 동굴 안쪽과 바깥쪽의 높은 지점에 있던 짐승뼈가 이동되어 지금과 같이 동굴에 쌓이게 되었던 것으로 설명하였다.

중간 보고에 실린 내용만 가지고는 검은모루 유적의 화석층이 모두 물에 의한 2차 퇴적으로 이루어졌다고 분명하게 말하기 어렵다고 생각된다. 그것은 무엇보다도 물의 영향으로 볼 수 있는 퇴적물의 성격이 자세하게 분석되지 않았기 때문이다. 그렇지만 검은모루 유적의 굴 안 바닥에서 보이는 석회암, 규질고회암, 강자갈[60]의 존재는 물에 의한 퇴적 현상이 있었음을 보여준다. 그리고 "상원 지방에 발달한 하안 단구는 강바닥에서 15-20m 높이에 있고, 물이 스며모인 구역안에는 석회암, 규질고회암 및 화강암이 있으며 자갈층은 그런 암석으로 되였다"[61]라는 내용은 검은모루 동굴의 굴

---

58) 이융조, 1991. 앞 논문, p.140.

59) 3구획 서쪽 부분에서 조사된 각 층의 두께를 보면, 1층은 약 30cm, 2층은 9-15cm, 3층은 20-24cm, 4층은 두께 약 50cm, 5층은 두께 20cm 이하이다. 고고학연구소, 1969. 앞 논문.

60) 김신규 · 김교경, 1974. 앞 논문, p.6.

안 바닥에 쌓인 퇴적물이 하안 단구와 밀접한 관계가 있음을 알려준다.

현재 북한에서는 전기 갱신세의 단구층이 큰 강 하류쪽의 바닷물 높이보다 40-120m 높은 곳에 있는 것으로 연구되고 있다.[62] 그렇지만 검은모루 동굴의 퇴적층은 상원강의 강바닥보다 40m 이하로 추정되기 때문에 그 퇴적층을 전기 갱신세의 것으로 보기는 매우 어렵다.

승리산 동굴 유적[63]은 강바닥에서 17-18m 높은 곳에 있으며, 이것은 대동강 지역의 두번째 하안 단구에 해당한다. 동굴 앞쪽에서 조사된 퇴적(두께 5-10m)은 6개의 층으로 이루어진다.

① 6층: 두텁고 모난 석회암 조각이 있는 찰흙층.

② 5층: 모난 석회암 자갈이 있는 모래층.

③ 4층: 3cm 미만 크기의 강자갈로 이루어진 적갈색 자갈층.

④ 3층: 황색 찰흙층.

⑤ 2층: 비교적 굵은 모래와 그리 크지 않은 자갈로 이루어진 모래 자갈층 (좁은 찰흙질 간층이 있음).

⑥ 1층(아래층): 분사질 모래층.

6개의 지층 가운데 1층부터 5층까지의 퇴적물에는 물모래와 닳은 자갈이 들어 있고 수평 층리가 발달된 것으로 보아 물에 의하여 쌓였고, 6층은 동굴의 석화암이 풍화를 받아 떨어져내려 쌓이게 되었다. 짐승뼈가 나온 기본 화석층은 4층 · 5층 · 6층으로 이루어진다. 4층과 5층에서는 사슴 · 큰쌍코뿔이 · 말 · 동굴하이에나 등이 나왔고, 6층에서는 곰과 · 코끼리과 · 코뿔이과 · 말과 · 소과 · 사슴과 등의 화석이 나왔다. 승리산 동굴에서 나온 고인 단계의 덕천 사람 화석은 기본 화석층의 아랫부분(구석기 시대 아래층, 4층으로 추정됨), 그리고 신인 단계의 승리산 사람 화석[64]은 6층 윗부분(구석기 시

61) 김명근, 1967. 〈지질 제4기층〉 ≪고고민속≫ 1967년 1호, p.42.

62) Academy of Science, 1996. *op. cit.*, p.222.

63) 고고학연구소, 1978. 앞 책.

대 위층)으로 생각된다. 고인 단계의 사람 화석은 중기 갱신세 말-후기 갱신세 초, 그리고 신인 단계의 사람 화석은 후기 갱신세 중기-말기에 속하는 것으로 발표되었다. 그 연대[65]는 고인 단계의 것이 약 10만년 전의 중기 구석기 시대 그리고 신인 단계의 것이 4-3만년 전의 후기 구석기 시대로 설정되었다.

세계 고고학계에서는 일반으로 후기 갱신세의 기간을 13-1만년 전으로 잡고 있다. 이 시기는 다시 마지막 간빙기(13-7.4만년 전)와 마지막 빙하기(7.4-1만년 전)로 나눌 수 있다. 승리산 동굴 유적에서 물에 의한 퇴적물이 형성되는 과정에 가장 중요한 것은 유적 바로 앞으로 흐르는 대동강의 물높이가 상승하였던 시기와 관계가 깊다고 생각된다. 특히 이 동굴의 쌓임층이 두번째 하안 단구 퇴적층에 해당하는 것이기에 그러한 가능성은 더욱 굳어진다. 승리산 동굴의 퇴적 가운데 관심을 끄는 것은 6층에 들어 있는 석회암 낙반석의 존재이다. 석회암 동굴에서 그와 같은 낙반석은 추운 기후 조건과 밀접한 관계가 있다.[66] 승리산 사람의 화석이 나온 층에서 이루어진 꽃가루 분석 결과는 아한대성의 바늘잎나무(이깔나무, 전나무, 가문비나무 등)가 특징있게 나타남을 보여준다.[67] 따라서 승리산 동굴 유적에서 석회암 낙반석이 들어 있는 찰흙층은 마지막 빙하기에 해당하는 것으로 추론된다.

한편 강바닥에서의 높이 차이를 볼 때, 검은모루 유적의 퇴적층은 승리상 동굴 유적의 경우보다 조금 높은 곳에 자리를 잡은 것으로 보인다. 다시

64) 구석기 시대 위층에서는 승리산 사람의 화석만이 발굴되었고, 다른 유물이나 짐승뼈는 발견되지 않았다고 한다. 김홍걸, 1993. 〈덕천 승리산동굴유적의 포자-화분구성〉 ≪조선고고연구≫ 1993년 1호.

65) 김교경, 1979. 앞 논문, p.9.

66) 고고학연구소, 1978. p.86. 손보기 · 박영철 · 한창균, 1980. 〈층위구분과 퇴적 상황, 퇴적물의 기원, 퇴적물 분석〉 ≪점말 용굴 발굴보고≫, pp.19~24.

67) 김홍걸, 1993. 앞 논문, p.45.

말해서 검은모루 동굴의 퇴적은 승리산 동굴의 경우보다 강물 높이가 조금 높았던 시기에 형성되었을 가능성이 있다. 이와 같은 점으로 판단할 때, 검은모루 유적의 연대는 승리산 동굴보다 앞서는 중기 갱신세의 늦은 시기에 해당하는 것으로 생각된다. 그것은 40-20만년 전 사이,[68] 중국의 요동반도 지역이 온대성 기후와 아열대성 기후의 경계 지점을 이루고 있었던 환경 조건과 관계가 크다고 말할 수 있다(그림 3 참조).

요령성 영구현(營口縣)에 있는 금우산(金牛山) 동굴 유적의 하부층(중기 갱신세 늦은 시기)과 상부층(후기 갱신세)에서 여러 종류의 짐승 화석이 발굴되었다. 이 동굴 유적의 하부층 중에서 특히 6층[69]에서 나온 코뿔이속(Dicerorhinus), 큰뿔사슴속(Megaloceros), 말속(Equus), 짧은꼬리원숭이속(Macacus) 등과 같은 대형 동물 화석의 구성 관계는 검은모루 동굴 유적의 것들과 매우 닮은 특징을 지녔다고 생각된다. 우라늄 계열 연대 측정 방법에 의하여 금우산 동굴의 하부층은 31-23만년 전, 상부층은 20-15만년 전으로 나왔다.[70] 한편 요령성 본계현(本溪縣)에 있는 묘후산(廟後山) 동굴 유적[71]의 중기 갱신세(40-14만년 전) 퇴적층 가운데 5층의 대형 동물 화석도 금우산 및 검은모루 동굴 유적과 공통된 특징을 보여주고 있어 주목된다.

검은모루 동굴에서 남쪽으로 약 5km 떨어진 곳에 있는 용곡 제1호 동굴 유적[72]에서는 많은 양의 짐승 화석과 함께 사람 화석(2·3문화층), 석기, 뼈

---

68) Tong Guobang and Shao Shixiong, 1991. *op. cit.*, pp.63~66.

69) 金牛山聯合發掘隊, 1976. 〈遼寧營口金牛山發現的第四紀哺乳動物群及其意義〉 ≪古脊椎動物與古人類≫ 제14권 제2기. 張森水 等, 1993. 〈金牛山(1978年發掘)舊石器遺址綜合硏究〉 ≪中國科學院古脊椎動物與古人類硏究所集刊≫(科學出版社).

70) 하부층에서 옛슬기 사람(early *Homo sapiens*, Jinniushan Man)의 화석이 나온 지층의 우라늄 계열 연대 측정 결과는 28만년 전으로 나왔다. Department of Archaeology at Peking University ed., 1992. *Treasures from a Swallow Garden*, pp.27, 37 and 58(Cultural Relics Publishing House).

71) 遼寧省博物館·本溪市博物館, 1986. ≪廟後山: 遼寧省本溪市舊石器文化遺址≫, pp.56~62, p.94(文物出版社).

72) 전제헌 및, 1986. 앞 책.

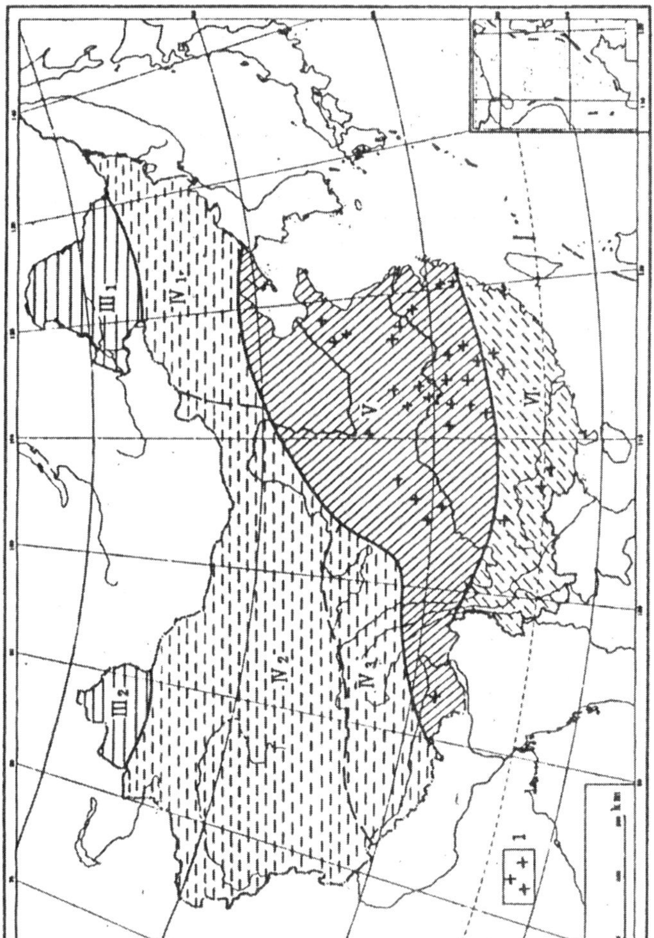

그림 3. 중국에서 연구된 중기 갱신세 중기/후기(40-20만년 전)의 기후 환경

(Tong Guobang and Shao Shixiong, 1991. p.59, Fig. 3.6.).

Ⅲ-temperate zone(Ⅲ1-semi-humid; Ⅲ2-semi-arid and arid); Ⅳ-warm-temperate zone(Ⅳ1-semi-humid; Ⅳ2-semi-arid and arid; Ⅳ3-semi-humid or humid); Ⅴ-north-middle subtropical zone; Ⅵ-south subtropical zone and tropical zone. 1-laterites.

연모, 자른 자국이 있는 짐승 뼈, 불자리 등이 보고되어 학계로부터 큰 관심을 끌고 있다. 열형광법에 의한 8퇴적층(1문화층)과 9퇴적층(2문화층)의 연대값이 50-40만년 전으로 나왔기 때문에 발굴 보고서에서는 8·9퇴적층을 중기 갱신세의 것으로 다루었다. 그러나 그 뒤 용곡리 유적에서 나온 사람 화석은 신인[73]의 특징을 지닌 것으로 밝혀졌고, 이를 바탕으로 "≪승리산사람≫으로부터 ≪룡곡사람≫에로 그리고 ≪만달사람≫으로부터 조선옛류형사람을 거쳐 현대조선사람에로의 기원상 련결이 직접적으로 이어진다"고 북한 학계는 주장하게 되었다.[74] 그리고 이와 비슷한 시기에 용곡 제1호 동굴의 퇴적 상황과 사람 화석을 통하여 이 유적의 연대가 후기 갱신세에 속한다는 견해도 발표되었다.[75]

발굴 보고서에 실린 용곡 제1호 동굴의 연대 측정 결과에 대하여 북한 학계에서도 문제점이 제기되었던 것으로 추정된다. 1991년에 발표된 새로운 연대 측정 결과는 그러한 분위기를 알려준다. 새롭게 발표된 연대 측정 분석 결과를 보면,[76] 열형광법에 의하여 8퇴적층이 BP 111,000±1,000년으로 나왔다. 우라늄 계열(230Th/234U)에 의하여 8층에서 BP 71,000±2,000년, 9층에서 BP 49,900±2,000년과 BP 46,100±2,000년의 연대값이 나왔다. 그리고 8·9퇴적층이 후기 갱신세 중기(Q3-2), 10·11퇴적층이 후기 갱신세 후기(Q3-3)로 재설정되었다.

용곡 동굴은 유적 앞으로 흐르는 문포천의 강바닥에서 20m 높은 곳에 있으며, 제1호 동굴의 굴 안에 쌓인 퇴적물의 두께는 약 21m이다. 제1호 동

---

73) 현재 북한에서는 *Homo sapiens*를 *Homo sapiens neanderthalensis*와 *Homo sapiens sapiens*로 나누며, *Homo sapiens neanderthalensis* 단계를 고인, 그리고 *Homo sapiens sapiens*를 신인이라 부른다. 력사연구소·고고학연구소, 1991. ≪조선전사(제2판)≫ 1(원시편), p.24(과학백과사전종합출판사).

74) 장우진, 1989. ≪조선사람의 기원≫, p.109(사회과학출판사).

75) 한창균, 1990. 〈용곡 동굴유적을 다시 논함〉 ≪동방학지≫ 68(연세대 국학연구원).

76) 김근식, 1991. 〈룡곡 제1호동굴유적의 포유동물상에 대한 연구〉 ≪과학원통보≫ 1991년 3호.

굴의 퇴적물 가운데 1-7퇴적층까지는 물의 영향을 받아 쌓인 특징을 보여준다.[77] 이것은 1층부터 7층 사이의 퇴적물이 문포천의 강물 높이가 상승되었을 때 형성되었음을 보여준다. 그 시기는 승리산 동굴 유적의 아랫부분에 쌓인 하안 단구층과 같은 후기 갱신세의 이른 시기에 속하는 마지막 간빙기 동안으로 추정된다.[78] 아울러 8퇴적층 이후는 마지막 빙하기와 관련되었으며, 그러한 지층 안에서 조사된 '락석혼합층'의 존재가 그와 같은 가능성을 뒷받침해준다고 생각된다.

북한의 동굴 유적에서 후기 갱신세를 대표하는 곳 가운데 하나가 평양시 승호구역의 만달리 유적이다. 만달리 동굴은 남강에서 약 100m 떨어져 있고, 남강에서 동굴 안 쌓임층까지의 높이는 14m이며, 이 쌓임층은 두번째 단구에 해당한다. 동굴 쌓임층은 다음과 같이 크게 세 부분으로 나뉘었다.[79]

① 신석기 시대 퇴적층(9층[80]): 검은색 부식토층(두께 20-30cm).

② 후기 구석기 시대 퇴적층(가운데층): 두께 1.6-2m.

1) 검은색 감탕흙층(8층, 두께 40-50cm). 비유물층.
2) 돌이 전혀 없는 회색빛 감탕흙층(7층, 두께 1.2m). 비유물층.
3) 석회암이 들어 있는 회색빛 진흙층(6층, 두께 40cm). 2만년 전으로 추정되는 사람 화석, 석기, 뼈연모, 짐승 화석이 나왔음.

③ 후기 갱신세 초기 퇴적층(밑층): 두께 3-4m.

1) 작은 석회암이 들어 있고 모래 성분이 많은 검붉은 진흙층(5층, 두께 70-80cm). 짐승 화석이 몹시 깨진 상태로 나왔음.
2) 돌이 전혀 들어 있지 않은 붉은색 진흙층(4층, 5층보다 조금 두터

---

77) 전제헌 및, 1986, 앞 책.
78) 한창균, 1992. 〈용곡 제1호 동굴유적의 시기구분과 문제점〉 《박물관기요》 8(단국대학교 중앙박물관).
79) 김신규 및, 1985. 앞 논문.
80) 이 지층 번호는 발굴 보고서에 들어 있지 않다. 서술의 편의를 위하여 이 글에서 임시로 붙인 것임을 밝힌다.

움). 짐승 화석이 간혹 보임.

3) 석회암이 많이 들어 있는 검은색 진흙층(3층, 두께 60-70cm). 위층보다 짐승 화석이 많고, 온전한 개체의 동굴하이에나 뼈가 나왔음.

4) 붉은색 진흙층(2층, 두께 70-80cm). 짐승 화석 조각이 가끔 나왔음.

5) 모래층(1층, 두께 20cm). 이 아랫부분은 암반으로 이루어짐.

만달리 동굴의 후기 갱신세 퇴적층(1-8층)에서 나타나는 특징 가운데 하나는 3·5·6층에 진흙과 석회암 조각이 존재하는 것이다. 퇴적의 기원으로 가늠할 때, 진흙은 동굴 외부로부터 운반된 요소(allochthon element)이며, 낙반석은 동굴 내부에서 형성된 요소(autochthon element)로 볼 수 있다. 반면에 1·2·4·7·8층의 퇴적에서는 석회암 조각은 섞여 있지 않으며, 동굴 외부에 기원을 둔 요소만으로 이루어진다. 따라서 앞에서 말한 바와 같이 동굴 내에 존재하는 석회암 낙반석의 형성 시기를 춥고 습한 환경 속에서 진행되었던 물리 풍화 작용과 연결시킨다면 만달리 동굴에서 그와 같은 특징을 보여주는 지층이 바로 3·5·6층에 해당한다.

만달리 동굴 유적의 발굴 보고[81]에서는 5층과 6층을 구분하여 5층을 후기 갱신세 초기, 그리고 6층을 후기 구석기 시대의 늦은 시기인 2만년 전으로 설정하였다. 그런데 5층과 6층 퇴적물은 진흙과 석회암 조각으로 이루어진 공통점을 지니고 있으며, 이러한 퇴적상의 특징으로 판단할 때, 5층과 6층은 일정한 기간 동안 서로 같은 환경 조건에서 퇴적된 것으로 추정되며, 5층과 6층이 서로 부정합 관계를 이루지 않는다고 생각된다.

만달리 동굴의 6층에서 나온 돌날 몸돌과 같은 종류의 석기는 한국의 여러 유적에서 발견된 바가 있으며, 그 시기는 대체로 2만년 이후로 연구되고 있다. 이와 비교해서 6층의 연대를 추정하면, 그 시기는 대체로 산소동위원소 2기,[82] 곧 24,000-12,000년 전으로 설정될 수 있을 것이다. 5층도 대체로

81) 김신규 및, 1985. 앞 논문.

82) Klein, R.C., 1989. *The Human Career*, p.33(University of Chicago Press, Chicago · London).

그와 같은 시기의 테두리를 벗어나지 않을 것으로 보인다. 그러므로 만달리 동굴의 5층은 중석기 시대[83]보다 후기 구석기 시대의 늦은 시기로 보는 편이 옳다고 생각된다. 한편 5층에서 발굴된 동굴하이에나와 같은 사나운 식육류 짐승이 절멸하게 된 원인 가운데 하나는 후기 갱신세 말기에서 현세로 넘어오는 시기의 급격한 기후 변화와 그에 따른 생태 환경의 변화[84]로 인한 먹이사슬의 균형 관계가 깨지면서 나타난 현상으로 해석될 수 있다.

만달리 동굴에서 짐승 화석은 3·5·6층에서 주로 나온다. 이것은 이와 같은 지층이 형성되었을 당시 사람 또는 짐승들에 의하여 만달리 동굴이 이용되었음을 알려준다. 그런데 3층에서 온전한 개체의 동굴하이에나 화석이 발견되었다는 내용은 3층에서 나온 짐승 뼈가 식육류의 먹이감과 관계가 있다는 사실을 보여준다. 앞으로 화석환경학(taphonomy)의 관점에서 만달리 동굴 유적의 짐승뼈가 재조사되길 기대한다.

Ⅳ. 맺음말

북한 지역에서 발굴 조사된 구석기 시대의 유적을 체계있게 검토하는 작업에는 많은 어려움이 뒤따른다. 그것은 무엇보다도 유적을 직접 둘러보거나 발굴된 유물을 볼 수 있는 기회를 갖는다는 것이 불가능하기 때문이다. 그러나 발굴된 유적의 보고 내용을 통하여 여러 유적에서 설정된 연대 문제에 대한 검토는 충분히 가능하다고 생각되며, 이와 같은 작업은 북한을 포함한 한국 전체의 구석기 시대 연구와 밀접한 관련을 맺는다.

대체로 지금까지 북한 지역에서 보고된 구석기 유적의 연대는 짐승 화

---

83) 력사연구소·고고학연구소, 1991. 앞 책, pp.77~80. 그 뒤 만달리 동굴 유적의 석기를 후기 구석기 시대로 다룬 글(어해남, 1994. 앞 논문)이 발표되었다.

84) Vereshchagin, N.K. and G.F. Baryshnikov, 1989. *op. cit.*, p.497.

석, 사람 화석, 석기 등을 바탕으로 설정되었다. 그러나 출토 유물의 지층 관계가 층위별로 자세하게 서술되지 않고 있으며, 퇴적층 자체에 대한 지질학 분석 결과가 거의 없기 때문에 퇴적의 형성 시기에 따른 자연 환경의 변화와 각 유적의 상대 연대를 추론하는데 힘든 점이 많다. 앞에서 말한 몇몇 동굴 안에 쌓인 퇴적물의 기원이 지층별로 차이가 있는 것으로 나타나지만, 동굴 주변의 환경 변화에 관련된 퇴적학상의 분석 작업은 제대로 이루어지지 않고 있다.

북한 지역의 후기 갱신세 동굴 유적의 경우, 따뜻한 시기에 형성된 퇴적의 바탕 물질(matrix)은 동굴 외부에 기원을 둔 요소가 강하다. 그러한 퇴적의 아래층, 곧 단구의 퇴적물은 모래층, 모래+자갈층, 자갈층과 같은 특성의 전체 또는 일부를 보여준다. 반면에, 추운 시기의 퇴적은 동굴 내부에 기원을 두면서 물리 풍화 작용과 관련된 석회암 낙반석 등이 특징있게 나타나고, 이 낙반석은 물 등에 의하여 동굴 밖으로부터 흘러들어온 토양에 섞여 있는 경우가 대부분이다.

검은모루 동굴을 비롯하여 승리산 동굴이나 만달리 동굴 유적 등에는 짐승 화석 포함층이 층위별로 존재하지만, 지층에 따른 동물 화석의 자세한 구성 관계가 별로 언급되지 않고 있다. 예를 들어, 만달리 동굴 유적의 후기 갱신세 퇴적층(밑층)에서 보고된 털코뿔이와 짧은꼬리원숭이 종류가 어떠한 지층 속에서 출토되었는지 전혀 설명되지 않았다.

현재 북한에서는 검은모루 동굴의 퇴적층을 약 100만년 전으로 잡고 있다. 그러나 그와 같은 시기에 해당하는 만주 지역의 환경 조건은 검은모루 유적에서 이야기되었던 것과 달리 많은 차이를 보여준다. 만약 검은모루 유적의 연대가 100만년 전이라면, 당시 주변 환경은 아열대성보다는 오히려 추운 기후에 어울릴 수 있는 짐승 화석과 퇴적상의 증거가 있어야 할 것이다. 검은모루 동굴에서 보고된 습들쥐도 그 이빨의 생김새로 볼 때, 전기 갱신세에 절멸한 습들쥐로 가늠하기 어렵다. 따라서 검은모루 동굴 유적을 약 100만년 전으로 잡기는 어려울 것이다. 금우산 유적의 짐승 화석과 견준다면, 검은모루 동굴 유적은 중기 갱신세의 늦은 시기로 설정될 가능성이 높다고 판단된다.

한국의 강줄기 또는 바닷가 근처에는 여러 시기의 단구가 높이를 달리하며 형성되었다. 여러 단구 가운데 두번째 단구 위에 놓인 퇴적층에서 구석기 시대의 유물이 발굴되는 경우가 차츰 많아지고 있다. 그러므로 두번째 하안 단구의 형성 시기는 구석기 유적의 상대 연대를 추정하는데 매우 중요하다고 생각된다.

승리산 동굴, 용곡 동굴, 만달리 동굴 유적 등에서 발굴된 사람 화석은 그 퇴적의 퇴적의 형성 시기가 후기 갱신세의 것임을 보여준다. 그런데 앞에서 말한 각 유적의 아래층은 강물 높이가 지금보다 일정하게 높았던 시기에 형성된 퇴적상의 공통된 특징을 지니고 있으며, 그 시기는 마지막 간빙기와 일치하는 것으로 나타난다. 강안리 유적의 제2황토층 아랫부분에서도 두번째 하안 단구에 해당하는 퇴적물이 쌓여 있다. 이런 점은 두만강과 대동강 일대의 두번째 단구 퇴적이 서로 같은 기간 동안 이루어졌음을 입증해준다. 그리고 현재의 강바닥에서 두만강이나 대동강 유역의 단구와 비슷한 높이를 지닌 한강 유역의 두번째 단구도 마지막 간빙기에 형성되었음을 뒷받침해준다.

요컨대 두번째 단구 윗부분에 쌓여 있는 퇴적물 속에서 발견되는 석기는 중기 구석기 시대 이후에 해당하며, 그러한 퇴적 성격은 지역별로 서로 떨어져 있는 문화층의 상호 비교에도 좋은 자료가 된다고 말할 수 있다. 이와 아울러 한데 유적의 경우, 그와 같은 퇴적물에 흔히 들어 있는 토양 쐐기 구조는 당시의 환경과 지층의 상호 대비에도 중요한 잣대가 될 것이다. 한데 유적에서 쐐기 구조가 발달했던 시기에 석회암 동굴 유적의 퇴적층에서는 낙반석이 증가되는 현상이 일어났던 것으로 추론된다.

〈白山學報 第48號, 1997.6.30. pp.5~31〉

북한의 선사시대 뗀석기 연구*

한 창 균**

〈目 次〉

Ⅰ. 머리말

1930년대 함경북도 강안리(옛 지명, 동관진) 유적에서 흑요석기가 출토한 이후, 해방 이전까지 북한 지역에서 선사시대의 뗀석기가 발굴된 유적은 없다. 해방 이후, 1940년대 말부터 1950년대 중반에 이르기까지 북한에서는 뗀석기가 나오는 유적에 관한 지표조사를 조사를 추진하여 함경북도를 중심으로 여러 곳에서 선사시대의 뗀석기를 발견하였다(황기덕, 1957a ; 황기덕, 1957b). 그러나 당시까지만 하여도 아직까지 북한에서는 신석기시대와 청동기시대의 유물을 체계 있게 가늠할 수 있는 기준이 마련되어 있지 않았다.

더욱이 구석기시대의 것으로 널리 인정받을 수 있는 유적이 없었기 때문에 강안리 유적에서 출토한 뗀석기도 신석기시대의 것으로 받아들이는 경

* 이 논문은 2000년도 한남대학교 교비학술연구비의 지원을 받아 작성되었음.
**한남대학교 교수

향이 강하였다(황기덕, 1957b. p.53). 1960년대 초, 함경북도 화대군 장덕리에서 털코끼리(맘모스)의 화석이 발견되었고(김신규, 1962), 이것은 앞으로 북한 지역에서 구석기시대의 유적이 발견될 가능성을 높여주었다. 이런 과정을 거치며, 이미 잘 알려진 바와 같이 마침내 1960년대 초반, 함경북도 선봉군 굴포리 유적에서 구석기시대의 석기가 발굴되었다.

현재 북한에서 구석기시대의 석기가 발견된 곳은 함경북도, 함경남도, 평양시, 평안남도, 황해남도 일대이다. 함경북도의 굴포리 유적을 제외한 나머지는 모두 석회암지대에 분포하는 동굴유적이다. 자강도, 양강도, 평안북도, 황해북도, 강원도에서 구석기시대 시대의 석기가 발견된 유적은 한 군데도 없다. 이러한 점은 굴포리 유적의 발굴 이후, 북한 고고학계의 구석기유적 조사가 주로 석회암지대의 동굴유적을 중심으로 이루어진 데에 원인이 있을 것으로 생각된다.

구석기가 발굴된 동굴유적에는 평양시의 검은모루와 용곡리 1호동굴, 함경남도의 용남리, 평안남도의 금평리, 황해남도의 냉정골 등이 있다. 굴포리 한데유적을 포함하여 북한에서는 구석기시대 전기부터 후기에 이르는 곳에서 뗀석기가 출토하는 것으로 연구되고 있다. 평양시 만달리 유적은 후기 구석기시대 늦은 시기로 추정되지만, 현재 북한에서는 이 유적의 연대를 중석기시대로 설정하였다.

한편 신석기시대 또는 청동기시대의 유적에서 뗀석기가 발견된 곳은 구석기시대에 비하여 매우 많은 편이다. 특히 이와 같은 시기에 해당하는 유적에서 뗀석기를 제작하는데 가장 널리 쓰였던 암질은 흑요석이다. 함경북도의 굴포리와 범의구석 및 농포리, 자강도의 토성리, 함경남도의 강상리 유적 등에서 신석기시대의 흑요석기가 많은 양으로 출토하였다. 청동기시대의 유적으로 흑요석기가 발굴된 곳에는 자강도의 심귀리와 공귀리, 함경북도의 범의구석과 오동 및 굴포리를 비롯한 초도 유적 등이 있다. 이밖에도 여러 지역의 원시 및 고대 유적에서 흑요석기가 조사되었다.

이 글에서는 1950년대부터 현재에 이르기까지 북한에서 보고된 구석기시대, 신석기시대, 청동기시대 등의 뗀석기를 중심으로 이에 관한 북한 고고학계의 연구흐름과 특성을 알아보고, 그에 따른 뗀석기의 제작기법과 분류에서 제기되는 문제점을 살펴보고자 하였다. 신석기시대 또는 청동기시대의 경우는 여러 유적에서 출토하여 수량도 많을 뿐만 아니라 뗀석기의 특징을 잘 보여주고 있는 흑요석기만을 주된 대상으로 하였다.

뗀석기의 제작수법과 석기의 분류에 관한 용어는 현재 북한과 남한에서 서로 달리 표현되는 경우가 많다. 이 글의 목적이 그러한 용어상의 차이를 밝히는데 있지 않으므로, 여기서는 편의상 북한 고고학계에서 사용하는 용어를 거의 대부분 그대로 받아들이며 글을 서술하였다.

Ⅱ. 유적 개관

1. 구석기시대

현재까지 북한 지역에서 구석기시대의 석기가 발굴된 유적으로는 함경북도 선봉군 굴포리 유적(도유호, 1964 ; 도유호 · 김용남, 1965 ; 김용간 · 서국태, 1972), 상원군 검은모루 유적(고고학연구소, 1969) · 대흥리 유적(궁성희, 1993) · 용곡리 유적(전제헌 및, 1986) · 중리 독재골 유적(궁성희, 1993), 평양시 승호구역 만달리 유적(김신규 및 1985), 함경남도 금야군 용남리 유적(박영일, 2000), 평안남도 성천군 금평리 유적(궁성희, 1996), 황해남도 태탄군 의거리 냉정골 유적(궁성희, 1999) 등이 있다. 이들 유적 가운데 굴포리를 제외한 나머지는 모두 동굴유적이다. 함경북도 온성군 지경동 유적에서 중석기시대의 세석기가 출토하는 것(력사연구소, 1979)으로 알려져 있으나, 자세한 내용은 아직까지 발표되지 않은 것으로 생각된다. 다음에서는 앞에서 말한 구석기유적 중에서 각 유적에 대한 보고자료가 우리에게 알려진 것만을 중심으로 그 내용에 대하여 살펴보기로 하겠다.

1) 굴포리 유적

신석기시대의 조개더미 아래층에 있는 갱신세의 고토양층에서 굴포문화 1기와 굴포문화 2기의 석기가 발굴되었다. 굴포문화 1기(ㄷ-Ⅵ층, 암황색진흙층, 두께 약 90㎝)는 약 10만년 전의 중기 구석기시대, 그리고 굴포문화 2기(ㄷ-Ⅴ층, 모난 또는 둥근 자갈이 섞인 진흙층, 두께 약 40㎝)는 약 4~3만년 전의 후기 구석기시대에 속하는 것으로 연구되었다(도유호, 1964 ; 도유호·김용남, 1965 ; 김용간·서국태, 1972). 굴포문화 1기 및 2기에서 발굴된 석기의 돌감과 종류는 〈표 1〉과 같다.

〈표 1〉 굴포문화 1기 및 2기의 돌감 종류와 석기의 종류

구 분	돌 감	석기의 종류
2기	조정화강암, 석영	찍개, 칼, 속돌, 격지석기
1기	대리석, 각암(각혈암)	밀개, 찍개모양의 석기, 부정형 석기

굴포문화 1기층의 석기는 내리쳐깨기와 때려내기, 2기층의 석기(그림 1)는 때려내기 및 눌러뜯기 수법에 의하여 제작된 것으로 보고되었다. 한편 굴포리 유적과 가까운 부포리 덕산 유적에서도 대고때리기 및 눌러뜯기 수법으로 만든 석기가 채집되었다. 석기의 암질은 각암과 부시돌인데, 각암이 대부분을 차지한다. 석기의 종류로는 긁개, 찍개, 칼, 속돌 등이 있다. 덕산에서 찾은 유물 중에는 굴포문화 2기와 시기가 비슷한 것과 중석기시대에

속하는 석기가 있는 것으로 연구되고 있다.[1)]

2) 검은모루 유적

상원강 언저리에 있는 검은모루 유적의 제4구획(길이 10m, 화석층의 두께 약 1.5m)에서 석기가 발굴되었다. 퇴적의 윗부분에 놓인 4층(두께 약 50㎝)은 붉은 갈색의 자갈이 엉겨 굳은 층인데, 이 층에서 동물화석과 함께 규질석회암으로 만든 주먹도끼모양석기, 제형석기(梯形石器), 반달형석기, 뾰족끝석기, 쪼각석기 등이 출토하였다(그림 2). 이밖에 사용한 흔적이 있는 맥석영자갈돌이 출토한 것으로 보고되었으나, 이에 관한 자세한 내용은 알려져 있지 않다. 가공된 석기는 내리쳐깨기 또는 때려내기에 의하여 제작된 것으로 발표되었다(고고학연구소, 1969 ; 조선유적유물도감 편찬위원회, 1988). 현재 북한에서는 검은모루 유적의 연대를 약 100만년 전으로 잡고 있다(김용간, 1990).

3) 만달리 유적

대동강으로 흘러드는 남강 언저리에 자리를 잡은 만달리 유적의 퇴적은 겉층(신석기시대, 두께 20~30㎝), 가운데층(후기 구석기시대, 두께 160~200㎝). 밑층(두께 300~400㎝)으로 이루어진다. 석기가 나온 지점은 가운데층의 아랫부분으로서 석회암이 섞여 있는 회색빛의 진흙층(두께 약 40㎝)이다. 발굴된 석기는 모두 13점이다. 석기는 흑요석제 9점(속돌 7점, 격지 2점), 규암제 1점(속돌), 석영제 3점(격지 1점, 마치 2점)으로 이루어졌다(그림 3). 석기의 제작에 때려내기, 대고때리기, 눌러뜯기 수법이 활용되었던 것으로 보고되었다(김신규 및, 1985). 만달리 유적에서 나온 석기의 연대

1) 예를 들어, 반달모양으로 생긴 칼날은 눌러뜯기 수법에 의하여 다듬어졌으며, 그 시기는 1만 2천년~9천년 전에 해당하는 것으로 서술되었다(력사연구소, 1979, p.57).

에 대하여 김용간(1990)은 상부(후기) 갱신세 말~현세 초의 중석기시대, 그리고 어해남(1999)은 후기 구석기시대 말~중석기시대 초로 보고 있다. 만달리 유적의 퇴적상황으로 판단할 때(한창균, 1997), 석기가 나온 층은 후기 구석기시대 늦은 시기로 추정된다.

4) 용곡리 유적

검은모루 유적에서 남쪽으로 5㎞ 떨어진 곳에 있는 용곡리 유적은 상원강으로 흘러드는 문포천 언저리에 자리를 잡고 있다(전제헌 및, 1986). 용곡리에서는 두 군데의 동굴유적이 발굴되었고, 구석기시대의 석기는 1호동굴에서만 출토하였다. 1호동굴에 쌓인 퇴적의 두께는 21.05m이며, 13개의 퇴적층으로 이루어진다. 퇴적의 아래쪽에 있는 1~7층은 하성퇴적층(두께 5.75m)으로 비문화층이다. 8~13층(두께 15.30m) 중에서 구석기시대의 석기가 나온 곳은 8층(1문화층, 두께 165㎝), 9층(2문화층, 두께 180㎝), 10층(3문화층, 두께 100㎝), 11층(4문화층, 두께 240㎝)이다. 사람뼈는 2~4문화층에 걸쳐 나왔다. 용곡리 1호동굴에서는 67점의 석기와 13점의 석재(석기를 만들기 위한 재료)가 출토하였다. 각 문화층별로 나타난 석기, 석재, 제작기법 등을 보면 〈표 2〉와 같다.

〈표 2〉 용곡 1호동굴에서 발굴된 석기의 수량, 암질, 제작기법

구 분	석 기		석 재		제작 기법
	수량	암 질	수량	암 질	
4문화층	20	석영, 규석	?		대고때리기, 눌러뜯기
3문화층	14	석영, 규석, 화강석	6	석영, 규석, 화강석	내리쳐끼기, 때려내기, 눌러뜯기
2문화층	21	석영, 규석, 사암	4	규석, 사암, 화강석	내리쳐깨기, 때려내기
1문화층	11	석영, 사암	3	석영, 규석	내리쳐깨기, 때려내기

용곡리 1호동굴에서 출토한 석기는 가공수법과 쓰임새 등을 고려하여 각 문화층별로 다음과 같이 분석되었다.

(1) 1문화층 : 석영제 석기가 10%를 차지한다. 1면가공석기, 2면가공석기, 3면가공석기 중에서 1면가공석기가 가장 많다.

(2) 2문화층 : 석기의 암질은 규석 52%, 석영 36%, 사암 8%, 화강석 4%이다. 1면가공보다는 2면가공석기와 3면가공석기가 대부분이다. 2문화층에서 출토한 석기는 다섯 가지 유형으로 구분되었다.

① 첫째 유형 : 강자갈의 양면 또는 여러 면을 가공하여, 가공된 날부분이 조금 둥글거나 산 모양을 한 석기.

② 둘째 유형 : 강자갈의 양면 또는 여러 면을 가공하여, 끝부분을 뾰족하게 만든 석기.

③ 셋째 유형 : 둘째 유형보다 날부분이 날카롭게 생겨서 무엇을 찍거나 쪼개는데 쓰였다고 추정되는 석기.

④ 넷째 유형 : 날부분이 뾰족한 석기.

⑤ 다섯째 유형 : 강자갈을 깬 쪼각 또는 절반짜리를 일부 가공하거나 예리한 날을 그대로 썼을 것으로 추정되는 석기.

(3) 3문화층 : 석영제 석기가 80%를 차지한다. 때려내기 수법이 기본이고, 눌러뜯기 수법이 새롭게 나타남. 작은 석기와 끝이 뾰족한 석기의 수가 늘어남.

① 첫째 유형 : 무엇을 찍거나 쪼개는데 쓰인 석기.

② 둘째 유형 : 끝이 뾰족한 석기.

③ 셋째 유형 : 둘째 유형보다 끝이 더 뾰족하며 형태가 일정하게 잡힌 석기.

④ 넷째 유형 : 짐승의 가죽을 벗기거나 무엇을 깎는데 쓰인 석기.

⑤ 다섯째 유형 : 돌칼처럼 만든 석영제 석기.

(4) 4문화층 : 석영제 석기가 80%를 차지한다. 격지석기가 많은 것이 특징이다.

① 첫째 유형 : 여러 면을 가공하여 만든 끝이 뾰족한 석기.
② 둘째 유형 : 반달모양으로 가공한 석기.
③ 셋째 유형 : 여러 면을 가공하여 무엇을 새기거나 깎는데 쓰인 것으로 추정되는 석기.
④ 넷째 유형 : 예리한 날로 무엇을 베는데 썼을 것으로 추정되는 석기.
⑤ 다섯째 유형 : 날이 톱날처럼 생긴 석기.
⑥ 여섯째 유형 : 큰 돌에서 깨낸 작은 쪼각을 그대로 도구로 썼거나 거기에 일부 가공하여 쓴 석기.

용곡리 동굴유적 발굴보고(전제헌 및, 1986)에서는 열형광법에 의하여 측정된 1·2문화층의 연대가 50~40만년 전으로 서술되었다. 그 뒤 이 두 문화층에 대한 연대측정이 다시 이루어졌다. 열혈광법에 의하여 1문화층에서는 111,000±1,000 BP의 측정값이 나왔다. 그리고 우라늄계측정(230Th/ 234U)에 따라 1문화층에서 71,000±2,000 BP, 그리고 2문화층에서 49,900±2,000 BP와 46,100±2,000 BP의 연대값이 나왔다(김근식, 1991 ; 한창균, 1992). 이 동굴유적의 2~4문화층에 걸쳐 나온 사람화석은 후기 구석기시대에 속하는 신인단계(Homo sapiens)로 북한에서 연구되고 있다(장우진, 1989b).

5) 용남리 유적

금야강 상류에 자리를 잡고 있는 용남리 유적의 퇴적 두께는 5m이며, 7개의 지층으로 이루어졌다. 이 퇴적층에서 4개의 문화층이 존재하는 것으로 보고되었다(박영일, 2000). 퇴적의 아랫부분에 놓인 1·2·3문화층은 석회암모자갈이 섞인 회색 및 황색모래층이고, 4문화층은 황색진흙고결층이다. 4개의 문화층 가운데 2문화층에서 4점, 그리고 3문화층에서 140점의 석기가 출토하였고, 가장 위쪽의 4문화층에서 흑요석 활촉 1점이 발굴되었다. 2문화층과 3문화층에서 나온 석기의 유형은 석기의 형태와 날의 생김새 및 쓰임새를 고려하여 〈표 3〉과 같이 분류되었다.

〈표 3〉 용남리 유적의 2·3문화층에서 나온 석기(박영일, 2000)

구 분	찍개	밀개	긁개	자르개	격지석기
3문화층(5·6지층)	14점	23점	11점	15점	77점
2문화층(4지층)	4점				

2·3문화층에서 발굴된 석기는 모두 석영제의 강자갈을 이용하여 제작되었고, 2문화층에서 출토한 밀개류와 긁개류는 굴포문화 2기층 또는 석장리 윗문화층과 비교되는 후기 구석시시대의 것으로 연구되고 있다. 한편 유형별로 분류된 석기는 석기의 형태와 날의 생김새 및 가공된 면에 따라 다음과 같이 구분되었다.

① 찍개류 : 쐐기형톱날찍개, 반달날찍개, 1면가공곧은날찍개

② 밀개류 : 오목날밀개, 반달날밀개, 곧은날밀개

③ 긁개류 : 반원형곧은날긁개, 삽날형톱날긁개

④ 자르개류 : 볼록날자르개, 곧은날자르개, 세모날자르개

⑤ 격지석기류 : 칼날모양격지석기, 조개껍질모양격지석기, 부리날모양격지석기, 다면날격지석기

용남리 유적에서 출토한 찍개의 경우, 2문화층의 것은 1면가공으로 제작되었고, 3문화층에서는 양면가공이 많은 것으로 보고되었다. 그리고 석기의 제작기법에서 내리쳐깨기, 때려떼기, 대고떼기 등이 관찰되는 것으로 발표되었다.

2. 신석기시대

현재까지 북한에서 신석기시대의 흑요석기가 발굴된 곳은 함경북도 선봉군 굴포리의 서포항(김용간 · 서국태, 1972), 함경북도 무산군 무산읍 범위구석(황기덕, 1975), 함경북도 청진시 송포구역 농포리(고고학 연구실, 1957), 자강도 중강군 토성리 유적(정찬영, 1983) 등이 있다. 이밖에 함경남도 신포시 강상리 유적에서 기원전 3천년기의 흑요석기가 출토하였다(조선유적유물도감 편찬위원회, 1988. 103쪽). 1956년 강상리 유적에서 채집된 흑요석기(황기덕, 1957)는 신석기시대의 것으로 추정된다.

1) 서포항 유적

신석기시대 1기층에서 응회암과 각암을 이용하여 만든 칼 또는 긁개 종류가 나왔다. 2기층에서도 1기층과 마찬가지로 응화암과 각암으로 제작된 칼 또는 긁개 종류가 출토하였다. 3기층에 들어와 흑요석기가 나타나기 시작하지만, 흑요석보다는 각암이 많은 편이다. 흑요석과 각암은 활촉, 칼, 긁개, 창끝, 묶음칼날[2] 등을 제작하는데 사용되었다. 이밖에 흑요석으로 된 각추형의 속돌이 출토하였다. 집자리와 퇴적층에서 나온 흑요석 또는 각암의 쪼각은 50여 점이 넘는다. 4기층에서 출토한 뗀석기의 암질은 각암, 응회암, 흑요석이다. 3기층에 비하여 흑요석으로 만든 석기의 종류가 많아진다. 석기로는 활촉, 칼, 긁개, 격지 등이 있다. 5기층의 뗀석기는 흑요석으로 제작되었는데 활촉, 칼, 긁개 등이 있다. 각암으로 만든 뗀석기는 출토하지 않았다. 눌러뜯기 수법은 2~5기층에 걸친 석기에서 관찰되는 것으로 서술되었다(김용간 · 서국태, 1972). 서포항의 신석기시대 문화층은 다음과 같이

---

2) "뼈나 나무 틈에 끼워 칼이나 낫 또는 창끝 등으로 쓴 것"을 가리킨다(김용간 · 서국태, 1972, p.65). "톱날"이라고 부르기도 하였으나, 현재는 "끼움날"이라고 부른다(김용간, 1990, p.138).

시기가 구분되었다(김용간, 1990 ; 고고학연구소, 1991).[3)]

(1) 1·2기층 : 전기 신석기시대(기원전 6천년기~5천년기)

(2) 3기층 : 중기 신석기시대(기원전 4천년기)

(3) 4·5기층 : 후기 신석기시대(기원전 3천년기)

① 4기층 : 기원전 3천년기 전반기

② 5기층 : 기원전 3천년기 후반기

2) 범의구석 유적

범의구석 1기층은 신석기시대에 속한다. 10여 기에 이르는 1기층의 집자리와 퇴적층에서 1천여 점의 흑요석기가 발굴되었다(그림 4). 1호 집자리 경우에 흑요석기와 그 쪼각이 260여 개 발굴되었다. 1기층에서 나온 석기로는 활촉, 창끝, 긁개, 속돌, 톱날, 쪼각 등이 있다. 흑요석기 중에서 가장 많은 것은 "뾰족하게 가공한 굳은 뼈 또는 사슴뿔끝으로 강하게 눌러서 따낸 격지와 따내고 남은 속돌"(황기덕, 1975. p.149)이라고 서술되었다. 유적의 연대는 기원전 3천년기 후반기이다(고고학연구소, 1991 ; 조선유적유물도감편찬위원회, 1988).

3) 농포리 유적

이곳에서는 2546점에 이르는 흑요석기가 출토하였다. 전체 출토유물(3632

---

3) 최근 북한에서는 청동기시대의 시작을 기원전 4천년기 후반기로 올리면서 신석기시대 각 시기의 연대폭을 재설정하고 있다. 곧 전기는 기원전 6천년기 전반기, 중기는 기원전 6천년기 후반기~5천년기 전반기, 후기는 기원전 5천년기 후반기~4천년기 전반기로 구분되었다. 이러한 기준을 적용하여 대동강 유역 일대의 신석기시대에 관한 글(김용간, 1999)이 발표된 바는 있지만, 우리 나라의 신석기시대를 그와 같은 틀 속에서 전체적으로 검토한 글은 아직까지 북한에서 나오지 않았기 때문에 이 글에서는 1990년대 초반 이전에 간행된 자료를 바탕으로 신석기시대의 시기구분을 활용하였다. 청동기시대의 경우에도 1990년대 초반 이전의 시기구분을 따랐다.

점) 가운데 흑요석기는 약 70%를 차지한다. 석기 중에는 활촉, 긁개(搔器), 찔개, 송곳(尖頭器), 조도(彫刀), 창끝, 단도 등이 있는 것으로 보고되었다(고고학 연구실, 1957). 유적의 연대는 기원전 3천년기 후반기에 해당한다(조선유적유물도감 편찬위원회, 1988 ; 고고학연구소, 1991).

4) 토성리 유적

집자리와 문화층에서 수백 점에 이르는 흑요석기가 출토하였다(정찬영, 1983). 그 가운데 활촉이 3점 있으며 날을 가공한 흔적이 있는 석기는 30여 점이 넘는다(그림 5). 생김새에 따라 긴 것, 짧은 것, 세모난 것, 버들잎처럼 된 것 등이 있다. 유적의 연대는 기원전 3천년기 후반기에 해당한다(조선유적유물도감 편찬위원회, 1988).

3. 청동기시대

자강도 시중군 심귀리(정찬영, 1983)와 강계시 공귀리(김용간, 1959. 현재 지명은 공귀동), 함경북도 무산읍 무산군의 범의구석(황기덕, 1975), 회령군 회령읍 오동(도유호, 1960a), 선봉군 굴포리 서포항(김용간・서국태, 1972), 나진시 유현동 초도(도유호・정백운, 1956) 등에서 흑요석으로 만든 석기가 출토하였다. 이밖에 평안북도 찬마군 신시리의 돌상자무덤(돌관무덤)에서 흑요석기와 단검이 출토한 것으로 보고되었다(궁성희, 1995c).

1) 초도 유적

조개더미와 그 주변지역에서 흑요석으로 만든 활촉, 첨두기, 긁기(搔器), 타렬편(쪼각) 등 26점이 나왔다. 석기 중에는 뜯어내는 가공을 한 것이 있다(도유호・정백운, 1956). 유적의 연대는 기원전 2천년기 후반기~기원전

1천년기 초에 해당한다(조선유적유물도감 편찬위원회, 1988).

2) 공귀리 유적

집자리, 구덩이, 부식토층에서 280여 점의 흑요석기 및 그 파편(쪼각)이 발굴되었다(김용간, 1959). 유물 중에 일정한 형태를 갖춘 것이 60여 점이고, 나머지 대부분은 쪼각이다(그림 6). 크기는 대부분 5㎝ 미만이다. 형태, 용도, 제작기법 등을 고려하여 다음과 같은 다섯 가지로 구분되었다.[4)]

① 첫째는 뾰족한 끝으로 구멍을 뚫는데 쓰였다고 추정되는 것이다(16점). 석기 가운데는 갈린 흔적 또는 타압수정(打壓修正)을 한 흔적이 있다.

② 둘째는 한 변의 길이가 3㎝ 미만의 납작한 것으로 날이 반월형을 이루는 것(21점)이다. 석기 가운데는 타압수정을 한 것이 있다. 날이 예리한 것은 무엇을 째거나 베는 데 쓰였던 것으로 짐작된다. 매우 작은 것은 삽입도구(插入道具)로 사용되었을 가능성이 있다.

③ 셋째는 둘째와 마찬가지로 길이가 3㎝ 미만이지만, 좁고 긴 것으로 예리한 날이 있는 엷은 격지이다(9점). 둘째의 것과 쓰임새가 같았다고 추

---

4) 이밖에 흑요석제 타제석기의 수정공구로 "매부리형 석기"가 보고되었다. 이것은 종래 석시(石匙, 돌숟가락)라고 불렀던 것으로 매의 부리모양으로 생겼다(김용간, 1959). 북한에서는 1950년대 중반부터 오동에서 출토한 석시가 타제석기를 수정하는데 쓰였던 것으로 보았다(도유호, 1955). 그리고 오동 유적의 발굴 보고에서는 매부리형 석기에 관하여, "발굴하는 기간 중에 실물을 가지고 시험하여 본 바에 의하면, 매부리는 흑요 석기의 수정(修正)을 가하는 데에 쓰던 연장임이 분명하다. 소위 압출 수정(壓出修正)에 쓰던 《눌러뜯개》라고 보인다. 그 후 강계 공귀리와 청진 농포리의 흑요석 타제석기를 출토하는 유적에서도 매부리를 발견함으로써 이런 추정을 더 증명할 수 있게 되었다."(도유호, 1960a, p.37)라고 설명하였다. 한편 이와 형태가 비슷하지만 돌이 아닌 진흙으로 빚어 만든 것이 연해주 지역에서 출토하였는데, 쏘련 학자들은 이를 가리켜 "곰"이라고 불렀다(김용간, 1958). 그런데 범위구석 유적에서 흙으로 빚어 만든 같은 생김새의 유물이 나오면서, 이를 "돼지조소품"으로 다루었다(황기덕, 1962). 이에 따라 범의구석과 오동 유적 등에서 나온 매부리형 석기는 돼지조소품으로 재분류되었다(황기덕, 1975, p.203).

정된다.

④ 넷째는 셋째 것들보다 약간 크며 타출기술(打出技術)에 의한 타흔(打痕), 타면(打面), 뿔부스가 있는 격지이다(15점). 타압수정을 가한 흔적이 없는 것도 있으나 날이 예리한 칼날 같은 격지들이다.

⑤ 다섯째는 측결형(側缺形) 석기와 같은 형태이다(3점).

한편 파괴된 석상분(돌관무덤)에서도 흑요석 파편 1점과 관옥(측관 출토) 등이 발굴되었다(김용간, 1959). 공귀리 유적의 청동기시대 집자리는 아랫문화층(1·4·5호집자리, 기원전 1천년기 초)와 윗문화층(2·3·6호집자리, 기원전 2천년기 전반기)으로 구분된다(조선유적유물도감 편찬위원회, 1988).

3) 오동 유적

이 유적의 집자리는 3개 문화층으로 이루어진다(김용남·김용간·황기덕, 1975). 이른 시기의 집자리에서 흑요석 석기가 적지 않게 나왔으나, 3기층(5호 집자리)으로 가면서 흑요석기가 차츰 자취를 감춘다(조선유적유물도감 편찬위원회, 1988). 흑요석 활촉이 329점 발굴되었는데, 형태가 완전한 것은 101점이었다. 활촉의 대부분은 1문화층의 2호 집자리에서 나왔다(도유호, 1960a). 청동기시대의 문화층에서 나온 흑요석제 석기에는 활촉, 송곳(尖頭器), 긁개, 인기(刃器, lame), 세석기, 측결기(側缺器, lame étranglée), 핵석(核石, nucleus) 등이 있다(그림 7~11). 한편 오동 유적에서는 흑요석 활촉이 박혀 있는 짐승뼈가 나오기도 하였다.

① 활촉 : 긴 삼각형, 짧은 뽀트(短艇)형, 버들잎모양 등이 있다. 밑부분의 생김새는 곧은 것, 약간 둥그스럼하게 오므려 들어간 것, 아주 깊게 패인 것 등이 있다.

② 송곳 : 끝부분 전체가 세모난 것이 많다.

③ 긁개 : 긴 삼각형이 비교적 많으며, 둥글고 납작한 것도 있다. 긁개의

주변에는 대개 수정이 가하여졌다.

④ 인기 : 길쭉길쭉하며, 때때로 격지의 양쪽 옆을 다듬기도 하였다.

⑤ 세석기 : 크기가 2㎝ 안팎이며, 기하형은 없다.

⑥ 측결기 : 격지의 양쪽 옆에 수정을 가하여 우묵하게 도려낸 자리가 있다.

⑦ 핵석 : 모난 연필형 또는 고깔형은 없고, 모두 부정형이다.

오동 유적의 1문화층은 기원전 2천년기 전반기, 2문화층은 기원전 2천년기 후반기, 3문화층은 기원전 1천년기 초에 해당한다(조선유적유물도감 편찬위원회, 1988).

4) 서포항 유적

청동기시대 아랫문화층의 집자리에서 흑요석 활촉과 격지가 출토하였다. 격지 중에는 가장자리를 뜯어낸 유물도 있다. 1호 무덤의 껴묻거리로 창끝이 한 점 나왔다. 윗문화층에서는 아랫문화층보다 많은 양의 흑요석기가 나왔다. 16점의 흑요석 활촉 가운데 가로자름면이 렌즈형이며 밑부분을 오므려들게 만든 것이 절반을 넘는다(7/16). 흑요석 쪼각이 50여 점 나왔고, 그 중에 날부분을 뜯어내 가공한 것이 20여 점이다(김용간・서국태, 1972). 서포항 유적의 아래층은 기원전 2천년기 전반기, 위층은 기원전 2천년기 후반기에 속한다(조선유적유물도감 편찬위원회, 1988).

5) 범의구석 유적

2・3・4기층이 청동기시대에 속한다(황기덕, 1975). 붉은간그릇이 특색을 이루는 2기층에서는 활촉을 비롯하여 칼, 긁개, 송곳, 쪼각 등 310여 점의 흑요석기가 집자리에서 나왔다. 석기 가운데는 수정한 가한 것이 17점 있다. 갈색간그릇으로 대표되는 3기층에서는 흑요석 활촉과 함께 60여 점의

쪼각이 출토하였다. 수정(2차적 가공)을 한 석기는 보이지 않으며, 대부분 4~5㎝의 쪼각이다. 검정간그릇이 나타나는 4기층에서는 흑요석 활촉(4점)과 쪼각(208점)이 발굴되었다. 8호와 11호 집자리에서는 각각 80점의 흑요석 쪼각이 출토하였는데, 그 유물 중에는 신석기시대 집자리에서 흘러든 것이 있다고 생각된다. 그밖에 집자리에서도 20~30 점의 흑요석 쪼각이 나왔다. 4기층의 흑요석기에서 재가공을 한 것은 거의 없다. 범의구석 2·3·4기층(문화층)은 기원전 2천년기 후반기~기원전 1천년기 전반기에 속한다(조선유적유물도감 편찬위원회, 1988).

6) 심귀리 유적

1호집자리에서 흑요석 활촉 1점과 쪼각 2점이 나왔다(정찬영, 1983). 유적의 연대는 기원전 1천년전 전반기에 속한다(조선유적유물도감 편찬위원회, 1988).

4. 철기시대

범의구석 5·6기층에서 흑요석기가 나왔다. 5기층의 경우, 90여 점이 출토하였는데, 그 양은 이 층에서 나온 다른 석기 종류에 비하여 많은 편이다. 그러나 4기층에 비하여 흑요석기의 양은 적다. 5기층에서 발굴된 흑요석제 석기에는 활촉(2점)과 가공된 것(7~8점)이 있으나 4~5㎝ 미만의 쪼각이 대부분을 차지한다. 5기층에서 출토한 흑요석기 중에는 그 이전 시기의 것이 뒤섞였을 가능성이 있다. 6기층에서 흑요석기가 출토하였으나 그 수는 많지 않다(황기덕, 1975). 5기층은 기원전 7세기~기원전 5세기, 6기층은 기원전 4세기~2세기에 속한다(조선유적유물도감 편찬위원회, 1989).

5. 그밖에 유적

앞에서 말한 선사시대의 유적을 제외하고, 북한 지역에서 흑요석제 석기가 채집된 곳은 매우 많다. 지표조사를 통하여 북한의 자강도, 양강도, 함경남북도, 강원도 지역에서 선사시대의 흑요석기가 여러 곳에서 발견되었다(황기덕, 1957a ; 황기덕, 1957b ; 리장섭, 1957 ; 고고학 및 민속학 연구소, 1959 ; 전수복, 1960 ; 도유호, 1960b). 대체로 지금까지 북한에서 조사된 흑요석기의 대부분은 신석기시대 또는 청동기시대와 밀접한 관련이 있는 것으로 생각된다. 앞에서 이야기한 유적을 포함하여 현재까지 북한에서 흑요석기가 발견된 유적의 성격을 「조선유적유물지명표」에 의하여 행정구역별로 살펴보면 다음과 같다(그림 13 참조).

(1) 평양시(궁성희, 1993)
  ① 승호구역 만달리(동굴유적, 후기 구석기)
(2) 양강도(궁성희, 1993)
  ① 혜산시 연두동(유물산포지, 원시), 연풍동(유물산포지, 원시)
  ② 김형직군 고읍노동자구(유물산포지, 청동기)
  ③ 풍서군 신명리(집자리, 청동기)
  ④ 보천군 보천읍주재소(유물산포지, 원시)
(2) 함경북도(궁성희, 1994a ; 궁성희 1994b)
  ① 청진시 송평구역 농포동(조개무지, 신석기), 연진리(유물산포지, 원시), 청암구역 용제리(유물산포지, 원시)
  ② 부령군 금강리(유물산포지, 원시)
  ③ 경성군 경성읍(조개무지, 원시), 경성읍(유물산포지, 원시), 승암노동자구 장평리 원수대(조개무지, 원시)
  ④ 김책시 동흥리(문화층, 원시), 학성동(문화층, 원시)

⑤ 나진시 관해동 소청(조개무지, 원시), 낙산동 삼일포(유물산포지, 원시), 이진동 다호미(유물산포지, 원시), 방진동 간진(유물산포지, 원시), 안주동 해산구미(유물산포지, 원시), 역전동 월봉(유물산포지, 원시), 유현동 대초도(집자리 및 무덤, 청동기)

⑥ 무산군 무산읍 범의구석(집자리, 신석기 및 청동기), 성천동(유물산포지, 원시), 새골리(유물산포지, 미상)

⑦ 선봉군 선봉읍(유물산포지, 원시), 송평동(조개무지, 청동기), 용수동(조개무지, 청동기), 굴포리 서포항(집자리 및 무덤, 신석기 및 청동기)

⑧ 온성군 강안리 수복(문화층, 원시), 하삼봉리(문화층과 집자리, 원시 및 고대)

⑨ 화성군 광암리 누은들 유적(문화층, 원시), 화룡리(유물산포지, 원시)

⑩ 회령시 회령읍 오동(집자리, 고대), 남산리 검은개봉(유물산포지, 원시. 황기덕, 1957b), 대덕리(유물산포지, 원시), 낙생리(문화층, 원시), 성북리 운두산성 안(유물산포지, 원시), 송학리(강안단구 및 강안별, 원시)

(3) 함경남도(궁성희, 1994b ; 궁성희, 1994c)

① 신포시 강상리(문화층, 신석기)

② 단천시 오몽리(유물산포지, 원시)

(4) 자강도(궁성희, 1995a ; 궁성희 1995b)

① 강계시 공귀동(집자리 및 돌관무덤, 고대), 공귀동(유물산포지, 고대)

② 시중군 안찬리(유물산포지, 고대), 심귀리(문화층 및 집자리, 원시 및 고대)

③ 중강군 오수리 오수덕(문화층, 원시), 장성리(문화층, 원시), 중덕리 하장(유물산포지, 원시), 토성리(집자리, 신석기)

(5) 평안북도(궁성희, 1995c)

① 천마군 신시리(돌상자무덤, 고대)

(6) 강원도(궁성희, 1997)

① 원산시 중평리(유물산포지, 원시 및 고대)

지금까지 알려진 자료에 따르면, 북한에서 흑요석기가 나오는 지역은 대부분 함경북도 일대에 분포한다. 그 다음으로 양강도와 자강도인데, 함경남도의 경우도 많은 편은 아니다. 평양시, 평안북도, 강원도에서 흑요석기가 출토하는 곳으로 보고된 유적은 매우 적은 편이다. 백두산의 화산지대를 중심으로 함경북도와 양강도 지역에 흑요석기가 가장 많이 분포하고 있으며, 이와 같은 지역적인 특성은 흑요석제 석기의 강한 전통을 이해하는데 큰 도움을 준다(황기덕, 1957a, p.97).[5)]

Ⅲ. 석기의 제작기법과 분류

1. 제작기법과 분류에 관한 용어의 변천

1940년대 말에 초도(1949년 발굴) 유적, 그리고 1950년대 중반에 오동(1954~55년)과 공귀리(1955년) 및 농포리(1956년) 유적 등에서 흑요석기가 발굴되었고, 함경북도 일대를 중심으로 발견되는 흑요석기의 존재에 관하여 북한 학계도 일찍이 주목한 바 있다(도유호, 1955). 그러나 그와 같은 유적에서 적용된 뗀석기의 제작기법과 분류의 기준은 1950년대 후반에 이르기까지 매우 단순하였다. 석기의 제작기법에 관한 용어는 거의 등장하지 않으

---

5) 이와 관련하여 황기덕(1957a, p.77)은 "함경북도 지방에서 각별한 의의를 가지는 흑요석이나 수석과 같은 석기 제작 원료를 채취한 채석장의 존재에 관해서는 대략 짐작할 수 있으며 무산(茂山), 명천(明川) 등 지방의 흑요석 산지 혹은 동관이나 길주(吉州) 지방의 부시'돌(燧石) 산지 등을 철저히 조사할 필요가 있다."라고 서술하였다.

며, 석기의 날을 다듬는 기법으로 "뜯어내는 가공"(도유호 · 정백운, 1956) 또는 "타압수정"(고고학 연구실, 1958) 등이 나타날 뿐이다. 뗀석기와 관련하여 첨두기(尖頭器), 긁개(搔器), 칼날, 송곳, 인기(刃器) 또는 석인(石刃), 석엽(石葉), 석핵(石核) 또는 핵석(核石), 괄삭기(括削器), 측결기(側缺器) 등과 같은 용어가 쓰였다(황기덕, 1957a ; 고고학 연구실, 1957 ; 고고학 및 민속학 연구소, 1958).

1950년대 말에 간행된 공귀리 유적의 발굴보고서(김용간, 1959)에서는 타출기법(打出技法)과 타압수정(打壓修正) 및 격지와 같은 용어가 등장하며, 격지의 특징을 보여주는 요소로서 타면(打面), 뿔부스, 타흔(打痕) 등의 낱말이 사용되었다. 그런데 이 보고서에서 관심을 끄는 것은 유적에서 발굴된 석기(흑요석기)를 형태와 제작기법 및 용도에 따라 분류하려고 시도했다는 점이다. 그 뒤 뗀석기에 대한 내용이 몇몇 글(도유호, 1960a ; 도유호, 1960b ; 황기덕, 1960)에 서술되었지만 석기의 제작기법과 형태 등에 대한 분류에는 큰 변화가 없었다.

석기의 제작기술과 격지에 나타나는 특징을 좀 더 자세하게 구분하였던 것은 1960년대 초반의 일이다. 함경북도 장덕리에서 털코끼리의 화석이 발견되면서(김신규, 1962), 구석기유적의 존재 가능성이 높아지게 되었고, 이에 따라 구석기의 제작수법에 관하여 높은 관심을 갖게 되었다.

도유호(1962)는 양면가공기술과 일면가공기술에서 보이는 석기제작의 특징 과 그에 따른 발전과정을 소개하면서 격지에서 관찰되는 여러 가지 요소를 설명하였고, 주먹도끼 등과 같은 용어를 사용하였다. 그는 양면가공기술과 일면가공기술에 관하여 다음과 같이 설명하였다.

① 양면가공기술 : "원칙적으로 돌 한 개를 가지고 석기 한 개를 만들며 또 돌의 한쪽 끝 또는 전체에 걸쳐서 량쪽 면에 모두 가공"하는 기술이다. "돌 하나로써 량면 가공 기술에 의하여 석기 하나를 만드는 경우에는 돌멩이의 한쪽 끝을 툭툭 쳐서 끝이 뾰족하고 량쪽에 대칭적으로 날이 서게 하

였는데, 쉘 시기의 것은 그 날이 곧지 못 하고 지그자그, 다시 말하면 꼬불꼬불하게 되였으나, 아쉘 시기의 것은 곧다."(도유호, 1962, pp.51~52).

② 일면가공기술 : "돌 하나를 가지고 석기 여러 개를 만들며 또 한쪽 면에만 가공한다..... 결국 돌멩이 하나에서 격지 여러 개를 뜯어 내는 셈으로 되는데 모체인 돌멩이에서 떨어져 나오면서 비로소 생긴 면에는 아무 가공도 하지 않는다. 그 반대면이 손질한 흔적을 보이나 그것도 결국은 주로 격지가 떨어져 나간 자리를 보여줌에 불과하다. 후에 수정(修正)하는 방법 즉 다듬질하는 방법이 나타날 때까지는 단순히 이상과 같은 방법으로 석기를 만들었던 것이다."(도유호, 1962, pp.51~52).

요컨대 도유호는 석기의 제작기법이 양면가공기술→일면가공기술로서 변화되며, 양면가공기술로 제작된 것이 바로 주먹도끼라고 설명하였다. 이러한 그의 관점은 몸돌석기(주먹도끼)전통의 뒤를 이어 나타나는 것이 격지석기전통이라는 점과 일치한다. 한편 그는 격지에서 관찰될 수 있는 특징으로 때린자리(타격면)를 비롯하여 배면에서 보이는 혹(불부쓰), 때린흠점(타흔), 가로 물결진 면, 세로 몇줄의 금 등에 관하여 자세하게 예를 들었다. 이렇듯 1960년대 초반으로 오면서 석기의 제작기법에 관한 이해가 차츰 넓어지기 시작하였고, 관련 용어를 우리말로 바꾸어 쓰려는 노력도 함께 이루어졌다. 1960년대 초반, 굴포리에서 구석기시대의 석기가 발견되었지만, 그 제작수법에 대한 논의(도유호, 1964 ; 도유호·김용남, 1965)는 그 이전에 발표된 내용과 큰 차이가 없었다.

해방 이후 북한에서 뗀석기의 제작기법과 격지와 쪼각 등에 관한 구분이 일관성 있게 적용되기 시작한 것은 1960년대 말부터이다. 이에 관하여 검은모루 동굴의 발굴중간보고에 서술된 내용을 간단하게 살펴보면 다음과 같다(고고학연구소, 1969).

① 석기의 제작기법 : 내리쳐깨기, 때려내기, 대고때리기

② 격지 : 때린면(종래의 타면), 불룩이[6](종래의 뽈부스), 때린점(종래의

타격점), 흠(종래의 타흔)이 나타나는 유물.

③ 쪼각 : 큰 돌덩이에서 쪼개낸 쪼각이지만, "풍화가 심하여 때린면, 때린자리, 홈, 불룩이 등을 명백히 가려볼 수 없는" 유물(고고학연구소, 1969, p.22).

④ 쪼각자리 : "때려내기로 쪼각을 뜯어내고 남은 흔적"(고고학연구소, 1969, p.21).

그리고 석기의 형태, 제작기법, 용도에 따라 검은모루 유적에서 출토한 석기를 주먹도끼모양석기, 제형석기, 뾰족끝석기 등으로 분류하였다.[7] 한편 검은모루 유적 발굴중간보고보다 2년 늦게 간행된 글(고고학연구소, 1971)에서는 위에서 말한 석기의 제작기법 이외에 눌러떼기라는 수법을 더하였는데, 여기서의 눌러뜯기란 "뜯어낸 격지를 가공하기 위하여..... 그 표면을 뜯어내는"(고고학연구소, 1971. p.25) 수법을 가리킨다. 그 뒤 1970년대 후반에는 때린면→때림면, 흠→때린흠 등으로 바꾸어 지금까지 통용되고 있다(고고학연구소, 1977, pp.12~13). 이밖에 우리에게 가슴눌러떼기로 알려진 수법이 대고때리기의 일종으로 다루어지기도 하였다(고고학연구소, 1977, pp.57~58).

남한에서 발굴된 구석기유적의 발굴자료가 북한에서 인용되기 시작한 것은 1970년대 말이다(력사연구소, 1979). 이때부터 북한의 글에서 찌르개, 새기개와 같은 용어를 찾아볼 수 있다. 현재는 팔매돌(다각면원구), 자르개(박편도끼), 뚫으개(뚜르개), 홈날, 톱날석기와 같이 그 동안 북한에서 사용되지 않았던 명칭들이 남한의 구석기유적에서 출토한 석기를 설명하는데 쓰이고 있다(김용간, 1990 ; 력사연구소 · 고고학연구소, 1991).

---

6) 이 용어는 그 뒤 불루기(력사연구소, 1979 ; 김용간, 1984 ; 김신규 및, 1985 ; 고고학연구소, 1987)라고 표현되기도 하였는데, 1990년 발표된 글에서는 불룩이와 불루기가 병용되어 쓰였다(김용간, 1990, pp.18 · 66 참조).

7) 종래 석핵 또는 핵석이라고 부르던 것을 속돌이라고 표현한 예는 검은모루 유적 발굴중간보고의 경우가 처음이라 생각된다.

1990년에 들어와 석기의 제작수법에 관한 용어상의 변화가 조금 있었다. 내리쳐깨기는 종전대로 사용되고 있지만 때려내기→때려깨기, 대고때리기→대고떼기로 바꾸었으며, 눌러떼기라는 새로운 용어가 활용되었다(김용간, 1990 ; 력사연구소·고고학연구소, 1991). 이들 용어에 대한 내용은 다음과 같다.

① 때려깨기 : "지난날 때려내기라고 하던것으로서 석기를 만들려는 돌덩이에 돌마치 같은것으로 타격을 가하여 깨뜨리거나 때려내는것을 말한다. 그러므로 어떤 사람들은 이 방법을 함마법 혹은 직접타법이라고 부른다." (김용간, 1990, p.18).

② 내리쳐깨기 : "석기를 만들려는 돌덩어리를 손에 쥐고 돌모루우에 내리쳐서 깨뜨리거나 또는 석기로 만들려는 돌덩어리를 돌모루우에 올려놓고 다른 돌로 내리쳐서 깨뜨리는것을 말한다. 이 방법을 어떤 사람들은 대석(모루)기법이라고 하며 또 돌모루에 여러번 내리쪼아서 깨뜨리는 방법과 돌모루우에 놓고 내리쳐서 깨뜨리는 방법을 갈라서 다른 이름을 붙이기도 한다"(김용간, 1990, p.18).

③ 대고떼기 : 종전에 대고때리기라고 불렀던 것으로서 "때려떼기와는 달리 깨뜨리려는 돌덩어리 또는 속돌에 끌과 같은 물체를 대고 그것을 내리쳐서 격지 또는 쪼각을 떼여내는 간접타격법"이다(김용간, 1990, p.65).

④ 눌러떼기 : "깨뜨리려는 돌에 끌과 같은 물체를 대고 그것을 눌러서 격지 또는 쪼각을 떼여내는 수법(김용간, 1990, pp.65~66).

⑤ 눌러뜯기 : "속돌에서 떼여낸 격지나 쪼각의 표면을 눌러서 비늘같은 부스레기를 뜯어내여 다듬는 석기가공방법"(김용간, 1990, p.66).

북한에서는 격지의 제작과 가공에 끌 또는 누르개를 사용했는가에 따라 눌러떼기와 눌러뜯기의 차이를 설명한다. 곧 끌이 이용되었을 경우를 눌러떼기, 그리고 누르개가 사용되었을 경우에 눌러뜯기라는 표현을 한다(김용간, 1990, pp.66~67). 이에 따라 어해남(1999)는 대고떼기를 "대고때려떼기와 대고눌러떼기"로 다시 세분하였다.

한편 만달리 유적에서 출토한 석기에 대한 최근 연구에서는 속돌과 관련된 여러 가지 새로운 용어가 사용되었다. 만달리 동굴유적의 발굴보고(김신규 및, 1985)에서는 특징적인 속돌에서 때낸 격지를 "긴 격지, 잔 격지, 좁고 긴 격지" 등으로 설명하였으나, 어해남은 "돌날, 잔돌날" 또는 "돌날기법, 잔돌날기술" 등의 용어를 적용하여 속돌에 관한 연구를 하였다. 또한 속돌의 곁면에서 격지가 떨어져나간 면을 떼기면이라고 부르며, 때림면과 떼기면이 이루는 각을 떼기각이라 하여, 만달리 유적에서 나온 돌날속돌의 제작기법에 관한 연구를 새롭게 진행시키고 있다(어해남, 1993).

2. 제작수법과 분류에 관한 검토

앞에서 말한 것처럼, 현재 북한에서는 석기의 제작기법으로 때려깨기, 내리쳐깨기, 대고떼기(대고때려떼기와 대고눌러떼기[8]), 눌러뜯기와 같은 용어를 사용한다. 이 가운데 때려깨기는 직접타격, 대고떼기는 간접타격을 의미하며, 눌러뜯기는 날을 다듬은 수법의 하나로 설명되고 있다. 그런데 현재 북한에서 적용하는 석기의 제작수법에 관한 구분은 우리가 일반으로 이해하고 있는 것과 차이가 있다. 다시 말해서 때려깨기와 내리쳐깨기를 직접타격(direct percussion), 대고떼기를 간법타격(indirect percussion), 눌러떼기와 눌러뜯기를 모두 합하여 눌러떼기 수법(pressure flaking))에 포함시키는 것(Inizan et al., 1992)과 다르다. 따라서 현재 북한에서 사용되는 대고눌러떼기는 간접타격의 하나로 이해될 것이 아니라, 눌러떼기 수법이라는 그 자체

---

8) 북한에서는 가슴눌러떼기를 "긴 나무대끝에 굳은 뼈나 뿔로 된 끌을 고착시키고 그 반대쪽에 T형으로 가름대를 댄 도구를 만들어 떼여내려는 돌에 끌을 대고 가름대를 가슴으로 눌러서 격지를 떼여내는 수법"(김용간, 1990, p.66)으로 설명하면서 이 수법을 대고떼기의 일종으로 보고 있다.

에 포함시키는 것이 바람직하다고 생각된다. 그리고 이러한 관점에서 속돌에서 격지를 얻기 위한 수법으로 눌러떼기라는 용어가 쓰이고, 날을 다듬기 위한 수법으로 눌러뜯기와 같은 용어가 사용된다면 큰 무리가 없을 것으로 보인다.

북한에서는 내리쳐깨기를 구석기시대의 초기부터 널리 쓰던 원시적인 수법의 하나로서 다루고 있다. 예를 들어, 검은모루 동굴유적에서 출토한 주먹도끼모양의 석기가 내리쳐깨기에 의하여 만들어졌고, 그러한 수법을 적용한 결과, "때린면은 비교적 넓고 불룩이는 산만하다. 때린점과 흠은 명백치 않다"(고고학연구소, 1969, p.19)고 설명하였다. Bordes(1947, p.17)는 내리쳐깨기(taille sur enclume)에 관하여 "이 수법은 매우 큰 격지를 얻는데 알맞으며, 때림면이 아주 넓고 비스듬하며, 불룩이가 잘 발달되었으며, 때린점이 뚜렷하다"고 관찰한 바 있다. 이 두 가지를 비교할 때, 내리쳐깨기 수법으로 제작된 석기가 넓은 때림면을 특징으로 한다는 데에 공통점이 보이지만, 나머지는 모두 다르게 나타난다. 이러한 차이는 내리쳐깨기 수법에 관한 북한 고고학계의 개념설정에 문제가 있음을 알려준다.

그러나 이보다 더 큰 문제는 유적에서 출토한 석기가 때려깨기 또는 내리쳐깨기에 의하여 제작되었는지를 정확하게 구분하기 어렵다는 점이다. 적용된 수법뿐만 아니라 돌감의 재질, 생김새, 타격의 강도와 방향 등에 따라 떼여진 흔적이 달리 나타날 수 있으므로 두 수법상의 차이를 유물에서 분명하게 가늠하기란 쉽지 않다. 이런 이유로 때려깨기와 내리쳐깨기는 이른바 직접타격이라는 넓은 의미의 깨기수법으로 이해되고 있다. 이미 잘 알려진 것처럼, 중국의 주구점에서 내리쳐깨기의 하나인 대석(모루)기법을 보여주는 유물이 출토하였다. 이것은 중국의 전기 구석기시대에 내리쳐깨기와 같은 수법이 사용되었음을 보여주지만, 그렇다고 내리쳐깨기를 구석기시대 초기부터 쓰인 원시적인 수법이라고 잘라 말하기 어렵다.

대고떼기는 좁고 긴 격지, 곧 돌날을 얻는데 유용한 수법이다(김용간,

1990, p.66). 그러나 현재까지 대고떼기 수법이 중석기시대 이전에 사용되었다는 명백한 증거는 없다(Inizan et al., 1999, p.32). 굴포문화 2기층에서 출토한 밀개의 경우, 날부분이 날카롭고 "뒤면에 때린흠, 불룩이, 물결모양줄이 뚜렷하게 남아 있는 특징"을 들며, 이것은 대고떼기 또는 눌러떼기 수법을 적용한 결과라고 보았다(김용간, 1990, p.66). 그러나 이 유물의 사진(조선유적유물도감 편찬위원회, 1988)으로 판단할 때, 대고떼기 또는 눌러떼기 수법이 활용되었다고 볼 수 없다. 용곡리 동굴유적에서 나온 석기에서도 대고떼기와 눌러뜯기 수법이 적용되었다고 보고되었으나, 그와 같은 수법상의 흔적은 관찰되지 않는다(한창균, 1990).

돌날과 같은 격지는 직접떼기(direct percussion), 간접떼기(indirect percussion), 눌러떼기(pressure flaking)와 같이 여러 가지 수법에 의하여 제작된다. 직접떼기로서 단단한 망치(hard hammer)가 사용된 최초의 예는 중기 구석기시대(약 10만년 전)에 해당하며,[9] 무른 망치(soft hammer)를 이용하여 돌날을 제작하는 수법은 후기 구석기시대에 널리 퍼졌다(Inizan et al., 1999). 따라서 "돌날기법은 대고때려떼기나 대고눌러떼기와 같은 간접떼기수법으로 수행되는데 이 수법들은 끌 또는 누르개와 같은 간접공구의 리용을 전제로 한다"(어해남, 1999, p.24)고만 볼 수 없다.

만달리 유적에서는 13점의 석기가 출토하였다(서국태, 1987). 이 가운데 규암제 속돌[10]과 흑요석제 속돌 6점에서 돌날기법의 특징이 나타난다(어해남, 1999). 만달리 유적에서 특징 있게 나타나는 속돌에 두 가지 방법의 수법, 곧 대고때리기와 눌러뜯기 수법이 적용된 것으로 다음과 같이 설명되었다.

---

9) 한편 Mellars(1995, p.78)는 서부 유럽의 중기 구석기시대를 25~3.5만년 전으로 잡으며, 중기 구석기시대의 이른 시기에 전문화된 돌날떼기 수법이 적용되었을 가능성이 높다고 보았다.

10) 규암(quartzite)과 같은 돌감에서 대고때리 수기법으로 격지를 떼낸다는 것은 힘들다고 생각된다. 규암제 속돌의 사진(조선유적유물도감, 1988, p.59)으로 판단할 때, 이 유물은 quartzite가 아닌 것으로 보인다.

"대고때리기수법을 적용했다는것은 속돌들의 한쪽 옆면에 좁고 긴 격지를 떼낸 자리를 통해서 알 수 있다. 규암제 속돌에서 떼낸 격지자리들의 너비는 10㎜ 미만이며 흑요석제 속돌들에서 떼낸것은 3~4㎜를 넘지 않는다. 이런 속돌들에서 규암으로 만든것만이 평편하게 생긴 돌의 자연면을 그대로 때림면으로 리용한것이고 나머지 속돌들은 인공적으로 평탄한 면을 조성하여 때림면을 만든 것이다. 또한 격지를 떼낸 자리들의 한쪽 끝에는 깊이 패운 자리들이 좀씩 나 있다. 이것은 끌같은 예리한 도구를 대고 때렸기 때문에 생긴것으로 인정된다. 다음으로 눌러뜯기수법이 적용된것은 한쪽 옆면에 격지를 떼낸 속돌 2점과 원반모양의 속돌에서 찾아볼수 있다. 모두 때려깨기수법으로 한쪽 모서리에 날을 이루게 한 다음 다시 날부분의 가장자리를 고기비늘처럼 다듬어만든것이다. 이처럼 대고때리기와 눌러뜯기수법과 같은 발전된 방법으로 만든것이므로 이 유적에서 나온 석기들은 생김새가 세련되고 규칙성을 띤다."(서국태, 1987, p.12)

직접떼기의 돌날기법에서 단단한 망치를 사용할 때, 돌날격지의 굽(butt)은 비교적 크며, 때린점(point of impact)과 불룩이(bulb) 및 때린흠(bulb-scars)은 뚜렷하게 나타난다. 무른 망치일 경우 떼기각(flaking angle)은 항상 90도 이상이며, 굽은 작고, 불룩이는 발달하지 않는다(Inizan et al., 1992, p.61).

간접떼기로 떼낸 돌날의 경우, 돌날에 남겨진 여러 성격(blade products)은 직접떼기와 눌러떼기에 의하여 생성되는 것과 비교해서 중간 정도이다. 때림면(striking platform)은 평편하며, 떼기각은 약 90도로서 떼기면(debitage surface)에는 무른 망치를 이용한 직접떼기와 다르게 길쭉길쭉한 돌날을 연이어 떼낸 흔적이 남는다. 간접떼기가 가해진 몸돌에는 하나의 때림면이 있는 피라밋모양(pyramidal core, 그림 11-①), 서로 반대되는 방향에 두 개의 때림면이 있는 원통모양(cylindrical core) 또는 프리즘모양(prismatic core, 그림 11-②), 때림면이 엇갈린 방향으로 있는 몸돌(core with two orthogonal platforms, 그림 11-③) 등이 있다. 이 가운데 피라밋형 몸돌에서 떨어진 돌날은 활처럼 굽은 모양을 지니는 경향이 있다(Inizan et al., 1992, p.61~62).

눌러떼기가 가해진 몸돌에는 직접떼기나 간접떼기에서 볼 수 없는 특징, 곧 매우 곧고 규칙적으로 평행한 능선(very straight and regularly parallel arrises)이 발달하여 있다. 눌러떼기가 실행되는 부분(pressure platform)은 자연면이나 평평한 면 또는 준비된 면으로 이루어진다. 몸돌의 생김새로는 피라밋모양(pyramidal core, 그림 12-①), 총알모양(bullet core, 그림 12-②), 납작한 모양(flat core, 그림 12-③), 두 면을 연이어 떼낸 모양(core with successive debitage on two faces, 그림 12-④) 등이 있다(Inizan et al., 1992, pp.63~65). 눌러떼기로 떼낸 돌날격지는 양쪽 가장자리 날부분 및 그 윗면(upper face)에 있는 능선이 서로 나란하게 달리며 곧게 뻗어 내린 형태이고, 두께가 얇고 일정하며, 아랫면(lower face)의 물결모양(ripple)이 뚜렷하지 않고, 굽은 언제나 좁으며, 굽쪽이 최대너비를 이룬다. 흔한 예는 아니지만, 불룩이가 작지만 잘 발달된 경우가 있으며, 때린흠은 나타날 수도 또는 그렇지 않을 수도 있다(Tixier, 1984, p.66).

위에서 살펴본 내용을 종합할 때, 만달리 유적에서 나온 속돌은 대고때리기 수법이 아니라 눌러떼기 수법에 의하여 제작된 것으로 판단된다. 또한 속돌 가운데 눌러뜯기 수법을 보여주는 유물이 있는 것으로 북한에서 서술하지만, 그것도 눌러뜯기가 아닌 직접떼기의 결과로 보아야 할 것이다. 그 이유는 눌러뜯기 수법에서 볼 수 있는 돌날식잔손질(parallel retouch)의 흔적(Inizan et al., 1992, p.91)이 만달리 유적의 속돌에서 전혀 나타나지 않기 때문이다.

지금까지 북한에서 돌날기법에 의하여 구석기시대의 석기가 제작되었던 것은 만달리 유적에서만 관찰된다. 그와 같은 유형의 몸돌이 신석기시대 또는 청동기시대의 유적에서 발견된 예는 하나도 없다. 일반으로 돌날은 격지 가운데 그 길이가 너비의 2배 이상되는 것을 가리킨다. 그런 범위 안에 드는 석기가 신석기시대의 농포리 유적 그리고 청동기시대의 오동 유적 등에서 나왔다. 그러나 그와 같은 유적에서 전형적인 돌날기법이 적용된 돌날 또는 돌날몸돌은 출토하지 않고 있다.

만달리 유적에서 나온 흑요석 몸돌은 12,000~9,000년 전의 중석기시대(력사연구소·고고학연구소, 1991, p.79) 또는 후기 구석기시대 말~중석기시대 초(어해남, 1999)에 속하는 것으로 북한에서 연구되고 있다. 그런데 지금까지 북한에서 알려진 전기 신석기시대의 유적은 기원전 6천년기~5천년기에 해당한다. 따라서 만달리 유적을 중석기시대로 보더라도 전기 신석기시대의 상한과 일정한 시간상의 격차가 있다. 이러한 차이를 연결시켜 줄 수 있는 유적이 아직 발견되지 않은 점은 있으나, 현재까지 북한에서 알려진 자료를 가지고 판단할 때, 만달리 유적의 돌날기법이 신석기시대로 계승되지 않았다는 사실은 분명하다.

앞에서 말한 바와 같이 북한에서 흑요석을 이용한 석기제작은 중기 신석기시대(기원전 4천년기)부터 나타나지만, 후기 신석기시대 후반(기원전 3천년기 후반기)부터 청동기시대에 걸치는 시기에 가장 활발했던 것으로 나타난다. 그리고 이와 같은 시기에 격지제작은 거의 대부분 직접떼기에 의하여 이루어졌고, 간접떼기나 눌러떼기와 같은 수법은 활용되지 않았다고 생각된다. 그런데 흑요석제 활촉이나 버들잎모양석기의 날을 다듬는 경우에는 때때로 눌러뜯기 수법이 적용되었을 가능성이 높은 것으로 나타난다. 그밖에 다른 종류의 흑요석기는 대체로 직접떼기에 의하여 날부분이 잔손질되었던 것으로 추정되며, 이 때 무른 망치가 이용되었을 가능성을 보여주는 유물도 있다.

유적에서 출토하는 석기를 체계 있게 연구하기 위한 작업의 하나로 우리는 각각의 유물에서 관찰되는 속성을 바탕으로 그 석기에 대한 이름을 붙이며, 그에 따른 분류를 시도한다. 석기에 이름을 짓는 것은 몇 가지 측면을 기초로 한다. 예를 들어, 주먹도끼(hand ax), 자르개(cleaver), 찍개(chopper), 긁개(scraper) 등은 기능 및 형태상의 특징을 고려하여 붙인 명칭이다. 반면에 양면석기(biface), 안팎날찍개(chopping tool), 여러면석기(polyhedron) 등은 제작기법 및 형태상의 측면을 고려하여 붙인 이름이다. 이밖에 이른바 새기개식 기법(burin technique)에 의하여 제작되어 새기개라는 이름을 지닌 유물도 있다. 따라서 한 석기의 명칭은 기능, 형태, 제작기법상 등 여러 속성에 근거하여 붙여지고 있다. 영어의 point라는 용어를 "찌르개"라고 옮기면 그것은 기능상의 측면을 고려한 것이고, 양쪽 날을 잔손질하여 그 끝부분을 뾰족하게 만든 "뾰족한 석기"라고 표현한다면 그것은 형태상의 특징이 우선 고려된 것이다. 이러한 점은 한 석기에 대한 명칭이 바로 그 석기의 쓰임새까지 의미하지 않음을 알려준다.

1950년대 말 공귀리 유적에서 출토한 뗀석기는 석기의 형태, 제작수법, 용도에 따라 분류되었다(김용간, 1959). 이런 기준은 그 뒤 여러 유적에서 출토한 석기를 분류하는데 중요한 잣대가 되었다. 용곡리 동굴유적의 발굴보고(전제헌 및, 1986)에서는 문화층별로 여러 가지 유형의 석기가 출토하는 것으로 설명되었다. 그러나 각 유형에 대한 체계적인 기준이 없었기 때문에 이 유적에서 출토하는 석기의 전체적인 성격을 분명하게 드러나지 못하였다. 용남리 동굴유적(박용일, 2000)의 석기는 대체로 용곡리 동굴유적(전제헌 및, 1986)에서 적용된 기준을 활용하여 분류되었던 것으로 생각된다. 여기서는 석기의 형태, 날의 생김새, 쓰임새 등을 고려하여 다섯 가지 유형(찍개류, 밀개류, 긁개류, 자르개류, 격지석기)으로 석기를 구분하였다. 이러한 분류는 용곡리 동굴유적의 경우보다 체계화된 것이기는 하지만, 유형별 분류기준에 쓰임새가 강조되는 경향은 여전히 보인다.

그렇지만 앞에서도 지적한 바와 같이 하나의 석기에서 정확한 쓰임새를 찾기란 쉽지 않다. 그것은 무엇보다도 사용된 석기의 재질, 석기가 사용되었던 대상물질의 성질, 행위의 강도와 반복성의 정도, 석기 표면의 물리화학적인 영향 등 여러 가지 요인으로 인하여 한 석기의 기능상 역할을 정확하게 밝히는데 한계가 있다는 점 때문이다. 따라서 석기에 명칭을 붙이는 기준으로 "예상되는 기능, 제작기법, 형태" 등이 고려될 수 있지만, 그렇다고 석기의 명칭이 곧바로 그 쓰임새와 직접 연결된다고 단정짓기란 매우 어렵다.

한편 용곡리와 용남리 동굴유적에서 출토한 석기를 분류하는데 고려된 것이 가공된 면의 수였다. 그래서 1면가공, 2면가공 또는 여러면가공과 같은 용어가 등장하였다. 석기를 분류하는 기준은 여러 가지 속성을 바탕으로 한다. 가공된 면을 기준으로 할 때, 2면가공은 안팎날찍개나 주먹도끼, 여러면가공은 여러면석기나 속돌들을 연상시키게 만든다. 그러나 가공면의 개념에 관한 설명이 불충분하여, 두 유적에서 출토한 석기를 이해하는데 많은 혼란을 불러일으킨다. 또한 여러 면에 걸쳐 떼기의 흔적을 보여주는 속돌의 경우에는 어떠한 기준이 적용되는가? 용곡리와 용남리 유적의 발굴보고서만으로 이와 같은 문제에 답을 얻기 어렵다고 생각된다.

아프리카에서 가장 오랜 석기는 약 250만년 전에 나타난다. 그것은 초기의 사람속(early Homo)에 의하여 이루어진 것으로 알려지고 있다. 석기의 제작과 사용은 사람속의 등장 및 진화과정에서 볼 수 있는 확장된 뇌, 축소된 턱, 증가하는 식육습성과 깊은 관계를 맺고 있다. 그리고 약 170만년 전에는 주먹도끼 및 자르개와 같은 아슐리안 단계의 대형석기가 등장한다(Klein, 1999, p.228～237).

북한에서는 원인(Homo erectus)을 동물에서 분리된 최초의 사람으로 서술하고 있으며, 이들에 의하여 비로소 목적의식적인 석기가 제작되었다(장우진·문혁, 2000)고 서술한다. 그에 따라 능인(Homo habilis)을 유인원단계로 규정하고, 능인이 사용한 석기도 침팬지의 경우에서와 같이 본능에 기초한 생물학적인 현상을 반영하는 것에 지나지 않는다고 설명한다(장우진, 1986 ; 김춘종, 1994). 그러나 원인보다 앞선 시기에 해당하는 능인의 유적, 예를 들어, 올두바이 유적에서 출토한 석기(Leakey, 1971)가 망치돌, 몸돌, 찍개, 여러면석기, 잔손질된 격지, 격지들로 구성된다는 사실은 당시에 이미 일정한 목적과 절차에 의하여 석기제작이 이루어졌음을 입증한다.

석기의 명칭과 관련하여, 검은모루에서 출토한 석기는 "주먹도끼모양석기, 제형석기, 반달형석기, 뾰쪽끝석기"와 같이 분류되었다. 곧 원인단계의 이른 시기에 제작된 석기에서는 일정한 규칙성을 찾아볼 수 없으며, 검은모루보다 시기가 뒤늦은 전곡리 유적 등에서 일정한 형태를 갖춘 전형적인 주먹도끼[11] 등이 출현한다고 북한에서는 보고 있다(력사연구소·고고학연구소, 1991, pp.36~42). 아프리카에서 H. habilis의 뒤를 이어 H. erectus(또는 H. ergaster)가 등장하는 것이 약 180~170만 년 전이며, 이들에 의하여 이룩된 것이 바로 아슐리안 석기문화전통(Acheulean Industrial Tradition)이다(Klein, 1999, p.364). 이것은 원인단계 초기에 이미 일정한 형태상의 규칙성을 지닌 석기가 제작되었음을 보여준다.

지금까지 북한에서 발굴된 선사시대의 뗀석기는 수천 점이 넘는 것으로 추정된다. 그런데 그 중의 대부분은 신석기시대 또는 청동기시대에 해당하는 유적과 관련이 깊은 것으로 생각된다. 그러한 시기에서 뗀석기를 제작하는데 가장 널리 이용되었던 것이 바로 흑요석이다. 그리고 발굴된 유적에서 흑요석기가 주로 출토하였던 곳은 집자리 내부의 퇴적층이다.

흑요석을 이용하여 만든 석기의 종류로는 다양한 형태의 긁개와 활촉이 가장 많이 나타난다. 이밖에 찌르개, 밀개, 뚜르개, 버들잎모양석기 등이 있다. 그리고 이와 같은 유물들은 지금까지 북한의 구석기유적에서 발굴된 것들과 비교할 때, 제작기법과 형태상에 많은 차이를 보여 준다.

오동 유적(도유호, 1960a)의 청동기시대 문화층에서는 300여 점이 넘는 흑요석제 활촉이 나왔다. 그리고 유럽의 중기 또는 후기 구석기시대에서 흔히 볼 수 있는 석기 종류도 출토하였는데, 만약 이 유물들이 지표에서 채집

---

11) 1970년 후반 북한에서는 주먹도끼의 존속기간을 "대략 40만년 전부터 10여 만년 전"(고고학연구소, 1977, p.5), 또는 '대략 40만년 전부터 15만년 전"(력사연구소, 1979, p.32)으로 보았다. 현재 북한에서 발표된 글 가운데 주먹도끼의 존속기간을 서술한 것은 없다고 생각된다.

되었다면 구석기시대에 속하는 것으로 잘못 판단될 가능성이 높은 석기들이다.

오동 유적의 흑요석기에서 구석기시대의 모습이 보인다 하여, 이 유적에서 출토하는 흑요석기의 일부가 청동기시대에 속하지 않을 것이라고 생각할 수 있다. 300여 점이 넘는 활촉을 만들자면 먼저 활촉의 몸체가 될 수 있는 격지부터 제작되어야 한다. 그리고 활촉을 만들기에 알맞는 몸체를 제작하는 과정에서 다양한 형태의 격지가 산출될 것이다. 그런데 이와 같은 점을 고려하지 않으면서, 오동 유적의 흑요석제 활촉만이 청동기시대에 속하고, 그 나머지는 모두 구석기시대와 관련이 있다고 가늠할 수 있는가? 그렇지 않다고 본다. 여기서 오히려 우리는 오동 유적에서 관찰되는 흑요석기의 존재가 이 유적의 청동기시대를 특징 짓는 한 요소가 된다는 사실을 인정해야 한다. 그런 까닭에 연해주(데.엘. 브로댠스끼, 1996)의 신석기시대 또는 청동기시대의 유적에서 출토하는 뗀석기의 존재를 이해할 필요가 있다.

Ⅳ. 맺음말

해방 이후부터 지금까지 북한의 여러 유적에서 선사시대의 뗀석기가 발굴되었다. 북한에서 적용된 시기구분에 따르면, 구석기시대의 석기는 8군데의 유적(굴포리, 검은모루, 대흥리, 용곡리, 중리, 용남리, 금평리, 냉정골)에서 발굴되었다. 그리고 중석기시대의 이른 시기에 속하는 유적이 1군데(만달리) 있다. 흑요석기가 발굴된 신석기시대의 유적은 4군데(서포항, 범의구석, 농포리, 토성리), 청동기시대의 유적은 약 6군데(초도, 공귀리, 오동, 서포항, 범의구석, 심귀리) 정도이다.

뗀석기의 제작수법과 관련하여 현재 북한에서는 크게 때려깨기, 내리쳐깨기, 대고떼기와 같은 용어가 사용되며, 대고떼기의 경우에 다시 대고때려깨기와 대고눌러떼기(또는 눌러떼기)로 세분한다. 격지나 쪼각의 날을 가공하는 한 수법으로 눌러뜯기라는 용어가 사용되고 있다. 그러나 앞에서 지적한 것처럼, 대고눌러떼기는 간접타격(indirect percussion)의 한 유형에 속하는 것이 아니라 눌러뜯기를 포함하는 눌러떼기(pressure flaking)의 범주 안에서 이해될 필요가 있다.

북한에서는 내리쳐깨기가 구석기시대 초기부터 쓰인 원시적인 수법이라고 설명하고 있다. 그러나 한 석기에서 때려깨기와 내리쳐깨기의 차이를 분명하게 가늠하기란 어렵기 때문에 내리쳐깨기라는 용어도, 대석(모루)기법과 같은 특수한 경우를 제외하고, 직접타격이라는 개념 속에서 고찰되어야 한다고 생각된다.

북한에서는 후기 구석기시대에 나타나는 특징적인 제작수법으로 대고떼기와 눌러뜯기를 예로 든다. 대고떼기는 돌날을 얻는데 유용한 기법으로 서술되었다(김용간, 1990, p.60 ; 어해남, 1999). 그러나 구석기시대에서 전형적인 돌날기법은 이미 중기 구석기시대에 등장한다. 따라서 전형적인 돌날의 존재가 곧바로 후기 구석기시대와 일치한다고 보기 어렵다. 만달리 유적에서 나온 속돌의 경우, 북한에서는 이것이 대고떼기의 흔적을 보여준다고 서술하고 있지만, 떼기면에 나타나는 특성과 떼기각으로 판단할 때, 눌러떼기 수법이 적용되었던 것으로 해석된다.

지금까지 북한에서 신석기시대 또는 청동기시대에 속하는 유적으로 흑요석기가 출토한 곳은 함경북도, 양강도, 자강도 등이다. 수는 많지 않으나 평안북도, 함경남도, 강원도에서도 흑요석기의 출토하는 것으로 보고되었다. 이러한 유적에서 알려진 흑요석기는 그 수가 구석기시대의 유적에서 나온 것보다 비교할 수 없을 정도로 훨씬 많으며, 석기의 종류 또한 다양한 특징을 지니고 있다. 흑요석기는 대부분 당시의 집자리에서 발굴되었고, 때에 따라서는 집자리와 동일한 시기에 형성된 문화층, 드물게는 무덤에서도 출토하였다.

만달리 유적의 속돌에서 보이는 전형적인 돌날기법은 신석기시대의 유적에서 나타나지 않는다. 이것은 만달리 유적과 그보다 이후 시기에 해당하는 유적 사이에서 흑요석을 활용한 석기의 제작전통이 연속적인 관계에 놓이지 않았음을 시사해준다. 아직까지 둘 사이를 직접 연결시켜 주는 유적이 발굴되지 않았기 때문에 그렇게 보이는지 또는 그밖에 다른 이유로 인하여 그런지는 앞으로 연구되어야 한다.

현재 북한에서 알려진 신석기시대 또는 청동기시대의 유적에서 출토한 흑요석기는 수천 점이 넘는 것으로 생각된다. 그러나 이에 대한 체계적인 연구는 아직까지 이루어지지 않고 있다. 보고된 유물이 북한에 있으며, 그에 관하여 간행된 자료도 자세한 분석결과가 뒷받침되지 않았기 때문에 북한의 신석기시대와 청동기시대에서 흑요석기가 차지하는 의미를 충분하게 살피는 데는 한계가 있다.

〈白山學報 第57號, 2000.12.30. pp.5~57〉

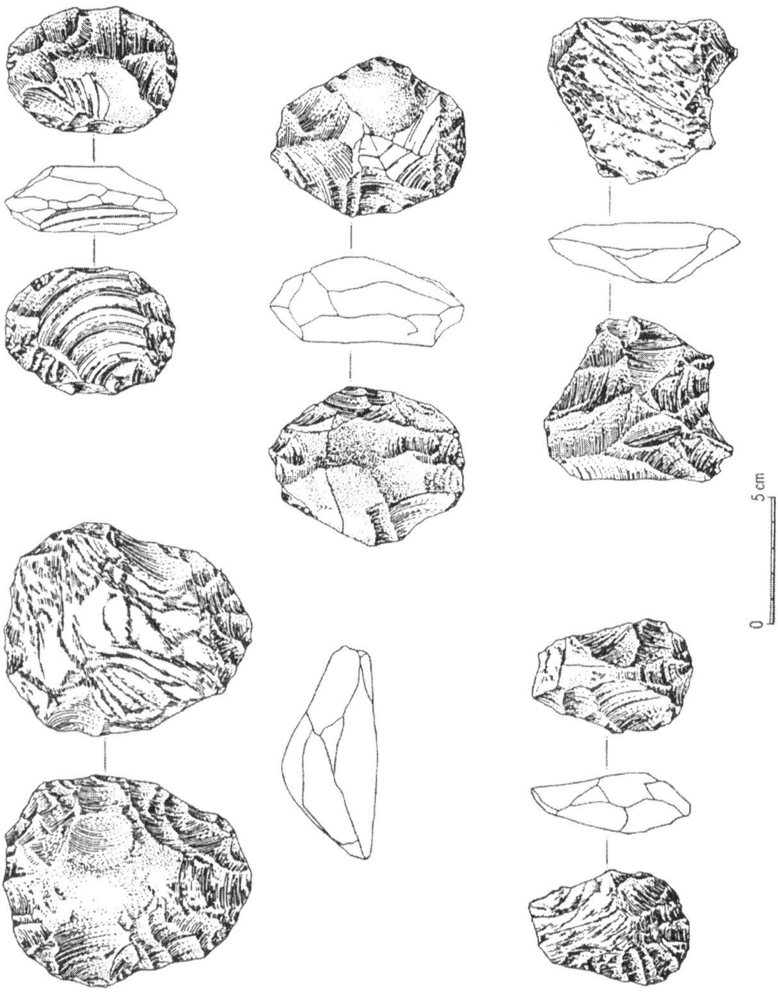

그림 1. 굴포문화 2기층의 석기(조선유적유물도감 편찬위원회, 1988)

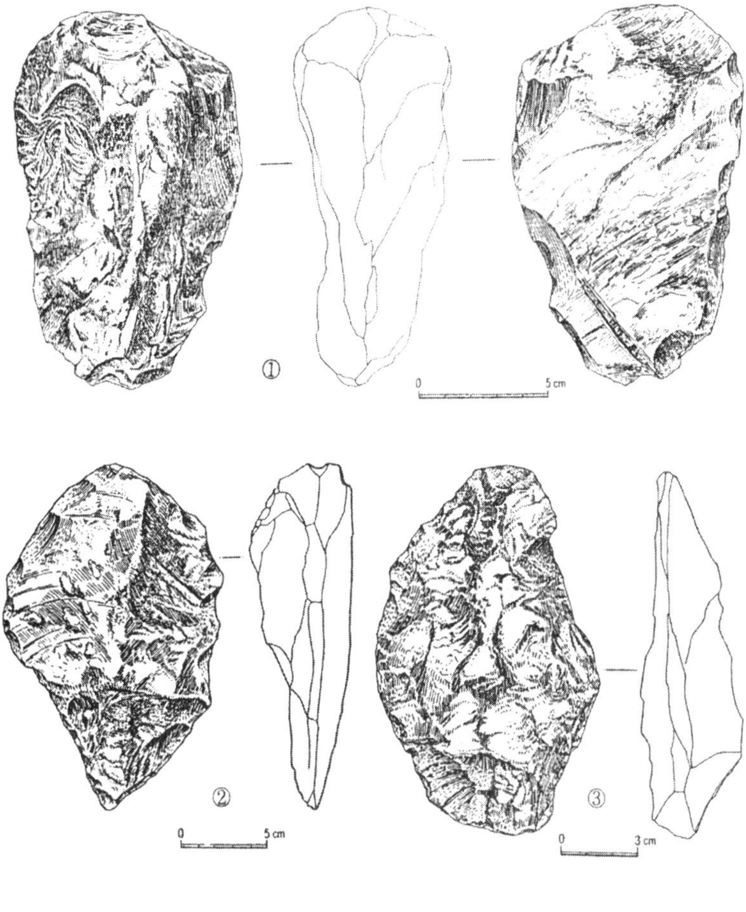

그림 2. 검은모루 유적의 석기(조선유적유물도감 편찬위원회, 1988)
① 주먹도끼모양석기, ② 뾰족끝석기, ③ 반달형석기

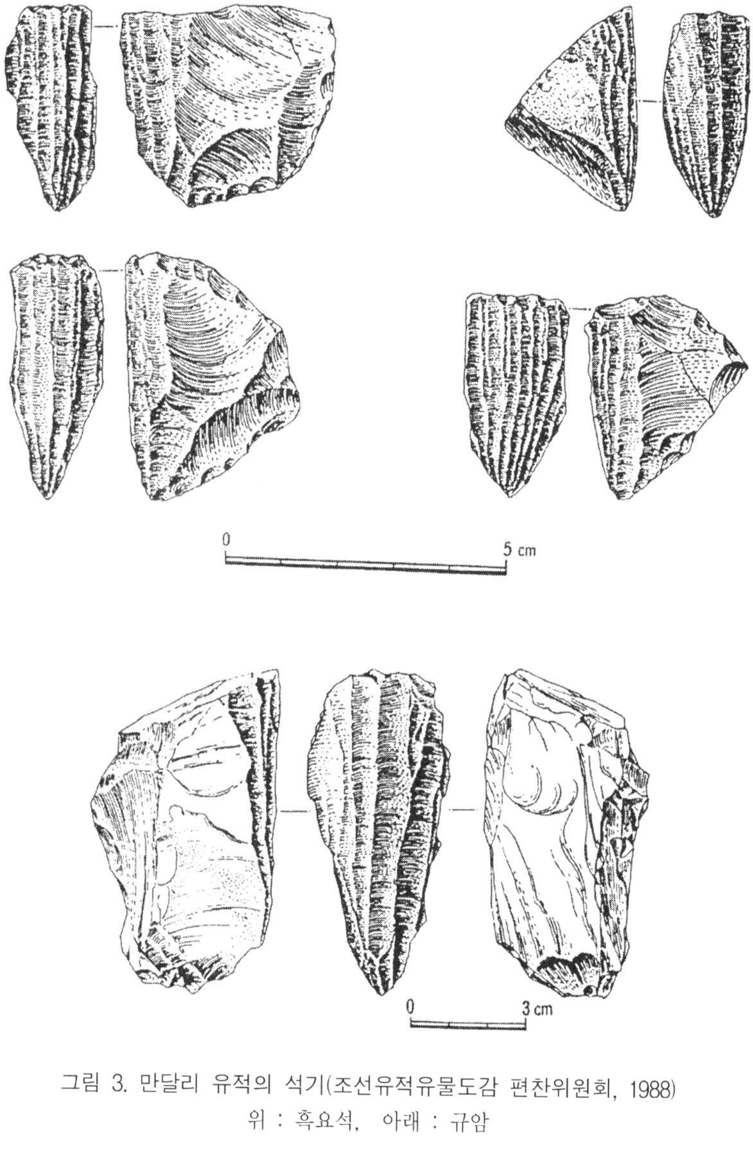

그림 3. 만달리 유적의 석기(조선유적유물도감 편찬위원회, 1988)
위 : 흑요석, 아래 : 규암

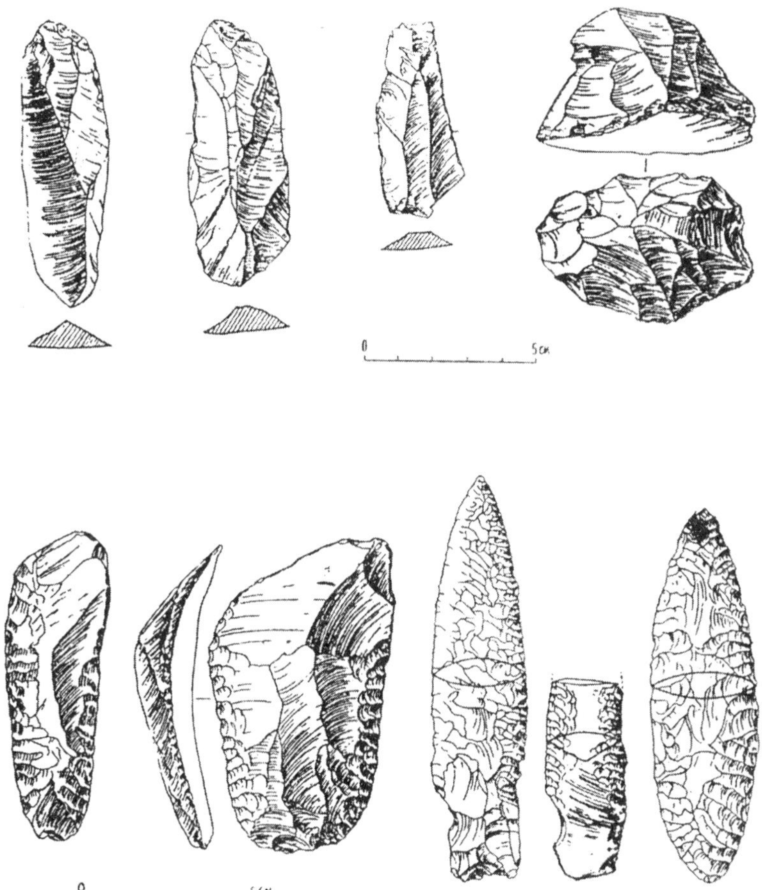

그림 4. 신석기시대, 범의구석 1기층의 흑요석기(황기덕, 1975)

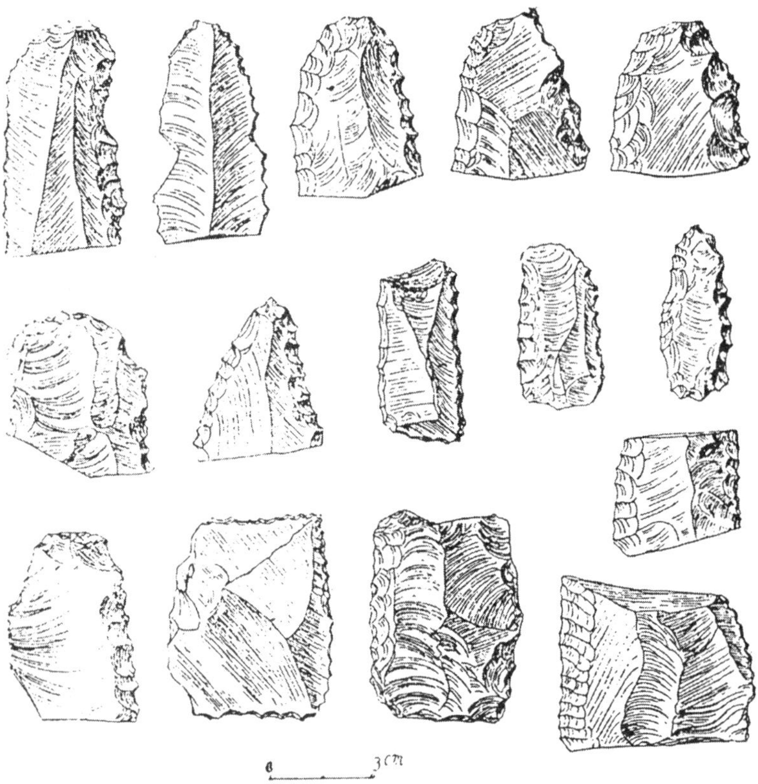

그림 5. 신석기시대, 토성리 유적의 흑요석기(정찬영, 1983)

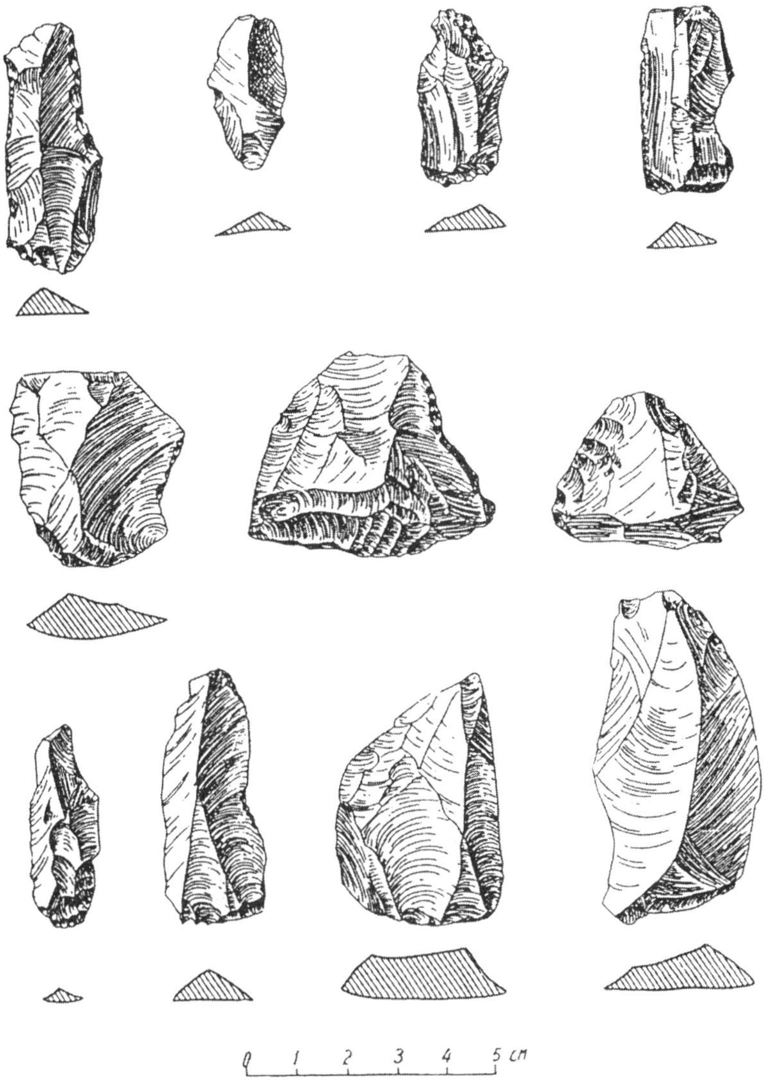

그림 6. 청동기시대, 공귀리 유적의 흑요석기(김용간, 1959)

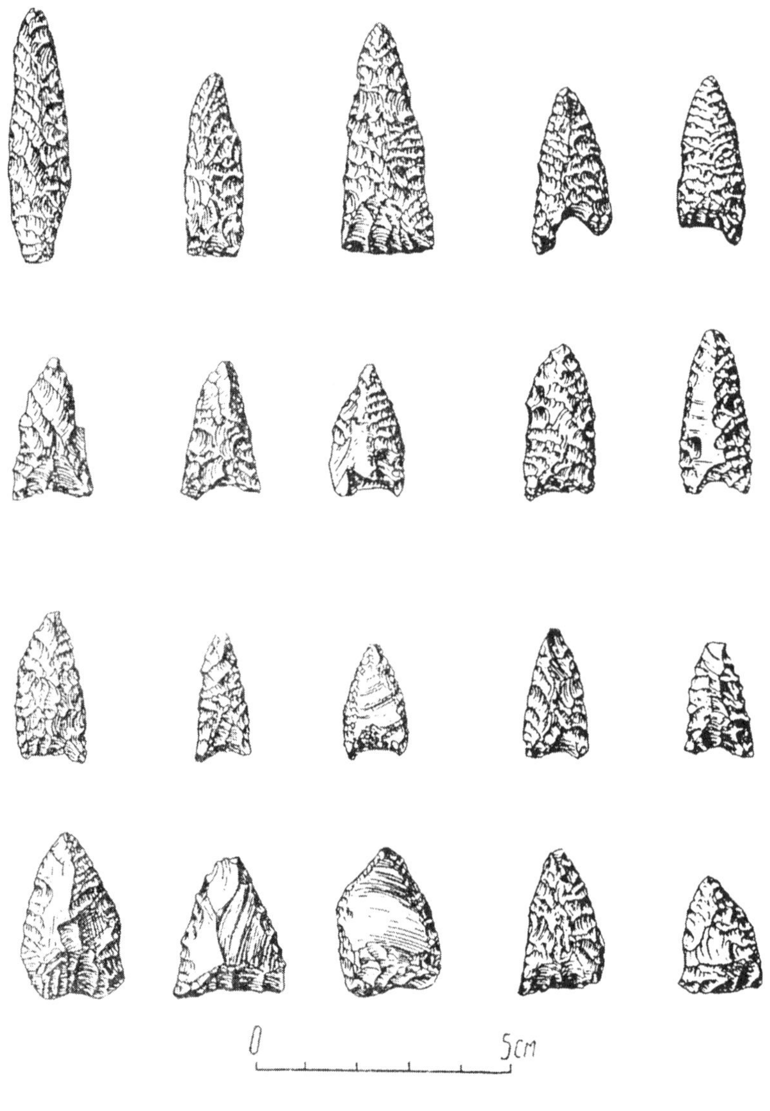

그림 7. 청동기시대, 오동 유적의 흑요석 활촉(도유호, 1960)

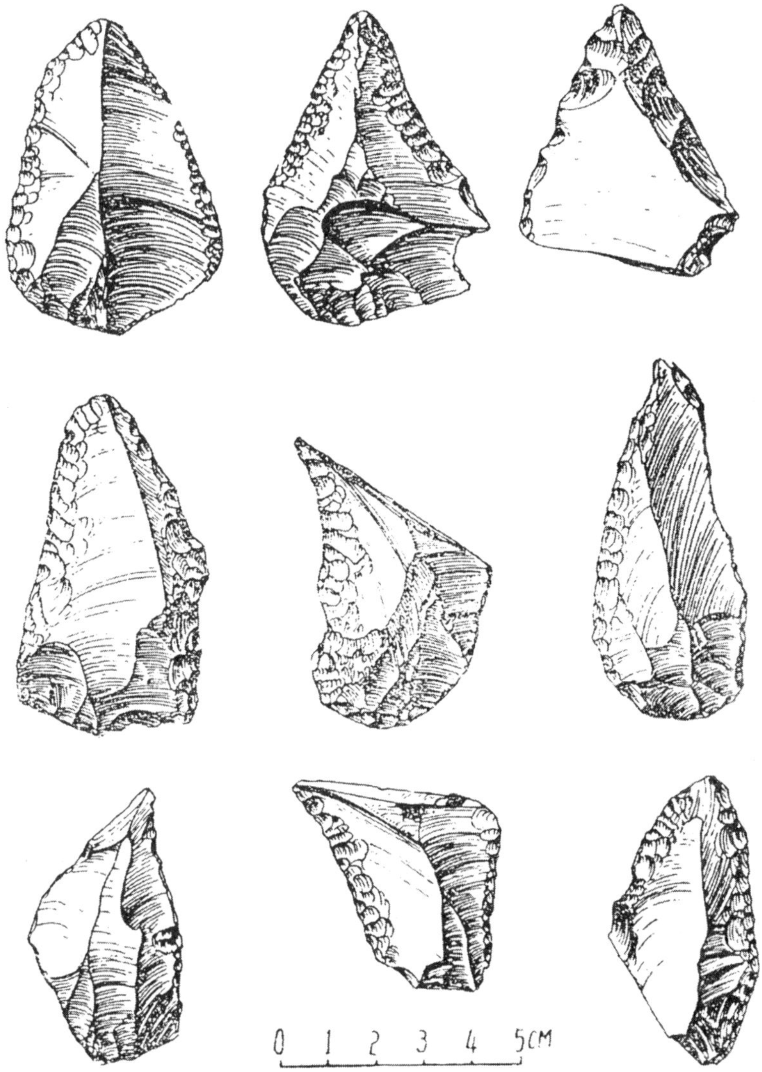

그림 8. 청동기시대, 오동 유적의 흑요석기(도유호, 1960)

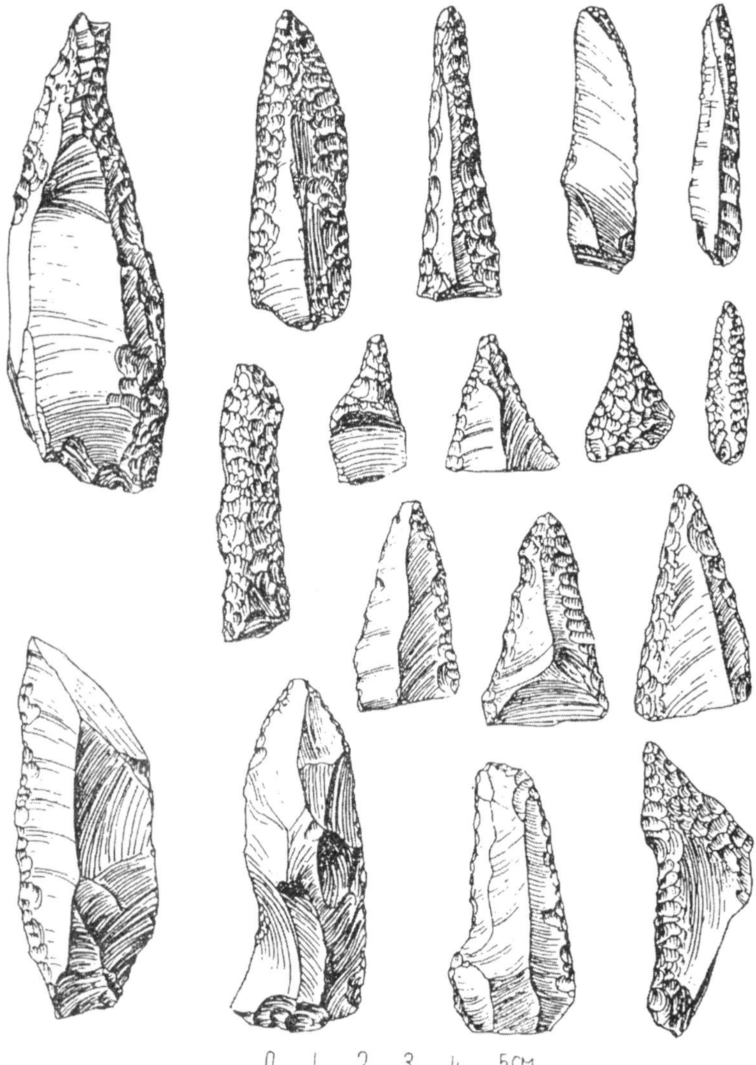

그림 9. 청동기시대, 오동 유적의 흑요석기(도유호, 1960)

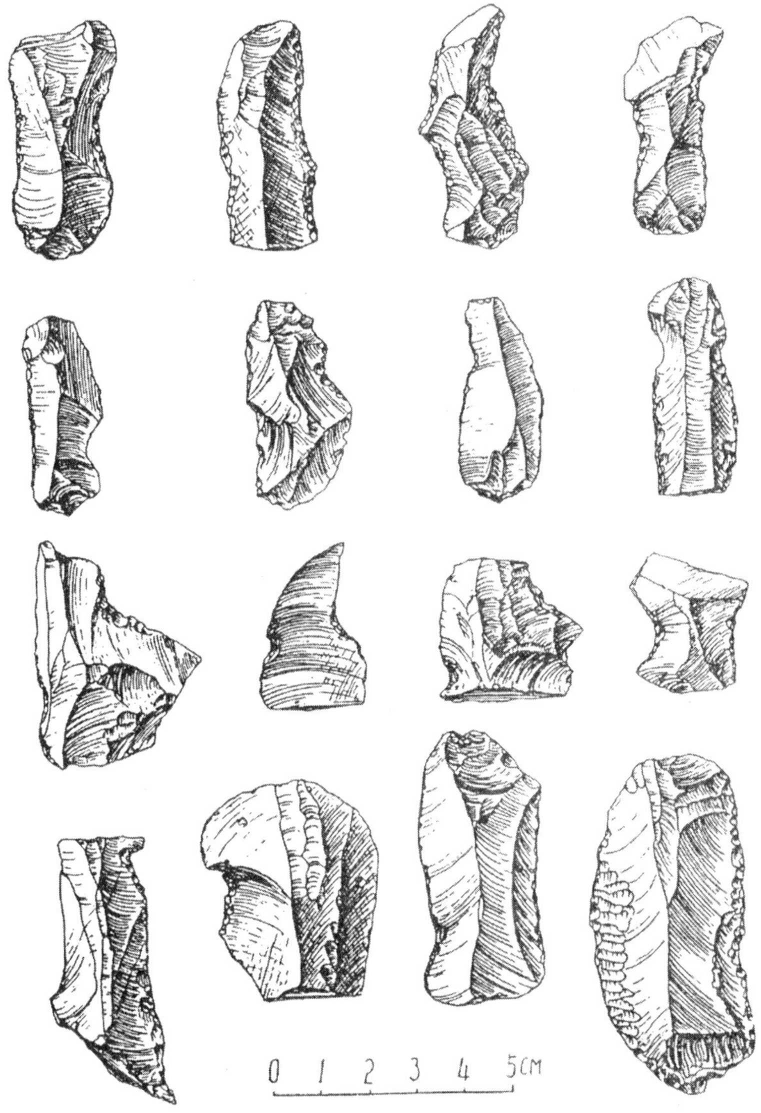

그림 10. 청동기시대, 오동 유적의 흑요석기(도유호, 1960)

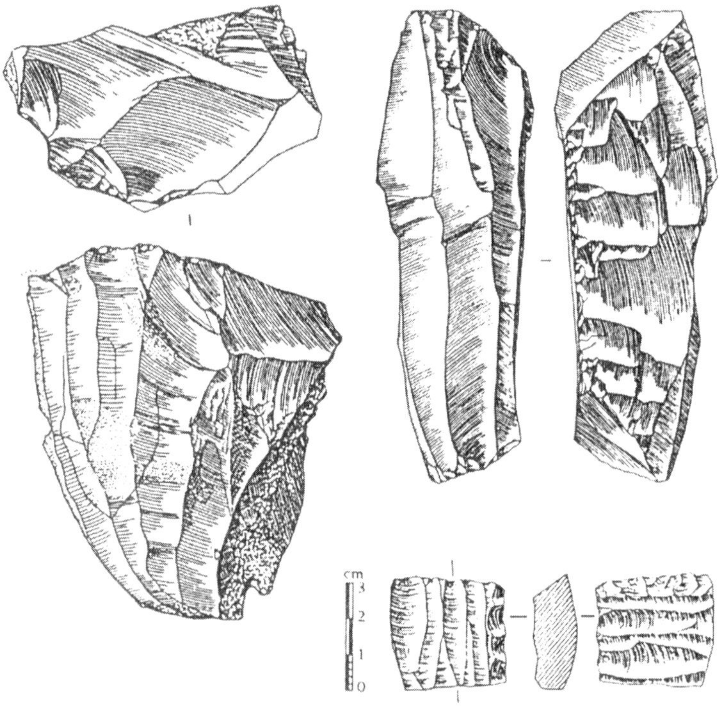

그림 11. 간접떼기(indirect percussion)에 의한 몸돌(Inizan et al., 1992, p.62)

그림 12. 눌러떼기(pressure flaking)에 의한 몸돌(Inizan et al., 1992, p.65)

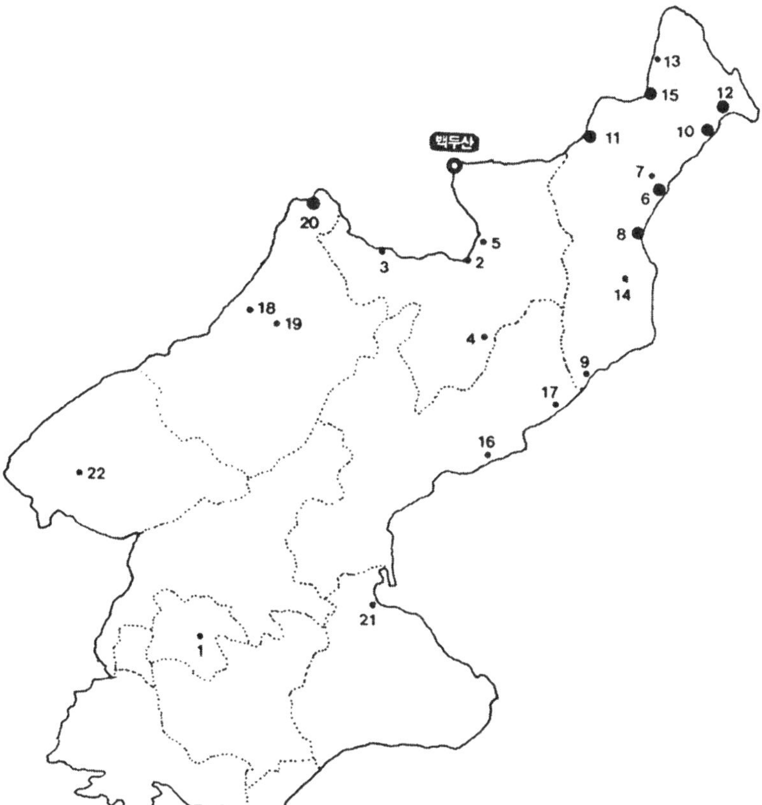

그림 13. 북한에서 흑요석기가 알려진 곳(큰 점은 출토 지점이 많은 지역)

① 평양시 만달리, ② 혜산시 연두동 · 연풍동, ③ 김형직군 고읍노동자구, ④ 풍서군 신명리, ⑤ 보천군 보천읍주재소, ⑥ 청진시 송포구역 농포동 · 연진리 · 청암구역 용제리, ⑦ 부령군 금강리, ⑧ 경성군 경성읍 · 승암노동자구 장평리 원수대, ⑨ 김책시 동흥리 · 학성동, ⑩ 나진시 관해동 · 낙산동 · 이진동 · 방진동 · 안주동 · 유현동 대초도, ⑪ 무산군 무산읍 범의구석 · 성천동 · 새골리, ⑫ 선봉군 선봉읍 · 송평동 · 용수동 · 굴포리 서포항, ⑬ 온성군 강안리 · 하삼봉리, ⑭ 화성군 광암리 · 화룡리, ⑮ 회령시 회령읍 오동 · 남산리 · 대덕리 · 낙생리 · 성북리 · 송학리, ⑯ 신포시 강상리, ⑰ 단천시 오몽리, ⑱ 강계시 공귀동, ⑲ 시중군 안찬리 · 심귀리, ⑳ 중강군 오수리 · 장성리 · 중덕리 · 토성리, ㉑ 천마군 신시리, ㉒ 원산시 중평리.

고인돌 암각화의 생성 배경과 상징성 연구

송 화 섭*

〈目 次〉

Ⅰ. 머리말

우리나라 선사시대의 암각화 연구는 1970년 盤龜臺 岩刻畵를 발견하면서 시작되었다. 그 이듬해인 1971년 반구대에서 1.2km 떨어진 태화강 상류에서 다시 천전리 암각화와 고령 양전동의 알터 암각화가 발견 보고되면서 한국의 암각화 연구는 여명기를 맞는다. 그 후 암각화 연구는 주로 반구대와 천전리 암각유적을 중심으로 진행되었다. 암각화가 선사시대 문화와 생활상을 복원하는데 중요한 단서를 제공하는데 祭祀遺蹟인데도 불구하고 아직까지 암각화 유적의 정밀 조사보고서 조차 없는 현실이다. 지금까지 첫째, 바위그림 제작의 주체와 시기 문제 둘째, 바위그림 제작과 주변 유물 및 유적과 관련성 문제 셋째, 제작 방식과 조각기법의 문제 넷째, 난해한 문양 해석과 상징성 문제 다섯째, 원류와 생성배경 등 어느 것 하나 명쾌하게 정리하지

* 원광대

못하고 있다.[1]

지금까지 우리나라 암각화의 중심은 울주 반구대와 천전리 유적이었다. 그러나 10여 년 전부터 고령 양전동 알터암각화 계통의 문양들이 한반도 남부지방에서 발견되기 시작하였다. 경북 영일 인비리,[2] 안동 수곡리,[3] 영주 가흥동,[4] 영일 칠포리,[5] 함안 도항리,[6] 전북 남원 대곡리,[7] 전남 여수 오림동,[8] 경북 고령 안화리,[9] 영천 봉수리,[10] 경주 석장동 금장대,[11] 경주 광석리[12]등에서 동일계의 기하무늬 암각화들이 발견되었다. 최근 발견된 암각화들은 조각기법·상징·문양 등에서 반구대와 천전리 암각화와는 전혀 다른 계통의 기하문 암각화들이다.

이러한 동일계 암각화는 물상문양과 기하문양으로 구분된다. 물상문양은 석검과 석촉을 사실적으로 묘사한 문양이며, 기하문양은 검파형 문양이다.[13] 석검과 석촉은 고인돌 하부 유구에서 출토하는 마제석검과 마제석촉

---

1) 송화섭,「한국 암각화연구의 현황과 과제」『한국암각화연구』창간호, 1999.
2) 경주국립박물관, 1985,『경북 월성군 지표조사보고서』국립박물관고적조사보고 제17책.
3) 임세권, 1988,「수곡동 한들 암각화에 대하여」전국 역사학대회 발표요지문
이진구·김영식, 1991,「안동 수곡동 한들암각화」『안동문화연구』 5집
임세권, 1993,「안동군 임동면 수곡리 한들마을 바위그림」『안동문화』 14집
4) 장명수, 1992,「영주 가흥동 암각화와 방패문암각화의 성격 고찰」『택설허선도선생정년기념 한국사학논총』
5) 이하우·한형철, 1990,「칠포리 암각화군 조사보고」『고성』2집 고문화연구회.
6) 창원문화재연구소, 1991,「함안 도항리 암각화소재 고분발굴조사」
______________, 1996,「함안 암각화 고분」
7) 송화섭, 1993,「남원 대곡리 기하문암각화에 대하여」『백산학보』42집.
8) 전남대박물관, 1992,『여수 오림동 지석묘』
9) 송화섭, 1993,「한반도 선사시대 기하문암각화의 유형과 성격」『선사와 고대』5집, 한국고대학회.
10) 송화섭, 위의 논문
11) 김길웅, 1994,「금장대 암각화에 대한 고찰」『신라왕경연구』신라문화재학술발표회논문집 제 16집.
12) 장명수, 1996,「경주지역 암각화의 성격」『박물관기요』11집 단국대 박물관.
13) 기하문 암각화의 해석이 학자들마다 다르다. 장명수(방패형), 임세권(인형), 송화섭

을 가리킨다. 두 유물은 청동기시대 고인돌의 대표적인 부장품이다. 고인돌 덮개돌의 석검·석촉 암각화는 고인돌 암각화라 할 수 있으며 고인돌 축조 집단이 암각화의 주인공이었다. 암각화의 석검문·석촉문·검파형문을 통하여 고인돌사회의 암각화 생성 배경과 종교사상의 접근을 시도해보고자 한다.

Ⅱ. 고인돌과 암각화의 관계

우리나라 고인돌의 밀집 지역은 전라남북도를 중심으로 하는 한반도 남부지역이다.[14] 고인돌은 한강유역이나 대동강 유역 등 한반도 서해 연안지역에도 분포하고 있으나 경북 및 강원도 산악 내륙 지역에서는 분포 비율이 훨씬 떨어진다. 고인돌은 해안과 큰 하천 유역에 주로 분포하고 강줄기를 거슬러 올라와 상류의 구릉지에서도 발견된다. 특히 한반도 서남부지역의 고인돌 분포 양상에서 그러한 사실을 확인할 수 있다. 전남북지역의 고인돌은 해안가 내륙에 분포하거나 강 하류에서 상류쪽으로 거슬러 올라가 깊숙한 분지와 구릉에 분포하는 게 일반적이다.[15] 이러한 분포 양상은 고인돌이 해양을 통하여 한반도 내륙으로 전파해왔음을 말해준다.

우리나라의 고인돌은 한반도와 중국의 황해연안지역인 요녕성, 길림성, 절강성과 일본의 규슈지역을 동일한 계통으로 묶을수 있는 환황해 고인돌 문화권에 속한다. 환황해권의 고인돌은 인도네시아, 인도, 이란, 파키스탄

(검파형), 이상길(패형) 신대곤(신체문) 등 다양하다. 암각화를 해석하는 시각과 관점이 다르기 때문에 해석의 차이도 있겠지만 합리적이고 과학적인 논리가 뒤따라야 설득력이 있다. 필자가 제시한 검파형을 이글에서 공식적으로 사용하고자 한다.

14) 이영문은 전남지방에만 1991개 군집에 16369기의 지석묘가 분포하고 있으며 우리나라에서 가장 밀집된 분포권이 전남지역이라고 지적하고 있다(이영문, 『전남지방 지석묘 사회의 연구』한국교원대학교 대학원, 1993).

15) 이영문, 『전남지방 지석묘사회 연구』박사학위논문.
김정희, 「동북아시아 지석묘의 연구」『숭실사학』5, 1988.

등 동남아시아 지역의 거석문화와 연계되어 있는 것으로 알려졌다.[16] 따라서 환황해권의 고인돌은 서남아시아지역에서 거슬러 올라온 남방계 문화로서 농경문화와 관련이 깊은 巨石文化이다. 물론 고인돌이 한반도에 가장 높은 분포율을 보여줘 전파설보다도 자생설이 제기되고 있지만 고인돌 형식의 거석문화가 동북아지역에서는 존재하지 않아 동남아시아의 거석문화와 연계시키는 것은 큰 문제가 아니라고 보인다. 이를 뒷받침하는 게 고인돌과 벼농사의 관계설이다. 한반도의 고인돌 분포가 넓은 구릉이나 하천유역이라는 사실은 고인돌과 벼농사(水稻作)와의 관련성을 말해준다. 동남아시아의 벼농사와 고인돌 문화가 한반도에 전래하였다는 주장은 일찍부터 제기되어 왔다.[17] 전세계적으로 고인돌이 한반도에 밀집하고 있는 것은 稻作農耕의 환경 여건이 다른 지역보다 유리했기 때문이다. 고인돌이 러시아, 북만주, 몽골 등 동북아시아에 분포하지 않는 이유도 기후, 강우량, 온도, 절기 등이 벼농사에 맞지 않기 때문이다. 고인돌이 남쪽에서 해상이동을 통하여 한반도 남부지역에서 전파해와 크게 발달하였다는 점에서 自生論보다는 傳播論에 더 비중을 두어야 한다.

한반도에 고인돌이 처음 전파한 시기 역시 동남아시아 고인돌에서 이끌어 내는게 합리적이다. 인도네시아 지역의 고인돌은 기원전 2,500년전 부터 철기문화가 성립되던 기원전 4세기 경까지 축조된 것으로 보고 있다.[18] 우리나라에서도 고인돌이 신석기시대 후기부터 기원전 3세기 전후까지를 축조시기로 잡고 있다.[19] 기원전 2,000년 전부터 한반도 남해안 지역에서 벼재배가 이뤄졌음을 입증하는 화분이 출토되었지만, 실제 탄화미 출토로 기원전 1,000년 경부터 벼농사가 본격화하여 잡곡농사보다 우위를 점하기 시작

16) 田村晃一・八幡一郎, 『アジアの巨石文化』高麗書林, 1990.
17) 김병모, 「한국 거석문화 원류에 관한 연구(Ⅰ)」『한국고고학보』10・11, 1981.
18) 최몽룡, 「전남지방의 고인돌」『한국 지석묘 연구의 이론과 방법』2000, 주류성, p.132.
19) 하문식, 『고조선 지역의 고인돌 연구』백산자료원, 1999, p.262.

한 것으로 보인다.[20] 인도네시아와 인도에서도 기원전 1,000년경부터 고인돌이 조영되기 시작하였으며,[21] 한반도 고인돌도 기원전 10세기경부터 기원전 3세기경 까지를 축조연대로 설정하고 있어 인도네시아와 비슷한 시기에 조영된 것으로 보인다.

청동기시대에 벼농사가 본격화되었으나 농경의 생산도구는 석기제품이었기에 곡물 생산력 향상은 노동력 동원체제에 크게 의존할 수밖에 없었을 것이다. 정착농경 과정에서 촌락 형성이 급증하고, 그에 따른 인구의 기하급수적 증가에 비례하여 곡물수요가 늘어나고, 농업생산력 증대에 비례하여 노동력 동원체제를 요구되었던 것이다. 대규모의 인력이 동원되는 고인돌 축조는 그 자체가 사회공공의례 또는 종교의례의 성격이 짙다. 고인돌사회에서 노동력 동원은 농경의 풍요다산을 기원하는 農耕儀禮와 죽은 사람의 시신을 매장하는 葬送儀禮가 주축이었을 것이다. 따라서 고인돌은 농경의례의 제단유적과 죽은 시신을 묻는 무덤유적으로 축조된 것이다.

우리나라의 고인돌은 제단으로서 기능과 무덤으로서 기능으로 크게 구분할수 있다.[22] 지금까지 고인돌은 무덤으로 인식해온 게 주류를 이루었다.

그런데 초기철기시대 神話가 성립되고 祭天儀式이 사회발전의 국가의례로 정착한다면 이전의 청동기시대 신화성립 기반과 제천의식의 이전 단계에 관심을 가지지 않을 수 없다. 청동기시대의 제사양식은 고인돌사회와 석관묘사회로 구분해서 정리되어야 한다. 고인돌사회의 제사가 어떠했느냐는 고인돌의 형태와 지역에 따라 다르게 볼 수있다. 왜냐하면 북방식 고인돌은

---

20) 안승모, 『동아시아 선사시대의 농경과 생업』학연문화사, 1999, p.66.

21) H. Sarkar, 「Megalithic Culture of India」『MEGALITHIC CULTURE IN ASIA』hanyang university, 1981.
R.P Soejono,「on the magaliths in Indones」『MEGALITHIC CULTURE IN ASIA』hanyang university, 1981.

22) 이융조 · 하문식, 「한국 고인돌의 다른 유형에 관한 연구」『동방학지』63호, 1989.
이영문, 「지석묘의 기능적 성격에 대한 검토」『배종무총장퇴임기념사학논총』1994.

제단과 같은 탁자식이고 남방식은 무덤과 같은 개석식이 많고, 남방식 고인돌에서는 암각화가 발견되는 반면 북방식 고인돌에서는 암각화가 발견되지 않고 있다. 또한 위치면에서도 남방식고인돌은 남쪽 경사면이나 협곡에 위치하는 경우가 많으나 북방식 고인돌은 넓은 분지 가운데 주변보다 높은 지세의 정상부분에 위치하는 게 대부분이기 때문이다.[23)]

북방식은 넓은 분지의 구릉 정상 부분에 위치하여 太陽崇拜의 祭壇으로 세워졌을 가능성이 크며, 개석식 고인돌을 선행양식으로 하는 남방식 고인돌은 大地崇拜의 祭壇으로 조성되었을 가능성이 크다. 거석문화가 北方系 天神崇拜의 영향을 받아 북방식 고인돌이 태동하였다면, 南方系 地神崇拜의 영향을 받아 남방식 고인돌이 태동한 것으로 보인다. 따라서 북방식 고인돌은 천신숭배 집단이 축조한 것으로 보이며, 남방식 고인돌은 대지신 또는 지모신 숭배 집단이 축조하였을 가능성이 크다. 따라서 고인돌사회부터 天地에 대한 神觀念이 싹터 있었다고 본다. 이러한 고인돌문화의 기반 위에 국가형태가 성장하면서 북방계 天神降臨神話와 남방계 卵生神話의 계통이 성립되는 배경이 있지 않았나 한다.[24)]

그리하여 한반도에서 발견되는 북방식 고인돌이 태양숭배의 제단유적이라면[25)] 남방식 고인돌은 대지숭배의 제단유적으로 볼 수 있다. 난생신앙권에서 대지숭배의 고인돌은 농경의례와 깊은 관련이 있는 것으로 보아야 한다. 난생신앙권의 고인돌의 특징 가운데 하나가 바위구멍(性穴)이다. 바위구멍은 단수 또는 군집 양상을 보여준다. 고인돌의 덮개돌에 새겨지는 바위구멍(holes)을 민간에서는 알구멍·알바위 등으로 부르고 있다.[26)] 이 바위구멍

---

23) 하문식, 『동북아세아 고인돌문화의 연구』숭실대 박사학위논문, 1997, p.250.

24) 송화섭, 「남원 대곡리 기하문암각화에 대하여」『백산학보』42집, 1993.

25) 하문식, 『동북아세아 고인돌문화의 연구』박사학위논문, 1997, 248~260.

26) 고령 양전동 암각화는 알터마을에 위치하고 있어 알터암각화라 부르고 있으며(이은창, 「고령 양전동 암화 조사약보」『고고미술』112호, 1971), 현지 조사를 토대로 성혈을 알구멍으로 명명하기도 한다(광주 민학회 조사보고).

을 성혈이라 하여 地母神 또는 大地神의 상징으로 해석할 수 있다. 그러나 이러한 바위구멍들이 북방식 고인돌에서는 발견되지 않고 있다는 점이다.

바위구멍은 동남아시아 지역의 지석묘에서도 발견되고 있다. 지석묘 전파와 더불어 고인돌 덮개돌에 바위구멍을 파는 의례도 한반도에 전파해온 것으로 보인다. 인도네시아 수마트라, 자바섬 등에 분포하는 고인돌 덮개돌에는 바위구멍의 크기가 같고 정연하게 파여 있다.[27] 이와같은 남방계 고인돌의 바위구멍 여파가 한반도 남부지역의 고인돌에 미치어 덮개돌 표면에 바위구멍이 조각된 것으로 추정된다. 바위구멍에 대한 시각이 후대에 제작된 것이라는 견해도 있지만, 함안 도항리의 고인돌 덮개돌에서는 무수히 많은 바위구멍과 다중동심원 문양들이 조각되어 있다. 이 고인돌은 가야고분 속에 매몰되어 있었던 것이어서[28] 이미 청동기시대부터 성혈 제작이 이뤄졌음은 분명하다.

한반도 남부 고인돌 덮개돌에서 발견되는 바위구멍의 제작 방식이 같고 남부지역 전역에 분포하는 고인돌 덮개돌에서 가장 보편적으로 발견되는 게 바위구멍 암각이다. 따라서 바위구멍이 고인돌 축조 당시에 조각된 암각이라는 사실은 각 지역의 고인돌 발굴 조사결과에서 속속 밝혀지고 있다. 지금까지 바위구멍에 대한 해석은 피장자의 친족집단 표시,[29] 여성 생식기의 상징,[30] 천체에 떠있는 별자리로 해석[31]하는 경향이 있는데, 구멍 양식이나 형태에 따라 다르게 해석할 수 있지만 남방문화 계통의 바위구멍은 성혈(cup-mark)로 해석하는게 가장 바람직하다. 왜냐하면 첫째, 고인돌이 남

---

27) R.P Soejono, 「on the magaliths in Indones」『MEGALITHIC CULTURE IN ASIA』hanyang university, 1981.

28) 창원문화재연구소『함안 도항리 고분』1992.

29) 이융조, 「양평 앙덕리 고인돌 발굴 보고」『한국사연구』11, 한국사연구회, pp.60~81.

30) 황용훈, 「양주 금남리 지석묘 조사보고」『경희사학』3호.
_____, 『동북아시아의 암각화』대우학술총서 23, 민음사, 1987.

31) 장명수, 「한국 암각화의 편년」『한국 암각화의 세계』한국역사민속학회, 1995.

쪽에서 벼농사와 함께 전래하였다는 점. 둘째, 농경의 풍요와 다산을 기원하는 주술종교의 전승. 셋째, 땅과 물에 대한 종교적 이미지를 가진 신관념을 가진 집단들이 고인돌을 조영하고 성혈을 조각하였던 점으로 보이기 때문이다. 무덤으로서 지석묘의 개석에 조각된 성혈은 조상숭배과 풍요다산를 연결시킨 농경의례 과정에서 조각하였을 가능성이 가장 높다.

오늘날 정월과 추석에 주기적인 연중행사로 조상들에게 제례를 올리듯 고인돌사회에서도 고인돌 덮개돌에 농경의 풍요를 기원하면서 반복적인 갈아파기 수법으로 성혈을 제작한 것으로 보인다. 이와같이 청동기시대 한반도 고인돌사회는 남방계 거석문화를 수용하여 고인돌 덮개돌에 성혈을 제작하는 암각문화를 가진 토착집단이 살고 있었다. 이들은 벼농사와 노동력 동원체제를 유지하고 있었으며 농경의 풍요다산을 기원하면서 성혈을 제작하는 생활관습을 가지고 있었던 것으로 보아야 한다. 이러한 기반 위에 동해안의 해류를 타고 내려온 북방계 암각화를 수용하면서 암각화가 생성한 것으로 추정된다.

우리나라 암각화가 동남해안 지역에 밀집하고 있는 것도 그런 이유이다. 현재 우리나라 암각화는 경상남북도 해안과 연계된 지역에 주로 분포되어 있다. 고인돌문화가 해안에서 강줄기를 따라 내륙 분지로 거슬러 올라가듯 암각화도 해안과 내륙 강변과 분지에서 발견되고 있다. 현재까지 북한에서 암각화가 발견되었다는 조사보고가 없는 것도 동해안을 통해 한반도 남부의 고인돌문화를 가진 집단이 암각화를 수용했기 때문으로 풀이된다. 이러한 암각화의 루트는 어로·수렵생활을 표현한 반구대 암각화가 태화강의 상류에 위치하고 있는데서 알 수있다. 반구대 암각화를 신석기시대 작품으로 해석한다면, 청동기시대 이전부터 한반도 동해안은 해류를 통해서 북방계 암각문화와 빈번하게 교류가 이뤄졌던 것으로 보아야 한다.

동해안을 따라 위쪽으로 올라가면 흥해 칠포리 암각화가 가장 상한선이 된다. 흥해와 경주 중심의 경상북도 일대의 석검·석촉 중심의 기하문 암각화들도 동해안을 통해 내륙으로 진입해 간 암각화로 추정하고 있다. 왜냐하면 암각화가 대부분 해안가나 강가의 암벽에서 발견되고 있기 때문이다. 경북지역에 분포하는 암각화들은 반구대 또는 천전리 암각화와 다른 계통으로, 청동기시대에 동해안을 통해 유입해온 암각문화의 영향을 받은 것으로 보인다. 흥해 칠포리, 경주 금장대·광석리, 영주 가흥동, 영천 보성리, 기계 인비리, 고령 양전동·안화리, 남원 대곡리 암각화 등이 동해안의 해류이동을 통해 남하한 북방계 암각화와 남방계 고인돌문화가 교섭하여 생성된 것이다.

해상이동을 통해 해안에서 하천을 따라 거슬러 올라가 하천변이나 상류분지에 분포하는 것은 고인돌과 암각화가 공통점을 갖고 있다. 동남해안은 쿠로시오 난류와 동한 한류가 교차하는 해역이다. 이 해역이 선사시대부터 풍어어장이었다는 사실은 반구대 암각화의 고래잡이와 유영하는 고래 그림들이 말해주고 있다. 남동해안에서 한류와 난류가 교차하듯 한류이동을 통해 북쪽에서 내려온 암각화와 난류이동을 통해 남쪽에서 올라온 고인돌문화가 교차하였던 지역이다. 이러한 연유로 동남해안과 경북지역에 암각화가 집중 분포하게 된 것이다.

동남아시아 지역의 거석문화가 해류를 통해 한반도 남부지역과 연계되었듯이 한반도 동해안을 타고 내려오는 한류는 리-만 해류와 연결되어 시베리아 연해주를 거쳐 알래스카를 넘어 캐나다 및 미국의 서해안과도 연결된 해류이다. 이 해상루트를 통하여 선사시대부터 북방계통의 암각문화가 한반도에 전래해 왔다고 보여진다. 왜냐하면 일본, 말레이시아, 인도네시아, 인도 등 동남아시아 지역에는 한반도에 분포하는 암각화가 거의 발견되지 않고 있기 때문이다.

이러한 사실을 입증하듯 북방계통의 암각화는 한반도 암각화에서 구체적으로 나타난다. 반구대 암각화는 유라시아 대륙의 수렵 어로문화가 해류이동을 통해 한반도에 영향을 미친 것으로 보이며,[32] 천전리 암각화에는 미국 캘리포니아 해안지역에서 발견되는 기하문 계통의 암각화와 친연성이 높은 문양[33])들이 조각되어 있다. 천전리와 반구대의 암각화 주체는 토착세력보다는 해상활동에 능한 북방계통 주민이 해류를 타고 내려와 제작한 암각화일 수 있다. 조각 기법과 문양의 표현양식이 섬세하고 정교하며 북방대륙이나 캐나다, 미국 등지에서 발견되는 문양과 너무나 흡사하기 때문이다. 반구대와 천전리 암각화 유형이 한반도 다른 지역에서 전혀 발견되지 않아 한반도 토착세력과 무관한 암각화로 볼 수있다.[34])

그러나 북방계통의 암각화가 한반도 토착세력들에게 전파 수용되었음을 보여주는 구체적인 사례가 발견되고 있다. 그 사례는 연해주 사카치아리안 마을에 분포하는 마스크의 사선문양이 한반도 남부지역의 경주 금장대, 영천 봉수리, 고령 양전동·안화리, 남원 대곡리 암각화에서 발견되고 있다.[35]) 동해안의 고인돌집단은 사카치아리안 암각화를 수용하여 자기들의 생활문화에 응용시켜 독특한 기하문 암각화를 발달시켰던 것이다. 사카치 아리안 마을의 암각화가 한반도에 전래되었을 때에 한반도 남부지방에는 이미 남쪽지역에서 고인돌이 전래하여 남방식고인돌 문화가 정착해 있던 단계로 보아야 한다.

영천 봉수리 암각화는 거북바위 형상 윗면에 조각되어 있었는데 마치 고인돌 덮개돌과 흡사하다. 봉수리 암각화는 기본적으로 검파형 문양에 사카치아리안 계통의 사선문양이 조합된 양식이다. 봉수리와 동일한 계통의 고령 양전동 암각화의 사선무늬가 사카치아리안 암각화와 흡사하다는 견해이다.[36]) 북방계통의 암각화가 동해안을 타고 내려오고 남방계통의 고인돌이

32) 김원룡, 「울주 반구대암각화에 대하여」『한국고고학보』9집.
33) Gloria E.Garvin, "LAS PINTAS PETROPLYPTHS" Seven Rock Art sites in BajaCalifornia, BALLENA PRESS Socrro, New Mexico 87801 U.S.A
34) 송화섭, 「한국 암각화 연구의 현황과 과제」『한국암각화연구』창간호, p.99.
35) 임세권, 「한국 암각화에 나타난 태양신 숭배」『한국암각화연구』창간호, 1999.
36) 이은창, 「고령 양전동 암화 조사약보」『고고미술』112호, 1971.
임세권, 「우리나라 선사암각화의 연대에 대하여」『람사정재각박사고희기념 동양학논총』1984.

남해연안에 상륙하고 동남·서남해안을 통하여 강줄기를 따라 내륙으로 확산되면서 암각화와 고인돌의 만남이 이뤄진 것이다.

고인돌집단이 암각화를 수용하였다는 논거는 첫째, 고인돌 덮개돌에 암각화가 조각되었다는 점이다. 성혈이 제작된 고인돌 덮개돌에 암각화가 조각되어 나타난다. 이러한 고인돌 암각화는 경북 영일 칠포리·인비리, 전남 여수 오림동, 경남 함안 도항리 등에서 발견되고 있다. 전형적인 고인돌 암각화는 영일 인비리와 여수 오림동 고인돌이 가장 대표적이다. 둘째, 암각화가 갈아파기로 제작된다는 점이다. 성혈제작도 갈아파기로 구멍의 내공을 넓혀가듯 암각화도 갈아파기로 선각의 골이 깊고 넓게 파여진 경우가 많다. 셋째, 고인돌의 부장품인 석검과 석촉이 암각화로 제작된다는 사실이다. 청동기시대 고인돌에서 출토된 마제석검은 한국식 석검이라고 부를 만큼 한반도에서만 제작된 석검이다. 당시 고인돌의 대표적 부장품인 마제석검과 마제석촉이 암각화로 조각되어 나타난다는 사실이 고인돌 암각화를 입증하는 셈이다.

한반도 고인돌 유구에서 가장 빈도수가 높은 출토유물은 석기류로서 석검과 석촉이며, 토기류로서는 홍도와 채문토기이며 이밖에 석부, 어망추, 반월형석도, 방추차 등 석기제품이 출토하고 있으며 전남지역 일원에서는 청동기가 부장품으로 출토되고 있다. 고인돌의 부장품으로 가장 많이 출토되는 석검과 석촉이 고인돌 덮개돌에 암각화로 등장하고 있다. 영일 인비리의 석검,석촉 암각화와 여수 오림동의 석검 암각화가 그것이다. 고인돌 덮개돌에 새겨진 석검·석촉문양은 청동기시대 고인돌사회에서 석검·석촉에 대한 상징과 종교적 의미가 부여되고 있었음을 말해준다. 영일 인비리와 여수 오림동 고인돌에서는 석검·석촉의 사실주의 문양이 등장하지만 다른 지역에 분포하는 암각화들은 사실적 석검·석촉 문양이 양식변화를 가져온 상징주의 암각화가 대부분이다.

사실주의에서 상징주의 암각화로 변모한 것은 고인돌 사회의 신관념 발달에서 비롯된 것으로 보아야 한다. 석검과 석촉 그 자체를 변모시켜 종교적 상징물로 조형하거나 아예 석검 문양을 검날과 검파식으로 분리시키고 검파식 문양을 특정한 상징물로 조형화하여 검파형 암각화로 발전시키는 단계까지 나아간다. 석촉 문양 역시 삼각형 석촉문양 그 자체를 기하학적 문양으로 변모시켜 석촉기하문 암각화로 발전시키는 단계까지 나아가기도 한다.[37] 이러한 논리는 영일 인비리의 고인돌 덮개돌에 새겨진 석검·석촉 암각화에서 파생된 검파형 암각화가 고령 양전동, 영천 봉수리, 경주 금장대·광석리, 영주 가흥동, 남원 대곡리 암각화의 근본적인 모형이라는 사실이다.

우리나라 남부지방에 분포하는 검파형 암각화는 석검·석촉계 암각화에서 파생되었다는 시각이다. 이러한 석검·석촉계 암각화는 청동기시대 고인돌사회의 사회적·종교적 배경의 소산물이라 할 수 있다. 이러한 견해와는 달리 장명수는 검파형을 초기철기시대의 방패문으로 해석하고 고대국가 성립기에 전쟁 방어의 안보기원을 담은 전쟁 관련 암각화라는 견해을 제시하고 있으며,[38] 임세권은 사카치아리안 인면문 암각을 태양을 상징하는 얼굴상(mask)이라는 오크라드니코프의 설[39]을 수용하여 양전동 암각화의 기하문을 태양신을 상징하는 人面무늬로 해석하면서 내몽고의 내이멍꾸·인샨·쭈어쯔산 지구의 인면무늬와 연결시키고 있다.[40]

---

37) 송화섭, 1993,「선사시대 한반도 기하문암각화의 유형과 성격」『선사와 고대』5집, 1993.
______,「선사시대 암각화에 나타난 석검·석촉의 양식과 상징」『한국고고학보』31집.

38) 장명수,〈영주 가흥동암각화와 방패문암각화의 성격 고찰〉《택설허선도선생정년기념 한국사학논총》1992.
______,〈경주지역 암각화의 성격〉《박물관기요》11집 단국대 박물관, 1996.

39) ALEXEI OKLAPNIKOV, "Ancient art of the AMUR region" Aurora art Publishers LENINGRAD
アレセイ・バウロィチ・オクラ-ドニコフ《黄金のトナカイ》加藤九祚譯 美術出版社, 1968.

40) 임세권, 1994,《한국 선사시대 암각화의 성격》단국대 박사학위논문
______, 1994,〈선사시대 한국과 중국의 암각화 비교연구〉
《미술사학연구》204호

우리나라 암각화는 넓은 의미에서는 환태평양의 암각문화권에 속한다. 남방계 거석문화를 받아들여 고인돌문화를 조성하였으며 그 고인돌문화를 가진 남방식고인돌의 주체가 북방계 암각화문화를 받아들여 한반도에서 독자적인 「석검・석촉계 암각화」와 「검파형 암각화」를 발생시킨 것이다.

Ⅲ. 고인돌사회와 암각화의 생성배경

1.고인돌사회의 신앙과 의례

고인돌 암각화에 나타나는 종교적 상징은 그 시대의 신앙과 의례를 통해서 살펴보아야 한다. 고인돌을 통한 신앙의례는 巨石儀禮, 葬送儀禮, 岩刻儀禮로 구분해 볼 수있다. 거석의례는 죽은 자의 영혼을 천도하고 수호해주는 장례용 거석을 기념비적으로 세우는 거석숭배(Megalith worship)의 신관념에서 비롯한 것으로 보인다. 이러한 거석 축조는 조상의 영혼불멸의식과 집단적인 장송의례가 행해졌음을 보여준다.[41] 개석식 고인돌의 경우, 무덤방을 만들고 그 위에 덮개돌로 덮는 방식은 고인돌 사회에서 祖上崇拜의 永生意識이 존재하였음을 보여준다. 또한 고인돌 위치와 시신의 머리방향이 강흐름과 일치하다는 것도 죽은 영혼의 영생기원을 의도하는 葬法이었을 것이다.[42] 이와같이 고인돌사회에서 조상의 靈魂崇拜는 고인돌 덮개돌 밑의 유구 언저리에 붉은 흙이 뿌려지거나 토기를 깨트리는 장송의례[43]를 통해서도 알 수 있다.

이러한 신관념은 암각의례에서 구체적으로 나타난다. 암각의례는 고인돌

---

41) 장명수, 「암각화를 통해본 고인돌사회의 신앙의식」『중앙사론』8집, 1995.
42) 이융조, 「한국 고인돌사회와 그 의식」『동방학지』23・24집, 1980.
43) 이상길, 「지석묘의 장송의례」『고문화』45집, 한국대학박물관협의회, 1995.

덮개돌이나 산곡간의 자연석에 신적 존재의 물상 또는 기하문을 조각하는 의례를 말한다. 바위그림은 본질적으로 풍요와 다산의 기원을 의미한다. 고인돌 사회와 관련하여 우리나라 남부지방의 석검·석촉 및 검파형 암각화가 대표적인 신상조각이다. 고인돌사회의 석검·석촉은 대표적인 고인돌의 부장품이며 남성의 권위와 위엄의 심벌이라 할 수 있다. 부장품처럼 석검·석촉 암각화도 남성의 권위를 상징하는 종교적 조형물로 제작된 것이다.

왜냐하면 고인돌사회는 남성노동력이 사회운영의 중심이 되는 농경사회와 부계중심의 혈연공동체가 유지되는 사회형태로서 석검·석촉을 조상숭배의 심벌로 인식하는 사회집단이 존재했다고 본다. 따라서 석검·석촉 문양을 남자조상신의 신체로 조각하였을 가능성이 크다. 오늘날 농촌에서도 조상은 단지 숭배의 대상뿐만 아니라 후손들이 번창하도록 후원하는 풍요의 메신저가 되어야 대접받는다. 마찬가지로 고인돌사회에서도 고인돌 덮개돌에 새기는 암각의례는 묻힌 자의 영생 또는 재생의 장송의례인 동시에 씨족집단의 豊饒神으로서 농경의례와 병행되었을 것이다.[44] 풍요와 번식의 대상이었던 것이다. 고인돌의 축조와 암각의례는 장송의례인 동시에 농경의 풍요를 기원하는 祖上崇拜儀禮였던 것이다.

2. 고인돌의 부장유물과 암각화의 상징

1) 석검과 석검기하문

石劍은 고인돌사회의 대표적인 무기류에 속하는 석기이다. 고인돌에서 출토하는 석검은 대부분 마제석검이다. 마제석검은 함경북도를 제외한 우리나라 전역에서 주로 출토하여 韓國式 石劍으로 부르기도 한다. 그러나 암각화의 석검문은 형식면에서 마제석검과 흡사하다. 우리나라의 암각화 고인돌

---

44) 송화섭, 「선사시대 암각화에 나타난 석검·석촉의 양식과 상징」『한국고고학보』31집.

은 여수 오림동, 영일 인비리·칠포리의 남방식 고인돌이다. 영일 인비리는 二段柄式 石劍文 2점과 石鏃文 1점, 여수 오림동은 一段柄式 石劍文 1점, 영일 칠포리는 석촉문 1점과 劍把形文이 조각되어 있다. 이 세곳의 석검·석촉문은 물상문이다.

고인돌의 석검문은 마제석검의 출토 분포권과 일치한다. 여수 오림동의 일단병식 석검문은 섬진강 유역권이 일단병식 중심 분포권이며, 영일 인비리의 이단병식 석검문은 경주 지역이 유단병식·유절병식·유구병식 석검이 발달한 것과 무관하지 않다.[45] 바위그림상 인비리 석검문이 유절병식인지 유단병식인지 섣불리 속단할 수 없지만, 경주 일원에서 석검형식의 다양성은 석검문화의 발달을 의미한다. 바위그림으로 새겨진 두 지역의 마제석검 형식은 주로 한반도 남부지방에서 발달 분포한 석검 형식이며 중부이북지방에서 발견되는 사례는 드문 편이다.

편의상 여수 오림동의 석검문은 일단병식(A형), 영일 인비리의 석검문은 이단병식(B형)으로 분류한다.(그림1·그림2) 두 석검형식이 남부지방에 분포하는 것과 석검·석촉 문양과 검파형 암각화가 한반도 남부지방에 분포하는 것과 일치한다. 이는 곧 두 유형의 석검형식이 발달하던 마제석검문화기에 한반도 남부 지방에서 암각화가 제작되던 시기였음을 말해준다. 한반도에서 바위그림이 성행하던 시기는 석검의 형식과 문양의 양식을 검토해보면 알 수 있을 것이다. 여수 오림동과 영일 인비리의 석검문양의 공통점은 ①고인돌 덮개돌에 새겨진 점. ②검집 장식 문양이 있는 점. ③마제석검 문양이라는 점을 들 수 있고, 차이점은 ①석검 형식이 다른 점. ②검끝 방향이 다른 점. ③석촉문의 유무. ④검파식의 장식을 들 수 있다.

두 지역의 석검문양을 비교한 결과, 여수 오림동 석검문양과 영일 인비리 석검문양은 서로 계통이 다른 석검문으로 추정된다. 오림동 석검문양은

45) 김영하, 「마제석검의 조형에 대하여」『한국사연구』 p.24, 한국사연구회, 1979.
윤덕향, 「청동기시대-석기-」『한국사론』제13집 상, 국사편찬위원회, 1983.

검끝이 아래 방향으로 위치하여 무기류로서 실용성이 강조된 반면, 인비리 석검무늬는 검끝이 윗쪽으로 세워져 있어 의기·의장구로서 기능이 강조된 문양으로 보인다. 이러한 단서는 인비리의 석검문의 劍把飾에 상징적 장식이 표현되어 더이상 무기보다는 의기로 변모한 상태의 石劍岩刻畵로 보인다. 우리나라의 마제석검은 무구류로서 일정한 양식을 갖지만, 인비리의 석검문양은 후기로 내려 갈수록 검날보다 검파식이 상징화하는 단계의 석검형식을 보여준다. 마제석검이 의기화될 때에는 검날이 짧아지고 검코와 검자루가 과대화된다는 게 일반적 견해이다.46)

그러나 이러한 儀器說에 동의하면서도 인비리 석검문 형식이 다른 지역에서 발견되는 사례가 드물다는 점과 인비리형 석검 문양의 변화과정이 일관성을 갖고 있다는 점에서 영일 경주지역에서 독특한 전통의 석검형식이 있었지 않았나 한다. 인비리의 석검문 계통에 대하여 필자는 石槍說에 관심을 가져왔다. 현재로서는 인비리의 석검문양이 마제석검의 초기 형태인지 후기 형태인지에 대해서는 단정적으로 말하기가 어렵다. 석검문과 석촉문이 동시에 새겨진 것이기 때문에 석촉과도 대비시켜 검토해야 할 사항이다. 석촉문제는 다음 절에서 다루기로 한다.

마제석검의 조형은 자연발생설, 오르도스검설, 세형동검설, 銅戈說, 石槍說 등 분분하지만 인비리 석검문 형식과 형식 변화에 주목하여 석창설을 살펴보고자 한다.

전영래는 마제석검의 변천 과정을 구분하면서 마제석검 발생기(B.C.7~B.C.6초)를 설정하고 있다. 그리고 석검형식을 동북지방권, 서북지방권, 남한지방권으로 권역화 분류를 시도하고 마제석검의 발생지를 신석기시대에 타제 석창과 석촉이 산포되었던 동북지방 두만강 유역권을 지목하고 있다. 타제석창과 석촉은 자취를 감추면서 타제석촉은 마제석촉으로, 석창은 磨製

46) 沈奉謹, 「日本 彌生文化 初期의 磨製石器에 대한 硏究」『嶺南考古學』 6輯, 1983.

石矛·石劍으로 출현하게 된다는 지론이다.[47]

김정학은 청동야금 이전 석기 자체의 기능 발달로 석검의 원초형은 석촉·석창을 모방한 有莖石槍形石劍으로 보았다. 석창형 석검의 전통이 유지되면서 경이 손잡이로서 기능에 기능강화를 꾀하여 자루가 발달하여 유병식 석검으로 이행되어 간 것이라 하였다.[48] 두만강유역 석검발생기의 석창형 석검형식은 한반도 남부지방 도처에서 발견되고 있다. 유경식에서 유병식으로의 이행은 석검의 형식분류보다 양식과 형태를 중시하면 단계적 변천 과정이 설명될 수 있을 것이다.

이러한 시각은 두만강 유역의 석창이 한반도 남부의 고인돌사회에 전파하여 정착 농경생활에 걸맞게 석검으로 형식변화를 가져온 것으로 보이며 그 과정에서 북방계 동검의 영향을 받으면서 독자적 석검형식을 갖게 된 것으로 본다. 두만강 유역의 타제 석창과 석촉이 한반도 남부지방의 고인돌사회에 전파하면서 마제 석검과 석촉으로 변모하여 정착한 것이다. 고인돌사회가 남성중심 사회였기에 석검도 남성의 권위를 상징하는 의장구 및 실용구로 정착 확산되어 갔던 것이다. 이러한 마제석검문화 기반위에 석검을 암각으로 조각하는 암각문화가 태동하게 된 것이다. 암각화가 본질적으로 신상을 조각하는 것인 만큼 석검문양도 남성신상의 상징으로 조형된 것이라 할 수 있다. 이러한 사실은 영일과 경주지방의 암각화에 나타나는 석검·석촉 문양과 검파형 문양을 통해서 알 수 있다. 두만강 연해주 유역의 신상조각과 아므르강 유역의 사카치 아리안계통의 신상암각이 해류를 타고 동해안으로 이동해와 경북 일원의 고인돌사회에 문화적 영향을 주어 남부지방에 독특한 석검형 암각화가 발달하는 계기를 가져온 것으로 보인다.

영일 인비리의 석검 형식은 검날이 정삼각형과 종삼각형에 가까우며 검날과 검자루의 길이가 엇비슷할 정도로 검자루가 길다. 이러한 인비리계 석

---

47) 全榮來, 「青銅器時代-石器의 比較-」『韓國史論』17輯, 國史編纂委員會, 1987.

48) 金廷鶴, 「無文土器時代」『韓國의 考古學』, 1972.

검형식은 경주 금장대와 영일 칠포리에서 변형양식과 기하문 형식의 신상암각으로까지 변모해 간다. 그런데 영일과 경주지역의 석검문은 인비리계를 기본형으로 형식 변화에 충실하면서 신상암각으로 변모한 것이다. 인비리 석검·석촉문양은 경북지역 일원에 확산된 석검·석촉 문양 및 검파형 암각화의 시원형이라 하여도 과언은 아니다. 영일·경주의 고인돌문화에서 석검 문양이 사실주의 문양에서 상징주의 문양까지 발달하였다는 것은 이 지역의 고인돌 집단에 외부의 암각문화가 영향을 준 것으로 보아야 한다.

암각화가 청동기시대 한반도 고인돌사회 전체적으로 확산된 게 아니라 영일·경주 지역의 고인돌사회에서 성행하였던 특정 집단의 신앙형태라 할 수 있다. 이 지역가운데 영일 인비리형의 석검·석촉 문화가 해안 내륙에 분포권을 형성하면서 암각문화를 유발시켰으며 내륙으로는 고령, 남원, 영주까지도 파급되어 갔던 것이다. 이러한 암각문화는 사회발전의 변화에 따라 신관념이 변화하고 그에 따라 석검에서 검파식의 종교적 상징이 강조되면서 검파식이 검날과 분리되어 독자적인 검파형 문양으로 분화 발달하였던 것이다.

2) 석촉과 석촉기하문

石鏃은 마제석검과 더불어 고인돌의 대표적인 부장품이다. 석촉은 무기 및 사냥도구로서 고인돌사회에서도 지속적으로 활용되었다. 고인돌에서 출토되는 석촉은 마제석촉이다. 마제석검과 달리 마제석촉의 조형은 타제석촉과 연결짓는데 이견이 없어 보인다. 마제석촉은 무경식·중간식·유경식의 유형으로 나누고 다시 10가지 형식으로 분류되고 있다.[49] 석촉 역시 석창과 흡사한 유엽형과 장능형도 있다. 우리나라 암각화의 석촉문은 영일 인비리 1점, 영일 칠포리 1점, 경주 금장대 10여 점이 조각되어 있는데 대체로

---

49) 崔盛落, 「韓國 磨製石鏃의 考察」『韓國考古學報』12輯, 1982.

무경식 삼각형촉에 속한다. 좀더 세분하면 영일 인비리와 칠포리는 고인돌 덮개돌에 새겨진 것이며, 형식 분류상 삼각형만입촉 계통의 형식이다. 반면 경주 금장대는 암벽에 조각되어 있으며, 삼각형촉과 삼각형만입촉 기하문양 계통의 형식이다.

우리나라에서 마제석촉의 발생은 신석기시대 두만강 유역의 타제삼각촉이 마제로 변천하면서 무경삼각촉이 발생하는 것으로 보아왔다.[50] 타제석촉이 마제석촉으로 변화하는데 있어서 신석기시대의 흑요석으로 만든 타제석기는 이등변삼각형 석촉이 가장 많다.[51] 그렇다면 무경식 마제석촉의 조형은 이등변삼각형촉이라 할 수 있다. 영일 인비리 · 칠포리 · 경주 금장대의 삼각형만입촉은 좀더 세분한다면 이등변삼각형촉에 가깝다.(그림 3) 영일 경주지역의 이등변삼각형촉과 삼각형촉 문양은 청동기시대 초기부터 이 지역과 두만강유역의 문화적 교류가 이루어졌음을 보여주는 것이다. 양 지역간의 문화적 교류는 함경북도 웅기와 경주지방에서 희귀한 유경식 타제석촉이 발견된게 하나의 근거일 수 있다.[52] 우리나라에서 석촉문 암각화가 경주 · 영일 지역에 분포하는 것은 경주지방의 석검 · 석촉문화가 두만강유역과 해류를 통해 연계성이 있었음을 간과해서는 안될 것이다.

금장대의 석촉기하문은 삼각형촉 또는 이등변삼각형촉이 상징적 형상으로 양식변화를 가져온 기하문이지, 석촉의 형식변화가 이루어진 게 아닌 석촉변형문이다. 삼각형 자체가 기하학적 도형이기 때문에 삼각형 석촉을 기하문으로 표현하는 것은 적절치 못하다. 그러나 아직까지 필자가 주장하는 바와 같이 석촉문이 일치하지 않은 만큼 기하문으로 사용하고자 한다.

기하문을 형식 분류하면 A형과 B형으로 나눌 수 있다. A형은 삼각형석촉문이며, B형은 이등변삼각형촉 변형문이다. A형 석촉문은 삼각형 내부가

---

50) 전영래, 앞의 글

51) 박진옥, 「우리나라 활촉의 형태와 그 변천」『고고민속』1호.

52) 황기덕, 「조선에서 나타난 활촉의 기본형태와 그 분포」『문화유산』6호, 1958.

二段으로 구획되어 상단에 2~3개의 구멍이 삼각구도로 조각되어 있으며(그림 4), Ⅱ단계 석촉문도 삼각형 내부가 二段으로 구획되어 상단에 2~3개의 구멍과 상단 외면에 사선문이 장식되어 있다.(그림 5) 이러한 변형석촉문의 구도는 석촉이 남성을 상징하는 신상문으로 표현된 것이라 할 수 있다. 영일 인비리와 칠포리의 석촉문은 사실적 묘사를 보여주는 반면, 금장대 석촉무늬는 남성신상을 상징적으로 묘사한 것으로 보인다.

고인돌사회에서 제작된 석검·석촉 문양이 조각된 것은 암각화가 유일하다. 석검과 석촉이 암각화로 조각되었다는 사실은 전투용 무기보다는 남성권위의 상징물로 더 활용되었음을 말해준다. 사람이 살아있을 때에는 석검과 석촉이 권위를 상징하는 도구였지만 죽은 후에는 내세관에 따라 영적인 신상으로 표현되어 제작된 것이라 할 수 있다. 석검과 석촉은 현세와 내세를 연결짓는 도구로서 영생을 상징하는 의미도 갖고 있다. 석검은 남성의 심벌인 생식기를 상징하는 문양으로 형식변화를 가져온 반면 석촉은 인물상 모습의 신상구도로 조형되었던 것이다. 석촉기하문의 상단 삼각구도와 사선문은 석촉문 암각화가 신상이었음을 구체화시켜주고 있다.

3. 석검·석촉의 양식변화와 검파형 암각화

1) 석검·석촉의 양식변화

먼저 石劍文의 형식분류와 양식변화를 살펴보자.

암각화에 나타난 석검물상문은 영일 인비리의 이단병식 문양과 여수 오림동의 일단병식 문양이다. 두 문양은 청동기시대 문화적 배경을 충실하게 반영하 듯 후대에 조각된 게 아니라 당시 주거지나 분묘에서 출토하는 석검형식과 암각화에 나타나는 석검문양이 동일하다. 인비리의 二段柄式은 경주지방에 분포 비율이 높으며 一段柄式은 전남 순천·여수의 섬진강 유역에 분포비율이 높다.[53] 그리고 석검·석촉이 출토되는 남방식 고인돌에 새겨진 사실은 청동기시대 고인돌사회인들이 암각 주체였을 신빙성을 더욱 높게 한다.

암각화의 석검형식을 인비리형(A형), 오림동형(B형)으로 구분하고, 석검 문양이 몇 단계 형식 변화를 거쳐 상징적 문양으로 변천하는지 살펴보자. 영일 인비리계를 분류하면, 인비리의 석검물상문은 Ⅰ식, 금장대의 검자루의 곡선이 완만해진 방형의 석검문은 Ⅱ식, 영일 칠포리의 검자루의 중간단이 제거된 변형 석검문은 Ⅲ식, 영일 칠포리의 검자루의 단과 심이 제거된 변형 석검문은 Ⅳ식으로 분류하고자 한다. 현재까지 석검문의 발견은 영일·경주 지역에 국한되고 있으며 인비리형 석검문은 검날과 검심과 검자루가 비교적 뚜렷하게 새겨져 있다. 인비리형 석검은 검날 부분이 긴삼각형과 정삼각형인데 정삼각형 검날이 암각화의 양식변화에서도 그대로 유지되어 간다.

인비리형 석검은 Ⅰ-Ⅱ-Ⅲ-Ⅳ식을 통해서 석검이 무엇을 상징하는지 어떠한 의미로 덮개돌에 제작되었는지 쉽게 알 수 있다.(그림 6) 석검은 남성의 소유물이자 무구로서 권위와 신분을 상징하는 의장구였을 것이다. 곧 고인돌사회에서 석검은 남성의 심벌이었다. 현세의 일상생활에서 남성 권위의 심벌은 의장구인 석검·석촉이지만, 사후의 영생생활에서 남성 권위의 심벌은 번식능력을 강조하는 生殖器 또는 神像으로 표현 조각되었던 것이다. 이와같은 생식기 및 신상암각화는 종족의 번창과 풍요다산을 기원하는 의례의 대상이 되었던 것이다. 그래서 BⅠ식은 고인돌의 부장품인 석검을 새겨 죽은 자의 永生과 再生을 기원하는 의미에서 새긴 것이지만, BⅣ식은 무덤과 관계가 없는 풍요제단으로 보이는 자연 암면에 여성 생식기로 추정되는 逆三角形의 기하무늬와 결합된 상태로 새겨져 있다.[54]

53) 김구군, 「한국식석검의 연구」『호암미술관논문집』1호.
54) 송화섭, 「선사시대 암각화에 나타난 석검·석촉의 양식과 상징」『한국고고학보』31집,

BⅣ식은 석검이 남성을 상징하는 주술적 신상으로 발달한 표현이라면, 좀더 남성신상의 구체적 표현은 BⅡ식에서 검날부분에 얼굴을 상징하는 삼각구도의 바위구멍이 장식으로 구상화되어져 있다. 따라서 고인돌사회에서 석검과 남성의 생식기는 남성의 심벌로 일치시키는 관념이 싹터있었던 것이며, 기하학적 문양으로서 남성과 여성을 표현하여 남녀생식기 결합문양까지 제작하는 상당한 수준의 신관념이 발달하였음을 알 수 있다.(그림 7)

그럼 다음으로 석촉 문양의 형식 분류와 양식 변화를 살펴보자.

석촉기하문양을 형식 분류하면 이등변삼각형(A형)의 물상문과 기하문(B형)으로 분류할 수 있다. 다시 A형은 영일 인비리와 칠포리의 물상문양을 Ⅰ식, 금장대의 촉신가운데에 단을 그어 이단으로 구분하고 상단에 삼각구도의 바위구멍을 표시한 기하문을 Ⅱ식, 금장대의 촉신가운데 단을 그어 이단으로 나누고 상단에 2~3개의 구멍과 하단에 역삼각형 장식을 한 기하무늬를 Ⅲ식, 금장대의 촉신가운데 단을 그어 이단으로 나누고 상단에 삼각구도의 바위구멍을 새기고, 외곽선에 사선문을 새겨 넣은 기하문양을 Ⅳ식, 금장대의 촉신가운데를 삼단으로 단을 나누고 상단, 중단에 각 2~3개의 바위구멍을 새겨넣고 하단은 저변의 만입 상태가 깊은 쌍각형 석촉문양을 Ⅴ식으로 분류할 수 있다.

석촉문은 석검문과 달리 변천과정을 일목요연하게 정리하기가 쉽지 않다. 석촉문의 양식변화를 도식화하면 Ⅰ→Ⅱ→Ⅲ→Ⅳ으로 구분할 수 있다.(그림8) 좀더 구체적으로 세분하면 Ⅲ은 이등변삼각형의 변형 양식으로서 촉신의 중간이 완만한 곡선을 주고 하단내부에 무늬를 넣은 양식과 무늬가 없는 양식으로 구분할 수 있으며, Ⅳ식은 Ⅳa식보다 촉신의 허리부분이 완만한 곡선을 주면서 하단은 사다리꼴로 변화시킨 양식(Ⅳb)이 있다. 그런데 금장대의 석촉기하문가운데 Ⅴ식은 문양 하단 좌측이 유실되었지만 이등변

1994.

삼각형 만입촉 형식의 기하문으로서 독특한 양식이다. 내부도 이단이 아닌 삼단으로 구획된 점이 다른 석촉 문양과 다르다.

이러한 석촉기하문 역시 석검의 기하학적 변형문과 같이 남성을 상징하는 주술적 신상문양으로 보인다. 영일 인비리와 칠포리의 석촉문양은 사실적 물상문이라면, 금장대의 석촉문양은 거의 상징적 기하문양이다. 석촉기하문 가운데 사선문이 장식된 곳이 금장대 Ⅳa·Ⅳb식 이외에는 발견되지 않고 있다. Ⅳa·Ⅳb식은 석촉문도 석검과 마찬가지로 남성 상징의 주술적 신상으로 묘사한 것으로 보인다. 신상표현은 촉신 상단에 삼각구도의 바위 구멍과 사선문을 구체적인 인물상 형식까지 묘사하였다. 이러한 문양들은 통해서 석촉이 의기적 기능으로 활용되었음을 알 수 있다.

암각화의 석검·석촉 문양은 마제석검·마제석촉의 물상 또는 기하학적 문양이다. 이러한 석검·석촉이 의기적 부장품으로 분묘에서 출토하거나 신상으로 바위면에 조각된 것이다. 따라서 석검·석촉의 물상문양과 기하문양이 한국식 석검문화기에 한반도 남부에서 독자적으로 생성된 암각화라 할 수 있다. 이 문양들과 거의 같은 시기에 검파형 암각화도 성행한다.

2) 검파형 암각화

청동기시대 한반도 남부지역의 암각화는 기하문을 특징으로 한다.

1970년 고령 양전동에서 발견된 기하문 암각화를 그 동안 가면문으로 해석해 왔다.[55] 이제 소위 양전리계 기하무늬들이 80년대 후반부터 다양하게 발견되면서 논자에 따라 인면형,[56] 방패형,[57] 검파형,[58] 무복형[59] 등으로

55) 이은창, 「고령 양저농 암화조사 약보」『고고미술』112호, 한국미술사학회, 1971.
56) 임세권, 「한국 암각화에 나타난 태양신 숭배」『한국암각화연구』창간호, 1999.
57) 장명수, 『한국 암각화의 문화상에 대한 연구』박사학위 논문, 2001.
58) 송화섭, 「한반도 선사시대 기하문 암각화의 유형과 성격」『선사와 고대』5집, 1993.
59) 이상길, 『청동기시대 의례에 관한 고고학적 고찰』박사학위 논문, 2000.

다양하게 해석을 내놓고 있다. 아직까지는 암각화 연구가 초보적인 단계에 머물고 있어 문양해석이 다양하지만 그 실체는 명확하게 밝혀져야 한다. 선사시대 암각화는 반드시 조각 주체와 사회적 배경과 풍토, 종교적 신관념 등 당시 사회의 복합적 요인이 담긴 신앙조각품이기 때문에 제작 당시의 면밀한 분석을 통해 기하문의 상징을 해석할 수 있다고 보여진다.

검파형 암각화는 마제석검의 검파식에서 파생된 반사실주의 기하문양이라 할 수 있다. 이미 앞에서 마제 석검과 석촉이 고인돌사회에서 의장화되었음을 강조하였다. 영일 인비리 석검의 검파식이 검파형의 원형에서 파생되었다. 인비리 석검의 검파식은 내부가 이단으로 분리되고 상단에는 수평으로 바위구멍 2개가 조각되어 있다(Ⅰ식). 다음단계로 검파식이 석검에서 분리되면서 독자적 검파형으로 발달해 간 것이다.

검파형 암각화의 초기 형식은 두 유형으로 구분된다. Ⅰ식의 검파식 내부 상하단에 2개씩의 바위구멍이 수평적으로 새겨지고 상단 윗변 가운데에 U자형의 홈장식이 있는 조각양식(Ⅱa식)과 검파식 내부에 단의 유무에 관계없이 바위구멍 2개가 수평적 배열로 조각되고 윗변 가운데에 역삼각형의 조각양식(Ⅱb식)으로 크게 구분된다. 검파형의 변천 과정은 윗변의 역삼각형에서 중간단계를 거쳐 U자형 면각으로 변화해 간 것으로 추정된다.(그림 9) 검파형의 초기 형식은 인비리의 검파식을 모형으로 하였는데, 검파식 내부의 상단과 하단에 각각 2개의 바위구멍이 수평 배열된 형식이 기본형이다.

검파형 윗변의 삼각문 계통은 칠포리 1문과 영천 봉수리 3점이다. 특히 봉수리 검파형 문양은 2겹 또는 3겹의 역삼각형으로 조형된 특징을 보여주고 있다.(그림 10) 그리고 검파형 윗변의 U자형 계통은 칠포리에 집중 분포하고 있으며, 고령 양전동과 안화리도 U자형 계통의 기하문이다. 그런데 역삼각형 문양이 U자형 문양으로 변화하였으리라는 추정은 영일 칠포리 곤륜산 계곡에 두 문양의 중간 양식에서 찾아 볼 수있다. 윗변의 U자형 기하문은 영일 칠포리와 고령 양전동에서 가장 세련된 양식을 보여주고 있는 반면, 경주 금장대의 단순한 검파형에는 윗변에 역삼각문과 U자형 문양이 전혀 발견되지 않고 있다. 이러한 유형과 달리 남원 대곡리의 검파형과 유사한 검파형 문양이 경주 금장대에서 발견되고, 영천 봉수리와 고령 안화리의 검파형의 퇴화기 변형양식이 남원에서 발견되고 있다. 영주 가흥동 암각화는 검파형 문양을 모토로 하면서도 독자적인 양식을 보여준다. 이런 점 때문에 검파형문의 형식 분류와 계통을 정리하는데 신중을 기하여야 할 것이다.

그러나 이러한 남부지방의 기하문 암각화들은 기본적으로 검파형을 기본도형으로 삼고 지역적에 따라 조금씩 양식변화를 일으킨 동일계의 검파형 기하문들이다. 검파형 기하문은 영일 인비리 석검의 검파식에서 파생되어 칠포리 지역에서 생성·발달하였다. 이러한 검파형 암각화가 내륙으로 이동해가면서 변형 양식의 검파형 문양들이 다양하게 제작된 것이다. 석검·석촉 문양과 검파형의 공통점은 ①문양 내부가 이단으로 구획된 점. ②상단에 2~3개의 바위구멍, 특히 삼각구도의 바위구멍이 장식된 점. ③ 문양 상단 외곽선에 사선문양이 발견된다는 점. ④문양 선각은 음각이며, 선각은 쪼으기로 밑그림을 그린 후 오랫동안 갈아파서 선각의 골이 깊다는 점. ⑤동일한 바위면과 권역에 함께 제작되어 있다는 점이다. 이러한 점을 미루어 볼 때, 석검·석촉문과 검파형문은 청동기시대 고인돌사회의 신상암각화였다고 본다.

청동기시대 한반도에서 성행한 劍把形 岩刻畵와 劍把形銅器의 비교를 통해 종교적 상징을 유추해볼 수 있다. 첫째, 검파형 암각화와 검파형 동기는 양자가 신상조각품 또는 의장구였다. 둘째, 검파형 암각화가 동남해안 지역 고인돌집단을 중심으로 성행한 신상암각이라면, 검파형동기는 석관묘사회의 신상동기나 청동의기였다. 셋째, 검파형 문양이 마제석검의 검파식을 상징적으로 묘사한 것이라면, 검파형동기는 세형동검의 검파식을 상징적으로 묘사한 점. 넷째, 검파형 암각화가 마제석검문화기 영일·경주·고령 등 경북지방을 중심으로 조형, 분포한 것이라면, 검파형동기는 세형동검문화기에 아산, 대전, 예산 등 충청권에서 출토하였다는 점. 넷째, 검파형 문양이 기원전 5~4세기경에 새겨진 것이라면, 검파형동기는 기원전 3~2세기경 석관묘 유적에서 출토한 점. 다섯째, 양자가 우리나라 남부지방에 분포하고 출토된다는 점 등을 고려하면 검파형 암각화와 검파형동기 사이에 상호 연관성이 있을 것으로 추정된다.[60]

Ⅳ. 한반도 선사시대 고인돌 암각화의 특징

이 글은 선사시대 한반도 남부지역에서 자생한 암각화를 정리하는 게 목적이다. 자생이란 개념은 암각화의 주체가 청동기시대 고인돌사회의 토착민들이며 암각화를 통해서 당시의 시대적 사회상과 종교·사상적 성격을 파악 가능하다는 의미를 갖고 있다. 울주 반구대와 천전리 암각화를 제외한 한반도의 거의 모든 암각화는 석검·석촉계 암각화와 검파형 암각화를 기본적 도형으로 하고 있으며 이러한 암각화에서 고인돌사회의 종교사상적 토양을 읽어볼 수있다. 그런 점에서 영일·경주·고령 중심의 한반도 남부지역에 분포하는 석검·석촉 문양과 검파형 암각화는 문양, 위치, 분포, 조각기법에서 동일계에 속하는 고인돌 암각화라 할 수있다. 이들의 공통된 특징을 기술하면 다음과 같다.

첫째, 검파형 암각화는 해안이나 강가 또는 구릉지상의 산곡, 별봉, 고인돌 덮개돌에 새겨져 있다. 고인돌이 해안과 강가에 집중 분포하고 있으며, 위치는 죽은 자의 유구방향과 강흐름이 일치한다는 위치와 방식도 암각화에 적용되었다. 영일 칠포리는 해안가 계곡, 고령 양전동·안화리, 경주 금장대와 영주 가흥동은 하천변, 여수 오림동·영일 인비리·영천 보성리·경

60) 송화섭, 「삼한사회의 종교의례」『삼한의 사회와 문화』신서원
이상길, 「패형암각의 의미와 성격」『한국의 암각화』 p.160.

주 상신리 · 남원 대곡리는 산으로 둘러쌓인 구릉지에 위치하고 있다. 검파형 암각화가 위치하는 곳은 물이 흐르는 산계곡이나 구릉지 가운데 솟아있는 별봉 등이다. 이러한 위치상의 특징은 검파형 암각화가 祭儀空間에 위치하고 고인돌사회에서 農耕儀禮의 對象神을 표현한 것으로 본다. 검파형은 농경의 풍요와 생산을 기원하는 神像彫刻이라 할 수 있다.

둘째, 검파형 암각화가 한반도 남부지방에서도 영일 · 경주에 집중 분포하였느냐 하는 점이다. 이는 동남해안지역 고인돌사회의 문화전통과 암각화의 문화전파와 관련이 깊은 것으로 보인다. 경북지방에서도 영일 · 경주지역은 석검 · 석촉 암각화와 검파형 암각화의 발상지요 크게 성행하였던 중심지이다.[61] 이 지역은 신석기시대 이후 청동기시대 초기에 두만강유역의 석기문화와 친연성을 갖었던 곳이며, 영일 · 경주 지역은 남방식 고인돌의 주 산포지로서 고인돌사회가 발달하였던 곳이다. 이 두 지역의 암각화는 강변과 해안에 위치하여 해류를 통한 연해주의 암각화와 연계성이 고려될 수 있다. 이러한 암각문화의 전파설은 경주 금장대, 고령 양전동 · 안화리, 영천 봉수리, 남원 대곡리 등의 검파형 암각화에 보이는 사선문이 입증해주고 있다.

셋째, 석검 · 석촉 암각화와 검파형 암각화는 선각이 넓고 깊다는 점이다. 선각의 골이 넓고 깊다는 점은 정착생활의 신앙의례를 보여주는 조각기법이다. 성혈을 갈아파는 전통이 암각화를 갈아파기 기법까지 이어진 것이다. 성혈을 갈아파듯 선각을 갈아파면서 기원하는 의례가 있었음을 말해준다. 검파형 문양은 처음에 쪼아파기를 하여 밑그림을 그린 후에 선각을 따라 덧갈기를 한 흔적들이 뚜렷하다. 말하자면 문양을 바위에 새기는 작업이 일회성이 아니라 반복적으로 갈아파기를 하였다는 점이다. 특히 영일 칠포리 · 고령 양전동 · 남원 대곡리는 선각골의 크기 뿐만 아니라 문양 자체도 큰 편이다. 바위면에 상징적 문양을 새기는 작업은 절대적 신념과 관습적

61) 한형철, 「영일 · 경주지역의 암각화」『한국의 암각화』한길사, 1996.

의례행위의 소산이라 할 수 있다. 고인돌사회가 남성 노동력이 중시된 사회여서 암각화의 제작을 남자들이 주도하였으며 농경의 생산과 풍요를 기원하는 주술적인 농경의례를 거행하면서 갈아파기 수법으로 제작하였던 것이다. 고인돌암각화의 공통점은 갈아파기로 제작된 점이다.

넷째, 검파형 암각화에 담긴 종교사상적 의미는 무엇일까 하는 점이다. 칠포리 곤륜산 계곡에서 석검기하문과 역삼각형 문양이 조합된 남여생식기 결합문양은 청동기시대 영일·경주지역 고인돌 집단의 신관념과 관련하여 시사하는 바가 크다. 이 생식기 결합문양은 남성 상징의 석검을 생식기로 표현한 것이며, 여성의 생식기를 역삼각형으로 표현한 것이다. 청동기시대 기하문 암각화가 발달하면서 남성과 여성의 상징적 도형이 신상문양으로 새겨진 것이다. 남성 상징의 신상문은 석검기하문과 석촉기하문이 대표적이다. 그러나 여성의 생식기암각화와 여성신으로 표현된 검파형 암각화가 발달하였다. 검파형 암각화는 남방식 고인돌 사회에서 大地神 또는 地母神을 神像으로 형상화 한 것이다. 농경의례시에 검파형을 반복적으로 갈아파는 주술의례가 거행된 것이다. 석검·석촉 문양과 검파형 문양은 神像文[62]이라는 점은 앞에서 언급되었다. 검파형 문양은 사람의 사지를 벌린 형과 같은 형상으로 조각되어 있다. 말하자면 인물상을 묘사한 문양인데 반상징주의라는 표현은 여성의 신체를 신상으로 묘사한 것이라 할 수 있다.

---

62) 신대곤은 신상문을 신체문이란 용어로 사용하고 있다(신대곤, 「신체문암각화의 해석」 『과기고고연구』 제3집, 아주대박물관). 그러나 암각화는 바위에 새겨진 기하학적 도형이며 실물이 아니라 기원의 대상을 조각한 神의 影像이라는 점을 염두에 두어야 할 것이다.

Ⅴ. 맺는 말

한반도 남부지방의 암각화는 청동기시대 석검·석촉 문화를 소유하였던 고인돌사회의 주민들이 제작한 신앙예술품이다. 암각화가 영일·경주지역을 중심으로 분포하고 있지만 고인돌사회의 특성과 한국 암각화의 생성 배경을 파악하는데 중요한 단서를 제공하고 있다. 한국의 암각화는 남방계통의 고인돌문화가 남해안에 상륙하여 남부 내륙지역에 토대를 구축한 상태에서 북방계통의 암각화가 동해안의 해류를 타고 내려와 동남해안에서 상륙하면서 생성되기 시작한 것이다. 그리하여 청동기시대 한반도 남부지역에서 독자적인 고인돌 암각화가 자생되었던 것이다.

고인돌 암각화는 석검·석촉계 암각화와 검파형 암각화로 요약된다. 석검·석촉은 고인돌의 대표적인 출토유물이자 남성의 권위를 상징하는 전용도구였다. 이러한 무기류 도구가 살아있을 때에는 권위의 도구였으나 죽은 후에도 피장자의 권위와 신분을 영생하도록 기원하는 의미에서 고인돌 덮개돌에 암각화로 새긴 것이다. 이러한 석검·석촉 문양이 조상의 신상으로 제작되면서 석검·석촉 기하문양으로 조각된 것으로 보인다. 조상신과 농경의 풍요신을 동일시한 것으로 보인다. 이와같은 석검·석촉계 암각화와 검파형 암각화는 고인돌사회에서 내세의식과 영혼불멸사상과 조상숭배의 관념이 싹터 있었음을 말해주는 것이다.

고인돌 집단은 피장자의 무덤을 고인돌로 축조하면서 동시에 풍요와 다산을 기원하는 계세의식을 수반하는 장송의례를 거행한 것으로 보인다. 이러한 繼世意識이 신상암각화를 조형하는 계기를 가져온 것으로 보인다. 그 과정에서 고인돌 집단은 북방계의 암각문화를 수용하여 새로운 신상암각화로 제작하게 되었던 것이다. 동해안의 해류를 통해 북방계 암각화 제작집단과의 교류가 빈번하게 이뤄졌음을 보여주는 암각화가 영일·경주지역에서 발견되고 있다. 사선문이 장식된 석촉문양과 검파형 암각화는 시베리아 아무르강 유역의 사카치아리안 암각화를 수용하여 독자적인 고인돌 암각화를 태동시킨 것으로 보인다. 이 지역의 고인돌 암각화는 청동기시대 토착주민들의 신관념과 의례행위를 이해하는데 중요한 단서를 제공하고 있다.

고인돌 암각화는 대체로 선각의 골이 넓고 깊어 반복적으로 갈아파기 수법으로 만들어진 암각화라 할 수있다. 처음에는 밑그림을 쪼아파기로 조각한 후에 반복적인 갈아파기로 조각하였다. 암각화를 갈아파는 주체는 벼농사의 주체인 남성집단이었으며 농경의 풍요와 다산을 기원하는 주술적인 농경의례를 연중행사로 거행하면서 갈아파기 한 흔적이 선각의 골이 깊은 암각화를 만들어 낸 것이다. 고인돌사회는 인구의 기하급수적인 증가에 비례하여 곡물생산은 요구되고 남성의 사회적 지위와 노동력 동원이 중시되는 사회였다. 이러한 사회상을 고인돌과 덮개돌에 새겨진 암각화를 통해서 이해할 수 있다. 남성의 권위를 상징하는 석검·석촉문양과 남성신상을 상징하는 석검·석촉기하문 암각화와 풍요다산을 상징하는 여성생식기 암각화와 여성신상을 상징하는 검파형 암각화가 대표적인 고인돌 암각화이다. 이러한 사실로 미루어 고인돌사회에서 부계 계승의 혈연공동체가 유지되고 농경의 풍요와 생산을 최고의 가치로 두었던 것이라 할 수 있다.

결과적으로 고인돌 암각화는 환태평양의 암각문화권에 속하면서 한반도 남부에서 생성된 독자적인 한국식 암각화라 할 수 있다.

〈白山學報 第59號, 2001.6.30. pp.53~87〉

그림 1. 여수 오림동 일단병식 석검문양

그림 2. 영일 인비리 이단병식 석검문양

(인비리) (칠포리) (금장대)

그림 3. 이등변삼각형 석촉문양

그림 4. 경주 금장대 석촉기하문

그림 5. 경주 금장대 석촉기하문

그림 6. 이단병식 석검문양 변천 양식

그림 7. 영일 칠포리 남녀생식기결합 문양

그림 8. 석촉기하문 변천 양식

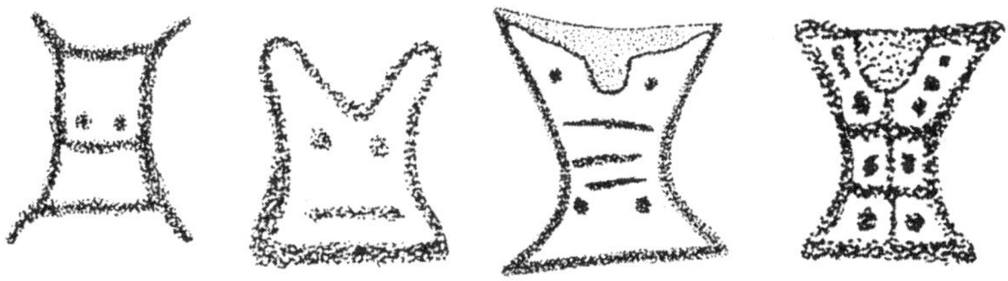

(금장대) Ⅰ식 (칠포리) Ⅱ식 (칠포리) Ⅲ식 (칠포리) Ⅳ식

그림 9. 검파형 문양 상단 변천 양식

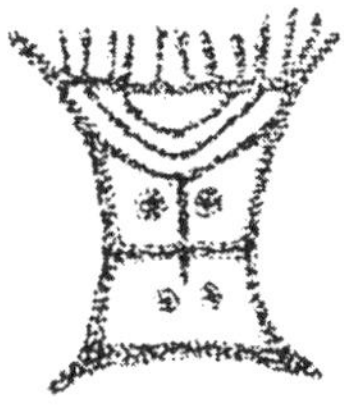

그림 10. 영천 봉수리 상단 삼중역삼각형 검파형문양

경기지역 고인돌 문화의 특징
- 남한강 유역의 고인돌을 중심으로 -

우 장 문*

〈目 次〉

Ⅰ. 머리말

세계문화유산으로 지정된 우리나라의 고인돌(支石墓)은 일찍부터 연구가 시작된 분야 중의 하나이다. 그 이유는 우선 외형적으로 규모가 커서 잘 보이고, 알 수 없는 시기부터 큰 바위나 나무 등을 숭배하는 사상이 있었기 때문이다. 특히 고인돌은 모양이 일반 바위와는 달리 다듬은 흔적이 있고, 돌을 괸 모습도 신비감을 주기 때문에 숭배의 대상이 되기에 충분했다.

일제시대부터 시작된 고인돌에 대한 연구는 국립박물관, 대학박물관 및 각종 연구소 등을 중심으로 행해져 왔으며, 크고 작은 규모로 계속 조사·발굴되었다. 이러한 결과를 바탕으로 당시의 집단 규모, 고인돌을 만든 사람들의 신앙, 고인돌을 만드는데 동원된 사람이나 운반 경로 등을

* 경기대 강사

통하여 당시의 사회를 복원하려는 노력도 꾸준히 진행되고 있다.

시기의 구분에 있어서 고인돌은 거대한 규모를 근거로 보아 지배자의 무덤일 것이라는 전제 하에 계급사회가 시작된 청동기 시대의 무덤이라는 견해가 일반적이었다. 그러나 신석기 시대부터 이미 만들어진 것이라는 견해도 강하게 제기되고 있다.[1)]

또한 고인돌의 기능을 무덤의 성격만으로 규정하는 것이 보편적이었으나 위치, 유물, 형태 등을 토대로 제단의 기능을 한 고인돌도 있다는 주장이 제기되고 있다.[2)]

고인돌은 계속된 연구에도 불구하고 아직도 여러 면에서 견해차가 있다. 앞에서 언급한 축조 연대, 기능은 물론이고, 고인돌의 기원,[3)] 형식 분

---

1) 韓興洙, 1935, 「朝鮮의 巨石文化 硏究」『震檀學報』3 : 孫晉泰, 1948, 「조선 돌멘에 관한 조사연구」『조선민족문화연구』 : 이융조, 1975, 「양평 앙덕리 고인돌 발굴」『韓國史硏究』11 : 임세권, 1976, 「한반도 고인돌의 종합적 고찰」『白山學報』28 : 박희현, 1983, 「한국의 고인돌 문화에 대한 한 고찰 - 그 상한 년대를 중심으로」『한국사연구』46 : 이형구, 1987, 「渤海沿岸地區 遼東半島의 고인돌 무덤 硏究」『정신문화연구』 32, : 하문식, 1988, 「금강과 남한강유역의 고인돌문화 비교연구」『손보기박사정년기념 고고인류학논총』.

2) 이융조・하문식, 1989, 「한국 고인돌의 다른 유형에 관한 연구 - '제단고인돌' 형식을 중심으로 - 」『東方學志』第六十三輯, pp.29~66 : 李榮文, 1993, 『全南地方 支石墓 社會의 硏究』, 韓國敎員大學校 博士學位論文 : 河文植, 1999, 『古朝鮮 地域의 고인돌 硏究』, 백산자료원.

3) 고인돌의 起源에 관하여는 東南亞傳播說을 주장한 도유호, 1959, 「조선거석문화연구」『문화유산』59-2 : 김병모, 1981, 「한국 거석문화 원류에 관한 연구(1)」『한국고고학보』10・11合輯 : 自生說을 주장한 황기덕, 1965, 「무덤을 통하여 본 우리나라 청동기 시대의 사회관계」『고고민속』4 : 甲元眞之, 1973, 「朝鮮支石墓の編年」『朝鮮學報』66 : 임세권, 1976, 「한반도 고인돌의 종합적 검토」『白山學報』28등이 있다. 이 외에 돌널무덤에서 파생했다는 주장을 한 석광준, 1979, 「우리나라 서북지방 고인돌에 관한 연구」『고고민속론문집』7 등이 있으며, 김원룡, 전영래, 하문식, 이영문 등도 여러 가지 근거를 바탕으로 고인돌의 기원에 관한 주장을 하고 있다(하문식, 1985, 『우리나라 고인돌 문화의 연구』 延世大學校 碩士學位 論文 : 김원룡, 1986, 『韓國考古學概說』 : 이영문, 1993, 『全南地方 支石墓 社會의 硏究』, 韓國敎員大學校 博士學位 論文).

류,[4] 선후 관계 등은 고인돌 연구에서 가장 기본적인 것임에도 연구자 간의 차이가 커서 계속적인 연구 및 토론이 필요하다.

고인돌은 크기나 숫자에 비하여 껴묻거리가 적어서 당시의 생활상 복원과 시대를 추정하는데 어려움이 따르고 있으나, 선사시대를 연구하는데 가장 중요한 유적 중의 하나로 꼽히고 있다.

여기에서는 경기도 지역에 분포하고 있는 고인돌 중 남한강 유역의 양평군, 광주시, 이천시, 여주시에 위치한 것에 한하여 살펴보겠다.〈그림 1〉

남한강 유역은 일찍이 팔당댐의 건설 과정에서 양평 앙덕리, 상자포리 고인돌 등 비교적 많은 고인돌의 발굴이 진행되었으나,[5] 발굴된 이후 종합적인 성격을 파악하는 연구가 거의 진행되지 않았다. 그리고 지금까지의 연구는 강변에 있는 고인돌만을 중심으로 연구되었는데, 남한강변과 그 지천에 산재하고 있는 고인돌에 나타나는 차이점을 비교·분석한 것이 없었다. 따라서 이 글에서는 남한강변과 그 지천에 위치한 고인돌의 형식, 용도, 크기, 매장방법 등의 차이점을 비교해서 그 특징을 도출해 보고자 하였다. 그리고 이 지역의 고인돌 덮개돌에 있는 구멍(性穴)이 만들어진 이유를 나름대로 생각해 보았고, 고인돌이 축조된 시기에 대해서도 간단히 살펴보았다.

경기도 지역의 남한강 유역에 산재한 고인돌을 우선 살펴봄으로써 남한강 상류에 접한 충청북도 지역의 고인돌과[6] 비교할 수 있는 계기가 되고,

---

4) 형식 분류는 1934년 손진태가 「朝鮮 Dolmen考」『개벽』에서 고인돌, 巨石蓋墳墓로 구분한 이후 2003년 兪泰勇이 『韓國 支石墓 硏究』에서 卓子式·碁盤式·蓋石式·圍石式 支石墓로 나누기에 이르기까지 수많은 시도를 하고 있으나, 여기에서는 형태상으로 가장 이해하기 쉬운 탁자식(北方式), 바둑판식(碁盤式, 南方式), 개석식(無支石式, 南方式, 변형고인돌)로 사용하고자 한다.

5) 문화공보부·문화재관리국, 1974, 『팔당·소양댐 수몰지구 유적발굴종합조사보고』.

6) 남한강과 접하고 있는 충청북도 지역의 고인돌에 관한 연구는 우종윤, 1983, 『남한강 유역의 선사문화 연구-제원 황석리 고인돌 유적을 중심으로-』, 충북대학교 석사학위논문 : 이융조, 1987, 「충주댐수몰지구 문화유적조사와 그 전개」『최영희선생화

나아가서는 북한강의 고인돌을 비교해 볼 수 있을 것이며,[7] 기타 지역의 강변에 위치한 많은 고인돌과의 성격도 비교 연구 될 것이라고 생각한다.

이 글에서는 이곳에 산재하는 고인돌 중 파괴되어 통계를 잡기 어려운 곳을 제외하고[8] 양평군의 7곳 35기,[9] 광주시의 4곳 6기, 이천시의 9곳 29기, 여주시의 1곳에 1기 등 보두 71기를 중심으로 살펴보도록 하겠다. 이 지역 지표조사 등을 통하여 기존에 알려진 것 보다 많은 고인돌이 있을 수 있으나, 여기에서는 어느 정도 고인돌로 확신 할 수 있는 것만을 대상으로 하겠다.[10] 〈표 1〉

갑기념 한국사학논총』, 789~824 : 하문식, 1988,「금강과 남한강유역의 고인돌문화 비교연구」『손보기박사정년기념고고인류학논총』: 서울대학교박물관, 1997,『남한강유역의 선사문화』, pp.24~25 등이 있으나 제한적인 범위만 다루고 있다.

7) 북한강 주변의 고인돌에 대한 연구는 조동걸, 1970,「북한강유역의 고인돌-무괴석 고인돌에 대하여」『논문집』8-2, 춘천교대 : 최복규, 1996,「북한강 상류유역의 청동기시대」『향토서울』제56호 : 최몽룡·신숙정, 1998,『북한강유역의 선사문화』, 서울대학교박물관 지표조사보고서 : 최복규, 2000,「북한강유역의 선사문화」『한강유역사』, 한국향토사연구전국협의회 : 김규호, 2001,『북한강 유역의 고인돌 연구』, 강원대학교 석사학위논문 : 정연우, 2001,「북한강유역 지석묘 연구」『사학지』제34집, 단국대사학회 등이 있는데 이들은 강원도 지역에 한정되어 연구된 경우가 대다수이다.

8) 이천시 현방리고인돌 중 백사초등학교에 공사로 인하여 옮겨진 덮개돌은 12기 이상 있으나 매몰되거나 무질서하게 놓여있어서 통계로 잡기가 어렵고, 양평군 앙덕리의 마을회관 앞 8기도 확실한 위치를 알 수 없음은 물론이고 덮개돌만 무질서하게 방치된 상태여서 제외시켰다. 실질적으로 이 네 곳의 시·군에는 위에서 다루기로 한 66기 보다 훨씬 많은 100여기 이상은 있었을 것으로 추정된다.

9) 양평군의 고인돌 중 북한강과 접해있는 서종면 문호리고인돌, 서종면 수릉리고인돌은 보고되어 있으나 남한강을 중심으로 성격을 파악하기 때문에 여기에서는 제외시켰다.

10) 광주시의 삼성리고인돌(광주군의 역사와 문화유적, 2000, 기전문화재연구원)은 치석한 흔적은 있으나 밑 부분이 깊숙이 땅속에 박혀 있어서 고인돌이 아닐 가능성이 많다고 보았다. 덮개돌로 추정되는 것에 구멍(性穴)이 있으나 이것이 고인돌에만 있는 것은 아니다. 그리고 양평군 회현리고인돌도 덮개돌의 형태가 무덤의 덮개돌로 쓰기에는 부적합해 보이고, 일반 바위로 생각되어 여기에서 제외시켰다.

〈표 1〉 남한강 유역의 고인돌(경기도)

지역	고인돌 유적	호수	덮개돌(㎝)	굄돌(㎝) 및 무덤방	위 치	유 물	형식	구멍	기 타
이천시	수하리		416×334×95	160×105×35~45 250×130×45	평지		탁자식		교란
	소정리		180×115×65		야산 정상		개석식	4	
	남정리	1	280×210×100		평지		개석식		
		2	160×100×40		평지		개석식		
		3	140×110×50		평지		개석식		
		4	190×150×110		평지		개석식		
		5	300×225×80		구릉		개석식	135	떨어져있음
	도암1리	1	300×220×105	90×40(?)	언덕		개석식		
		2	290×160×40		언덕		개석식		
		3	350×220×95	110~70	언덕		개석식		
		4	225×200×80		언덕		개석식		
	도암2리	1	230×150×	65×30(?)	언덕		개석식		
		2	335×240×95		언덕		개석식		
	현방1리	1	320×115×160		평지		개석식	3	거북모양
		2	420×300×70		평지		개석식	86	민가
		3	220×145×30		평지		개석식		민가
		4	200×160×65		평지		개석식		민가
		5	340×195×60		평지		개석식		민가
		6	220×180×35		평지		개석식		교회 앞
	현방리 선린회공원 (발굴)	1	330×210×90	165×160 165×40, 145×55 180×140(무덤방)	언덕		개석식		
		2	190×130×90		언덕		개석식	6	
		3	250×240×150	150×160 170×120(무덤방)	언덕	민무늬토기 돌도끼	개석식		
		4	220×180×75	110×70 210×150(무덤방)	언덕	괭이1점 원형석기1점	개석식		
		5	240×180×70		언덕	발화석?	개석식		파괴
		6	215×160×35		언덕		개석식		파괴
		7	270×270×40	200×180(무덤방)	언덕	갈판,갈돌	개석식		작은돌 흩어짐
		8	260×170×75	210×150(무덤방)	언덕		개석식		작은돌 흩어짐

지역	고인돌 유적	호수	덮개돌(㎝)	굄돌(㎝) 및 무덤방	위 치	유 물	형식	구멍	기 타
이천시	신원리		145×100×45		언덕		개석식	7	
	해월리		430×320×55	250×155,100×55	언덕		탁자식		
여주	신접리		200×189×35	200×80×30~47 195×77×25~44	언덕		탁자식		물과나란
광주시	장지리		176×127×20	22×15	산 정상부		개석식	1	
	궁평리(발굴)	1	460×350×35		평지		탁자식		
		2	파괴		평지		?		
		3	파괴		평지		?		
	산이리		620×390×70		평지		개석식	5	
	쌍동리		560×470×110		평지		개석식		
양평군	양수리(발굴)	1	350×210× 30~50	185×120×15 170×125×18	평지	민토기조각 회색경질토기	탁자식	7	주변강돌
		2	200×200×110	140×110×20 115×50×27 110×65×25	평지	붉은간토기 평저무문토기	탁자식		주변강돌
		3	130×130×60	164×31×45 90×66×9	평지	반달돌칼	탁자식		주변강돌
		4	없어짐	120×100×20 140×80×20	평지	토기조각	탁자식		주변강돌
		5	123×87×20		평지		?		
	상자포리(국박 발굴 1지구)	1	72×67×23		평지		개석식		석관묘와 함께 나옴
		2	100×70×30	20~30	평지		개석식		
	상자포리(국박 발굴 3지구)	1	내용 없음	120×50×30 (무덤방)바닥에 판돌	평지	무문토기,타 제석부,사람 뼈조각	개석식		판석으로 무덤방(석관 묘도 있음)
		2	200×150×? (그림으로 추정)	160×50×45(무 덤방)바닥 맨흙	평지	토기조각	개석식		강돌 많음
		3	200×?×35		평지		?		교란
	상자포리(이화여대 발굴)	1	깨진 3개의 암석	200(길이)× 40~50(폭) (무덤방)	평지	세형동검 식옥 가락바퀴	개석식		개석식 위 에 적석, 강돌
		2	170×140×30		평지		?		이동,파괴

지역	고인돌 유적	호수	덮개돌(㎝)	굄돌(㎝) 및 무덤방	위 치	유 물	형식	구멍	기 타
양평군	상자포리 (이화여대 발굴)	3	110×70×20 80×60×30	80×50(남아있는 무덤방)	평지	화살촉, 철조각, 토기조각	개석식		개석식 위에 적석, 강돌
		4	90(길이)×40 (두께)		평지	석검, 목탄 사람뼈 (2,179±60B.P.)	개석식		개석식 위에 적석, 강돌
		5	확실치 않음		평지		?		
	상자포리 (단국대박물관발굴)	6기	모두 파괴됨		평지	간돌검, 석촉,석부, 반달돌칼, 가락바퀴, 홍도,무문토기	탁자식 1 개석식 5		냇돌, 자갈돌, 천전리 비교 물과 나란한 방향
	앙덕리 (연세대 발굴)		220×170×30~50		평지	뗀석기,돌칼, 붉은간토기, 숫돌,백제토기,지킴돌,사람뼈조각	개석식	67개 이상	붉은흙 1㎞ 범위내에 10여기 분포
	병산리	1	230×160×55		평지		개석식	1	
		2	160×130×25		평지		개석식		
		3	175×160×25		평지		개석식	1	
		4	187×145×25		평지		개석식		
	대심리	1	275×186×?		평지		개석식		
		2	190×170×?		평지		개석식		
	대석리	1	360×220×56		평지		개석식		강돌
		2	286×200×54		평지		개석식		강돌
		3	235×214×54		평지		개석식		
		4	132×27×?		평지		개석식		
		5	236×160×48		평지		개석식		
		6	342×172×60		평지		개석식		강돌
	전수리		350×195×160		언덕		개석식		

Ⅱ. 고인돌의 분포

경기도 지역 남한강변의 고인돌은 이천, 여주, 광주, 양평 지역 21곳에 71기가 위치하고 있다. 이를 시군별로 나누어 보면 이천시 9곳의 29기, 여주시 1곳의 1기, 광주시 4곳의 6기, 양평군 7곳의 35기이다.[11] 고인돌의 특징을 시·군별로 살펴보면 다음과 같다.[12]

1. 양평군

양평군 지역은 1972년에 발굴된 유적인 상자포리·앙덕리·양수리고인돌 22기와 발굴 되지 않은 병산리·대심리·대석리·전수리고인돌 13기 등 35기가 있다. 이 지역 고인돌은 남한강변에 접해있거나 아니면 가까운 거리에 대부분 위치하고 있다.

1) 양수리고인돌[13]

강변에 위치한 이곳 고인돌의 특징은 구멍이 있는 1호 고인돌의 규모가 다른 고인돌에 비하여 크고, 모두 탁자식을 하고 있으며, 1·2·3호 주변에는 돌이 깔려있다. 그리고 1·3호 고인돌의 무덤방은 바로펴묻기가 가능한 크기이다. 출토 유물들은 완전한 것이 없고, 모두 조각인 것으로 보아서 껴묻거리용 보다는 의식용 이었던 것으로 보인다.

---

11) 발굴이 된 것 이외에 불명확하거나 옮겨져서 없어진 것은 통계에서 제외시켰다.

12) 덮개돌, 굄돌, 무덤방의 크기와 고인돌의 위치, 유물 등은 〈표 1〉에 있으므로 여기에서는 고인돌의 특징에 관해서만 간단하게 언급하겠다.

13) 李浩官·趙由典, 1974, 「楊平郡 楊西面 兩水里遺蹟」『八堂·昭陽댐水沒地區遺蹟發掘綜合調査報告』, 文化公報部·文化財管理局, 283~325 : 국립문화재연구소, 2001, 『韓國考古學事典』, pp.831~832.

2) 상자포리고인돌[14)]

네 구역으로 나누어 발굴된 이 곳은 모두 강변의 평지에 위치한다. 덮개돌은 일반적으로 작고 거의 모든 고인돌이 파괴 교란되어 그 형태 및 성격을 파악하기가 어렵다. 출토된 유물도 사람 뼈에서 철 조각까지 다양하며, 후대의 백제토기조각까지 나오는 등 후대에 심하게 훼손된 흔적이 보여 유적의 성격을 파악하는 데는 한계가 있다. 다만 이화여대에서 발굴된 목탄을 통하여 연대측정의 결과를 얻은 것이 성과라고 할 수 있다. 또 석관묘가 함께 발견되기도 했는데 교란된 곳에서 나온 것이기에 덮개돌의 이동이 의심되기도 한다.

3) 앙덕리고인돌[15)] 〈그림 2〉

덮개돌과 지하구조는 둘레를 자갈로 쌓았고, 바닥에는 돌을 깔지 않았으며, 형태는 일반적으로 개석식이라고 불리는 것이다. 매장주체부에서는 뼈조각이 출토되었고, 고인돌과 물과의 깊은 연관성이 있는 것으로 보였으며. 붉은 흙을 처음으로 의식과 연결시키기도 했다. 이 고인돌은 발굴보고서 이후에도 고인돌에 새겨진 구멍을 통하여 당시의 친족 집단을 계산한 것은 많은 시사점을 제기하였고, 축조 연대도 늦은 신석기시대로 주장하였다.[16)]

---

14) 韓炳三 · 金鍾徹, 1974, 「楊平郡 介軍面 上紫浦里遺蹟發掘報告」『八堂 · 昭陽댐水沒地區遺蹟發掘綜合調査報告』, 文化公報部 · 文化財管理局, pp.7~30.

15) 손보기 · 이융조, 1974, 「양평군 양근리지역 · 앙덕리지역 유적발굴보고」『八堂 · 昭陽댐水沒地區遺蹟發掘綜合調査報告』, 文化公報部 · 文化財管理局, pp.115~169 : 이융조, 1980 「팔당댐 수물지역의 선사유물-특히 타제석기와 형체품을 중심으로-」『동방학지』23 · 24, 연세대학교 : 국립문화재연구소, 2001, 『韓國考古學事典』, pp.820~821 : 경기도박물관, 2002, 『경기도3대하천유역 종합학술조사II 한강』, pp.153~154.

16) 이융조, 1981, 「양평 앙덕리 고인돌문화」『한국의 선사문화 - 그 분석연구』, 탐구당, pp.213~261.

4) 병산리고인돌[17] 〈사진 1〉

백병봉(해발423.5m)에서 남한강쪽으로 길게 뻗어 나온 동사면의 말단부에 위치한다. 병산리 고인돌에 대하여는 그간 여러 기관에서 조사를 한 바 있었다.[18] 1978년 국립중앙박물관에서 실시한 지표조사에서는 개석식으로 추정되는 고인돌 7기 가량이 확인되었다고 하나 현재에는 4기만 확인되고 있다.

4) 대심리고인돌[19] 〈사진 2〉

양평군 양서면 대심리 263-1에 위치한 이 고인돌 주변은 강과 접한 얕은 충적대지로 서쪽에는 남한강으로 합수되는 지류가 흐르고 있다.

고인돌은 화강암질로 만들어졌으며, 장축방향은 북동-남서향이다. 현재는 덮개돌만 남아있을 뿐 하부구조는 관찰되지 않으며, 덮개돌의 평면형은 장타원형으로 30㎝ 가량의 거리를 두고 2기가 있다.

5) 대석리고인돌[20]

강상면 대석리 137에 위치하는데(향토유적 제 32호) 이곳은 남한강으로 흘러드는 월계천이 완만하게 곡류하는 부분의 강변 퇴적지이다. 고인돌들

---

17) 경기도박물관, 2002,『경기도3대하천유역 종합학술조사Ⅱ 한강』, pp.173~175.

18) 이건무외, 1980,「한강유역지표조사보고」『중도』Ⅰ, 국립중앙박물관, : 서울대학교박물관, 1997,『남한강유역의 선사문화』, pp.24~25 : 한국토지공사토지박물관 · 양평군, 1999,『양평군의 역사와 문화유적』, 토지박물관 학술조사총서 제4집, pp.92~93.

19) 한국토지공사토지박물관 · 양평군, 1999,『양평군의 역사와 문화유적』, 토지박물관 학술조사총서 제4집, 180 : 경기도박물관,『경기도3대하천유역 종합학술조사Ⅱ 한강』, 2002, pp.184~185.

20) 한국토지공사토지박물관 · 양평군, 1999,『양평군의 역사와 문화유적』, 토지박물관 학술조사총서 제4집, pp.111~113.

은 대개 5~6m 간격을 두고 거의 일렬에 가까운 형태로 늘어서 있으며, 이들 고인돌의 덮개돌 방향은 대부분 인근의 월계천 흐름과 일치한다.

강변에서 조사된 고인돌들이 대부분 지상에 덮개돌이 있고 하부에 판석 혹은 강돌로 만든 구조물을 갖춘 특징을 보이는데, 이곳 대석리의 고인돌도 그런 종류의 하나로 보인다. 일부 고인돌에서는 하부구조로 추정되는 받침돌이 노출되어 있기도 하다.

6) 전수리고인돌[21]

강하면 전수리 전1118로 왕창리와 전수리 사이의 건너편 골짜기 남쪽의 계단식 경작지의 밭둑에 걸쳐 있다. 북쪽으로는 마명산과 수틀메기산 사이로 넓은 골짜기가 형성되어 있다.

2. 광주시

광주 지역에는 6기가 있는데 이미 발굴된 궁평리의 고인돌 3기가 있었으며, 장지리,[22] 쌍동리, 산이리에도 각각 1기씩 위치하고 있다.

1) 궁평리고인돌[23]

광주시 도척면 궁평리에 위치한 것으로 이곳에는 탁자식 고인돌 3기가

---

21) 한국토지공사토지박물관 · 양평군, 1999, 『양평군의 역사와 문화유적』, 토지박물관 학술조사총서 제4집, pp.138~139.

22) 장지리의 상류 경안천 유역에는 용인시 왕산리고인돌과 유운리고인돌이 있으나 행정구역이 달라서 이 글에서는 제외시켰다.

23) 손보기 · 장호수 · 최삼룡, 1986, 「광주 궁평리유적 발굴조사 보고」『중부고속도로 문화유적발굴조사보고서』, 충북대학교박물관 한국도로공사, pp.19~83 : 현재 1호 고인돌은 중부고속도로 하행 음성휴게소의 잔디밭에 복원되어 있다.

있었던 것으로 보이나 확실하지는 않다. 고인돌은 노곡강 가까이 옛 물길 위에 강물의 흐름에 따라 3기가 나란히 위치하고 있었다.

2) 장지리고인돌[24]

광주읍 장지리 산 64-1임 일대에 있는데, 경안천 쪽에 발달한 산구릉으로 유물산포지와 같은 능선에 위치한다. 덮개돌 밑으로는 22×15㎝ 가량의 받침돌 등 몇 개가 보이지만 원래는 개석식이었던 것으로 생각된다.

3) 쌍동리고인돌[25]

초월면 쌍동리 15번지에 위치하는데, 북쪽으로는 곤지암천이 서에서 동으로 흐르고 있고, 천 주변으로 논과 밭이 조성되어 있다. 덮개돌의 평면 형태는 부정형이며, 긴축 방향은 남북방향인 개석식 고인돌이다. 덮개돌 밑의 하부구조는 뚜렷하게 확인할 수 없으며, 주변에서 민무늬토기 밑부분 1점을 수습하였다.

4) 산이리고인돌[26]

초월면 산이리 1번지에 있는데, 쌍동리고인돌에서 남동쪽으로 75m의 거리에 있으며 3번 국도 바로 옆에 위치하고 있다. 북쪽으로 곤지암천이 흐르고 주위도 역시 평지인 논과 밭이 있다. 덮개돌은 도로에서 약 5~6m 떨어져 있으며 농장 안에 위치한다. 고인돌은 탁자식이며 평면 형태는 부

---

24) 광주군·기전문화재연구원, 2000, 『광주군의 역사와 문화유적』, p.169.

25) 김원용, 1965, 『韓國史前遺蹟·遺物地名表』 : 광주군·기전문화재연구원, 2000, 『광주군의 역사와 문화유적』, p.364.

26) 김원용, 1965, 『韓國史前遺蹟·遺物地名表』 : 광주군·기전문화재연구원, 2000, 『광주군의 역사와 문화유적』, p.352.

정형이다. 긴축 방향은 동서방향이고 덮개돌에는 3~8㎝ 정도의 구멍 5개가 확인되었다.

3. 이천시

이천 지방의 고인돌은 세종대학교 박물관에서 조사·발굴하였다. 이 지역에는 많은 고인돌이 위치하는데 수기리 탁자식 고인돌을 제외하고는 거의 개석식이다. 특히 현방리 일대에는 30여기 이상의 고인돌이 밀집되어 있어 주목되고 있다.

1) **수하리고인돌**[27] 〈사진 3〉

신둔면 수하리 350-9(향토유적 제4호)에 위치하고 있으며, 덮개돌의 평면 형태는 방형에 가깝다.

껴묻거리로는 이 고인돌이 파괴되기 전에 마을 사람들이 돌검과 화살촉을 수습하였다고 전해지며, 발굴 조사 때에 백자조각이 발견되기도 했는데, 이는 후대의 거석숭배와 관련이 있던 것으로 보인다.

2) **소정리고인돌**[28] 〈사진 4〉

신둔면 소정리 산 18-1에 위치한다. 유적 부근의 지세를 보면, 앞쪽으로는 복하천의 큰 샛강인 신둔천이 흘러가고, 구릉 너머로는 수광천이 흐른다. 유적이 위치한 곳은 해발 80~90m 사이의 야트막한 구릉지대이며,

---

27) 최정필·하문식·황보경·이경준·최정민, 2000, 『이천지역 고인돌 연구』, 세종대학교박물관, pp.30~33.
28) 최정필·하문식·황보경·이경준·최정민, 2000, 『이천지역 고인돌 연구』, 세종대학교박물관, p.71.

주변이 한 눈에 바라보이는 조망이 아주 좋은 곳이다.

덮개돌 위에는 지름 5~7㎝ 크기의 구멍이 4개 있으며, 놓인 긴 방향은 북서 45°이다.

3) 남정리고인돌[29] 〈사진 5〉

신둔면 남정2리 산13-19에 고인돌의 덮개돌로 보이는 화강암질 편마암 4기가 있다. 여기에서 남동쪽으로 130m의 거리에는 5호 고인돌이 있는데, 이 고인돌은 이곳에서 가장 규모가 크고, 놓여진 긴 방향은 남북쪽이지만, 주변의 정황과 주민의 의견을 토대로 보면 원 위치에서 움직인 것으로 판단된다. 이 덮개돌 위에는 지름 3~6㎝ 크기의 구멍이 135개 파여 있다.

4) 도암1리 고인돌[30]

도암초등학교와 그 바로 옆의 마을 창고 사이로 난 작은 길을 따라 200m 쯤 가면 소나무 숲이 나오는데, 그 입구에 고인돌 4기가 능선을 따라 분포하고 있다. 분포한 모습을 보면 1~3호는 남북방향이고, 4호는 바로 작은 길 건너편에 있다.

5) 도암2리 고인돌[31]

신둔면 도암2리 산12번지에 2기의 고인돌이 있다. 1호 고인돌은 유적의

---

29) 최정필 · 하문식 · 황보경 · 이경준 · 최정민, 2000, 『이천지역 고인돌 연구』, 세종대학교박물관, pp.71~79.

30) 최정필 · 하문식 · 황보경 · 이경준 · 최정민, 2000, 『이천지역 고인돌 연구』, 세종대학교박물관, pp.79~86.

31) 최정필 · 하문식 · 황보경 · 이경준 · 최정민, 2000, 『이천지역 고인돌 연구』, 세종대학교박물관, p.86.

남쪽에 위치한 고인돌이며, 2호와는 10m 쯤 떨어져 있다. 덮개돌의 상당 부분이 땅속에 묻혀 있으며, 동북쪽의 모서리에 65×30㎝ 크기의 돌이 1개 있다. 놓여진 긴 방향은 남북이며, 재질은 흑운모 화강암질 편마암이다. 2호 고인돌은 덮개돌의 평면형태는 긴 네모꼴이다.

6) 현방리고인돌[32]

백사면 현방리 고인돌 유적은 백사면사무소 앞의 선린회공원에 있는 고인돌 8기를 비롯하여 현방1리의 민가, 백사초등학교[33] 등에 30여기의 고인돌이 있었다. 이곳의 지세는 해발 166,5m인 오산 자락의 낮은 구릉지대이며, 바로 옆에는 송말천이 흐르고 있다.

(1) 선린회공원 고인돌

모두 개석식인 8기의 고인돌을 세종대에서 발굴하였는데, 이중 2기는 이미 무덤방이 파괴된 상태였고, 6기에서 무덤방의 윤곽을 찾았다. 고인돌의 위치는 주변보다 약간 높은 위치에 해당되며, 덮개돌의 방향은 450m 떨어진 송말천의 물 흐름과 일치한다. 덮개돌의 암질은 모두 화강암질 편마암이며, 다른 한강 주변의 고인돌 덮개돌에 비하여 큰 편이다.

1·3·4호 무덤방에서는 덮개돌 밑에 굄돌로 보이는 비교적 큰 돌이 있었는데, 이것은 무덤방의 벽을 이룬 것이며 굄돌과 무덤방의 기능을 함께 가지고 있었던 것으로 보인다. 나머지는 돌덧널(石槨) 무덤으로 해석된다. 바닥은 판자돌, 막돌, 맨바닥 등으로 나누어진다. 8기 가운데 무덤방의 추정 크기를 알 수 있는 것은 4기이며, 그 크기는 모두 170㎝가 넘어 바로펴묻기를 하였을 가능성이 높은 것으로 여겨진다.

---

32) 최정필·하문식·황보경·이경준·최정민, 2000, 『이천지역 고인돌 연구』, 세종대학교박물관, pp.86~99.

33) 이곳에는 고인돌 덮개돌로 보이는 것들이 여러 기 있었으나 제외하였다.

(2) 현방1리 민가 고인돌

현방1리 민가에 있는 고인돌은 선린회공원의 고인돌유적에서 북서쪽으로 300m 쯤 떨어진 곳에 화강암질 편마암의 고인돌 6기가 있다.

고인돌은 규모가 큰 편에 속하며 규모가 가장 큰 2호에 구멍이 많다는 것에 유의할 필요가 있다.

7) 신원리고인돌[34)]

부발읍 신원리 산38의 얕은 야산이 길게 위치하고 있으며, 놓여진 긴 방향은 북동 15°이다. 덮개돌의 위쪽에는 지름 65㎝되는 원이 새겨져 있고 그 가운데에 지름 12㎝ 되는 구멍이 파여 있다. 그리고 이 구멍을 중심으로 지름 5~8㎝되는 작은 구멍이 또 6개 있어 모두 7개의 구멍이 있다. 원을 새긴 방법은 쪼아서 만들었고, 구멍은 갈아서 만든 것으로 보인다.

8) 해월리고인돌[35)]

마장면 해월2리 284-1의 해월2리의 이도희씨 집 앞 마당에 위치한다.

이 고인돌은 탁자식이 쓰러진 것으로 여겨지며 현재 덮개돌과 굄돌 일부가 남아 있다. 덮개돌의 재질은 화강암질 편마암이고 놓인 긴 방향은 북서 35°이다. 굄돌로 추정되는 돌은 현재 덮개돌의 서쪽에 1개, 덮개돌 남쪽 밑에 1개가 묻힌 상태이다.

---

34) 최정필 · 하문식 · 황보경 · 이경준 · 최정민, 2000, 『이천지역 고인돌 연구』, 세종대학교박물관, p.99.

35) 최정필 · 하문식 · 황보경 · 이경준 · 최정민, 2000, 『이천지역 고인돌 연구』, 세종대학교박물관, pp.99~103.

4. 여주시

여주시에는 신접리에 탁자식 고인돌 1기만이 위치하고 있다.

1) 신접리고인돌 〈사진 6〉

북내면 신접리 56(향토유적 제14호)에 위치한 이 고인돌은 탁자식으로 굄돌이 2매가 남아있는데 한쪽 면으로 기울어져 있었으며, 오른쪽의 굄돌은 안쪽으로 쓰러져 있는 상태로 민가의 담장 안에 들어가 있었다.[36)]

무덤방의 방향은 금당천에 흘러드는 마을 앞의 지천인 완당천과 일치하였다.

Ⅲ. 남한강변과 그 지천의 고인돌 비교

경기도 지역의 남한강 유역의 고인돌 형식은 탁자식과 개석식으로 크게 구별된다. 각 시군별로 고인돌의 형식을 나누는 것은 별 의의가 없는 것으로 생각되어 남한강변에 인접한 고인돌과 남한강으로 흘러들어가는 지천(支川)의 주변에 있는 고인돌은 어떠한 차이점이 있는지를 살펴보고자 한다.

1. 고인돌 형식 및 용도

이 지역에 분포한 고인돌 중 형식을 파악할 수 있는 것은 65기인데 이 중 탁자식은 13.9%(9기)이고, 개석식은 86.1%(56기)이다. 이는 남한강 유역

---

36) 이 고인돌은 세종대박물관에서 발굴한 후 신륵사 입구의 잔디밭에 이전 복원하였다.

전체를 대상으로 탁자식 고인돌이 차지하는 비중 9.2%에[37] 비하면 비율이 높은 편이다. 그러나 강원도를 접하고 있는 북한강 상류지역의 33%에[38] 비하면 낮은 비율임을 알 수 있고, 남한강 상류에 비하면 많은 편이다.

이 형식을 중심으로 남한강변에 있는 고인돌과 그 지천 주변에 있는 고인돌의 점유율을 살펴보면 〈표 2〉와 같다.[39]

〈표 2〉 고인돌의 형식

구 분	탁 자 식	개 석 식	계
남한강변	2곳 5기(20%)	5곳 20기(80%)	25기(100%)
남한강 지천 주변	4곳 4기(10%)	11곳 36기(90%)	40기(100%)
형식 점유율	6곳 9기(13.9%)	16곳 56기(86.1%)	65기

(상자포리는 탁자식과 개석식이 함께 있음)

위의 〈표 2〉에서 알 수 있듯이 남한강변과 그 지천의 고인돌은 탁자식이 9기인데 남한강변에 5기, 그 지천 주변에 4기가 위치한다. 이 두 지역의 차이점은 지천에는 탁자식 고인돌이 1기씩만 위치하는데 비하여, 남한강변의 양수리에는 4기가 모여 있고, 상자포리에는 많은 개석식 고인돌 가운데 탁자식이 1기 끼여 있다는 점이다. 그런데 상자포리의 탁자식 고인돌 1기는 모두 파괴된 상태에서 추정한 것이기 때문에 확실하게 탁자식이라고 단정하기는 어렵다.

이러한 점을 근거로 본다면 탁자식은 지천쪽으로는 한 지역에 1기씩만

37) 하문식, 1985, 『우리나라 고인돌 문화의 연구 - 금강과 남한강 유역을 중심으로 - 』, 연세대학교 석사학위논문, p.54.

38) 金圭鎬, 2001, 『북한강 유역의 고인돌 연구』, 강원대학교석사학위논문.

39) 여기에서 남한강변은 남한강이 직접 보이는 위치에 있는 고인돌을 의미하고 나머지는 지천으로 구분하였다.

위치하는데 비하여, 강변에는 여러 기가 모여 있다는 점을 특징이라고 할 수 있다. 그리고 지천 주변에 있는 탁자식 고인돌은 모두 주변이 잘 보이는 언덕에 있고, 1기씩만 위치한 것으로 보아 모두 무덤의 용도로만 만들어진 것이냐에 의심이 간다. 오히려 한 지역에 한 기씩만 있다면 이것은 마을 사람들이 공동의 의식을 행했던 제단(祭壇)일 가능성이 더 많다고 생각한다.[40]

개석식 고인돌은 강변에는 평균 4기씩 모여 있고[41] 지천에는 평균 3.6기 정도가 모여 있어서, 강변 쪽에 더 밀집되어 분포하고 있음을 알 수 있다. 그리고 지천 주변에는 1기씩만 있는 곳도 있지만 이천시 남정리, 도암리, 현방리, 광주시의 궁평리고인돌과 같이 3기 이상 씩 분포한 곳도 있다.

특히 현방리에는 20기 이상의 고인돌이 가까운 거리를 두로 모여 있어서 주목을 받고 있다.[42] 이 현방리의 고인돌 중 8기가 발굴이 되어 무덤방등을 확인하였지만 다른 지역의 고인돌 발굴에서와 마찬가지로 많은 유물은 나오지 않아서 그 성격을 확실하게 규명하기에 어려운 점이 있지만 가족의 무덤이거나, 대를 이은 권력자들의 무덤일 것으로 추정하고 있다.[43]

---

40) 이러한 주장은 이미 다음의 여러 학자들 이외에도 많은 학자들이 주장된 바 있다. 이융조 · 하문식, 1989, 「한국 고인돌의 다른 유형에 관한 연구 - '제단고인돌' 형식을 중심으로 - 」『東方學志』第六十三輯, pp.29~66 : 李榮文, 1993, 『全南地方 支石墓 社會의 硏究』, 韓國敎員大學교 博士學位論文 : 河文植, 1999, 『古朝鮮 地域의 고인돌 硏究』, 백산자료원.

41) 이것은 더 늘어난다. 통계에서는 형식이 불분명한 것과 앙덕리에 있다는 고인돌 덮개돌 10여 개는 제외시켰기 때문이다.

42) 권오영 · 김용민 · 한봉규, 1989, 『新岩里Ⅱ - 여주 · 이천지역 지표조사보고 - 』, 국립중앙박물관, pp.86~87에서는 20기로 기록되어 있으며, 최정필 · 하문식 · 황보경 · 이경준 · 최정민, 2000, 『이천지역 고인돌 연구』, 세종대학교박물관에서는 30여기로 기록되어있다.

43) 최정필 · 하문식 · 황보경 · 이경준 · 최정민, 2000, 『이천지역 고인돌 연구』, 세종대학

2. 고인돌의 크기

고인돌의 덮개돌 크기는 강변지역과 지천 주변의 차이점이 분명하게 드러난다. 탁자식 고인돌과 개석식 고인돌 모두 지천 주변에 위치한 것이 훨씬 크다는 것을 알 수 있었다. 표에서 볼 수 있다시피 남한강변의 탁자식 고인돌이 지천 주변의 개석식 고인돌보다도 크기가 작다. 이는 강에서 멀리 떨어진 지천변의 덮개돌이 상대적으로 크다는 것을 알 수 있다.〈표 3〉

〈표 3〉 고인돌 덮개돌의 평균 크기 비교

구 분	탁 자 식	개 석 식	평 균
남한강변	227×180×70㎝	185×137×41㎝	206×159×56㎝
남한강 지천 주변	374×289×54㎝	275×194×71㎝	325×242×63㎝
평 균	301×235×62㎝	230×166×56㎝	266×201×94㎝

강변 쪽의 고인돌이 작은 이유는 지천 주변의 고인돌에 비하여 고인돌 돌감을 얻기가 어려운 이유를 들 수도 있다.[44] 그러나 강변에는 커다란 세력을 가진 권력자가 나타날 가능성이 많지 않다는 점도 이유로 들 수 있을 것이다. 그것은 교통수단이 발달하지 않았던 당시로써는 강변에 산다는 것은 그만큼 침략을 받을 수 있는 가능성도 많기 때문에 강력한 권력자가 있었다면 강변을 택하지는 않았을 것이다. 강에서 일정한 거리를 들어가도 얕은 시내에서 물고기를 쉽게 잡을 수 있을 뿐 아니라, 방어에도 편리하고, 농사에도 불편하지 않으며, 추위도 산을 이용하여 피할 수

교박물관.

44) 하문식, 1985, 『우리나라 고인돌 문화의 연구 - 금강과 남한강 유역을 중심으로 - 』, 연세대학교 석사학위논문.

있는 장소이기에 세력 근거지로 삼는데 문제가 없었을 것이기 때문이다.

따라서, 큰 강인 남한강변보다는 이곳에서 비교적 멀리 떨어진 지천 주변에 강력한 세력들이 존재했을 것이고, 이 세력가들은 많은 인원을 동원할 수 있으므로 커다란 고인돌을 만들 수 있었던 것으로 추정된다.

3. 매장 방법

주검을 처리하는 풍속은 매우 보수적이어서 짧은 시일 내에 바뀌기 어렵다는 속성을 가지고 있다. 이점은 고인돌을 만들었던 시기에도 마찬가지였을 것이다. 그러므로 많은 정성과 노동력 동원이 필요한 고인돌은 당시의 사회상을 이해하는데 많은 도움이 된다.

매장에 대해서는 무덤방이 확인 된 양평군의 남한강변 유적과 이천시의 현방리선린회공원 주변 고인돌, 수하리고인돌 등을 통해서 알 수 있다.[45] 또, 발굴을 하지 않은 것 중 탁자식 고인돌은 굄돌 규모를 통해서도 무덤방의 크기 및 매장 방법을 알 수 있을 것이다. 무덤방의 크기를 파악할 수 있는 것은 〈표 4〉와 같다.

〈표 4〉를 통해서 알 수 있듯이 남한강변에 있는 고인돌 무덤방은 바로펴묻기와 두벌묻기(혹은 어린이 무덤)가 함께 행해진데 비하여, 지천 주변의 고인돌은 모두 바로펴묻기가 가능한 크기를 하고 있음을 알 수 있다.

이는 남한강변은 북한강변과 혹은 남한강 상류지역과의 교류가 활발함으로써, 무덤을 만드는 방법도 당연히 다양했을 것이다. 특히 상자포리 고인돌은 무덤방 주변에 많은 강돌을 이용하여 적석을 한 형태로 만들었는데, 이러한 구조는 춘천 천전리고인돌,[46] 남양주 금남리고인돌의 무덤방 구조와 유사하다. 이러한 공통점은 한강을 중심으로 문화적 교류가 활발했

45) 광주시 궁평리유적도 발굴은 되었으나 무덤방의 크기를 알지 못한다.

46) 金載元 · 尹武炳, 1967, 『韓國 支石墓 研究』, 國立博物館.

음을 뒷받침해주는 것이다. 또 무덤방의 구조가 바로펴묻기가 가능한 것과 규모가 작아서 두벌묻기를 할 수 밖에 없던 크기의 무덤방이 함께 발견되는 제원 황석리의 유적과도[47] 교류가 행해졌던 것으로 보인다. 황석리 유적과는 붉은간토기, 화살촉, 간돌검 등이 출토된다는 점도 유사하다.

〈표 4〉 무덤방의 크기 및 추정 가능한 고인돌

구분	유 적 지	무덤방 크기(㎝)	굄돌(㎝)	비고
남한강변	상자포리 국박1지구1호	120×70×30		두벌묻기,어린이
	상자포리이대2호	200×40~50×?		바로펴묻기
	양수리1호		185×120×15 170×125×80	바로펴묻기
	양수리2호		140×110×20	두벌묻기,어린이
	양수리3호		164×31×45	바로펴묻기
	양수리4호		140×80×20	두벌묻기,어린이
남한강 지천 유역	이천 수하리		160×105×35~45 250×130×45	바로펴묻기
	이천 현방리선린회공원1호	180×140		바로펴묻기
	이천 현방리선린회공원3호	170×120		바로펴묻기
	이천 현방리선린회공원4호	210×150		바로펴묻기
	이천 현방리선린회공원7호	200×180		바로펴묻기
	이천 현방리선린회공원8호	210×150		바로펴묻기
	이천 해월리		250×155	바로펴묻기
	여주 신접리	170×95~110	200×80×30~47 195×77×25~44	바로펴묻기

그러나 지천 주변은 모두 바로펴묻기가 가능한 크기를 하고 있다는 점은 강변에 비하여 문화의 교류가 쉽지 않은 점도 있고, 지천쪽은 위치상

47) 우장문, 1987, 「제원 황석리 고인돌 문화의 고찰」『白山學報』34.

으로 비교적 문화의 변동에 보수적이었을 것이기 때문이다.

강변을 접하고 있는 고인돌은 무덤방 주변에 강돌을 많이 사용하였으나, 지천 주변에 있는 고인돌은 거의 강돌을 사용하지 않았고, 주변에서 쉽게 구할 수 있는 할석을 필요한 경우에만 무덤방을 만드는데 사용하였다는 차이점도 있다. 이는 고인돌의 축조 과정에 주변의 재료를 십분 사용하였음을 보여주는 것이다.

무덤방의 방향은 남한강이나 남한강에서 비교적 가까운 거리에 있는 고인돌이기 때문에 모두 물과 밀접한 관계를 가지며 살았을 것이다. 물과 관련 있는 지역의 고인돌이 거의 물의 흐름과 거의 나란하게 무덤방을 만드는데 이곳의 고인돌도 예외는 아니었다.

Ⅳ. 고인돌의 구멍(性穴)

고인돌의 덮개돌에서는 구멍(알구멍, cup mark)[48]이 발견되는 경우가 많다. 이 구멍에 대해서는 일찍부터 많은 학자들이 관심을 가지고 어떤 용도에서 어떻게 구멍을 만들게 되었는지 연구가 계속되어 왔다.

구멍에 관해서는[49] 천둥경외사상의 표현, 불씨를 만드는데 생긴 구멍, 태양숭배사상 표현,[50] 풍요와 생산의 의미,[51] 장례식 예술의 표현,[52] 장례

48) 구멍에 관한 명칭은 성혈, 알구멍, 알바위, 바위구멍, 홈구멍, 굼 등 여러 가지로 불려지고 있으나 여기에서는 구멍으로 쓰기로 하겠다.

49) 이 내용은 이융조, 1980, 「양평 앙덕리 고인돌 문화」『한국선사문화의 연구』, 평민사와 俞泰勇, 2003, 『韓國 支石墓 硏究』, 주류성의 내용을 주로 참고하였다.

50) Maringer, J., 1960, *The Gods of Prehistoric Man*(London: Weidunfeld and Nicolson), 180~187.

51) 황용훈, 1972, 「楊州 琴南里 支石墓 調査報告」『慶熙史學』3, p.104 : 송화섭, 2001, 「고인돌 암각화의 생성 배경과 상징성 연구」『白山學報』59호, pp.58~60.

52) Levy,G.R., 1963, *Religious Conceptions of the Stone Age and their Influence upon European Thoughts*(New York:Harper Torch Book), 65~66.

의식,[53] 장식의 의미,[54] 난생설화,[55] 별자리설,[56] 친족집단[57] 등 다양한 의미를 부여하고 있다.

이 지역의 고인돌 덮개돌 59기 중 구멍이 있는 것은 〈표 1〉에서 알 수 있듯이 12기이다.

구체적으로 보면 이천 소정리고인돌에 4개, 남정리 5호고인돌에 135개 〈사진 7〉, 현방1리 1호고인돌에 3개, 3호 고인돌에 86개, 현방리선린회공원 2호고인돌에 6개, 신원리 고인돌에 7개가 있다. 광주는 장지리고인돌에 1개, 산이리고인돌에 5개가 있으며, 양평군은 양수리고인돌에 7개, 앙덕리 고인돌에 67개 이상 〈그림 2〉, 병산리 1·3호 고인돌에 각각 1개씩 등 다양한 숫자를 보이고 있다.

그럼 이 지역에서의 고인돌 덮개돌에 새겨진 구멍을 어떤 의미를 가지고 만들었을까?

구멍이 있는 고인돌은 여러 기가 한 곳에 있을 경우 규모가 큰 고인돌 덮개돌에 주로 새겨져 있었고, 한 기만 있는 경우에는 많은 구멍이 새겨져 있다는 공통점을 찾을 수 있었다. 즉 가장 많은 구멍을 가진 남정리고인돌의 경우 평지에 있는 다른 네 기의 고인돌에 비하여 덮개돌이 크며, 130m 정도 떨어져 단독으로 구릉에 위치하고 있다. 6기가 모여 있는 현방1리 2호고인돌도 다른 고인돌에 비하여 규모가 크다. 양수리 고인돌과 병

---

53) Hawkes,J., 1963, *History of Mankind*(Ⅰ)(Prehistory London : George Allen & Unwin Ltd, 208.

54) Stern, P. van. K., 1970, *Prehistoric Europe*(London : George Allen and Unwin Ltd.), 254~257.

55) 김병모, 1981,「 韓國 巨石文化 源流에 관한 硏究(Ⅰ)」『韓國考古學報』10·11집, pp.71~72.

56) 김동일, 1996,「별자리가 새겨진 고인돌무덤에 대하여」『조선고고연구』1996-3 : 이준걸, 1996,「단군조선의 천문지식은 고구려천문학의 기초」『조선고고연구』1996-3 : 박창범, 2002,『하늘에 새겨진 우리역사』, 감영사, pp.89~108 : 조선기술전사 편찬위원회, 1997,『조선기술발전사-원시고대편』, pp.174~175 : 김일권, 1998,「별자리형 바위구멍에 대한 고찰」『古文化』51, pp.129~130 : 박창범 외, 2001,「청원 아득이 고인돌유적에서 발굴된 별자리판 연구」『한국과학사학회지』23-1호.

57) 이융조, 1980,「양평 앙덕리 고인돌 문화」『한국선사문화의 연구』, 평민사, 153~165 : 장명수, 1995,「한국 암각화의 편년」『한국 암각화의 세계』, 한국역사민속학회.

산리고인돌 역시 주변에 있는 고인돌에 비하여 덮개돌이 가장 크다. 이외에 소정리, 장지리, 산이리, 앙덕리의 경우는 한 기씩만 위치하며 비교적 덮개돌이 크다는 특징이 있다.

커다란 바위에 도구도 발달하지 않은 시대에 구멍을 뚫는다는 것은 강한 믿음이나 보통의 정성이 아니면 불가능할 것이다.

여기에서 고인돌의 구멍에 대한 지금까지의 주장과는 다른 주장을 조심스럽게 제시해 보고자 한다. 즉 고인돌의 구멍은 대개 고인돌을 만들거나 만들고 나서 만든 것으로 주장하고 있으나 고인돌을 만들기 전에 이미 만들어졌을 것으로 생각한다. 왜냐하면 구멍은 덮개돌에만 있는 것이 아니라 주변의 깨진 부분에서도 많이 발견되기도 하고 덮개돌에도 깨진 부분에 구멍의 흔적이 남아있기 때문이다. 일단 무덤을 만들고 나면 주검이 묻힌 구조라는 면에서 쉽사리 접근하기 어려울 것이고, 파괴하는 것은 더 어려울 것이다. 덮개돌의 구멍이 깨진 예는 이천 현방리 2호고인돌〈사진 8〉, 양평 앙덕리〈그림 2〉, 이천 남정리〈사진 7〉 등에서 볼 수 있다.[58]

그러면 만들기 힘든 구멍은 왜 만들었을까? 여기에는 간절한 이유와 소망이 있었을 것이다. 가장 간절한 것은 당시에 질병을 치료하고자 하는데 있다고 본다.[59] 우리는 배가 아플 때 배를 문지르면 아프지 않게 되는 경우가 많이 있다. 의학기술이 발달하지 않았던 고인돌시대이지만 배가 아플 때 배를 문지르면 웬만한 것은 나을 수 있다는 간단한 원리는 이미 알고 있었을 것이다. 음식문화가 발달하지 못한 당시에는 배탈이 나는 경우가 많았을 것이고, 배를 문지르는 횟수는 당연히 많아졌을 것이다.[60]

---

58) 이러한 예는 북한강변의 남양주시 금남리고인돌에서도 보이고 〈그림 3〉, 용인시 장평리고인돌에서도 찾을 수 있다.

59) 이남교, 『대한교원신문』, 2003. 7.12, 6면.

60) 일본사람들의 경우 아이가 아프다고 하고 별로 대수롭지 않을 때는 가볍게 '치칭푸이푸이'하면서 아픈 부위를 문지르는데, 이는 우리 부모님들이 "내손이 약손이다"라고 하면서 등이나 배를 문지르는 것과 흡사하다. 또 침을 놓은 부위를 문지르던 모

배를 문지르면 웬만하면 아프지 않게 되는 것에 착안하여 믿음의 대상이었던 커다란 바위에 돌을 문지르면서 가족이나 권력자들의 질병에 대한 쾌유를 빌었던 것이고, 효험이 있다고 소문이 난 바위들은 주변의 여러 사람들이 와서 배를 문지르듯 바위에 갈면서 병이 나기를 기원 했을 것이기 때문에 100개 이상의 구멍이 있을 수 있게 된 것이라고 생각한다. 이러한 현상은 불상의 코를 갈아 먹는 것도 연결을 시킬 수 있을 것이다.

아픈 가족이나 권력자의 쾌유를 빌면서 가족이나 권력자에 지배를 받는 사람들이 효험이 있다고 믿는 바위에서 며칠이고 바위면을 정성스럽게 문지르며 기원 했을 것은 당연했을 것이다. 권력자가 죽었을 경우 어떤 힘을 가졌다고 믿었던 바위를 이용하여 덮개돌로 사용했을 가능성도 있다. 이는 앙덕리고인돌 주변에서 구멍이 파인 덮개돌 조각이 많이 발견되었으며, 남성리고인돌의 끝 부분도 구멍이 깨져 있었던 점이 이를 뒷받침한다. 많은 구멍이 있는 고인돌은 다른 고인돌과 함께 위치하지 않는 것도 그 이유 중의 하나일 것이다. 한 지역에서 여러 개의 바위를 섬기지 않았을 것이고 효험이 있다고 생각되는 것은 제한된 숫자일 것이기 때문이다.

이 지역의 이천시 남정리고인돌과 현방리고인돌,[61] 양평 앙덕리고인돌, 그리고 북한강에 있는 양주시 금남리고인돌은 모두 일정한 거리를 두고 있다. 일정한 거리는 고인돌을 만들었던 사회의 세력 범위를 보여주는 것이라고도 볼 수 있을 것이다. 또 구멍의 크기는 작은 것은 개인이 한 개씩 판 것이라면, 구멍이 큰 것은 여러 사람이 같은 곳을 계속해서 갈았기 때문일 것이다.

습도 같은 경우라고 생각한다. 그리고 최근까지도 아들을 자식을 낳게 해달라고 하는 등 무엇인가를 간절히 기원할 때 부처의 코를 갈아먹는 경우도 이와 연관지을 수 있을 것으로 생각된다.

61) 남정리와 현방리는 거리상으로 가깝지만 남정리는 복하천을 중심으로한 생활권이라고 할 수 있고, 남정리는 신둔천과 가깝다.

이 지역의 고인돌 덮개돌에 남아있는 구멍들은 질병 등으로 어려움을 겪을 때 가족이나 부족원들이 쾌유를 빌면서 했던 의식의 산물이 아닌가 생각한다.

V. 고인돌의 축조 연대

우리나라 고인돌 연구에서 가장 큰 숙제중의 하나가 고인돌의 축조 연대의 설정이다. 이 문제가 쉽게 풀리지 않는 것은 대다수의 고인돌에 껴묻거리 된 것이 많지 않기 때문이다. 축조 연대는 이 껴묻거리를 중심으로 연구가 되어야 하나 껴묻거리가 많지 않아서, 적은 유물을 중심으로 연대를 측정하거나 추정하다보니 의견의 일치가 나오기가 어렵다.

일반적으로 고인돌은 만드는데 많은 노동력이 동원되어야 하며, 이러한 노동력의 동원에는 권력자가 있어야만 가능하다고 하여 청동기시대에 만들어졌을 것이라는 주장을 많이 펴고 있다. 물론 비파형동검이나 간돌검, 반달돌칼, 민무늬토기 등 청동기시대를 대변하는 유물들이 출토되어 모든 고인돌이 청동기시대부터 만들어졌다고 넘어갈 수도 있다. 그러나 청동기시대부터 만들어졌다는 주장에 대하여 신석기시대부터 만들어졌다는 주장도 줄기차게 계속되고 있고, 뗀석기 출토 및 방사성탄소 연대측정을 통한 신석기 시대론 등 과학적인 증거가 이를 뒷받침하고 있다.[62]

그럼 경기도의 남한강 유역에서는 언제부터 고인돌을 만들었을까? 다

62) 김용간, 1964, 「우리나라 청동기시대의 년대론과 관련한 몇가지 문제」『고고민속』2, pp.8～18 : 이융조, 1975, 「양평 앙덕리 고인돌 문화」『한국사 연구』11 : 임세권, 1976, 「한반도 고인돌의 종합적 고찰」『白山學報』20, pp.108～109 : 박희현, 1984, 「한국의 고인돌문화에 대한 고찰 - 그 상한연대를 중심으로-」『한국사연구』46, p.11 : 하문식, 1985, 『우리나라 고인돌 문화의 연구 - 금강과 남한강 유역을 중심으로 - 』, 연세대학교 석사학위논문.

행스럽게 발굴된 고인돌 유적이 있고, 연대를 가늠할 만한 유물이 나오기도 한다. 그러나 이천 현방리고인돌 유적이나 수하리고인돌은 무덤방에서 삼국시대 토기까지 함께 나오고, 광주 궁평리고인돌도 발굴은 되었으나 청동기시대 이후의 유물이 함께 나와서 신뢰할 수 있는 연대를 가늠하기란 어렵다. 따라서 팔당·소양댐 수몰지구에서 나온 유물만을 참고할 수밖에 없다.

양수리 1호 고인돌 덮개돌 아래에서는 무문토기조각, 회색경질토기조각 등 8점과 용도가 분명치 않은 타제석기 1점, 2호에서는 적황색의 평저민무늬토기 1점, 붉은간토기 입술부분 1점 등 4점의 조각들이 발견되었으며, 3호 고인돌 주변에서는 덮개돌 주변에서만 발견되었는데 적색토기조각, 회색연질토기조각, 회색경질토기조각 등 다수가 출토되었으며, 덮개돌 동쪽의 강돌무더기에서도 반달돌칼 1점이 발견되었다.

상자포리의 이화여자대학교 발굴 지역에서는 파괴된 1호 고인돌 주변에서 청동검과 옥등의 채집이 있었고, 4호 고인돌에서 간돌검과 화살촉 등과 함께 사람뼈, 목탄의 채취가 이루어져 방사성탄소연대측정까지 하였다.

앙덕리 유적에서는 출토된 유물 중 지킴돌, 즉 둘레돌로 해석되는 길쭉한 자갈이 있었고, 날의 끝 부분만 마연된 돌도끼 외에 뗀석기와 붉은간토기조각, 그리고 흑요석으로 된 석기가 채집되었다.

위에서 볼 수 있다시피 많은 유물이 나오지 않았지만 상한 연대를 측정할 수 있는 것은 양평 양수리에서 발견된 숯을 토대로 계산하여 3,900±20B.P.(MASCA 이론으로 다시 계산하면 4,140~4240B.P.)가 나옴으로써[63] 중기 신석기시대로 해석하고 있고, 이것이 우리나라 고인돌이 신석기시대부터 만들어졌다는 가장 확실한 증거로 제시되고 있다. 또 양평 앙덕리에는 뗀돌도끼 등 껴묻거리된 석기들이 다수 출토되어 역시 중기 신석기시

63) 박찬걸·양경린, 1974, "Korea Radiocarbon Measurements Ⅲ", *Radiocarbon*16-2, 197.

대의 유적으로 보고 있다.[64] 따라서 경기도 지역의 남한강변에 위치한 고인돌은 상한연대가 중기 신석기시대까지 올라간다고 볼 수밖에 없다.

하한은 상자포리의 이화여자대학교 발굴 지역에서 발견된 목탄을 방사성탄소 연대측정 결과는 2,170±60B.P.(MASCA 이론으로 다시 계산하면 2120~2,150B.P.)이고, 남한강 상류에 속하는 충청북도 제천 황석리 유적의 절대연대는 2,360±370B.P.(MASCA 이론으로 다시 계산하면 2,450B.P.)이다. 그리고 상자포리고인돌에서는 물론 고인돌 주변 지역이지만 철촉과 철조각도 발견되어 철기시대까지 넘어가야 할 것으로 생각된다.

위의 내용을 토대로 보았을 때 남한강 유역은 중기 신석기시대부터 철기시대까지 오랜 기간동안 고인돌을 만드는 풍습이 있었음을 알 수 있다.

Ⅶ. 맺음말

지금까지 경기도 지역을 흐르는 남한강변의 고인돌에 관하여 살펴보았다. 남한강변을 접하고 있는 시·군은 양평군, 여주시, 이천시, 광주시가 있다.

이 중 남한강변에 접하는 부분이 많은 양평군과 이천시에는 비교적 많은 고인돌이 분포하고 있으나, 남한강을 접하는 유역이 작은 광주군은 상대적으로 숫자가 적으며, 여주시는 1기밖에 없었다. 지금의 행정구역은 당시의 생활과는 전혀 관계가 없으므로 남한강변의 고인돌과 이 강에 흘러드는 하천 주변의 고인돌 특성을 우선 비교해보았고, 이 지역 고인돌 중 통계가 어느 정도 가능한 것만을 가지고 남한강과 그 지천의 고인돌 형식, 고인돌 덮개돌의 크기, 매장 방법 등을 살펴보았다. 그리고 남한강 유역의 고인돌에서 보이는 고인돌 덮개돌의 구멍이 어떠한 연유에서 생겼으며,

---

64) 이융조, 1975,「양평 앙덕리 고인돌 문화」『한국사 연구』11.

이 지역 고인돌의 축조 연대를 살펴보았다.

그 내용을 간추리면 다음과 같다.

첫째, 남한강변에 위치한 탁자식 고인돌의 비율이 그 지천에 비하여 높지만 2곳에서 5기가 발견되지만 지천 주변은 1기씩 4곳에서 발견된다. 개석식은 지천에 평균 3.6기 정도씩 분포하고, 강변에는 평균 4기 정도씩 분포하는 것으로 보아 강변 쪽에 더 밀집되어 있음을 알 수 있었다.

둘째, 덮개돌의 크기를 비교해 보면 남한강변의 고인돌보다 그 지천의 고인돌이 탁자식이나 개석식 모두가 규모가 훨씬 크다. 이것은 큰 강변은 방어에 어려운 점이 있고, 모래 위로 덮개돌을 옮기는데도 어려운 점이 많아서 권력자들이 큰 강보다는 강변에서 조금 떨어진 지천쪽에 세력 근거지를 만들고 생활했던 결과인 것으로 보인다.

셋째, 무덤방을 근거로 묻기 방법을 비교해 보면, 남한강변은 바로펴묻기와 두벌묻기(혹은 어린이 무덤)를 할 수 있는 크기의 무덤방이 함께 존재하지만, 지천 주변은 모두 바로펴묻기에 충분할 정도의 크기를 하고 있다는 차이가 있다. 남한강변의 무덤방 크기가 다양한 것은 강을 이용한 문화적 교류가 활발했던 결과로 생각된다.

넷째, 이 지역에는 덮개돌에 구멍이 1~135개에 이를 정도로 다양한 수의 구멍을 가진 고인돌이 산재하고 있다. 이 구멍은 고인돌을 만들기 전에 이미 질병을 고치려고 노력하는 과정에서 만들어진 것으로 보이며, 효험이 있다고 믿는 바위들을 고인돌의 덮개돌로 사용했던 것으로 생각된다.

다섯째, 고인돌의 축조 연대는 우리나라에서 가장 오래된 연대를 가지고 있는 양평 양수리고인돌과 많은 뗀석기가 출토되는 양평 앙덕리고인돌이 위치한 것으로 보아서 신석기시대부터 이미 축조가 되었던 것으로 보인다. 그리고 하한연대는 철 조각 등이 나오는 고인돌이 있는 것으로 보아 철기시대까지였던 것으로 보인다. 고인돌의 기능은 무덤이나 제단 혹은 기념물이었을 것으로 생각된다.

지금까지 경기도를 지나는 남한강의 중류에 해당하는 광주·이천·여주·양평 지역의 고인돌의 특징에 대하여 살펴보았다. 외형적인 것을 위주로 위의 내용과 같이 살펴보았지만, 보다 정확한 고인돌 사회의 복원을 위해서는 보다 꾸준히 진행되어야 하며, 시간을 가지고 정확한 조사와 다른 지리학, 민속학, 인류학자들이 함께 참여하는 연구가 진행되어야 할 것이다.

〈白山學報 第69號, 2004.8.30. pp.5～40〉

〈사진 1〉 양평 병산리 1호 고인돌

〈사진 2〉 양평 대심리고인돌

〈사진 3〉 이천 수하리고인돌

〈사진 4〉 이천 소정리고인돌

〈사진 5〉 이천 남정리고인돌

〈사진 6〉 여주 신접리고인돌

〈사진 7〉 이천 남정리고인돌 구멍

〈사진 8〉 이천 현방리2호고인돌(선린회공원) 구멍

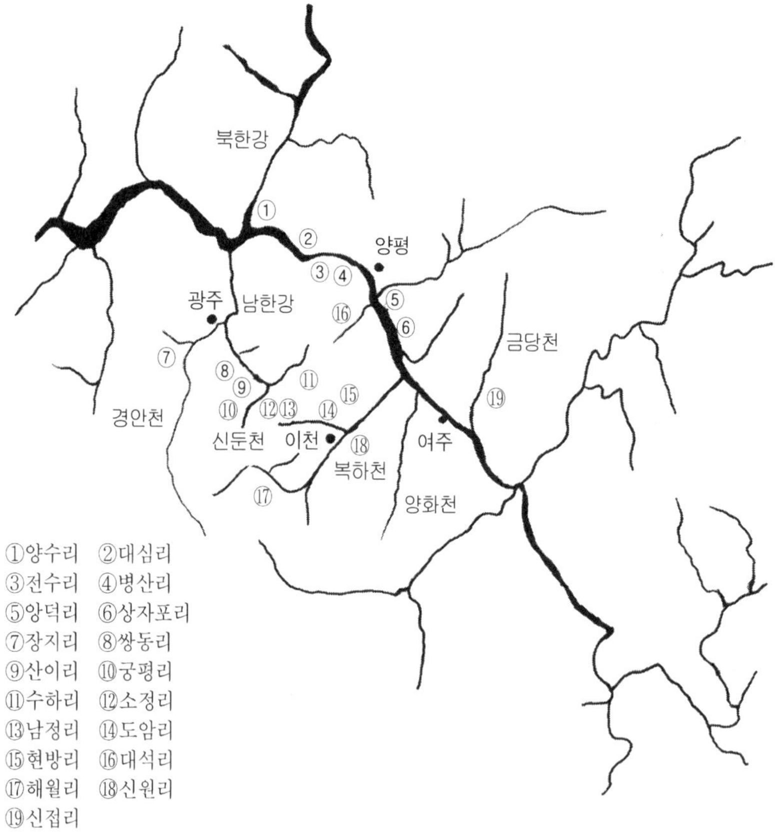

〈그림 1〉 남한강 유역의 고인돌 분포(경기도)

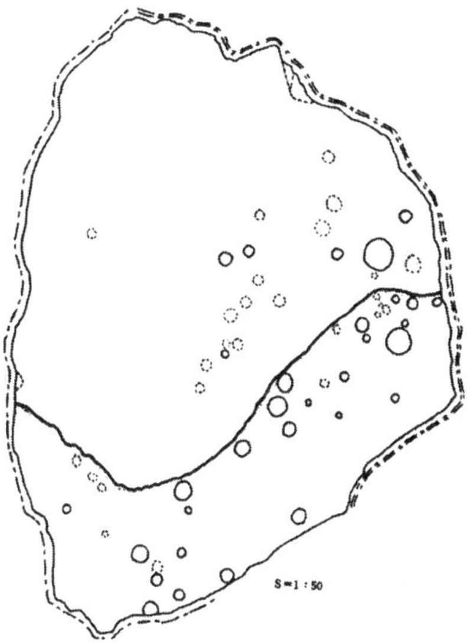

〈그림 2〉 양평 앙덕리고인돌 구멍

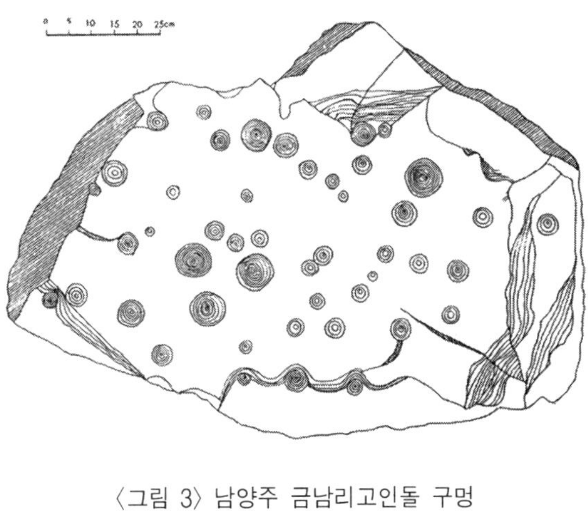

〈그림 3〉 남양주 금남리고인돌 구멍

【硏究 動向】

울산 대곡리 암각화에 대한 연구사적 고찰

- 고래그림을 중심으로 -

김 태 욱*

〈目 次〉

Ⅰ. 암각화 연구의 새로운 연구시각

한국에서의 본격적인 선사시대 암각화에 대한 연구는 1970년 울산의 천전리에 연이어 발견된 1971년의 대곡의 암각화[1]에 의해 비롯했다고 해도 과언이 아니다. 대곡리와 같은 시기에 고령 양전동[2]에서도 암각유적이 발견되었지만 위의 두 곳과는 성격이 상이하며, 또한 고령양전동의 암각화는 이후 발견된 다른 많은 추상적인 암각화들의 전형이라고 여겨지고 있으므로 울산의 천전리·대곡리 암각화와는 엄격히 구별된다고 할 수있다.

특히 대곡리에서의 수렵어로과 관련되어 나타나는 많은 육상과 해상동물

* 상명대학교 사학과 박사과정

1) 문명대,「울산 선사시대 암벽각화」,『문화재』7, 문화재관리국, 1973.; 황수영·문명대, 『반구대 암벽조각』, 동국대학교 출판부, 1984.

2) 이은창,「고령 양전동 암화 조사약보」,『고고미술』112, 고고미술사학회, 1971.

들의 사실적인 묘사나 사냥장면, 그리고 특정적인 인물상은 여타의 지역에서 전혀 찾아볼 수 없는 것이어서 이 암각화를 제작한 당대인들의 사회·경제양상과 종교관을 이해할 수 있는 실마리를 제공하고 있다.

본고에서는 이와 관련해 대곡리 암각화의 상징성으로 대표되고 있는 고래와 또 그것들과 수반하여 나타나고 있는 특징적인 그림들을 중심으로 대곡리 암각화의 성격을 간략하나마 소개함으로서 고래그림을 중심으로하는 암각화연구현황을 정리하고자 한다.

Ⅱ. 대곡리 암각화의 형식과 제작기법

대곡리 암각화는 울산만에서 내륙으로 접한 태화강 상류의 대곡천 기슭에 있는 거대한 절벽 아래에 위치하고 있다. 그림은 크게 좌우로 나누어 배치되어 있는데 바위의 왼쪽 면에는 고래를 중심으로 한 거북이, 물개[3] 등의 해상동물이, 오른쪽에는 사슴, 호랑이, 멧돼지 따위의 육상동물이 매우 사실적으로 그려져 있다. 또한 이들 그림들 사이로 배를 타고 고래잡이를 하거나 사냥을 하는 모습의 수렵어로활동의 그림들과 주술, 가면 등의 의례적인 행위로 추정되는 그림들로 가득 채워져 있다.

이러한 대곡리에 그려진 그림들의 제작기법으로는 여러 학자들의 각기 다른 견해[4]가 있으나 대체로 처음에는 쪼으기기법(pecking) 중 面쪼으기새

3) 대체로 물개로 보고 있으나, 갈매기와 같은 바다새로 보는 견해도 있다(장명수, 「울산 대곡리 암각화인들의 생업과 신앙」, 『인하사학』 5, 인하역사학회, 1997, p.97, 주 23) 참조).

4) 대곡리 암각화의 제잦기법에 대한 견해로는 다음과 같은 것들이 있다.
모두떼기와 선쪼기로 분류되며 하위 세부로 나눌 수 있음(문명대, 「울산 선사시대 암벽각화」, 『문화재』 7, 문화재관리국, 1973; 황수영·문명대, 『반구대 암벽조각』, 동국대학교 출판부, 1984). 쪼아파기(제1기법)에 해당하며 형식분류상 세 가지 기본형식과 6개의 세분형식으로 나눌 수 있음(황용훈, 「한반도 선사시대 암각의 제작기술

김이 먼저 행해진 뒤 나중에 線쪼으기새김이 사용되었으리라 추정된다. 특히 대곡리 암각화를 대표한다고 할 수 있는 고래를 위시한 대다수의 육상동물 그림들은 대부분 면쪼으기로 이루어졌으며, 극소수만이 선쪼으기의 방법으로 그려져 있다.

Ⅲ. 대곡리 암각화에 나타난 고래그림의 내용분석

고래를 중심으로 하는 해상동물그림은 바위의 왼편에 대부분 면쪼으기의 기법으로 그려져 있다. 특히 이곳에 묘사된 대부분의 고래들이 수직으로 위를 향하거나 해양쪽인 동쪽을 향하고 있어 일정한 방향성을 느끼게 해준다. 이곳은 주로 바다에 나가 고래사냥을 하였던 당시 사람들의 고래숭배신앙의식이 거행되었던 곳으로 추정되고 있으며, 동시에 풍요와 다산에 대한 그들의 기원을 상징적으로 표출한 장소로 생각되고 있다. 그러면 이 부분에 그려진 고래들, 그리고 그것들에 연관되어 보이고 있는 몇몇 그림에 대하여 구체적으로 예를 들면서 살펴보기로 한다.

가장 먼저 주목되는 그림은 바위면 왼편 아래쪽에 있는 나란히 위로 올라오고 있는 듯한 세 마리의 고래로서, 대곡리의 고래그림 중 가장 원형에 가까울 정도로 사실적으로 묘사되어 있다. 특히 세 마리 가운데 가장 오른

과 형식분류」, 『고고미술』 127, 고고미술사학회, 1975). 선각화와 면각화로 구분되며 하위 5가지로 세분할 수 있음(임세권, 「우리나라 선사암각화의 연대에 관하여」, 『남사정재각박사고희기념 동양학논총』, 동양학논총편찬위원회, 1984; 임세권, 『한국 선사시대 암각화의 성격』, 단국대학교 대학원 박사학위논문, 1994). 평면그림과 선그림으로 구분됨(정동찬, 「울주 대곡리 선사바위그림의 연구」, 『손보기박사정년기념고고인류학논총』, 지식산업사, 1988). 면쪼아새김과 선쪼아새김 혹은 면새김과 선새김으로 구분됨(장명수, 「한국 암각화의 편년」, 『한국의 암각화』, 한길사, 1996; 장명수, 『한국암각화의 문화상에 대한 연구』 인하대학교 대학원 박사학위논문, 2001).

쪽 고래의 모습은 놀라울 정도로 생생하고 자연스러워 마치 살아있는 고래가 물을 뿜으며 수면위로 솟아오르는 듯한 형상을 취하고 있다.

이 그림에 관해서는 고래가 차례로 유영하는 모습[5)]으로 보거나 혹은 고래가 먹이를 먹는 일련의 과정일 것[6)]이라는 견해가 있으나 판단하기가 용이하지 않다. 하지만 이렇듯 사실적이고도 세밀한 묘사를 할 수 있었다는 것은 당시대인들의 고래의 생태에 대하여 놀라울 만치의 정확한 관찰력을 소유하고 있었다는 것을 의미한다.

다음으로 주목되는 그림은 왼편 바위 오른쪽 윗 부분에 위치한 새끼고래를 업고 있는 듯한 어미고래로서, 대체로 새끼를 밴 어미고래로 보고 풍요를 기원하는 그림으로 보는 견해[7)]가 지배적이다. 그러나 그 새끼고래의 우치가 배부분의 아래쪽에 있는 것이 머리부분의 위쪽에 있다는 점을 들어 새끼밴 고래라기보다는 죽은 고래의 영혼 또는 영혼의 집자리로 재생을 상징하는 것으로 보는 견해[8)]도 있다. 다른 한편으로는 이 그림을 새끼고래를 등에 업고 다니면서 훈련시키는 어미고래로 간주하고, 식량확보의 차원에서의 고래의 많은 새끼치기를 비는 마음을 나타낸 것이라는 주장[9)]도 있다. 그러나 선사시대 당시의 자연과 생활조건을 고려해볼 때 고래는 중요한 식량자원의 하나였을 것이고 따라서 당시의 수렵어로인들에게 있어서 고래의 왕성한 번식은 식량자원의 확보라는 점에서도 깊은 상관관계를 가진다고 볼 수 있을 것이다.

주목을 끄는 또 다른 유형의 그림은 작살에 맞은 고래로서 앞에서 살펴

---

5) 김원룡, 「울주반구대 암각화에 대하여」, 『한국고고학보』 9, 한국고고학연구회, 1980 (김원룡, 『한국미술사연구』, 일지사, 1987에 재수록, p.264).

6) 정동찬, 「울주 대곡리 선사바위그림의 연구, 『손보기박사정년기념고고인류학논총』, 지식산업사, 1988, p.399.

7) 김원룡, 앞의 책, 1987, p.261; 황수영 · 문명대, 『반구대 암벽조각』, 동국대학교 출판부, 1984, p.229.

8) 김열규, 『한국문학사 -그 형상과 해석-』, 탐구당, 1983, pp.113~114.

9) 정동찬, 앞의 글, 1988, p.396.

본 새끼를 업고 있는 고래 아래 오른쪽에 위치해 있는데, 주위의 다른 그림들과 겹치지 않도록 윤곽선을 돌려 그렸으며 마치 작살에 맞아 비틀어져 요동을 치는 듯한 모습이다.

이 그림은 작살이 박힌 것을 생생하게 나타내기 위하여, 작살의 윤곽을 먼저 그린 뒤에 작살이 박힌 부분을 나타내기 위하여 작살 끝의 왼쪽과 맨 앞부분에 고래몸통과 같은 기법인 면쪼으기를 이용했다.

이 그림은 확실히 작살에 맞은 고래를 그렸으며 꽂힌 작살은 정확히 지느러미 바로 아래쪽인 심장부에 그려져 있는데, 이로 미루어 보아 정확히 고래의 심장부에 작살을 맞혀 치명적인 타격을 가함으로써 실수없이 고래를 잡기를 바라는 마음을 나타낸 듯하다. 결국 이 그림은 고래의 많은 번식을 바라는 의식과 함께 고래가 잘 잡혀주기를 바람은 물론, 고래사냥때 작살을 정확히 꽂은 것을 나타내서 위험한 고래사냥 과정에서 닥칠 위험성 등을 생각해서 정확히 고래의 심장부에 작살을 그려 성공적인 고래사냥의 소망을 빈 것으로 생각된다.

직접적으로 고래와는 관련이 없어 보이지만 또 하나의 특징적인 그림으로 주목되는 그림은 바위의 왼편 중앙 가장 위쪽에 그려진 성기를 내밀고 있는 남자이다. 이 남자의 왼쪽에는 세 마리의 거북이 머리를 위를 향한 상태로 그려져 있다. 이 남자에 대해서는 사냥을 하러 산에 들어가기 전에 사냥꾼이 행하는 수렵의례인 산신에게 성기를 내어 보이는 것[10)]으로 보거나, 일반적으로 특정한 사냥꾼 또는 어부를 나타낸 것이라기보다는 사냥꾼을 대표하는 상징적 존재 또는 수렵어로의 신[11)]으로 보는 관점이 있다. 혹은 수렵어로인의 최고의 존재나 미지의 공포 또는 자연력에 대하여 간절히 기원하는 주술사가 주술적인 춤을 추고 있는 장면 또는 어떤 기원의 의식춤을 추는 광경[12)]으로 보고 있다. 그리고 그 뜻에 대해서는 이 그림이 왼편

---

10) 김원룡, 앞의 책, 1987, p.254.
11) 김원룡, 앞의 책, 1987, pp.260~261.

의 고래와 거북이 등의 해상동물과 함께 위치한 것을 고려할 때 수렵어로, 특히 어로에 따르는 풍요와 양식획득을 위한 의식이었던 것으로 여기는 견해도 있다.[13]

특히 한결같이 이 남자를 향해 올라오고 있는 아래쪽 고래들의 모습에서 추측건데 필자는 이 남자가 고래사냥을 나가기 전에 행하였던 어떤 의식의 의례 주인공으로서 고래사냥을 위한 의식집행인일 것으로 생각된다.

Ⅳ. 울산 대곡리 암각화의 성격

이상으로 울산 대곡리 암각화에 그려진 그림들을 바위 왼쪽에 그려진 고래를 중심으로 살펴보았다. 살펴본 바와 같이 고래는 대곡리 암각화의 핵심을 이루고 있으며, 그 표현 또한 매우 사실적이고 역동적이라고 할 수 있다. 숨을 쉬기 위하여 물을 뿜어내는 고래나 새끼를 업은 어미고래, 작살에 맞아 뒤틀린 듯한 고래의 모습 등에서 우리는 그 당시 사람들의 고래에 대한 인식체계를 단편적이나마 엿볼 수 있었다고 생각된다. 고래는 중요한 식량자원으로서 여겨졌을뿐만 아니라 또한 풍요와 다산을 상징하는 숭배의 대상으로도 받들여졌던 것 같다. 이는 고래사냥의 의식에서 등장하고 있는 주술사의 모습에서 추측할 수 있으며, 고래와 관련된 이러한 의식은 당시의 신앙의례를 조금이나마 밝힐 수 있는 근거를 제시해 준다고 할 수 있겠다.

이와 같이 대곡리 암각화는 당시 선사인들의 사회·경제생활과 종교관에 대한 풍부한 자료를 제공해주고 있다. 그러나 암각화에 제작 당시의 생활도구나 생활방식에 대한 직접적인 묘사가 거의 없으며, 또한 사냥에 직접 사용된 것으로 추정되는 작살 같은 유물이 근접 지역에서 전혀 나오고 있지

12) 문명대, 「한국의 선사미술」, 『한국사의 재조명』, 독서신문사, 1977, p.45.
13) 정동찬, 앞의 글, 1988, p.394.

않아 그 시대의 편년설정에 어려움이 많다는 점을 지적해두고자 한다. 물론 이 같은 경우는 대다수의 다른 암각화 유적에서도 공통된 것이기는 하지만 하루빨리 인접지역에서 관련유물을 찾을 수 있기를 기대해 본다.

〈白山學報 第60號, 2001.9.30. pp.153～164〉

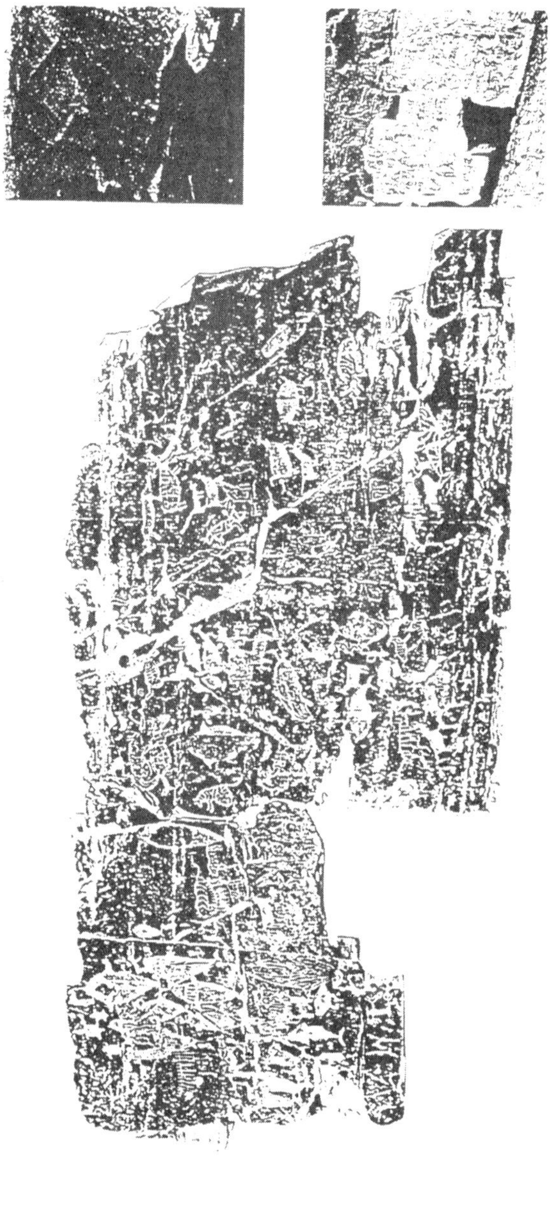

그림 1. 대곡리 암각화 전체 그림(탁본)

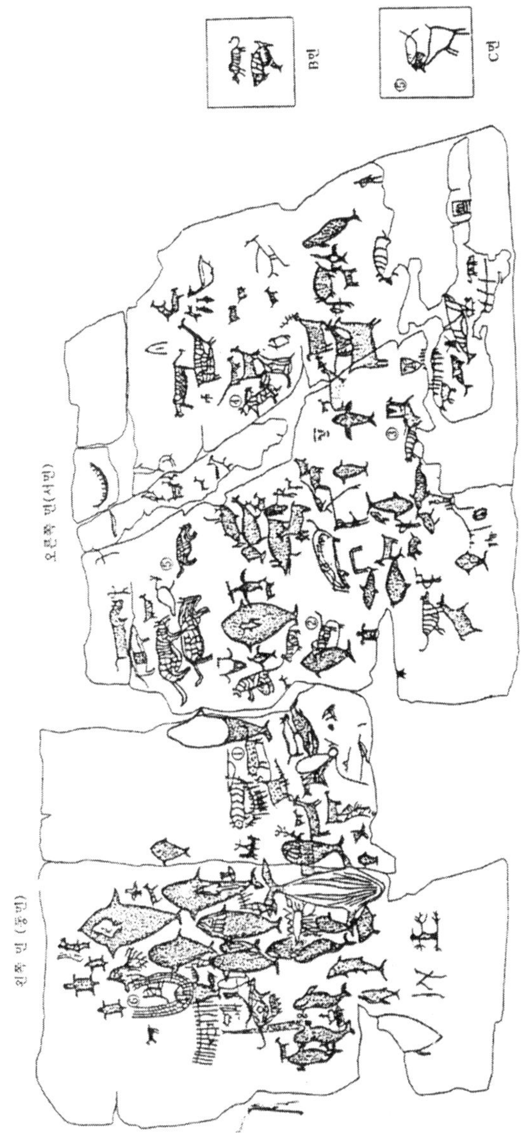

그림 2. 대곡리 암각화 전체 그림

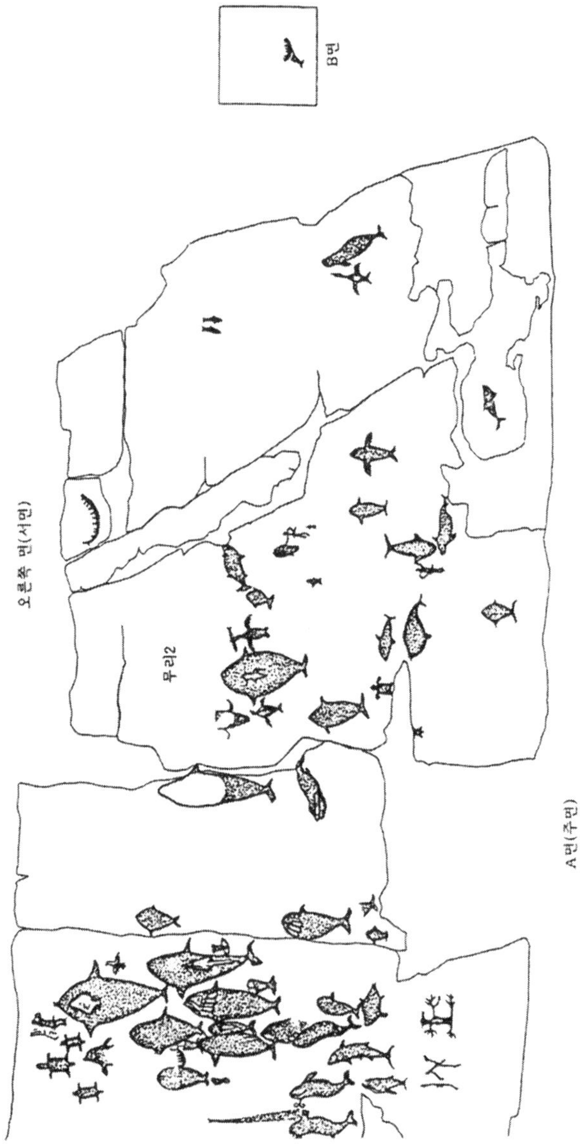

그림 3. 대곡리 암각화 면새김 해상동물 그림

그림 4. 물을 뿜고 있는 모양의 고래그림

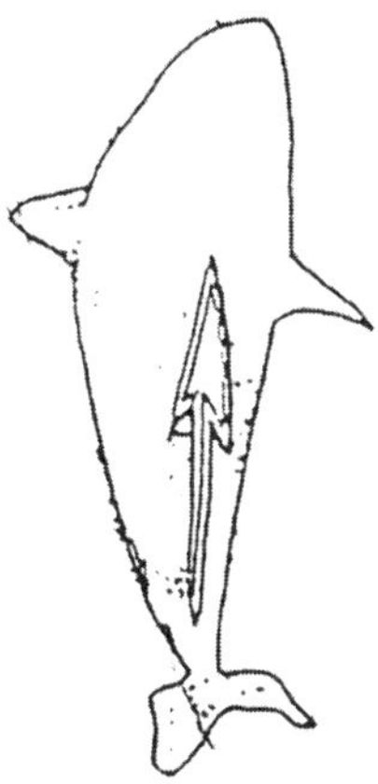

그림 5. 작살에 맞은 고래의 그림

그림 6. 주술사로 추정되는 모습의 그림

高台山文化에 대하여

복 기 대*

〈目 次〉

Ⅰ. 머리말

1973년 遼寧省 瀋陽市 新民縣에 위치하고 있는 高台山에서 한 떼의 옛 무덤이 발견·조사되었다.[1] 당시 수습된 유물들은 몸통 양쪽에 귀가 달린 호리병과 호리병형 단지를 비롯한 몇몇의 기물이었다. 그리고 기물의 특징으로 보아 주변 지역인 遼西 및 瀋陽以東을 중심으로 한 遼東 지역과는 다른 기물이라는 것을 알게 되었다. 그러나 유적의 범위가 高台山지역으로 한정되고, 여기서 출토된 유물 또한 단순하여 그 전체적인 성격을 파악하기는 쉽지 않았다. 그후 이 유적의 이웃지역에서 계속적으로 발견되는 기물의 특징을 서로 비교해 볼 때, 요서 및 요동과는 유물의 특징을 확연하게 구분을 할 수 있었고, 또한 高台山유적과 같은 특징을 갖는 유적들이 점차 많이 발견되면서 '高台山文化'라고 이름하게 되었다.

* 단국대학교석주선기념박물관, 학예연구원

1) 瀋陽市文物管理辨公室, 「瀋陽新民縣高台山遺址」『考古』1982-2, pp.121～129.

그후 高台山文化는 학계에 주목을 받으면서 연구가 진행되기는 하였지만,[2] 南滿州지역의 여타 문화와 비교해본다면 큰 연구성과가 없는 상태였다. 그러나 이 문화가 자리하는 지역적인 중요성과 당시 이웃지역인 遼西지역이나 瀋陽이동지역의 문화특징을 고려해볼 때 매우 중요한 문화임에는 틀림없다. 또한 이 문화는 한국 상고사와도 관련이 큰 문화일 가능성도 높다. 그럼에도 불구하고 우리 학계나 중국학계에서 그다지 주목을 받지 못한 문화이기도 하다. 따라서 이 글에서는 '高台山文化'에 대한 그간의 중국 학계의 연구 성과를 소개함은 물론 이 문화가 지니는 몇 가지 문제점에 대해 필자의 견해를 피력하고자 한다.

Ⅱ. 연구사적 정리 및 분포범위

高台山文化는 1973년 遼寧省 瀋陽市 文物管理辨公室에서 新民縣 高台山 남쪽 산록에 위치한 7기의 무덤을 발굴하면서 알려졌다. 그리고 다음해에는 같은 지점에서 5기의 무덤을 발굴하였고, 1976년에는 또 같은 유적지에서 13기의 무덤을 발굴하였다. 동시에 東高台山유적에서도 같은 목적으로 발굴을 하였는데,[3] 여기서도 역시 앞서 발굴한 유적의 성격과 같은 현상이 발

2) 여기에 대한 종합적인 연구는 많지는 않지만 이미 시도된 바 있다. 그러나 지금까지의 연구 결과를 볼 때 "高台山文化"라는 문화에 대하여 구체적으로 그 하나하나의 특징과 더불어 체계적인 연구는 아니었다. 연구의 주안점은 이 문화가 독립적인 문화로 자리잡는데 중점을 두는 것으로 볼 수 있다.

1) 朱永剛, 「論高台山文化及遼西青銅器文化關系」『中國考古學會』第8次年會論文集, 1991, 文物出版社, pp.139～156.

2) 趙濱福, 「關于高台山文化若干問題的探討」『青果集』 吉林大學考古專業成立20周年考古論文集, 吉林大學 考古學系編, 知識出版社, 1993, pp.273～284.

3) 董新林, 「高台山文化研究」『考古』, 1996-6기, pp.52～66.

3) 新民縣文化館・瀋陽市文物管理辨公室, 「新民高台山新石器時代遺址1976年發掘簡報」『文物資料叢刊』1983-7, pp.80～91.

견되었다.[4)]

그후 1979년과 1980년에 東高台山에 대한 대규모 발굴을 진행하였다.[5)]

이상의 발굴조사에서 공통적으로 확인할 수 있었던 내용은 다음과 같다. 첫째, 무덤은 대부분이 긴네모꼴의 움무덤이다. 둘째, 주검은 대부분 모로 굽은 장이다. 셋째, 껴묻힌 기물은 단지 하나와 높은굽보시기로, 높은굽보시기가 단지를 덮은 꼴이며, 위치는 다리 부분에 놓여져 있다.

질그릇들은 공통적으로 민무늬의 간 것으로 빛깔은 붉은 빛을 내고 있었다. 이러한 특징을 갖는 문화 요소는 그때까지 조사된 이웃 유적들과 다른 양상을 보이고 있어 새롭게 검토해야 한다는 견해들이 제기되었다. 그러나 당시 발굴을 통해 조사된 것은 한 지역이었기 때문에 새로운 문화를 상정할 단계가 아니어서 단지 '高台山類型'으로 명명하였다.[6)]

그후 1980년 遼寧省 彰武縣 平安堡유적이 발견되면서[7)] 平安堡유적과 신민 고태산유적은 동일 계통이라는 결론을 내리게 되었다. 동시에 분포 범위가 新民 高台山지역으로 한정되었던 유적의 성격이 북쪽에도 존재하는 것으로 확인되면서 새로운 연구의 가능성을 제시한 것이기도 하다.[8)]

1979년부터 88년까지 鐵嶺市 문물관리소에서 法庫縣 彎柳街유적을 조사하였는데 여기서도 위에서 말한 유물들이 꾸준하게 수집되었다.[9)]

---

4) 76년 발굴당시 東高台山유적은 유물의 특징상 "新樂上層文化"로 귀속되었다. 이는 당시만해도 瀋陽市지역에 신석기시대문화나 청동기시대유적으로는 新樂文化가 대표적이었기 때문이었다. 그러나 후에 여러 유적이 발굴되면서 高台山文化에 속하는 것으로 보게되었다.

5) 瀋陽市文物管理辨公室, 「新民東高台山第二次發掘」『요해문물학간』1986-1, pp.16~29.

6) 曲瑞琦, 「瀋陽地區新石器時代的考古學文化」『會刊』, 1981년 -遼寧省考古·博物館成立大會紀念論文集, p.44.

7) 遼寧省文物考古研究所·吉林大學考古學系, 「遼寧彰武縣平安堡遺址發掘簡堡」『遼海文物學刊』1989-2, pp.99~109.

8) 遼寧省文物考古研究所·吉林大學考古學系, 「遼寧彰武縣平安堡遺址發掘簡報」『遼海文物學刊』, 1989-2.

9) 曹圭林·許志國, 「遼寧法庫縣彎柳街遺址調查報告」『北方文物』1988-2, pp.18~20.

1986년 鐵嶺市박물관에서는 그동안 꾸준히 조사되었던 자료들을 토대로 法庫縣 彎柳街유적을 발굴하게 되었다. 이 발굴에서 이왕의 발굴 조사된 유물들이 대량으로 수습되었는데 이 발굴은 高台山文化를 연구하는데 또 하나의 근거가 되었다.[10)]

1988년 遼寧省 고고학연구소와 吉林大學 考古學系가 공동으로 대규모의 平安堡유적을 발굴하였다.[11)] 이를 통해 과거 발굴에 의해 축적된 성과와 같은 계통의 유적임을 확인하고 이를 '高台山文化'라고 이름하였다.

1988년 阜新 平頂山유적이 조사·발굴되면서 이 문화의 서북쪽 범위와 지층 관계를 통하여 연대를 확인 할 수 있었는데, 시간적으로 夏家店 下層文化→高台山文化→魏營子文化라는 단계를 설정할 수 있다는 사실이 그것이다.[12)]

이상에서 高台山文化 흔적이 발견된 이래로 최근까지의 연구 성과를 간략하게 알아보았다. 전체적으로 高台山文化는 주거지 유적도 있지만, 주로 무덤에서 발견된 유물을 통하여 그 문화적 성격을 규명하고 있음을 알 수 있다.

이 문화의 분포 범위를 볼 때 동으로는 瀋陽市를 관통하는 渾河를 넘지 않고 서로는 醫巫閭山을 넘지 않는다. 남으로는 新民 高台山지역에 한계를 두며, 북으로는 下遼河유역에 다다르는 것을 알 수 있다. 비록 이 문화가 한 독립된 문화로 설정되었지만 관계되는 유적이 많이 발견되지 않아 분포 범위 역시 넓지 않음을 알 수 있다. 그렇지만 전체적인 문화 요소의 특징을 고려해볼 때, 하나의 독립된 문화로 상정하는데 큰 문제가 없다. (지도 1. 고태산문화 분포도).

---

10) 鐵嶺市博物館, 「法庫縣彎柳街遺址試掘報告」『遼海文物學刊』, 1990-1, pp.31~41.

11) 遼寧省文物考古研究所·吉林大學考古學系, 「遼寧彰武平安堡遺址」『考古學報』, 1992-4, pp.437~475.

12) 遼寧省文物考古研究所·吉林大學考古學系, 「遼寧阜新平頂山石城址發掘報告」『考古』, 1992-5, pp.399~417.

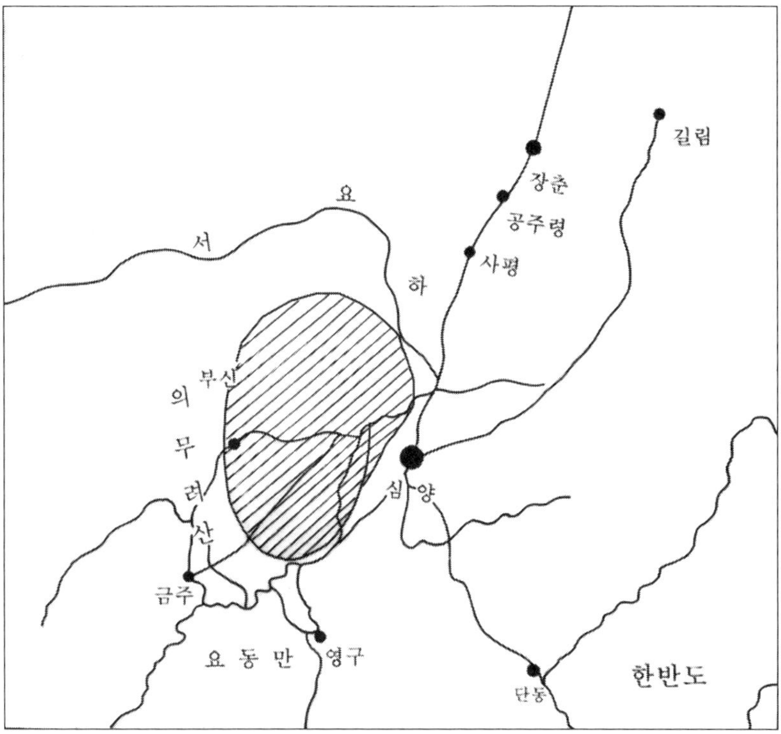

지도 1. 高台山文化 분포도

Ⅲ. 문화 요소의 특징

高台山文化의 특징 요소를 대략적으로 살펴보면, 유적으로는 집자리·무덤 등이 있고, 유물로는 질그릇·청동기·돌연장 등이 있다. 아울러 생활용구는 아니지만 점을 치는데 사용된 것으로 보이는 점뼈들도 간혹 발견되고 있다.

1. 유적

1) 집 - 반움집과 지상식이 있다. 집안 바닥 맨 가장자리에 넓지 않은 도랑을 팠고, 이 주변에서 불로 구워진 흙벽돌이 발견된다. 이는 담장과 관계가 있는 듯하다. 구덩이의 평면은 둥근꼴·긴둥근꼴·네모꼴·긴네모꼴 그리고 불규칙한 형태가 있는데, 많이 보이는 것은 둥근꼴과 긴 둥근꼴이다. (그림 1)

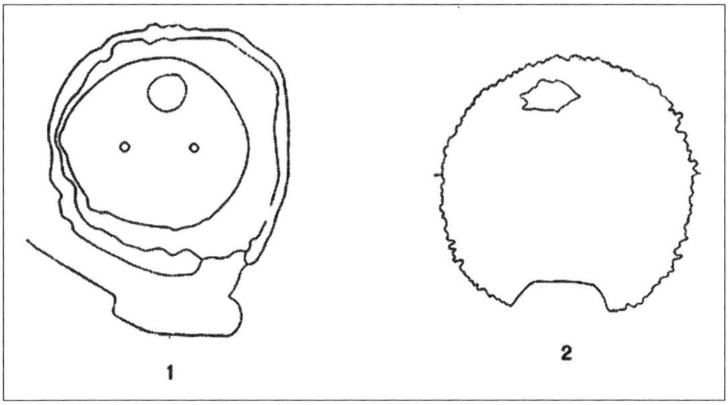

그림 1. 고태산문화 집자리그림
1.평정산F1001 평면그림 2.평정산F3004 평면그림

2) 무덤 - 긴네모꼴 무덤이 많이 보인다. 움무덤이 가장 많고, 다음으로 돌덧널무덤이 많았다. 일반적으로 장구나 二層台가 없는데, 아주 적은 수에서 나무널무덤에 二層台가 있는 무덤이 확인된다. 주검을 묻은 방법은 모로 굽은 주검과 곧은 주검이 많이 보인다. 껴묻거리는 주로 질그릇으로, 일정한 형식을 가지고 있는 것을 알 수 있다. 기물은 단지 하나와 높은굽보시기가 일반적인데, 높은굽보시기가 단지를 덮은 모양을 하고 있으며, 대부분 다리 부분에 놓여져 있다. 주로 紅衣陶가 많다.(그림 2)

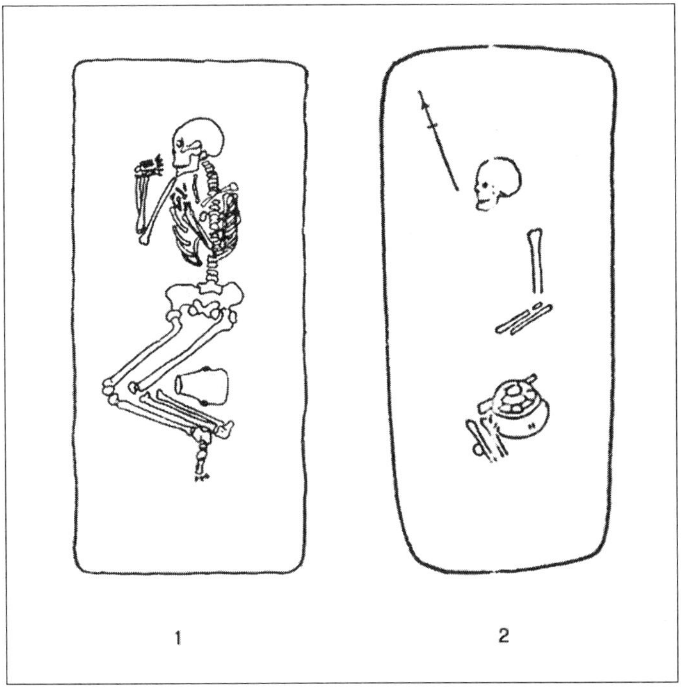

그림 2. 고태산문화 무덤그림
1.평정산M3003 2.고태산M744

2. 유물

1) 질그릇 - 두계통으로 나눌 수 있다. 한 계통은 실제 생활에서 썼던 그릇들이다. 재질은 모래질로, 붉은 갈색그릇과 재갈색 그리고 누른갈색 그릇들이 많았으며, 기본적으로 진흙질 그릇들은 보이지 않는다. 손으로 만들었으며 흙끈을 쌓아올린 방법을 취하고 있다. 불의 온도가 고르지 못하여 색 또한 고르지 않고, 무늬는 절대 다수가 민무늬이지만, 적은 수에서 눌러찍은 무늬와 점무늬 그리고 줄무늬 등이 보인다. 그릇의 종류로는 세가랑이솥·세발솥·시루솥·단지·독·주전자·보시기·굽접시·자백이 등이 있다. 이중에서 세가랑이솥은 배부분이 곧은 형태이고 아가리 부분은 안쪽으로 비스듬하게 되어 있다. 입술은 밖으로 말려 있는 특징을 가지고 있다. 기물의 특징중 하나는 귀 형태의 손잡이가 발달했다는 것인데, 귀는 세로귀와 가로귀로 나눌 수 있다. 손잡이는 대부분이 고리형인데, 일부에서 납작한 반달꼴 모습이 보인다.

다른 한 계통은 무덤의 껴묻거리로 묻힌 그릇들이다. 재질은 가는 모래가 섞인 붉은 갈색인데, 역시 손으로 만들었으며, 구운 불의 온도는 비교적 높다. 무늬는 대다수가 민무늬이고, 그 다음으로 눌러 찍은 무늬·띠줄무늬 등이 있다. 이 계통의 질그릇 가운데 가장 큰 특징은 아가리 안쪽을 깍아서 三角尖緣을 만든 것과 질그릇 몸체에 붉은 진흙을 한겹 더 입힌 紅衣陶이다. 기물의 종류는 양귀 주전자·주전자·양귀단지·굽보시기·보시기, 그리고 사발 등이 있다.(그림 3)

2) 청동기 - 이 문화가 청동기문화기로 진입한 것은 확실하지만, 지금까지의 조사 결과에 의하면 많은 청동기가 발견된 것은 아니다.[13] 주로 소형의 칼과 귀걸이 그리고 청동기를 주조했던 용범이 발견되었다.(그림 4)

13) 고태산문화가 청동기시대에 진입하였지만 많은 청동기가 발견된 것은 아니다. 본문에서 말한 몇 점이외에도 보고서에는 발견되었다는 보고들이 종종 보인다.

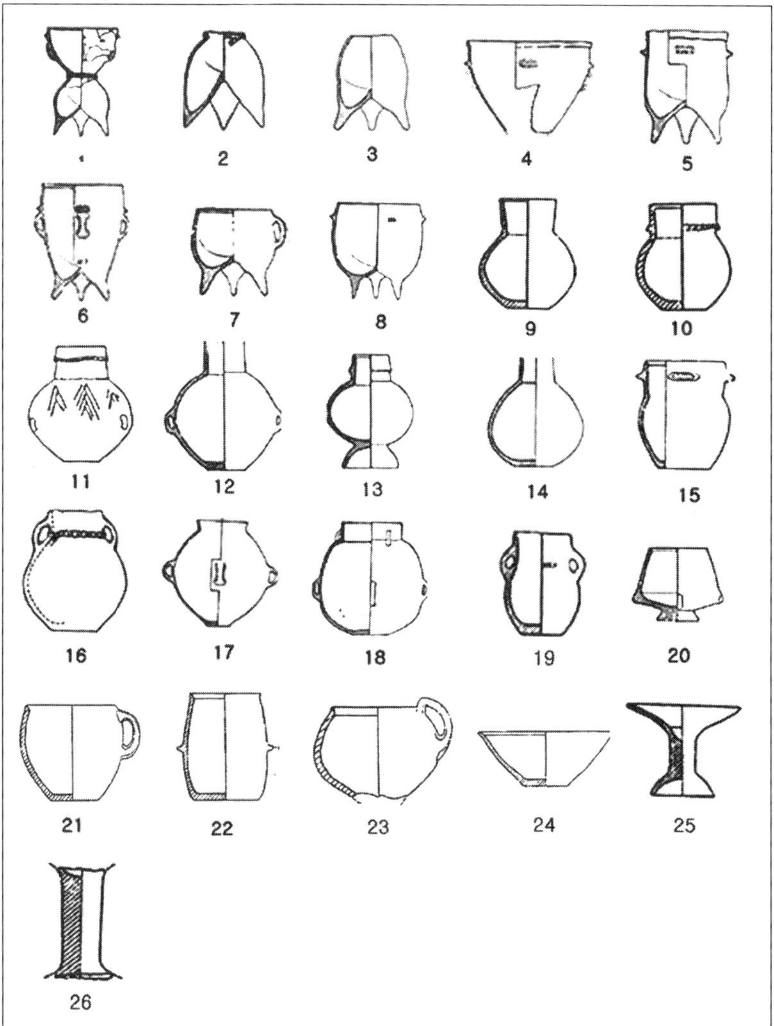

그림 3. 고태산문화 질그릇 그림

1-4.시루솥(1,신민동고태산 76T1H1:5, 2,평정산H3094:4, 3,평정산H3089:3 4,평정산H3038:8) 5-8.세가랑이솥(5,평정산H1012:1,6,평정산H3053:1, 7,평정산T108③:4, 8,신민고태산 76T1H1:3) 9-19.각종단지(9,신민고태산76M1:2 10,신민고태산76M:2, 11,고태산76M6:1 12,고태산76M4:1 13,고태산76M3:1 14,평정산M3005:4, 15,평정산M3005:1, 16,평정산M3010:2, 17,평정산M1003:1 18,신민 동고태산76T1H1:1 19,고태산T744:6) 20-23 각종 잔(20,고태산76M5:2 21,평정산G1003:4, 22, H3074:1 23,평정산H3075:1) 24.대접(평정산M3013:3) 25-26.손잡이접시(25,평정산T312③:1 26,평정산G1003:1)

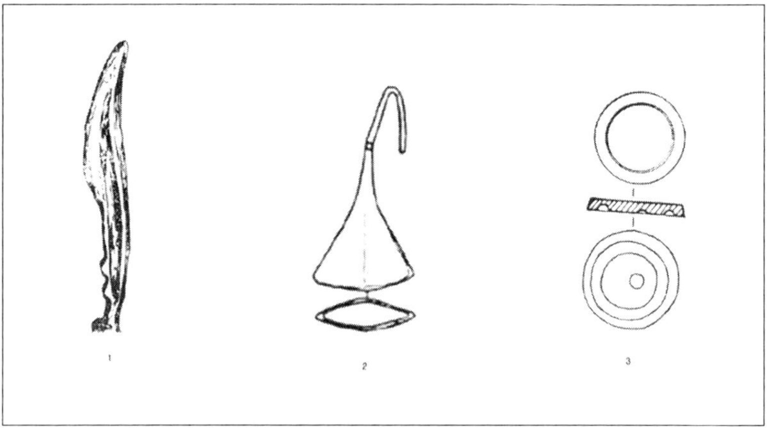

그림 4. 고태산문화 청동기그림
1.칼(평정산H3028:1) 2.귀걸이(평정산T106③:1) 3.용범(평정산T101⑤:11)

3) 돌연장 및 뼈연장 – 돌연장은 주로 간 연장들이 많다. 종류는 돌칼·돌도끼·자귀·화살촉 등이 있다. 뼈연장으로는 끌·침·바늘·송곳·구슬 등이 있는데, 주로 생활에 필요한 공구들이다. 뼈연장 가운데는 점뼈가 돋보인다. 짐승이 어깨뼈나 부위가 넓은 작은 뼈를 이용하여 점을 쳤음을 알 수 있다. 큰 뼈를 이용하여 주로 불로 태우거나 그슬린 방법을 취하고 있다[14].(그림 5, 그림 6)

위에서 간략하게 高台山文化의 특징을 정리하였다.

14) 辛占山, 「康平順山屯青銅時代遺址試掘報告」, 『遼海文物學刊』, 1988年 第1期.

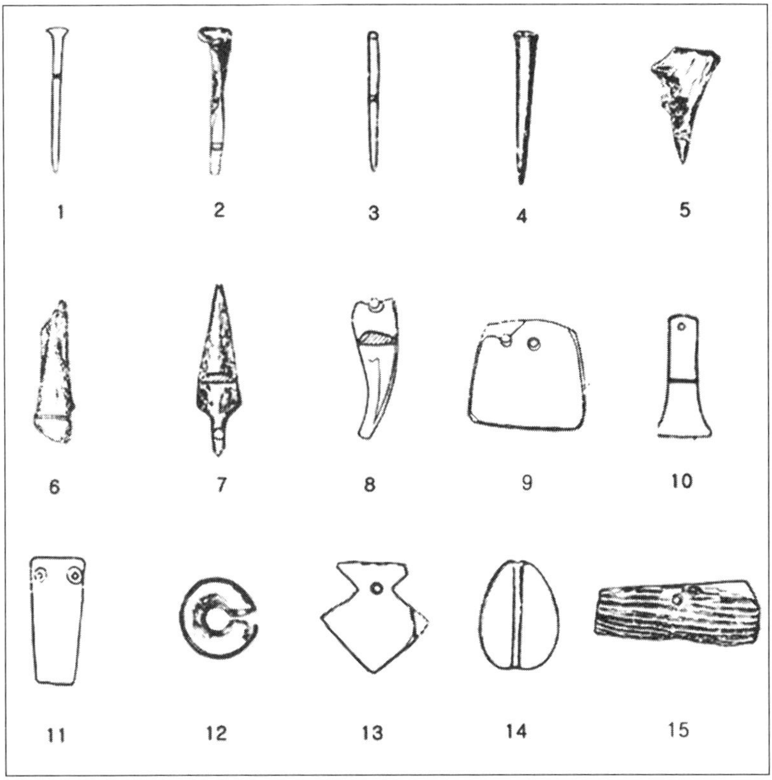

그림 5. 고태산문화 뼈연장그림

1.비녀(평정산H3053:1) 2.끌(평정산H3014:1) 3.바늘(평정산 채집:15) 4.비녀(평정산H3038:1) 5.송곳(평정산H3058:9) 6.삽(평정산H1022:14) 7.화살촉(평정산H3053:13) 8.뿔장식(8,평정산H3011:3) 9.장식품(평정산F3004:2) 10.패식(평정산T106④:33) 11.갑주((평정산T311②H3053:7) 12.귀걸이(평정산T101⑤:7) 13.갑주(평정산H1018:1) 14. 조개패식(평정산H3030:2) 15.조개껍질칼(평정산H3020:2)

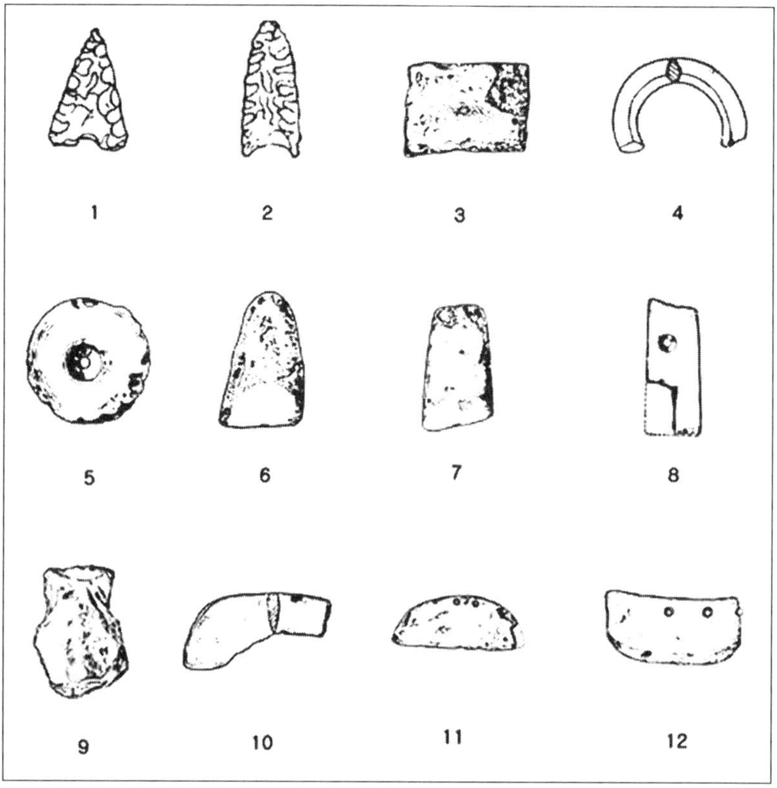

그림 6. 고태산문화 돌연장그림

1,2.화살촉(1,평정산T326②:1 2,평정산T312②:9) 3.숫돌(평정산 T302③:4) 4.고리(평정산T103④:2) 5.장식품(평정산H1042:3) 6.도끼(평정산H3055:1) 7.도끼(평정산H3075:3) 8.도끼(평정산H3046:1) 9.삽(평정산T302③:1) 10.낫(평정산H3031:1) 11,12.돌칼(11,평정산H3100:1 12,평정산T107④:3)

Ⅳ. 高台山文化의 연대와 연원

1. 문화의 연대

지금까지 검토된 고대산문화의 연대와 관련한 논의는 두 방면에서 고찰해 볼 수 있다.

우선 고려할 수 있는 것이 지층관계이다. 지층관계는 平安堡유적과 평정산유적에서 볼 수 있다. 平安堡유적은 1기·2기·3기 문화층으로 나누어지는데, 1기와 2기는 연대는 다르지만 신석기문화층으로 구분되었고, 이중 3기 문화층이 고대산문화층이다. 각 기의 문화층은 확연하게 구분되는데, 그렇다면 2기문화 보다는 늦다는 것을 알 수 있다. 또 阜新 平頂山유적은 3기로 나눌 수 있는데, 1기는 하가점하층문화, 2기는 고대산문화, 3기는 魏營子文化에 해당한다. 즉 平頂山유적에서 高台山文化는 하가점하층문화 보다는 늦고 魏營子文化보다는 이른 것을 알 수 있다. 상한 연대를 고려해볼 때 하가점하층문화의 연대가 고려되어야 할 것이다. 하가점하층문화의 연대는 기원전 24세기 전후한 시기인데 이를 고려해보면 고대산문화의 연대는 이보다 빠를 수는 없다. 기물의 특징을 봤을때도 이른시기의 高台山文化 세가랑솥은 하가점하층문화의 2기정도에 속한다. 그러므로 개시 연대는 기원전 19세기 전후로 볼 수 있을 것이다. 하한연대는 위영자문화를 고려해 볼 수 있다. 평정산유적에서 발견된 魏營子文化 요소는 전체 위영자문화중 가장 이른 연대라고 알려져 있는데,[15] 그 연대를 기원전 14세기를 전후한 시기로 볼 수 있다. 이렇게 본다면 하가점하층문화보다 늦고 위영자문화보다 이른 시기의 문화임을 알 수 있다. 그러므로 그 시기는 개략적으로 기원전 19세기를 전후한 시기에서 기원전 15세기 전후한 시기가 될 것이다.

15) 복기대, 『요서지역의 청동기시대 문화연구』, 2002년, 백산자료원, p.205.

다음으로 방사선 탄소측정연대를 살펴보기로 한다. 여기에는 다음 〈표 1〉과 같은 몇 개의 샘플이 있다.

〈표 1〉 고태산문화의 방사선탄소측정연대

	유 적 명	측정대상	측정연대	수정연대	비 고
1	彰武縣 平安堡⑤층 H1033	목 탄	3435±90	3700±135년	
2	彰武縣 平安堡⑤층 F1003	목 탄		3670±125년	
3	新民市 高台山 T1H1	목 탄	3275±90	3620±135년	
4	法庫縣 柳彎街T8H4	목 탄	3085±75	3340±150년	
5	彰武縣 平安堡③층 M3011	인 골	2980±100	3135±130년	
6	法庫縣 柳彎街H3	목 탄	3150±85		
7	彰武縣平安堡M3010	인 골	2770±100	2875±135	

앞서 언급한 바와 같이 지층 관계와 방사선 연대측정의 결과를 보면 연대의 차이가 많이 나는 7번을 제외하고 보면, 고태산문화의 연대는 기원전 3900년 전후를 시작으로 기원전 3400년 전후에 들어와 와해된 것으로 나타난다.

2. 문화의 연원

이 문화와 주변 지역을 비교해 볼 때, 遼西 지역의 청동기시대문화의 경우 그 기원을 뚜렷하게 밝힐 수 있으나, 이 문화는 바로 이어지는 문화가 확연하게 들어나지 않기 때문에 기원을 찾기 쉽지 않다. 그러나 지금까지의 고고학 자료의 조사를 토대로 하면 그 실마리 어느 정도 추적해 볼 수 있다.

앞서 말한 바와 같이 고태산문화는 下遼河 유역의 遼北 지역에서 발달한 청동기시대문화이다. 연대를 볼 때도 기원전 19세기정도에서 시작하여 기원전 15세기 전후까지 존속했던 문화이다. 그렇다면 이 문화의 기원은 이 지역이나 주변 지역의 신석기문화, 또는 주변 지역의 이보다 이른 시기의 청동기시대문화에서 찾아야하는 것이 당연하다. 그렇다면 이곳의 후기 신석기문화를 확인해 볼 필요가 있다.

이런 점에서 먼저 당시 신석기문화인 偏卜子文化를 살펴볼 수 있다. 偏卜子文化는 下遼河 지역의 신석기문화이다.[16] 이 문화의 기물 특징은 밑이 평평한 단지, 즉 '평저통형관'과 몸체가 긴 편에 속하는 '高體壺'가 대표적인 기물이다. 이 기물의 특징은 高台山文化의 초기에서 보이는 통형 세가랑이솥과 무덤에서 자주 보이는 高體壺와 매우 닮은 꼴임을 알 수 있다. 그러나 편복자문화와 고태산문화의 시간적인 간격이 너무 크고 전체적인 기물들의 연관성을 고려해볼 때 그것이 바로 이어질 수 있는가 하는 것은 문제가 된다. 재고해 볼 여지가 있다고 하겠다.

다음으로 거론될 수 있는 것이 '平安堡2期類型'이다. 평안보2기유형의 대표적인 질그릇의 특징은 기물에 세로형이나 가로형의 귀가 달린 통형관이 주축을 이루고 있는 것이다.[17] 이 기물에 실질적으로 삼족기를 붙이면 바로 통형삼족기가 이루어진다. 또 다른 하나는 紅衣陶 문제이다. 앞서 말한 대로 紅衣陶는 고태산문화의 가장 큰 특징중 하나이다. 이 홍의도가 이미 평안보2기유형에서에서 나타나고 있는 것이다.[18] 모든 기물에서 나타나는 것은 아니고, 일부 기물 즉 호형단지나 굽보시기에서 볼 수 있는데, 이는 고태산문화에서 나타나는 현상과 거의 일치하는 것이다. 이런 현상들을 볼 때, 평안보2기유형가 고태산문화에 상당한 영향을 주었다는 것이 사실로 증

---

16) 1) 中國社會科學院考古研究所東北工作隊, 「瀋陽肇工街和鄭家洼子遺址的發掘」『考古』, 1989-10기 참조.
2) 瀋陽市文物管理辨公室, 앞글, 「新民東高台山第二次發掘」, pp.18~22.

17) 遼寧省文物考古研究所・吉林大學考古學系, 앞글, 「遼寧彰武平安堡遺址」 pp.437~475.

18) 遼寧省文物考古研究所・吉林大學考古學系, 위글, 「遼寧彰武平安堡遺址」, p.444 그림9.3.10참조.

명되고 있다고 할 수 있다.(그림 7)

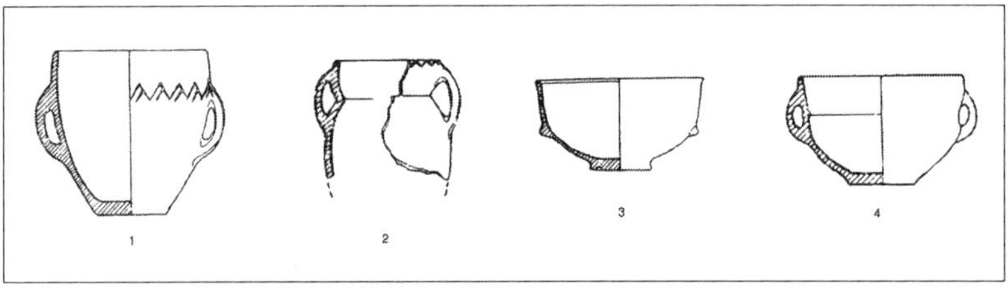

그림 7. 평정산2기유형 질그릇그림
1.단지(평정산H1032:1) 2.오른목양귀단지(평정산H1031) 3.보시기(H1031:3) 4.양귀보시기(H1031:2)

다음으로 삼족기 관계이다. 이 문제는 신석기시대에서 청동기시대문화로 넘어가는데 있어 지표가 되기 때문이다. 高台山文化 역시 이 범주에서 크게 벗어나지 않는다. 그렇다면 고태산문화의 삼족기 기원은 어디일까의 문제가 남는다. 高台山文化의 삼족기, 즉 세가랑이솥이나 시루솥의 다리를 보면 약간의 차이는 있지만 遼西 지역의 하가점하층문화에서 보이는 삼족기와 매우 유사한 것을 볼 수 있다.[19] 두 문화를 시기적으로 비교해볼 때, 하가점하층문화가 약간 앞서면서 어느 시점에 이르서는 병렬적으로 발전하는 것을 볼 수 있다. 그렇다면 高台山文化의 삼족기 연원은 平安堡2期類型의 기물에 하가점하층문화에서 유행하던 삼족기가 이어져 고태산문화의 독특한 삼족기가 탄생된 것이 아닌가 한다. 그 증거의 하나로 고태산문화의 초기 삼족기들을 보면, 다리가 그릇의 몸통 밖으로 나가는 것을 볼 수 있는데, 이 같은 현상은 하가점하층문화 초·중기에서 볼 수 있는 현상이다. 그러므로 이 관계는 명확하게 그곳의 후기 신석기문화의 질그릇에 遼西 지역의 초기 청동기 문화의 영향을 받아서 이루어진 것을 볼 수 있다.(그림 8)

19) 복기대, 앞글, 『요서지역청동기시대문화연구』, p.61 그림 22중 시루솥 부분 참조.

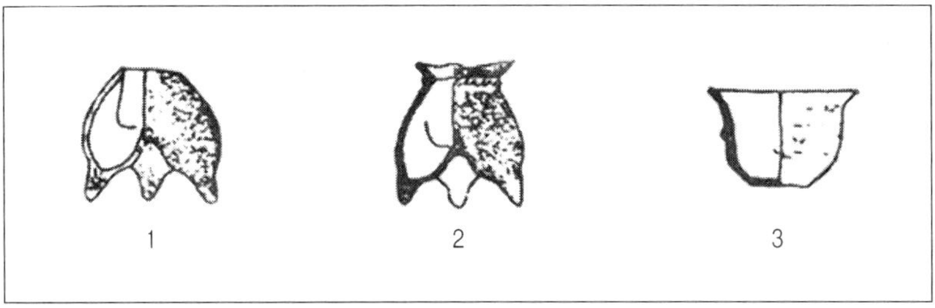

그림 8. 하가점하층문화 질그릇그림
1,2.세가랑이솥(1,건평 수천J25:3, 2, 건평 수천F25:3) 3.존(건평 수천 채집)

삼족기에 대해서 다른 방면을 고려해 보면, 그곳에서 발전했을 가능성을 제시해 볼 수 있다. 왜냐하면 위에서 밝힌 대로 고태산문화가 平安堡2期類型에서 발전한 것으로 보면 평안보2기유형에서도 이미 삼족기의 존재가 있었다는 것을 고려해 보아야 할 것이다.[20] 왜냐하면 지금의 자료로는 완전하지 않아 전체적인 모습을 알 수 없지만, 발끝이 뾰족한 삼족기가 그 후대의 문화에 영향을 줄 가능성이 충분하기 때문이다. 과거 남만주 지역에서 발견되는 삼족기 문제가 언급될 때마다 삼족기는 中原 지역의 대표적인 기물로 인식되었고, 그 영향에 따라 중원문화가 외부로 전파되면서 동시에 중원문화가 확장된것으로 이해하는것이 보편적인 견해였다. 하지만 이 삼족기가 반드시 中原지역의 고유한 유물이 아니라는것은 이미 밝혀진 바와 같다. 비근한 예로 遼西 지역의 하가점하층문화에서도 알 수 있듯이 그곳에서 전통적으로 이어져 내려오던 삼족기와 외부 영향의 삼족기가 구분된다는 점이 그것이다.[21]

이렇듯 후기 신석기문화인 평안보2기유형에서 이미 삼족기가 발견되었다

20) 遼寧省文物考古研究所・吉林大學考古學系, 위글「遼寧彰武平安堡遺址」p.444 그림9.18,19.

21) 복기대, 앞글,『요서지역의 청동기시대문화연구』p.76.

면, 고태산문화에도 일정한 영향을 주었다고 보는 것이 타당한 이치일 것이다. 그러므로 고태산문화 삼족기 역시 두 갈래 방향에서 고찰되어야 할 것이다. 이 문제에 대해서는 뒤에서 다시 한번 언급하기로 한다.

연원 문제에서 고려를 더 해야 할 것은 앞서 말한대로 편복자문화와의 관계이다. 편복자문화의 긴목단지형태가 高台山文化에서 보이고 있는 것은 사실이다. 기형을 볼 때 큰 차이를 보이며, 시대적으로 직접적으로는 연결이 되지 않는다. 그러면 시대적으로 좀더 가까운 평안보2기유형과 비교할 필요가 있다. 편복자문화와 평안보2기유형은 시간적으로 전후 관계를 갖는 문화이다. 두 문화간의 상관 관계가 어우러져 고태산문화에 영향을 줄 수 있는 가능성은 존재한다. 그렇다면 앞서 말한대로 편복자문화와 고태산문화 사이의 시간적 차이를 평안보2기유형이 이어주는 역할을 하는 것으로 볼 수 있다. 이에 대한 견해는 이미 제기된 바 있다.[22]

Ⅴ. 주변문화와의 교류 관계

1. 夏家店下層文化와의 관계

하가점하층문화와의 관계는 두갈래로 나누어 보아야 한다. 첫째는 高台山文化의 연원에 영향을 준 부분이다. 여기에 대해서는 연원을 검토하면서 이미 설명하였기 때문에 중복하지 않는다. 둘째는 두 문화간의 교류 관계이다. 두 문화의 쌍방 교류가 시작된 것은 하가점하층문화의 중기부터라고 할 수 있다.

먼저 하가점하층문화의 특징을 간단히 정리해 보면 다음과 같다. 遺址에서 보면, 집자리는 흙벽돌이나 돌을 사용하여 담장을 쌓은 집들이 많이 보

22) 趙濱福, 앞글 「關于高台山文化若干問題的探討」, 1993, p.281.

이고, 구덩이는 둥근 움형태가 가장 많다. 무덤은 일반적으로 움무덤에 나무 장구를 쓴 무덤들이 많고, 다음으로 돌장구를 사용한 무덤도 많다. 무덤의 깊이는 보편적으로 깊으며, 안의 구조중에 壁龕이 있다는 특징을 가지고 있는데 전체 무덤에 모두 있는 것은 아니다. 또한 많지는 않지만 그 이층태가 있는 무덤도 있다. 그리고 많은 성들이 존재했다.

질그릇은 매우 발달하였는데, 지역적인 차이는 있지만 초·중기에 가장 많은 비율을 차지하는 것은 모래질의 갈빛이고, 그 다음으로 모래질 재빛, 진흑질 검은빛 그릇, 갈빛, 붉은 빛 등의 순서이다. 이것은 후기에 들어서 모래질의 붉은 갈빛 계통이 많은 비율을 차지하는 것을 알 수 있다. 일반적으로 물레를 써서 만들었으며 불의 온도는 높았다. 그릇은 세가랑이솥·시루솥·대야·자루접시·단지·세발솥 등이 매우 발달하였는데, 특히 세가랑이솥은 尊型鬲·동이형 세가랑이솥 등이 많은 비율을 차지하고 있다. 무늬는 꼰무늬·꼬아 덧붙인무늬·살무늬·점무늬·줄무늬가 가장 많았고, 그리고 여러 빛그림 그릇들이 많았다.

이상이 전체적인 夏家店下層文化의 특징이다. 여기서도 보았듯이 하가점하층문화의 집과 고태산문화의 집은 반움집식, 지상식이나 일부 흙벽돌을 사용한 방식은 비슷하다. 그러나 夏家店下層文化의 西道村에서 보이는 이중담 형식의 집이나 壁龕이 있는 집은 보이지 않는다. 이는 하가점하층문화에서도 장구가 없는 무덤도 있지만 나무장구를 사용한 무덤도 역시 많다. 이외에 고태산문화 무덤에서는 壁龕이 발견되지 않았다. 그리고 하가점하층문화에서 보이는 거대한 성이나 채회도는 보이지 않는다. 기물에서도 존형격이나 항아리형 세발솥도 보이지 않는다. 이런 점들은 두 문화의 차이점으로 거론될 수 있다.

두 문화간의 공통점을 살펴보면 다음과 같다. 고태산문화의 영향으로 보이는 것은 范仗子A群 무덤떼에서 보이는 돌널무덤이다.[23] 일반적으로 전형적인 하가점하층문화에서 돌널무덤은 보이지 않는다. 단지 范仗子A群에서

만 보이는데, 이 群의 무덤은 형식뿐만 아니라 수습된 기물에 있어서도 고태산문화 기물이 발견되었는데[24] 이는 무덤 형식과 기물을 함께 고려해 볼 때, 고태산문화 요소로 보는 것이 타당할 것이다.

하가점하층문화에서 고태산문화와의 기물 관계는 豊下·建平 水泉·大甸子무덤떼·范仗子무덤떼 등에서도 발견되었다. 이들 유적들과의 관계는 어느 정도 밝혀졌는데[25] 이를 간단하게 정리해보면 다음과 같다. 豊下遺址 T9(1):4에서 찾아진 민무늬 시루솥은 하가점하층문화의 전형적인 시루솥과 다르고, 高台山遺址T1H1:5 발견된 시루솥과 매우 비슷하다. 또 建平 水泉 下層에서 찾아진 붉은 호리병은[26] 일반적으로 하가점하층문화에서 보이지 않는다. 이러한 주전자는 고태산문화에서 볼 수 있는 형태이다.

大甸子무덤떼에서 보이는 고태산문화의 질그릇은 그 특징이 다음과 같다. 재질과 빛은 모래질에 붉은 빛을 낸 간 그릇으로 구운 불의 온도가 높고 감아 올리기를 하였다. 그릇 표면은 두드려 빛을 내었고 무늬는 거의 없다. 줄을 그어 무늬를 만든 보시기를 매우 적게 볼 수 있고, 기물에 귀나 꼭지가 많은 것이 한 특징이다. 아가리는 거의가 밖으로 향하고 비스듬하게 꺽음이 보이며 배부분 역시 꺽음을 만들었으며 굽접시의 굽안에는 긁은 흔적이 있다. 그릇의 종류는 단지·사발·보시기·주전자 등이 있는데 단지는 짧은 목과 둥근배를 특징으로 하고 있다.[27]

---

23) 內蒙古自治區文物工作隊, 「敖漢旗范仗子古墓群發掘簡報」『內蒙古文物考古』3기, 1984년, pp.22~26.

24) 朱永剛, 「論高台山文化及其與遼西青銅文化的關系」, 『中國考古學會 第八次年會論文集』, 1991年 文物出版社.

25) 劉晉祥, 「大甸子墓地乙群陶器分析」, 『中國考古學研究』-夏鼐先生考古五十年紀念論文集-, 文物出版社 1986年 : 朱永剛, 「論高台山文化及與遼西青銅文化的關係」, 『中國考古學會 第八次年會論文集』, 文物出版社, 1991年.

26) 高美璇·李恭篤, 「夏家店下層文化分期探索」, 『會刊』-遼寧省 考古,博物館學會成立大會 論文集-, p.74 그림 2中6, 1981年.

27) 劉晉祥, 「大甸子墓地乙群陶器分析」, 『中國考古學研究』-夏鼐先生考古五十年紀念論文集-, 1986年, 文物出版社.

이러한 특징의 질그릇은 하가점하층문화의 기물중에는 많이 보이는 기물은 아니고, 고태산문화에서 많이 보이는 형식이다. 그러므로 이 형식의 그릇들은 고태산문화의 영향으로 보아야 할 것이다. 뿐만 아니라 인종에서도 大甸子一組는 '古華北類型'에 속하므로 고태산문화인종과 같은 계통이라는 연구결과가 나왔다.[28]

이와 반대로 고태산문화 가운데 하가점하층문화의 요소는 어떠한가를 알아보기로 한다. 彰武縣 조사중 발견된 乙類陶器의[29] 특징은 불의 온도가 높고 꼬은 무늬가 있으며, 기물의 형태는 일반적으로 高台山文化에서 보이지 않는 기물이다. 그러나 하가점하층문화에서 자주 보이는 기물이다. 平頂山遺址에서 발견된 기물중 단지는[30] 하가점하층문화의 尊과 매우 유사한 것을 알 수 있다. 또한 高台山文化에서 보이는 속빈 다리에 대하여 어떤 학자는 하가점하층문화에서 전수된 것이라는 견해를 제기하기도 하였다.[31] 이렇게 볼 때 두 문화는 매우 밀접한 교류가 있었음을 알 수 있다. 고태산문화에서도 나무장구를 사용한 무덤이 소수 있는데, 이는 아마도 하가점하층문화의 영향이 아닌가 한다.

다음은 청동기 문제이다. 平安堡 3期에서 발견된 귀걸이 문제이다. 이 귀거리는 나팔형으로 하가점하층문화에서 보이는 기물이다. 이 기물이 하가점하층문화의 고유한 기물인가에 대해서는 약간의 이론이 있으나,[32] 적어도 외부의 영향을 받았을 지 언정 하가점하층문화의 문화요소로 귀납된다. 이 귀걸이가 고태산문화에서도 보이는 것을 볼 수 있는데, 이는 하가점하층문

28) 朱泓, 「夏家店上層文化居民的種族類型及相關問題」, 『遼海文物學刊』, 1989年 1期.
29) 遼寧省文物考古研究所 吉林大學考古學系, 「遼寧彰武縣考古復查紀略」, 『考古』, 1991-8, p.679 그림 7.
30) 遼寧省文物考古研究所 吉林大學考古學系, 「遼寧阜新平頂山石城址發掘報告」『考古』, 1992-5, p.406 그림 11中 12.
31) 趙賓福, 「關于高台山文化的若干問題研究」, 『青果集』, 지식출판사, 1993년.
32) 林澐, 「중국 동북지역과 북아시아 초원지대의 초기 문화교류에 관한 시론」『博物館紀要』, 단국대학교 중앙박물관, 1997년, p.9.

화의 영향으로 볼 수 있다.

2. 夏家店上層文化와의 관계

하가점상층문화는 하가점하층문화의 '西區類型'지역에서 발달한 문화이다. 이 문화의 기원은 학자마다 약간의 차이를 보이고 있으나, 대체적으로 기원전 14세기 전후하여 시작된 문화이다.[33] 그 특징은 곧은 배를 가진 세가랑이솥이 발전하였고, 청동기가 크게 발달한 문화이다. 이 문화와 고태산문화를 비교하는데 있어 우선 고려되어야 할 점은 시기적인 문제이다. 즉 고태산문화가 와해되는 시기와 하가점상층문화가 기원하는 시점이 우선적으로 고려되어야 할 것이다. 이 문제는 앞서 말한 두 문화간의 연대 문제를 고려해 볼 때 서로 이어지는 것을 볼 수 있다. 다음으로 고려해 볼 것은 두 문화간의 직접적인 관계이다. 이 문제는 이왕의 연구 결과에 의하면, 많은 부분이 서로 공통점이 있기때문에 분야를 나누어 비교를 해보기로 한다.

1) 器物 關係 - 유적과는 다르게 고태산문화에서 보이는 기물의 특징들이 하가점상층문화에서 매우 많이 보인다. 재질면에서 모래질의 붉은 빛 계통의 그릇, 만든 방법이 감아 올린 것, 불의 온도가 낮은 것, 그리고 일반적으로 무늬가 없는 특징 등은 두 문화에서 공통점으로 보이는 현상이다. 특히 기물에 귀가 달린 형식 역시 두 문화에서 보이는 특징중 하나라고 볼 수 있다. 이러한 현상을 근거로 기물을 비교해보면 다음과 같은 공통점을 찾아 볼 수 있다.

하가점상층문화 1기에서 보이는 동이형 세가랑이솥은 고태산문화의 유적인 만유가유지TG11(2)에서 찾아진 것과 형태나 무늬가 없는 특징을 공통적

---

33) 齊曉光, 「內蒙古克什克騰旗龍頭山遺址發掘的收穫」『內蒙古東部地區考古學文化研究文集』, 內蒙古文物考古研究所編, 海洋出版社, 1991, pp.69~71.
복기대, 위글, 『요서지역의 청동기시대문화연구』, p.145.

으로 가지고 있다는 것을 알 수 있다. 하가점상층문화에서 보이는 짧은 손잡이 접시는 灣柳街遺址TG4(3)에서 찾아진 것과 역시 비슷한 것을 볼 수 있다. 또한 두 문화에서 공통적으로 보이는 현상 가운데 기물에 귀가 달린 것인데 좌우 대칭으로 귀의 모든 형태, 귀를 달은 기물의 종류 등이 매우 유사한 것을 알 수 있다.

연대적으로 약간의 차이는 있지만, 하가점상층문화에서 보이는 손잡이접시이다. 이 기물은 접시 부분이 넓으며 손잡이 부분이 짧은 특징을 가지고 있다. 이러한 형태는 고태산문화의 平安堡 3期유적에서 보이는 기물과 매우 흡사한 것을 알 수 있다. 그러므로 이 기물은 고태산문화의 영향이라고 보아야 할 것이다. 간략하게 두 기물을 살펴볼 때, 두 문화는 기물에서는 많은 공통점을 가지고 있다는 것을 알 수 있다.(그림 9)

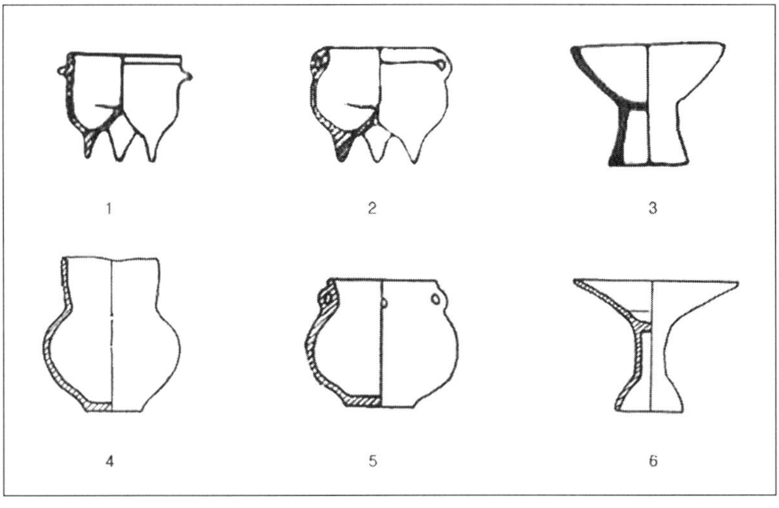

그림 9. 하가점상층문화 질그릇그림

1,2.세가랑이솥(1,용두산ⅡH6:1 2,용두산ⅡT0402②:3) 3,6.손잡이접시(3,옹우특기 대포자 6,적봉 지주산) 4. 긴목단지(적봉 홍산후) 5.양귀단지(옹우특기 대포자)

2) 인종 관계 - 먼저 하가점상층문화의 체질인류학적인 특징을 살펴보면 다음과 같다. 위에서 간단하게 알아본 것은 하가점상층문화의 무덤 가운데 南山根組・夏家店組・紅山組의 특징을 종합한 것이다. 이러한 특징으로 하는 夏家店上層文化 사람들은 亞州蒙古人種중에 東亞類型에 속하는 민족이다.

지역적으로나 연대적으로 하가점하층문화와 상층문화는 서로 이어지는 관계를 가지고 있지만, 문화민들은 서로 다르다. 하가점하층문화에서는 '古東北類型'가 주축을 이루고, 다음으로 '古華北類型' 순서인데 하가점상층문화에서는 '古東北類型'은 발견되지않는다.[34] 그런데 이 상층문화와 가장 밀접한 관계를 가지는 종족이 高台山文化와 관계가 있다는것이 최근 한 연구 결과에 의해 밝혀졌다.[35] 구체적으로는 龍頭山人과 고태산문화의 順山屯遺址에서 확인된 인골이 밀접한 관계를 가지는 것으로 밝혀졌다. 이는 전체 하가점상층문화를 이해하는데 매우 중요한 근거가 된다.

3) 풍속 관계 - 고대인들에게 점치는 풍속은 매우 중요한 행사중 하나였다. 이 전통이 서로 같다면 이는 두 문화간에 밀접한 관계가 있음을 짐작할 수 있다. 하가점상층문화에서 찾아진 점뼈들의 점치는 방식은 짐승의 어깨뼈나 다른 부위의 큰 뼈를 이용하여 주로 불로 태우거나 그을리는 방법을 취하고있다. 그런데 고태산문화에서 보이는 방식 역시 이러한 방식을 취하고 있는 것으로 미루어[36] 최소한 하가점상층문화의 占卜 관습과 방법중 일부는 고태산문화와 영향을 지니고 있음을 알 수 있다.

이상에서 살펴본 바와 같이 두 문화는 매우 밀접한 관계를 지니고 있다

---

34) 朱泓, 「夏家店上層文化居民的種族類型及相關問題」, 『遼海文物學刊』, 1989-1, pp.111~125. 「중국 동북지구의 고대종족」『박물관기요』13, 단국대학교 중앙박물관 1998, pp.5~23.

35) 陳山, 『克什克騰旗龍頭山青銅時代居民的人類學研究』, 1995년.

36) 辛占山, 「康平順山屯青銅時代遺址試掘報告」, 『遼海文物學刊』, 1988年 第1期.

고 볼 수 있는데, 이렇게 볼 때 夏家店上層文化의 주요한 문화요소나 문화 사람들은 高台山文化 계통에서 온 것임을 알 수 있다.

3. 魏營子文化와의 관계

魏營子文化는 하가점하층문화의 '東區類型'에서 발전한 문화이다. 이 문화는 직접 하가점하층문화를 계승하고 있지만, 부분적으로는 고태산문화의 영향이 있음도 알 수 있다. 이 문화와 고태산문화와의 관계를 비교해 보기 위해서는 역시 연대 문제가 해결되어야 한다. 이 문제에 대해서는 앞서 말한대로 두 문화간에 연대 차이가 이미 규명된 상태이기 때문에 큰 문제는 없을 것으로 본다.

기물관계에서는 위영자문화의 기물이 많이 발견되지않아 현재로서 폭넓은 비교는 어렵다. 그러므로 간단한 비교를 통해 두 문화를 비교해 보도록 한다. 세가랑이솥·대야·단지·사발 등의 아가리 부분에 진흙끈을 한 줄 덧붙여 아가리를 밖으로 낸 방식은 서로의 상관 관계를 볼 수 있고, 기물의 어깨 부분에 손잡이 형태를 한 것은 고태산문화의 전형적인 문화영향이라고 보아야 할것이다. 이러한 요소들은 위영자문화에서 나타나는 것으로 阜新 平頂山 유적에서 찾아진 위영자문화 그릇에서는 고태산문화가 매우 강하게 나타난다. 이는 무엇보다도 문화의 분포지역이 서로 맞닿는 지점이므로 고태산문화의 영향이 큰 것으로 보인다. 위영자문화 역시 비록 부분적으로는 무늬를 가지고 있지만, 전체적으로 민무늬 계열이 많아지는 것은 고태산문화의 영향도 있는 것으로 추측된다.(그림 10)

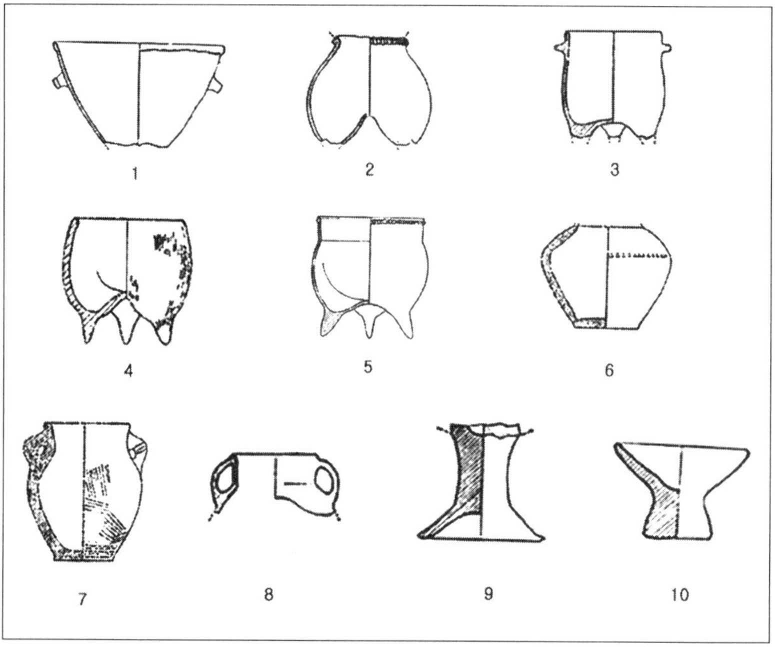

그림 10. 위영자문화 질그릇그림
1,2.시루솥(1,부신 평정산88H201:2 2,부신 평정산 88채집) 3-5.세가랑이솥(3,부신 평정산88H201:2 4,객좌현 후분 5,부신 평정산88H201:1) 6.단지(객좌현 후분) 7.양귀단지(객좌현 후분) 8.양귀단지(부신 평정산88H112:13) 9,10.손잡이접시(9,부신 평정산 88H302:17 10.부신 평정산 채집012)

4. 新樂上層文化와의 관계

新樂上層文化는 遼寧省 瀋陽市에 위치한 新樂유적의 상층에서 보이는 특징을 말한다.[37] 그 개략적인 것을 살펴보면 다음과 같다.

질그릇을 보면, 민무늬가 주류를 이루는 붉은 계통과 갈색 계통의 것들이 발전한다. 질그릇은 두종류로 나누어 볼 수 있는데, 취사기는 시루솥·

37) 瀋陽市文物管理辨公室, 「瀋陽新樂遺址試掘報告」『考古學報』1978-4, pp.457~466.

세발솥・세가랑이솥 등이 발전하였고, 식기로는 대접이나 보시기류가 발전한 것으로 보인다. 취사기에는 기물의 몸체에 귀가 달린 것을 볼 수 있다. 돌연장은 주로 간 연장들이 많이 발견되는 것을 볼 수 있다. 종류로는 도끼・홅개・돌칼 등이 주로 발견되었다.

이 문화와 고태산문화의 공통적인 특징을 보면 세가랑이 솥이나 시루솥에서 볼 수 있는데, 특히 삼족기의 발전모습은 고태산문화에서 유행하던 형식의 발전이라고 생각된다. 그렇다면 지금까지의 자료로 볼 때, 新樂上層文化의 연원이 밝혀지지 않은 상태에서 고태산문화와 관계를 상정해 본다면 일정 부분은 高台山文化의 영향을 받은 것으로 볼 수 있다.

여기서 한가지 더 고려해 볼 것은 撫順지구에서 발견된 삼족기와의 관계이다.[38] 층위가 조사된 발굴이 아니고 간단한 시굴이나 채집된 자료라는 한계는 있지만, 두 기물에서 고태산문화와의 관계를 엿볼 수 있다. 그중 하나가 孤家子유적 출토의 시루솥이다.[39] 이 시루솥은 시루부분이 역사다리꼴을 이루며, 하부는 발끝이 뾰족하고 바로 서며, 몸통이 항아리형을 이룬다. 특징은 시루 부분과 아래 부분을 연결하는 부위에 고리형의 귀가 양쪽으로 달렸고 접합 부분에는 덧띠를 둘렀다. 이 기본형은 고태산문화와 약간의 차이는 있지만, 대체적으로 고태산문화와 상관 관계가 있는 것으로 보인다.

다음으로는 손잡이 접시이다. 小青島유적에서 발견된 유물 가운데 손잡이 접시가 있다.[40] 완정된 것이 발견된 것은 아니지만, 남아 있는 부분으로 볼 때 손잡이 접시가 분명한데, 접시 부분은 사발형에 가까운 것으로 추측해 볼 수 있다. 이 접시의 분포지를 볼 때, 이와 유사한 기물이 발견된 곳으로는 고태산문화 유적인 平安堡3期유적에서 다량으로 출토된 것을 들 수 있다. 또한 그 형태를 추측해 볼 때 고태산문화의 유형과 비슷한 것을 알

38) 撫順市博物館考古隊, 「撫順地區早晚兩類青銅文化遺存」『文物』 1983-9, p.62 그림6,7.
39) 撫順市博物館考古隊, 위글, 「撫順地區早晚兩類青銅文化遺存」 p.62 그림6.
40) 撫順市博物館考古隊, 위글, 「撫順地區早晚兩類青銅文化遺存」 62쪽 그림 5,8.

수 있다. 그러므로 이 손잡이 접시는 고태산문화의 영향을 받은 것으로 볼 수 있겠다.(그림 11)

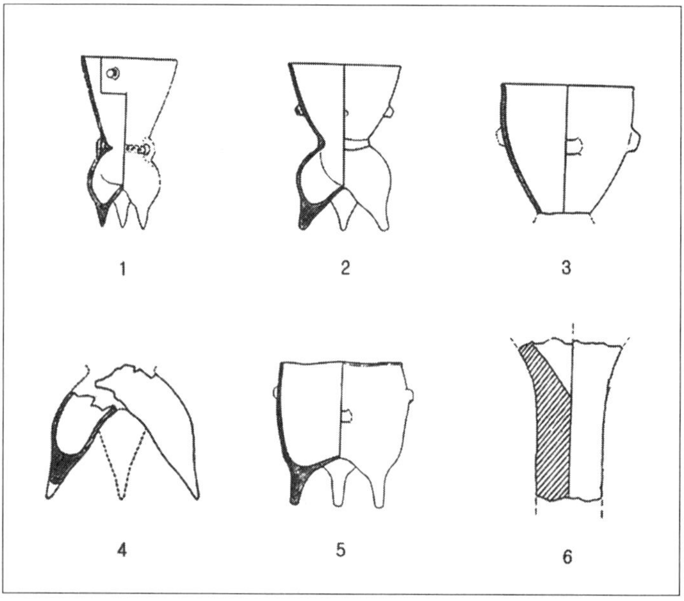

그림 11. 신락상층문화 질그릇그림

1-4.시루솥(1,무순 고가자 2,신락T12:1, 3,신락SV74:50 4,신락A52:41) 5.세가랑이솥(신락SV73:5) 6.손잡이접시(무순 소청도)

Ⅵ. 몇 가지 문제점에 대하여

지금까지 高台山文化를 연구하는데 있어서 문제점은 이 문화의 기원문제와 그 이동쪽의 문화관계이다. 앞서서 기원문제에 대하여 짧게 언급을 하였지만 전체적인 기원문제는 좀더 고려를 해봐야 할 것이다.

그중에 평안보2기유형문제와 馬城子文化와의 관계는 좀도 신중히 검토를 해봐야 할 것이다.

과거 평안보2기유형과 고태산문화와의 관계에 대한 견해가 제기된바 있었다.[41] 하지만 당시로는 단독적으로 평안보2기유형과 고태산문화라는 선후적인 문화현상만을 고려한 견해라 할 수 있었다. 그러나 현재는 문화권이나 문화관계를 시대적선후 관계로만 인식하는 것이 아니고, 그외의 다른 문화변화 현상과 같이 고려를 해볼 필요가 있다고 본다. 그러한 관점에서 몇 문제를 짚어보기로 한다.

1. 平安堡2期類型과 高台山文化의 관계

지금까지 중국학계의 견해대로라면 두 문화는 평안보2기유형 토대 위에 고태산문화가 발전하였다는 것이 일반적인 것이다. 하지만 두 문화를 면면히 살펴보면 같은 문화중 시기적인 선후 관계를 가지는 문화일 가능성이 충분히 있다. 그 몇가지를 지적하면 다음과 같다.

첫째, 이미 언급한 바와 같이 平安堡2期에서 이미 紅衣陶가 출현하고 있다. 이 기물은 고태산문화의 전형적인 기물로 이해되고 있지만, 平安堡2期에서도 나오고 있다. 홍의를 입힌 기물 역시 고태산문화에서 보이는 호형단지나 굽보시기에서 보이고 있다. 그렇다면 이는 고태산문화가 그대로 전승하는 것을 의미한다.

둘째, 삼족기의 출현이다. 平安堡 2기에서 보이는 삼족기는 발끝이 매우 뾰족한데, 이 특징은 遼西 지역의 하가점하층문화 1기에서 보이는 것과 매우 유사하다. 하가점하층문화의 세발솥에서 보이는 그곳의 전통식 삼족기의 기원을 살펴보면, 홍산문화에서 이미 볼 수 있는데, 紅山文化에서 보이는

41) 遼寧省文物考古研究所 · 吉林大學考古學系, 앞글, 「遼寧彰武平安堡遺址」, pp.437~475, 참조.

삼족기는 청동기시대에서 보이는 삼족기와는 약간 차이가 있다. 이 차이는 삼족기로서는 불안정한 감이 있고 발끝이 뭉특한 형태이다. 그런데 평안보2기문화에서 보이는 삼족기는 완전한 형을 이룬 삼족기이다. 이 형은 고태산문화에서 그대로 보이는 형태이다. 그러므로 두 문화간의 연관성을 새롭게 고려해야 한다.

셋째, 기물의 몸통이나 목 부분에 달린 귀형 손잡이다. 주로 고리형인데, 이런 형태는 고태산문화에서 그대로 나타나는 것으로 볼 수 있다.

이 두 문화에 관해서 보고자들은 "비롯 유사점이 있지만 지층과 기물의 차이점을 들어 두 문화는 완전히 구별해야 한다"는 견해를 제기하였다.[42] 이 견해는 평안보2기유형에서 신석기후기 문화요소인 평저통형관이 계속 존재하고있다는데 가장 큰 근거를 두고 있다. 그렇지만 실질적으로 볼 때 평안보2기층에서 보이는 평저통형관은 보편적인 현상이 아니다. 기물수량의 비례를 볼 때는 아주 적은 수만이 보인다. 그렇다면 신석기에서 청동기시대로 넘어오는 과도기적현상으로도 볼 수 있다는 것이다. 遼西지역의 경우 하가점하층문화시기에 이르러서도 紅山文化시기에 유행하던 玉器들이 다량으로 발견되는 예를 볼 수 있다. 이러한 예를 볼 때 평안보2기유형과 3期유형이 전혀 다른 문화로 봐야하는지에 대해서는 다시 한번 생각해봐야 할 것이다. 필자의 견해로 보면 두 문화가 완전히 구별되야 하는 요소가 없는 것은 아니지만 두 문화가 갖는 공통점을 고려해볼 때 반드시 구별되어야 한다는 전제보다는 향후 이와 비슷한 유형이 발견될 가능성이 있기 때문에 좀더 그 결과를 두고봐야 할 것으로 본다. 위에서 말한 몇 가지를 고려할 때, 평안보2기유형과 고태산문화는 앞으로 전향적인 검토가 필요할 것으로 본다.

---

42) 遼寧省文物考古研究所 · 吉林大學考古學系, 위글, 「遼寧彰武平安堡遺址」, pp.437~475.

2. 馬城子文化와 高台山文化와의 관계

馬城子文化는[43] 근년에 발굴된 遼寧省 太子河 유역의 동굴 유적에서 발견된 문화이다. 과거에는 廟後山文化라고도[44] 일컬었던 문화이다. 이 문화 기물중 가장 큰 특징은 호리병과 호리병형단지가 발달한 문화이다. 이들 기물들의 특징은 그 형태는 앞서 말한바와 같고 무늬는 거의 없다. 가장 큰 특징 가운데 하나가 기물의 목부분이나 몸통부분에 덧띠무늬를 두르고 있다는 것이다. 두 문화 사이에 고려해야 할 것은 질그릇인데, 그 형태가 서로 비슷한 것이 있다. 특히 호리병이나 호리병형 단지는 유사성이 매우 가깝다. 또한 기물의 목부분이나 몸통부분에 덧띠무늬를 두르는 것은 두 문화의 교류관계가 있었음을 확실하게 증명해준다고 볼 수 있으며, 기물에 고리형손잡이를 단것도 서로 공통점으로 볼 수 있다. 또한 무덤의 껴묻거리에서 볼 수 있는 현상이다. 두 문화에서 공통적으로 보이는 껴묻거리는 주로 호리병과 회리병형 단지, 그리고 보시기등이 주로 껴묻히는 것을 알 수 있다. 물론 마성자문화에서는 삼족기가 발견되지 않는 근본적인 현상도 있지만 삼족기가 보이는 고태산문화에서도 삼족기가 무덤에 껴묻히는 현상을 볼 수 없는 것은 역시 두 문화의 공통적인 현상이 아닌가한다. 두 문화간의 연대를 고려해볼 수 있다. 지금까지 밝혀진 바에 의하면, 마성자문화의 시작 연대가 약간 앞서는 것을 알 수 있다.[45] 그 후 두 문화는 같은 연대 속에서 발전하는 것을 볼 수 있다. 두 문화간에 어떤 관계가 있는가 하는 것은 좀 더 연구를 해야 알겠지만, 그 가능성은 충분하다고 생각한다. (그림 12)

---

43) 遼寧省博物館・本溪市博物館, 『馬城子』-太子河上游洞穴遺存- 文物出版社, 1994.

44) 遼寧省博物館・本溪縣博物館・本溪縣文化館, 「遼寧本溪縣廟後山洞穴墓地發掘簡報」『考古』, 1985-6, 참조.

45) 『마성자문화』, 앞글, pp.281～282.

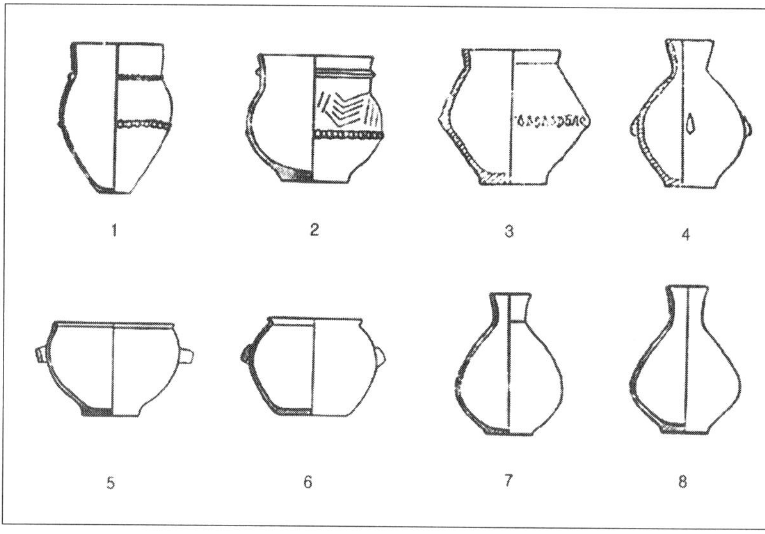

그림 12. 마성자문화 질그릇그림

1-3.덧띠무늬 단지(1,MBM4:4 2,MBM13:8 3,마성자ZAM47:3) 4.호리병형단지(마성자ZAM20:16) 5.양귀 굽항아리(MCM1:4) 6.양귀항아리(MCM6:1) 7,8.호리병형단지(7,MCM22:3 8,MCM14:6)

Ⅶ. 맺음말

이상으로 위에서 간략하게나마 高台山文化에 대하여 정리하여 보았다. 간단히 다시 정리해보면 高台山文化는 遼北지역, 즉 下遼河지역에서 발달한 청동기시대문화이다. 연대는 기원전 19세기전후에 시작하여 기원전 14세기 전후까지 존속한 문화이다. 이 문화는 당지 후기 신석기문화와 遼西 지역의 청동기시대문화의 영향을 받아 삼족기를 대표로 하는 문화로 바뀌게된다. 즉 평저통형관으로 대표되던 신석기문화에 遼西 지역으로부터 들어온 청동기문화의 영향과 삼족기의 영향을 받아 새로운 문화로 탈바꿈을 하는 것으로 볼 수 있다. 처음 연구가 시도된 이후 지금까지 주변의 다른 문화와 비교할 때, 연구가 큰 진전이 있었던 것은 아니다. 그럼에도 불구하고 이 문화가 남만주지역 청동기시대문화를 연구하는데 매우 중요한 것임은 분명하다.

무엇보다도 평지형문화인 遼西 지역과 산지형문화인 遼東 지역의 문화 사이에 위치하여 두 지역의 특징을 주고받으며 발전하면서 양쪽의 문화를 전달하는 위치로서 중요성이 크다고 볼 수 있다. 지금까지 자료를 볼 때, 아직은 遼東 지역의 청동기시대문화를 계통적으로 파악하기 어렵기 때문에 두 지역간의 비교에서 취약할 수밖에 없었다. 앞으로 遼東 지역의 신석기시대나 청동기시대문화의 자료가 보다 많이 확보된다면, 두 문화간의 관계를 다시 한번 연구 정리할 필요가 있을 것으로 생각한다.

학계의 많은 관심을 필요로 하는 문화이다.

〈白山學報 第65號, 2003.4.25. pp.5~37〉

後期靑銅器~初期鐵期時代 中國 山東地域과 韓國間의 交流

李 慧 竹 · 王 靑*

〈目 次〉

Ⅰ. 머리말

중국의 산동성과 한국은 지리적으로 바다를 사이에 두고 마주하고 있다. 이러한 까닭에 일찍부터 두 지역간에는 활발한 인적, 그리고 문화적 교류가 있었다. 두 지역간의 교류관계, 특히 기원전 2세기 이후(漢代 이후) 시기의 관계에 대해서는, 그간 내외학계의 계속된 연구를 통해, 비교적 분명하게 밝혀져 있는 편이다. 그러나 아쉽게도 기원전 2세기대 이전 시기, 즉 후기청동기시대로부터 초기철기시대에 이르기까지의 교류관계에 대해서는 거의 알려져 있지 않다. 본고에서는 이러한 인식하에, 기원전 11세기부터 기원전 202년, 즉 중국 역사상 周代의 산동지역과 한국간의 문화교류에 대해 시론적인 고찰을 행하고자 한다.

주지하다시피, 중국은 春秋戰國時代 제후들의 지역적인 할거와 전쟁이

* 山東大學校 博物館 · 山東大學校 考古學系

빈번하여졌고, 그 결과 각지의 주민들이 전란을 피해 끊임없이 외지로 이주하였다. 이러한 과정중 산동지역은 중국에서의 지리적인 특수성으로 인해, 자연 중국 내지의 주민들이 북쪽과 동쪽으로 이동하는데에 중요한 중간지점이자 거점지가 되었다. 물론 이러한 역사적 파동속에 어떠한 형태로든지 산동지역과 한국간의 교류가 진행되었을 것으로 생각된다. 본고는 이러한 가능성을 산동지역에 분포하고 있는 고고학 자료를 통해 구체화하여 보고자 한다. 한국학계 관련학자들의 많은 질정 있기를 바란다.

Ⅱ. 後期靑銅器時代의 交流-支石墓의 例-

후기청동기시대~초기철기시대 중국 동북지역은 물론 한반도와 일본의 구주지역에는 중국학계에서 石棚, 한국과 일본학계에서 支石墓라고 부르는 독특한 무덤이 분포되어 있었다. 石棚은 구조적인 면에서 판석을 세워 네 벽체를 시설한 다음 벽체 위에 대형 판석 1매를 뚜껑돌로 덮어 놓은 특징을 보이는데, 내외학계의 대부분의 연구자들은 일반적으로 이러한 축조방식이 동북아시아지역에서 오랜 시기 이전부터 유행하여 온 거석 숭배 관념과 연관이 있을 것으로 생각하고 있다.

지금까지 내외학계에서 진행된 연구 결과를 참고하여 볼 때, 동북아시아지역의 石棚은 대체로 "北方式 支石墓" 또는 "卓子式 支石墓"와 "南方式 支石墓" 또는 "바둑판式 支石墓" 두 종류로 대분된다.[1] 前者는 주로 요동반도와 한반도 서북부지역에 분포하고 있는데, 일반적으로 축조상태가 정교하고 규모가 방대할 뿐만 아니라 묘실이 지상 위로 높게 솟아 있

1) 許玉林 · 許明綱, 「遼東半島石棚綜述」, 『遼寧大學學報』 1981-1.
甲元眞之, 「中國東北地方の支石墓」, 『森貞次郎古稀記念古文化論集』(上), 1982.
金貞培, 「韓國和遼東半島的支石墓」, 『韓國學論文集』4, 北京大學 韓國學研究中心, 1995.

는 특징을 보인다. 遼寧省 海城의 析木城 支石墓와 庄河 店子 지석묘가 그러한 예에 속한다.[2] 後者는 주로 한반도 남부와 일본 구주 일대에 분포하고 있는데, 일반적으로 축조상태가 비교적 엉성하고 규모가 작을 뿐만 아니라, 箱子式 石棺形의 묘실이 지하에 시설되어 있는 특징을 보인다. 韓國의 全羅北道 高敞邑의 支石墓 등이 그러한 예에 속한다.[3]

이 두 종류 지석묘간의 관계는 축조 기술과 출토된 부장품 등으로 보아, 북방식이 남방식 보다 앞선 시기의 것으로 여겨진다. 이렇게 볼 때, 동북아시아지역의 지석묘는 중국 동북지역(요동반도)에서 시작되어 한반도 북부와 남부를 거쳐 일본의 구주지역으로 전파되어 갔다고 할 수 있다. 지석묘의 연대에 관해서는, 北方式은 西周時代부터 축조되기 시작하여 春秋戰國時代에까지 지속되었던 것으로, 南方式은 이보다 조금 늦은 春秋戰國時代에 시작되어 기원전 1세기대(韓半島 南部地域)와[4] 기원후 2세기대(日本 九州地域)까지[5] 지속되었던 것으로 여겨진다.

그런데 支石墓는 이들 지역 뿐만 아니라 중국 山東省地域에도 분포되어 있다. 대표적인 예로 들 수 있는 것이, 내외학계에 잘 알려져 있는 산동성 淄博市 淄川區 王母山의 지석묘이다. 王母山 支石墓는 일본의 鳥居龍藏이 1928년 10월 처음으로 발견하였는데, 구체적인 사항을 확인할 목적으로 1941년에 간단한 조사가 이루어지게 되었다. 당시의 보고문에 따르면, 王母山 지석묘는 길이 1.84미터, 너비 1.16미터, 두께 0.88미터의 上石 아래에 자연석으로 되어 있는 기둥모양의 받침돌이 고여져 있는 형태를 띄고 있다. 바닥부로부터 上石까지의 높이는 0.7미터였다고 한다

---

2) 許玉林, 「對遼東半島石棚有關問題的探討」, 『環渤海考古國際學術討論會論文集』, 知識出版社, 1996.
3) 金載元 · 尹武炳, 『韓國 支石墓 硏究』, 國立博物館, 1967.
全北大學校博物館, 『高敞地方文物地表調査報告』, 1984.
4) 崔夢龍, 「全南地方 支石墓 社會의 編年」, 『辰檀學報』 54 · 55, 1982.
5) 岩崎二郎, 「北部九州における支石墓の出現と展開」, 『古文化論考』, 1980.

(그림 1).[6] 이후 1957년 중국학계의 王獻唐이 재차 王母山 지석묘를 조사하고는 지석묘임이 분명하다고 밝혔다.[7]

그림 1. 淄川 王母山 支石墓(鳥居龍藏 繪)

그러나 1920년대 후반 발견 당시부터 내외학계의 관심과 주목을 받았던 王母山 支石墓는 1950년대 후반 이후, 중국은 물론 기타 학계로부터 이렇다할만한 주목을 받지 못하고 잊혀져 갔다. 그러다가 1992년 山東大學 考古學系와 일본학자 田村晃一 등이 이 유적을 재차 답사하면서, 점차 동아시아학계의 주목을 받기 시작하였다. 1998년에는 山東大學 考古學系의 方輝 교수가 齊魯大學의 캐나다 국적 明義士 선생이 소장하고 있던 관련사진을 입수하여 학계에 발표하기도 하였다. 이 사진은 明義士 선생이 1935년 王母山 支石墓를 답사할 때 촬영한 것으로, 사진 상에는 지석묘 외형이 분명하게 드러나 있다.[8]

산동반도에는 이외 적지 않은 수의 지석묘가 분포되어 있는 것으로 알

6) 鳥居龍藏, 「中國石棚之硏究」, 『燕京學報』 31期, 1946.
7) 王獻唐, 「山東的歷史和文物」, 『文物參考資料』 1957-2.
8) 方輝, 「山東淄川王母山石棚尋踪」, 『文物天地』 1期, 2000.

려져 있다. 즉, 산동반도 동단부의 榮成과 文登 등의 縣과 市에서 지석묘 유적들이 여럿 발견된 바 있다. 그러나 안타깝게도 개발과 개간, 그리고 관심 부족으로 인해, 모두 파괴되어 흔적조차 없어진 상태이다. 이러한 사정에도 불구하고, 산동성지역내 지석묘유적의 상황은 각지에 남아 있는 지석묘 관련 지명을 통해 충분히 짐작하여 볼 수 있다. 즉, 산동반도에는 지명에 "石棚"이 들어가는 마을들이 적지 않이 분포되어 있는데, 萊陽市 前店鄕 東石棚村, 榮成市 馬道鄕의 杏石棚村, 榮成市 夏庄鎭의 石棚閻家村, 乳山市 馬石庄鄕의 下石棚村, 乳山市 大孤山鎭의 石棚陽家村 등이[9] 그러한 예이다. 이들 지명을 통해 산동성지역내 지석묘유적의 분포상황을 짐작할 수 있을지도 모른다.

지석묘 대부분이 원래의 형태가 존재하지 않기 때문에, 산동성지역 지석묘의 연대와 성격을 분명하게 파악할 수는 없다. 그러나 전해져 오는 王母山 支石墓 사진과 그간 학계에 보고된 관련자료들을 살펴 볼 때, 산동성지역에 분포하고 있던 지석묘는 모두가 축조상태가 정교롭지 못할 뿐만 아니라 규모 또한 작다. 아울러 외형면에서 한반도 남부지역에 다수로 분포하고 있는 바둑판식 지석묘와 유사한 특징을 보이고 있다. 만약 王母山 支石墓를 산동성 지석묘의 상징으로 삼을 수 있다면, 이 유적을 통해 산동성의 지석묘가 한반도 남부지역의 바둑판식 지석묘와 고고학적인 연관이 있다고 말할 수 있을 것 같다.

이외 山東半島 東南部지역에서 西周時代 中晩期에서 春秋時代 前期에 존재하였던 "南黃莊文化" 유적들이 발견된 바 있는데, 이 문화의 분포범위는 乳山, 文登, 榮成 일대이다. 그런데 南黃莊文化의 무덤 형식이 매우 독특하여 주목된다. 南黃莊文化의 무덤들은 네 벽체가 塊石으로 축조되어 있고, 벽체 위에 대평 판석이 덮혀져 있으며, 대형 판석 위에는 작은 봉분

---

9) 山東省測繪局編制, 『山東省地圖册』, 山東省地圖出版社, 1988.

마냥 괴석이 쌓여져 있다(그림 2).[10] 이 무덤의 구조형식은 같은 시기 산동성의 다른 지역의 무덤(토광묘)들과는 판이하게 다르면서, 요동반도와 한반도지역에서 유행한 석관묘류와는 유사성을 보인다. 그러나 벽체에서 나타나는 특징을 고려하여, 한국과 일본의 일부 학자들은 이를 지석묘에서 한 단계 변화된 형식으로 보고 있는 듯 하다.

南黃莊文化와 관련하여 또 하나 주목되는 것은, 이 문화의 분포범위가 현재 산동반도 각지의 지석묘 관련 지명(石棚村)의 분포범위와 대체로 맞아 떨어진다는 점이다. 즉, 支石墓나 南黃莊文化나 모두 산동반도 동부의 榮成, 文登, 乳山 일대에 분포상의 중심을 두고 있다. 이러한 점을 고려하여 볼 때, 산동성 동부지역에 집중되어 있는 바둑판식 지석묘와 바둑판식 지석묘와 일정한 연관성을 보이는 南黃莊文化의 石棺墓類가 유사한 문화 계통과 성격을 갖고 있는 것으로 추측된다.

이상으로 동북아시아지역에 분포되어 있는 지석묘유적에 대해 알아 보았는데, 요동반도와 한반도지역과는 문화적 성격과 계통을 달리하는 산동성지역에 지석묘류가, 특히 한반도 남부지역과 연관있는 바둑판식 지석묘가 분포되어 있다는 점을 고려하여 볼 때, 후기청동기시대 어떠한 형태로든지 산동성과 요동반도~한반도지역간에 문화적인 교류가 존재하였던 것으로 유추된다. 그러나 아직은 자료가 절대적으로 부족한 상태이므로, 현재로서는 이 시기 두 지역간의 관계가 어떠한 수위까지 진행되었는지 단정할 수는 없다.

---

10) 北京大學考古系 等, 「乳山南黃莊石槨墓」, 『膠東考古』, 文物出版社, 2000.

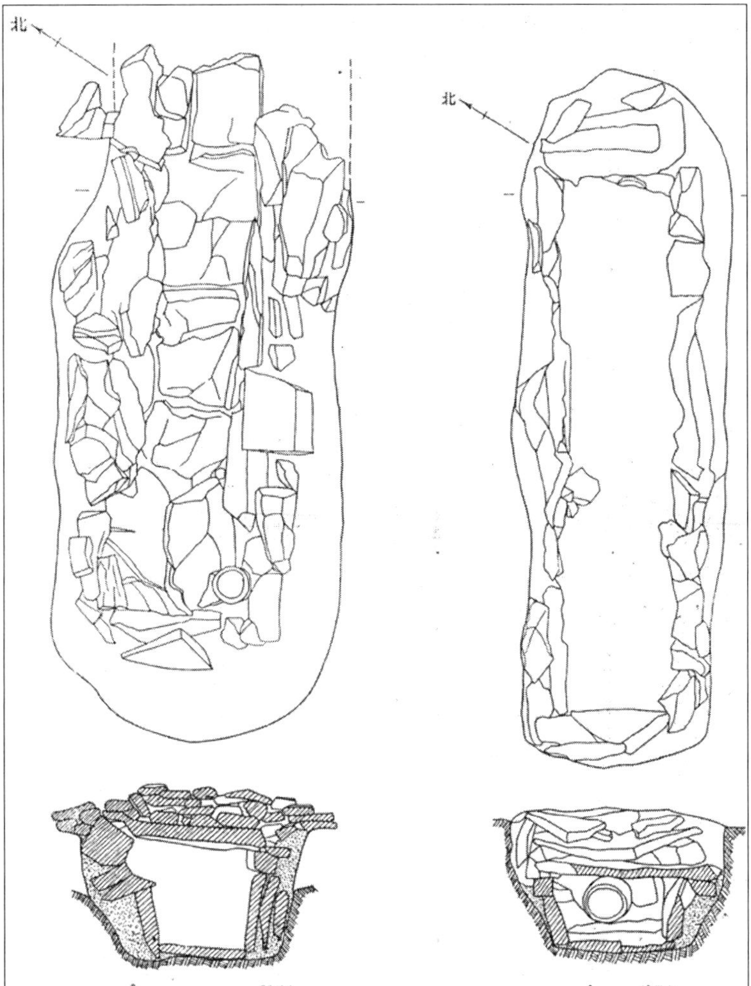

그림 2. 南黃莊文化 墓葬(左:M18, 右:M1)

Ⅲ. 初期鐵期時代의 交流 -銅劍 · 禮器 · 水晶-

초기철기시대 산동성지역과 한반도지역간의 교류관계 또한 아직까지는 분명하게 밝혀져 있지는 않다. 그러나 최근 한반도지역에서의 고고학적 발견 상황을 고려하여 볼 때, 두 지역간의 교류가 어떠한 형태, 어떠한 수위로든지간에 존재하였던 것만은 분명한 듯 하다. 이 시기 두 지역간의 교류관계는 후기청동기시대 보다 더욱 뚜렷한 양상을 보이는데, 이와 관련된 대표적인 물질자료로는, 최근 韓半島地域에서 발견된 戰國時代 齊나라의 銅劍과 銅鼎 및 水晶 목걸이 등을 들 수 있다. 그러면 이하 이들 유물을 통해 두 지역간의 관계를 간략하게 살펴 보기로 하겠다.

1. 銅劍을 통하여 본 두 지역간의 교류

한국 全羅南道 完州 上林里 유적에서는 일찍이 길이 44.4~47.2 센티미터, 너비 4센티미터 가량의 26건의 靑銅劍이 출토된 바 있다.[11] 세 건 모두 劍柄과 검신이 聯鑄되어 있는데, 劍柄은 정수리부가 안으로 오목하게 들어가 있는 둥근 모양의 손잡이머리부와 손가락을 고정시키기 위한 목적의 두 개의 고리부가 형성되어 있는 把部로 구성되어 있다. 또한 손잡이부와 검신 사이에는 박쥐 모양의 두터운 格部가 형성되어 있다. 검신은 좁고 긴 편으로, 일부 동검들은 검날부위에 비교적 넓고 얕은 血槽帶가 형성되어 있다(그림 3-3~5).

그런데 이들 동검은 같은 시기 韓半島 南部地域에서 유행한 細形銅劍과는 형태는 물론 주조상태가 확연하게 다르다. 細形銅劍은 한반도

11) 全榮來, 「完州上林里出土 中國式 銅劍에 關하여」, 『全北遺蹟調査報告』 6, 1977.

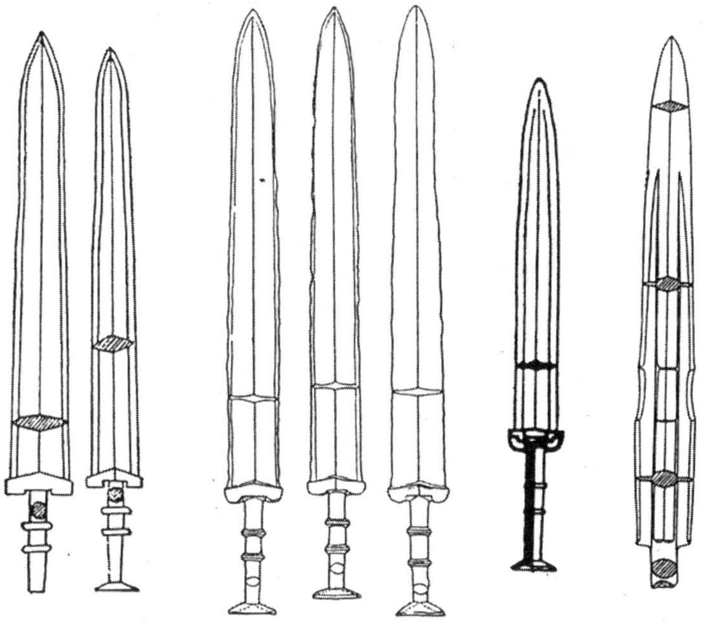

그림 3. 銅劍

1,2.金山劍, 3~5.上林里劍, 6.郭家泉劍, 7.晩村洞劍

지역에 분포되어 있는 土壙墓와 木槨墓類에 주로 부장되어 있는데, 검신과 검병을 따로 주조하게 되어 있을 뿐만 아니라, 일반적인 중국계 동검과는 달리 검신부와 등대상에 어임부와 피홈, 그리고 독특한 마연부위가 있는 특징을 보인다. 韓半島 南部地域의 예로는 大邱 晩村洞 출토의 것이 있다.[12] 한국학계에서는 일반적으로 細形銅劍이 주로 遼寧地域에 분포하고 있는 東北系曲刃銅劍(韓國學界의 琵琶形銅劍)에서 변화 발전된 것으로 보고 있는 듯 하다.[13]

12) 金載元 · 尹武炳, 「大邱晩村洞 出土의 銅戈 · 銅劍」, 『辰檀學報』 29 · 30, 1966.

13) 박진욱, 「비파형단검문화의 발원지와 창조자에 대하여」, 『비파형단검문화에 관한

이와 같이 上林里에서 출토된 青銅劍과 細形銅劍은 형태와 주조면에서 커다란 차이를 보인다. 이러한 점을 고려하여, 한국과 일본학계에서는 上林里 銅劍을 한반도지역의 細形銅劍類와는 구별하여 "中國式銅劍"이라 별칭하고 있으며, 이러한 中國式銅劍이 春秋戰國時代 중국지역으로부터 한반도 남부지역으로 유입된 것으로 보고 있다.[14] 주지하다시피, 이와 같은 형식의 동검은 중국 내지의 春秋戰國時代 무덤에서 대량으로 출토되고 있다. 그러므로 이러한 류의 동검을 中原式銅劍이라 부를 수 있는데, 中原式銅劍 일반에 대해서는 기왕에 林普壽 등이 심도있게 연구한 바 있다.[15]

이상으로 간단하게 살펴 본 바와 같이, 한국과 일본학계에서는 上林里 출토의 동검이 戰國時代 중국과 관련된 것이라는 점에 대해서는 의견이 일치되어 있다. 그러나 이러한 류의 동검이 구체적으로 중국의 어느 지역 또는 어느 국가로부터 전래된 것인지에 대해서는 의견이 분분한 듯 하다. 어떤 연구자는 上林里의 銅劍이 한반도지역과 지리적으로 연접되어 있는 戰國燕으로부터 유래한 것으로 보기도 하는데, 필자는 이에 대해 동의하지 않는다. 즉, 중국에서의 고고학적인 발견상황과 기타 여러 가지 상황을 고려하여 볼 때, 上林里를 비롯한 한반도 남부지역의 "中國式銅劍"은 북쪽의 戰國燕이 아닌 서쪽의 戰國齊로부터 유입된 것임이 분명하다고 생각한다.

기원전 3세기 요동지역을 영토화함에 따라, 戰國燕이 중국 내지의 다른 어떤 나라보다 한반도지역과 지리적으로 밀접하여 있었던 것만은 분명하다. 그러나 戰國燕의 청동검은 上林里에서 출토된 동검과는 형태가 다르다. 河北省의 燕下都 유적에서 발굴된 戰國燕의 청동검을 대표적인 예로 들 수 있는데, 戰國燕의 동검은 上林里의 것과는 달리, 格이 좁게 되어 있

연구』, 과학백과사전출판사, 1987.

14) 全榮來, 앞의 보고문, 1977.

15) 林壽晋, 「東周式銅劍初論」, 『考古學報』 1962-2.

거나 아예 없고, 검신 중앙부에 劍脊이 세워져 있지 않으며, 칼날의 단면이 육각형으로 되어 있다(燕下都M44).[16] 따라서 戰國燕의 동검은 上林里 동검과 형태적으로 완전히 구별된다고 할 수 있으며, 그러하기에 戰國燕을 上林里 동검의 기원으로 볼 수 없다.

이에 반해 戰國齊의 동검은 上林里 동검과 모든 면에서 완전히 일치하는 특징을 보인다. 戰國齊의 上林里와 같은 동검은 齊나라 도성이 위치하고 있던 산동성 臨淄 일대에 집중되어 있는데,[17] 齊나라 도성의 근교였던 濰坊 일대에도 적지 않이 분포되어 있다.[18] 이외 泰沂山脈의 남쪽 기슭에서도 많이 출토되고 있는데, 長島의 王沟,[19] 栖霞의 金山[20]과 新泰의 郭家泉[21] 등과 같은 戰國時代의 무덤 출토의 것을 대표적인 예로 들 수 있다(그림 3-1, 2, 6).

新泰의 泰沂山脈 남쪽 기슭은 戰國 이전 시기에는 魯나라의 관할하에 있었으나, 戰國時代에 들어와 齊나라의 영토가 되었다. 이러한 사실은 문헌자료 이외, 郭家泉M10에서 齊나라에서 유행한 上林里와 같은 류의 동검과 함께 高柄豆, 長頸壺 등의 전형적인 齊나라식 도기가 출토된 것을 통해서도 알 수 있다. 이 모든 자료들은 중국 내지에서 上林里 출토 동검류의 기원이 戰國齊라는 점과 上林里 출토의 동검이 戰國齊와 관련이 있음을 시사한다.

이러한 사실은 구체적인 유물 비교에서도 드러나는데, 上林里 출토의 동검은 형태적인 면에서 新泰의 郭家泉M10과 栖霞의 金山M1, M2 戰國墓

---

16) 河北省文物考古研究所, 『燕下都』, 文物出版社, 1996.
17) 이에 관한 실물자료는 淄博市博物館과 桓臺縣博物館에 수장되어 있다.
18) 濰坊市博物館, 「濰坊市博物館征集的部分青銅兵器」, 『文物』 1986-3.
19) 烟臺市文物管理委員會, 「山東長島王溝東周墓群」, 『考古學報』 1993-1.
20) 烟臺市文物管理委員會, 「栖霞市金山遺址的淸理」, 『考古』 1996-4.
21) 郭家泉 출토 동검은 현재 山東大學校博物館에 수장되어 있다. 山東大學歷史系考古專業等, 「山東新泰郭家泉東周墓」, 『考古學報』 1989-4.

의 동검과 완전히 일치한다(그림 3). 보고자는 栖霞의 金山M1, M2를 戰國時代 初期로, 郭家泉M10을 戰國時代 中期로 편년하였는데, 조합하는 유물들을 고려하여 볼 때, 정확한 듯 하다. 그런데 上林里 동검은 칼날부위상의 피홈의 발달상태를 기준으로 하여 볼 때, 피홈이 미약한 金山과는 차이를 보이면서, 피홈이 발달한 郭家泉M10과는 동일한 특징을 보인다. 이러한 점을 고려할 때, 上林里 銅劍의 연대는 戰國時代 中期, 즉 기원전 4세기 후반경이 된다. 그러므로 기원전 6~5세기 전후로 본 全榮來의 견해는[22] 수정되어야 한다.

2. 靑銅禮器를 통하여 본 두 지역간의 교류

최근 한국 慶尙南道 蔚山 下岱M23에서 높이 50센티미터, 구경 30센티미터의 銅鼎 1건이 출토되었는데, 子母口가 안측으로 맞물리게 되어 있고 둥근 배에 다소 편평한 바닥부의 형태를 띄고 있으며, 구연 아래에 한쌍의 바깥으로 벌어져 있는 높은 손잡이가 달려 있다. 또한 다소 윗쪽으로 치우친 복부에 환돌대가 돌려져 있고, 하복부에 세 개의 비교적 두툼한 獸足이 달려 있다. 주목할 것은 복부에 둥근 형태의 작은 "鑄物固定痕"이 가득 들어차 있다는 점이다(그림 4-2).[23]

이와 관련하여 한국학자 鄭仁盛이 최근 韓半島에서 출토된 銅鼎에 대해 심도 깊은 연구를 진행한 바 있는데, 그는 한반도 출토의 銅鼎을 수입품과 모방품의 두 종류로 분류하였다. 그의 분류에 의하면, 下岱M23 銅鼎은 수입품에 속한다.[24] 필자는 일단 下岱M23 銅鼎을 수입품 으로 본 鄭仁盛의 견해에 동의한다. 그러나 그가 下岱M23 銅鼎을 戰國時代 後期에

22) 全榮來, 「韓國磨製石劍石鏃編年硏究」, 『馬韓·百濟文化』 4·5, 1982.
23) 안재호, 「울산 하대지구 고분의 성격」, 『제1회 영남고고학회 발표 및 토론요지』, 1992.
24) 鄭仁盛, 「韓半島 出土 (靑銅)鼎의 性格」, 『古文化』 48, 韓國大學博物館協會, 1996.

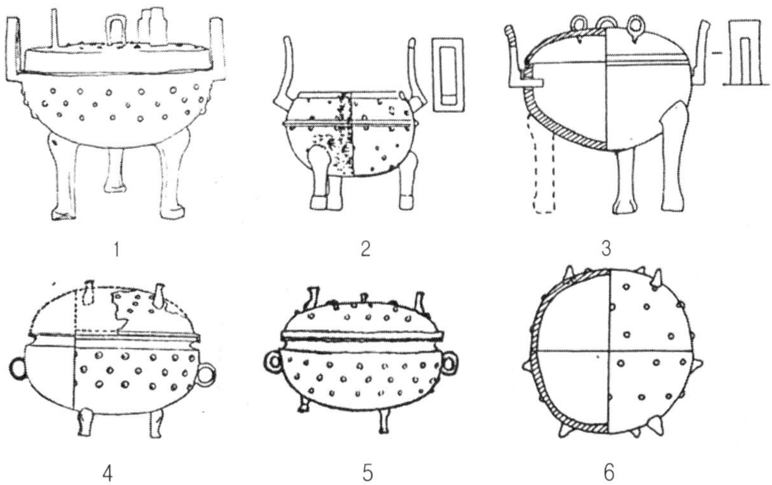

그림 4. 銅鼎, 銅敦과 陶敦

1.安丘銅鼎, 2.下岱銅鼎, 3.女郎山陶鼎, 4.磁村銅敦, 5.北楮莊銅敦, 6.後李陶敦

속하는 良東里 銅鼎 보다 늦은 시기의 것으로 추정한 것에 대해서는 동의하지 않는다. 필자는 下岱M23 銅鼎이 秦漢時代가 아닌 戰國齊時代에 해당하는 것으로 생각한다.

下岱M23 銅鼎의 연대와 관련하여 우선적으로 주목되는 것은, 이 유물의 손잡이장식이 秦漢時代의 것과는 판이하게 다르다는 점이다. 秦漢代의 銅鼎은 대개의 경우 손잡이가 비교적 두툼하면서 작고, 손잡이의 頂端部가 圓折하고 있는데, 이러한 사정은 鄭仁盛이 자신의 논문에서 예로 들고 있는 平壤 일대의 漢式 銅鼎에서도 확인된다. 그런데 下岱M23 銅鼎은 손잡이가 높게 솟아 있으면서 頂端部가 方折하고 있어, 秦漢代의 일반적인 銅鼎과 커다란 차이를 보이고 있다.

다음으로는 下岱M23 銅鼎 중복부에 장식되어 있는 환돌대가 주목된다. 즉, 下岱M23 銅鼎의 환돌대는 그리 돌출되어 있지 않은 특징을 보이고 있는데, 이러한 형식적 특징은 漢式銅鼎의 환돌대가 매우 발달되어 있으면서 넓은 띠모양을 형성하고 있는 것과는 전혀 다르다. 漢式 銅鼎의 이와 같은 특징 역시 鄭仁盛이 열거하고 있는 平壤 일대의 漢式 銅鼎에서 모두 확인된다. 이러한 점들을 고려할 때, 下岱M23 銅鼎은 秦漢時代의 것이라기 보다는 戰國時代의 것일 가능성이 높다.

그러면 어떠한 이유에서 下岱M23 銅鼎이 戰國齊의 것인가 하는 점이 문제로 지적될 수 있다. 下岱M23 銅鼎의 구체적인 출자와 관련하여 주목되는 것이, 앞서 언급한 동유물 중복부의 원형 "鑄物固定痕"이다. 下岱M23 銅鼎의 원형 "주물고정흔"은 戰國齊의 銅鼎에만 특징적으로 장식되어 있는 원형의 乳丁이 탈락된 후 남겨지게 된 흔적이라고 생각된다. 이와 관련된 실례로는 臨淄 北楮莊과 淄川 磁村의 銅敦과 臨淄 後李의 陶敦을 들 수 있다(표 4-4-6).[25] 중국학계에서는 일반적으로 복부에 乳丁을 장식한 청동예기를, 이러한 청동예기의 출토가 東周時代 齊나라 강역에 집중되어 있다는 점을 고려하여, "齊式銅器"라 별칭하고 있다.[26]

위에서 간단하게 살펴 본 바와 같이, 下岱M23 銅鼎은 戰國齊의 것임이 분명하다. 이제 남은 것은 下岱M23 銅鼎이 구체적으로 어느 시기의 것인가 하는 점이다. 이와 관련하여 주목되는 것이 1985년 산동성 安丘縣 毋子埠 유적에서 출토된 平頂盖銅鼎이다(그림 4-1).[27] 安丘縣의 銅鼎은 일반적으로 전형적인 戰國初期 齊나라의 기물로 인식되고 있다. 그런데 下岱M23 銅鼎은 安丘縣의 銅鼎과 형태를 달리하면서, 山東省 章丘 女郎山 1호 대묘의 陶鼎과는 동일한 특징을 보인다(그림 4-3). 女郎山M1의 묘주는 戰國中期 齊나라의 大將軍 匡章이다.[28] 따라서 下岱M23 銅鼎은 女郎

25) 淄博市博物館, 「山東淄博磁村發現四座春秋墓葬」, 『考古』 1991-6.
26) 朱鳳瀚, 『古代中國青銅器』, 南開大學出版社, 1995.
王 靑, 『海岱地區周代墓葬研究』, 吉林大學博士學位論文, 1999.
27) 徐新華 等, 「山東安丘出土一件戰國銅鼎」, 『考古』 1987-12.
28) 濟靑公路文物工作隊, 「章丘綉惠女郎山一號戰國大墓發掘報告」, 『濟靑高級公路考

山M1과 같은 기원전 3세기 전반경의 것으로 생각된다.

下岱M23은 木槨墓로 銅鼎과 함께 高領圈足陶壺 등이 출토되었는데, 한국의 보고자는 무덤의 형태와 부장된 도기의 특징을 들어, 기원후 3세기 중엽으로 편년하였다. 따라서 下岱M23 銅鼎이 제작된 시기와 실제적으로 무덤에 부장된 시기간에 근 400년간의 시간차가 존재하고 있음을 알 수 있다. 이러한 시간차를 고려할 때, 下岱M23 銅鼎이 한반도지역으로 유입된 후, 오래동안 전세되었음을 짐작할 수 있는데, 이러한 점은 복부에 장식되어 있는 乳丁이 모두 떨어져 나간 것을 통해서도 입증된다.

3. 수정구슬을 통하여 본 두 지역간의 교류

최근 한국 慶尙南道 金海市 良東里M322에서 1건의 銅鼎과 함께 두 개의 수정구슬을 엮어 놓은 목걸이가 출토되었다.[29] 銅鼎은 전체 높이가 17.5센티미터, 구경이 16.1센티미터로, 전형적인 戰國晩期 銅鼎의 특징을 갖추고 있다. 즉, 약간 안으로 오무라 들어 있는 子母口에 배가 다소 깊으며 상복부에 환돌대가 장식되어 있고 하복부에 세 개의 두툼하고 왜소한 獸足이 달려 있다. 또한 손잡이는 두툼하고 왜소하며 밖으로 휘어져 있고, 頂端部가 弧折하고 있다(그림 5-1).

이러한 형태의 銅鼎은 戰國時代 晩期 중국 내지에서 비교적 넓게 유행하였다. 산동성 지역에서도 이와 같은 형태의 것이 발견되고 있는데, 濟南千佛山 戰國晩期 고분 출토의 것을 대표적인 예로 들 수 있다(그림 5-4).[30] 이외 1999년 陝西省 臨潼 秦始皇陵의 陶俑陪葬坑에서 무게가 212킬로그램의 대형 銅鼎이 1건 출토되었는데(그림 5-5),[31] 전체적인 형태가 良東里

古發掘報告集』, 齊魯書社, 1993.

29) 林孝澤, 『金海良東里古墳 發掘調査 略報』, 1994.

30) 李曉鋒 等, 「濟南千佛山戰國墓」, 『考古』 1991-9.

銅鼎 보다는 발전된 특징을 보인다. 이러한 점들을 고려할 때, 良東里 銅鼎이 戰國時代 晚期에 제작된 것임이 분명하다고 생각된다. 따라서 한국의 鄭仁盛이 良東里 銅鼎을 戰國中期에 제작된 下岱M23 銅鼎 보다 이른 시기의 것으로 본 것은 잘못된 것이다.

또 하나 주목되는 것은 良東里M322의 수정구슬인데, 2건의 수정구슬 모두 주판알모양으로, 중간부에 목걸이줄을 꿸 수 있도록 동그란 구멍이 나 있다(그림 5-2).[32] 戰國時代 수정으로 만든 구슬은 한반도지역에서는 매우 드물었다. 반면 齊나라에서는 이러한 기물이 대량으로 제작되었다. 淄博의 郎家莊 1호 大墓, 南馬坊 1호 大墓에서는 수정 목걸이가 대량으로 출토된 바 있는데, 수정 목걸이에 사용된 수정제품의 구체적인 형태는 둥근 알모양, 둥근 고리모양, 누에모양 등이 있다. 이중 수정구슬은 대개가 良東里의 것과 흡사한 모양을 하고 있다(그림 5-3).[33] 이외 山東半島의 長島 王溝, 栖霞 金山 등지의 戰國墓에서도 이와 같은 제품이 발견되었다. 따라서 戰國時代 齊나라가 이러한 제품의 주요한 생산국이었음을 짐작할 수 있다.

이와 같이 齊나라에서 대량으로 생산된 수정제품은, 깊은 歷史地理的인 배경을 갖고 있다. 즉, 중국 고대에는 옥을 중시하는 전통이 있어 사회 각 계층에서 玉器를 대량으로 사용하였는데, 齊나라가 통치하였던 山東 北部와 山東半島에는 玉産地가 많지 않다. 이러한 이유로 옥기를 대체하는 기물로서, 水晶과 滑石製品이 대량으로 생산되었던 것이다. 이외 山東半島와 인접한 江蘇省 東海縣의 경우, 일찍부터 水晶産地로 유명하였는데, 이곳에는 周代 莒國이 위치하고 있었다. 그런데 나중에 莒國이 齊나라에 편입된다.

---

31) 段清波 等, 「秦陵又發現百戲陶俑陪葬坑」, 『中國文物報』, 1994年 2月 27日.
32) 山東省博物館, 「臨淄郎家莊一號東周墓」, 『考古學報』 1977-1.
淄博市博物館, 「山東淄博市臨淄區南馬坊一號戰國墓」, 『考古』 1999-2.
33) 李雲鋒 譯, 『朝鮮考古學概要』, 1983.

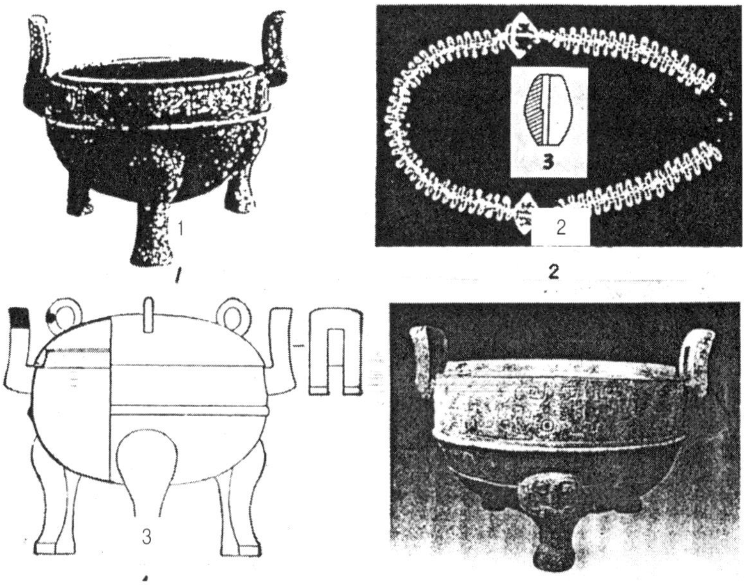

그림 5. 銅鼎과 수정구슬 목걸이
1.良東里銅鼎, 2.良東里 수정구슬, 3.南馬坊 수정구슬, 4.千佛山銅鼎, 5.秦陵銅鼎

戰國齊가 중국 내지에서 수정제품의 생산국으로 이름을 떨치게 된 것은 바로 戰國時代 무렵 水晶産地를 장악하게 된 것 과도 연관이 있다.

이상 山東半島와 韓半島 南部地域에서 발견된 유물들을 비교한 결과, 良東里M322에서 출토된 1건의 銅鼎과 2건의 水晶구슬이, 당시 지리적으로 한반도 남부지역과 근접하여 있던 戰國齊에서 제작되어 건너가게 된 것으로 생각된다.

Ⅳ. 종합적 검토

『三國志・魏志・東夷傳』에 "陳勝 등이 난을 일으키자 세상이 秦나라에 반란하였는데, 이 때 燕나라 齊나라 趙나라의 백성들이 수만 명이나 朝鮮으로 피난하였다(陳勝等起, 天下叛秦, 燕齊趙民避地朝鮮數萬口)"라는 기록이 있고, 『史記・朝鮮列傳』는 漢나라 初에 燕나라 사람 衛滿이 "동쪽으로 도망가 塞를 넘고 강을 건너 秦나라의 옛적 빈 땅인 上鄣과 下鄣에 거주하였다. 이후 점차 眞番과 朝鮮과 蠻夷 및 옛 燕나라 齊나라의 망명자들을 복속시켜 왕이 되고는 王險城에 도읍하였다(東走出塞, 渡水, 居秦故空地上下鄣, 稍役屬眞番朝鮮蠻夷及故燕齊亡命者王之, 都王險)"라는 기록이 있다.

이는 지금까지 알고 있는 중국과 한반도 사이에 발생한 인적 교류에 관한 비교적 이른 시기의 문헌기록이다. 두 기록을 통해, 일반적으로 학계에서는 산동지역과 한반도지역간의 인적 교류가 秦代로부터 시작된 것으로 인식하고 있다. 그러나 秦나라의 역사는 겨우 20여년에 불과하였다. 따라서 齊民이란 戰國時代에 망명해 온 齊民까지를 포함한 말일 가능성이 높다. 앞서 살펴 본 바와 같이, 한반도지역에서는 戰國齊와 관련된 유물들이 다소 분포되어 있다. 따라서 산동지역과 한반도지역간의 교류가 이미 戰國時代로부터 개시되었을 가능성이 매우 높다고 하겠다.

그러면 끝으로 앞서 다룬 내용들을 바탕으로 하여, 산동지역과 한반도지역간의 인적, 문화적 교류의 단면을 다섯 개의 항목으로 나누어 종합화하여 보고자 한다.

(1) 지금까지 韓半島地域에서 발견된 戰國齊의 유물들은 韓半島 南部地域에만 분포되어 있다. 이에 반해 韓半島 北部地域에서는 주로 戰國燕과 戰國趙의 유물들이 발견되고 있다. 예를 들어, 北韓의 慈江道와 平安北道

및 平安南道에서는 燕나라의 明刀錢이 대량으로 출토되었고, 黃海南道에서는 戰國時代의 中原式銅劍이 발견되었으며, 鴨綠江 북쪽의 吉林省 集安市에서는 戰國晩期의 趙나라 銘文이 있는 銅劍[34]이 발견되었다. 이러한 점을 고려할 때, 중국의 망명인이 秦代가 아닌 戰國時代로부터 한반도 등의 동쪽 지역으로 이주하기 시작하였으며, 중국 망명인의 망명지역이 집단의 출자에 따라 달랐던 것으로 짐작된다. 즉, 燕나라와 趙나라의 망명인은 주로 韓半島 北部地域으로, 齊나라의 망명인은 韓半島 南部地域으로 망명하였던 것이다.

(2) 戰國時代 燕나라가 위치하고 있던 지금의 河北省 일대는 지리적인 여건면에서, 육로상 韓半島와 가장 가까이 위치하고 있었다. 趙나라 또한 비록 山西 북부 일대에 위치하고 있었으나, 燕나라를 거쳐 한반도와 연결 가능하다. 이러한 점은 燕과 趙나라의 유물이 요동과 한반도 북부지역에서 집중적으로 발견되고 있는 것을 통해서도 짐작 할 수 있다. 반면 齊나라의 사정은 이와 달랐던 것으로 여겨진다. 만약 齊나라의 망명인들 또한 요동지역을 거쳐 한반도지역으로 이주해 갔다면, 이들 지역에서 戰國齊의 유물들이 발견되어야 한다. 그러나 戰國齊의 유물들은 韓半島 南部地域에 집중되어 있다. 이러한 유물현상은 戰國齊의 망명인들이 山東半島에서 출발하여 해로를 거쳐 직접 韓半島 南部地域으로 건너 갔을 가능성을 시사해 준다. 현재 중국학계에서는 산동반도에서 황해를 거쳐 한반도 남부지역으로 이어지는 해로가 南朝 劉宋代에 처음으로 개통된 것으로 인식하고 있다.[35] 그러나 위의 고고학적인 증거를 고려하여 볼 때, 이러한 항로가 이미 戰國時代에 초보적이나마 개통되었다고 할 수 있다.

---

34) 張雪岩, 「吉林集安縣發現趙國銅劍」, 『考古』 1982-6.
黃盛璋, 「跋集安新發現陽安君劍」, 『考古』 1983-5.

35) 牟元珪, 「古代山東在中韓關系史上的地位」, 『第三屆韓國傳統文化國際學術討論會論文集』, 山東大學出版社, 1999.

(3) 『後漢書 · 東夷列傳』의 기록에 의하면, 중국의 秦漢時代 한반도 남부지역에 馬韓, 辰韓, 弁韓의 세 집단이 있었는데, 이중 한반도 남서부 해안지역에 위치하고 있는 馬韓의 세력이 가장 컸다고 되어 있다. 또한 辰韓 또는 秦韓이라고 하는 집단은 馬韓이 그들의 동쪽 땅을 秦나라에서 도망 온 사람들에게 줌으로써 세워지게 된 것으로 되어 있다. 이외 弁韓은 辰韓의 남쪽에 위치하고 있는 것으로 되어 있다. 이러한 기록을 토대로 관련학계에서 작성한 역사지도를 보면,[36] 全羅北道의 上林里는 馬韓의 경계내에, 慶尙南道의 下岱와 良東里는 辰韓의 경계내에 위치하고 있다. 문헌기록대로 辰韓을 세운 집단이 秦나라 망명인들이라고 단정할 수는 없지만, 분명한 것은 辰韓을 세운 집단중에 중국계가 포함되어 있었다는 점이다. 이와 관련하여 한반도 남부지역에서 발견된 戰國齊의 유물들이 부각된다고 할 수 있으며, 이들 유물이 주로 馬韓의 동쪽지대에 해당하는 지역에 집중되어 있다는 점을 통해, 『後漢書 · 東夷列傳』의 기록이 새롭게 해석될 수 있는 소지가 있다고 할 수 있다.

(4) 현재 韓半島 南部地域에서 발견되는 戰國齊의 유물들은 주로 青銅劍, 青銅禮器, 수정구슬이다. 주지하다시피, 중국 고대에는 위와 같은 유물들을 소유할 수 있는 계층이 상층 지배계급에 한정되어 있었다. 이중 청동예기는 귀족들만이 소유할 수 있는 기물이다. 특히 높이가 50센티미터에 달하는 下岱의 銅鼎은 상층 지배계급중에서도 상위에 있는 사람들만이 소유할 수 있는 기물이다. 이러한 점을 고려할 때, 한반도 남부지역으로 유입된 戰國齊의 유민중에 상층귀족이 포함되어 있었을 가능성이 높다.

(5) 戰國時代 산동지역과 한반도지역간의 교류와 관련하여, 한반도 남부지역에서는 戰國齊의 유물들이 발견되고 있는 반면, 산동성 지역에서는 한반도 남부지역의 유물들이 발견되고 있지 않다는 점을 주목할 필요가

---

36) 譚其驤 主編, 『中國歷史地圖集』 第2册, 地圖出版社, 1982.

있다.[37] 이러한 유물 현상을 고려하여 볼 때, 당시 두 지역간의 인적, 물적 교류가 일방적으로 산동성지역에서 한반도 남부지역으로 향하는 방식이었던 것으로 짐작된다. 물론 이러한 일방적인 흐름에 어떤 고급문화의 저급문화로의 전파 등의 시각으로 볼 필요는 없다. 왜냐하면 이 시기의 흐름은 문화적인 성격이 근본바탕을 이루는 것이 아니라, 중국의 독특한 정치적 상황하에서 일부 망명집단이 불가피하게 한반도 남부지역으로 이주하였던 것과 관련이 되기 때문이다. 아울러 한반도 남부지역에서 戰國齊의 유물이 극히 예외적인 경우에 한정되어 있는 것을 통해, 戰國齊의 망명인들이 한반도 남부지역의 집단에 의탁하는 상황이었음을 짐작할 수 있다.

(6) 끝으로 후기청동기시대 산동성지역과 한반도지역간의 교류는, 현 단계로서는 구체적인 사항을 언급할 상황은 아니나, 앞서 두 지역 지석묘의 연관성을 지적하는 가운데 시사한 바와 같이, 전혀 없었다고만은 할 수 없을 것 같다. 이러한 점에 대해서는 후일 중국과 한국 두 나라의 학자들이 공동으로 심도있게 연구할 과제임을 강조하면서 본고를 마치고자 한다.

〈白山學報 第64號, 2002.12.25. pp.5~25〉

---

37) 山東省 栖霞市 杏家庄 고분에서 1건의 東北系銅劍이 출토된 것이 있으나, 이러한 동검이 遼東地域에 다수 분포하고 있는 것으로 보아, 遼東地域으로부터 들어온 것으로 생각된다. 杏家庄 출토 東北系銅劍을 둘러싼 문제에 대해서는 최근 한국학계의 吳江原이 분석한 논문이 있다. 吳江原, 「春秋末 東夷系 萊族 木槨墓 출토 琵琶形銅劍」, 『韓國古代史硏究』 23, 2001.

朝鮮·鮮卑의 鮮(Soyon)族 起源考

- 原조선겨레 '소욘'족에 관하여 -

周 采 赫*

〈目 次〉

Ⅰ. 머리말

필자는 이미 「朝鮮·鮮卑의 '鮮'과 馴鹿遊牧民」[1]이라는 논문을 통해 「朝

* 강원대 교수 : 국제몽골연구협회〈I.A.M.S〉 한국측 집행위원

1) 周采赫, 「朝鮮·鮮卑的 '鮮'和馴鹿遊牧民」, 『蒙古史研究』 第六輯 中國蒙古史學會, 내몽골대학출판사, 후흐호트, 2000년, pp.292～296. Chu, Chae-hyok, "Siyan" of "Ju Siyan-Siyanbi" Reindeer nomads, Bulletin-The IAMS News Information on Mongol Studies, The Secretariat of the International Association for Mongol Studies, Ulaanbaatar Mongolia, 2000, pp.23～43(old Mongolian letter). 周采赫, 「朝鮮·鮮卑의 '鮮'과 馴鹿遊牧民」, 『동방학지』, 110집, 연세대학교 국학연구원, 2000년 12월, pp.177～220. 周采赫 「朝鮮-鮮卑與馴鹿人」 『呼倫貝爾學院學報』(蒙文版)제 7권 중국 내몽골 하일라르 훌룬부이르학원 2000년 pp.13～25(舊몽골문자). 周采赫, 「朝鮮·鮮卑的'鮮'和馴鹿遊牧民」, 『呼倫貝爾文物』, 2001, 總第6期, 呼倫文物管理委員會辦公室·呼倫貝爾盟民族博物館, 內蒙古 呼倫貝爾市 海拉爾區, 2001년 12월, pp.47～53. 1999년 7월 25일～2000년 8월 22일에 걸친 훌룬부이르 일원에 관한 답사로 이 논문을 썼고, 다시 여기서 제기된 문제를 중심으로 2001년 7월 15일～8월 26일에 걸친 시베리아 횡단 답사를 마친 다음에 그 결과를 2001년 9월 28일

鮮」이 아침햇살과 상관이 없는, '鮮을 향해 가는'이라는 뜻을 갖는 이름으로 「순록유목민」을 가리키는 것임을 밝힌 적이 있다. '사슴'이 「식량채집」단계에만 주로 관련되었던 것과는 달리 '순록'은 「식량생산」단계와 주로 밀접하게 관련돼 있었다는 사실을 지적하면서, 「朝」가 순록유목민을 가리키는 몽골말 차아탕(chaatang)의 '차아(chaa)'나 축치족말 차오추(chaochu)의 '차오(chao)'에서 온 것이기 때문에, 압록강만 넘으면 누구도 朝鮮의「朝」를 '아침 조'자 자오(zhao) 1성으로 읽지 않고 '찾을 조'자 차오(chao) 2성으로 읽는다는 점을 그 한 방증으로 들기도 하였다. 아울러 鮮은 '선명하다'는 뜻도 있지만, 여기서는 『詩經』「大雅」〈文王之什〉'皇矣'의

「度其鮮原 居岐之陽 在渭之將 萬邦之方 下民之王」

이라 한 詩를 注疏한 『毛傳』에서

「小山을 大山과 구별하여 鮮」[2)]

에 「朝鮮의 始原, 알타이사얀지역의 '鮮'族연구」라는 제목으로 정리하여 제317회 연세대학교 국학연구원 발표회에서 발표했다. 이때 파른선생님은 가장 먼저 발표장에 나와 이 학술발표를 격려해 주셨다. 깊이 감사드린다. 이는「한겨레신문」 2001년 9월 29일자에 "朝鮮의 종족은 시베리아 사얀산 '鮮'족"이라는 제목으로 학술난에 기사화되었다. 본 논문은 그 내용을, 그로부터 2002년 6월 현재까지 그간의 연구-토론과정을 거쳐 정리-보완한 것이다. 그간 한국내에서 연구발표와 토론을 해 오면서 非전공자가 동물유전학논문을 이해할 수 없듯이, 비전공자가 "순록-양유목사학논문"을 제대로 이해하지 못하는 것이 오히려 당연하다는 생각을 뼈에 사무치게 해왔다. 이 논문의 초고는 투고한 지 7개월만에, 『동방학지』 115 「설림」란에 이를 게재할 것을 제의받기까지 하였다. 지금까지의 原조선겨레사연구의 결정적인 하나의 한계가 "수렵-유목사적 시각"을 이에 도입하지 않은 데에 있음을 겸허하게 인정하고, 함께 이를 개척해 가며 그 한계를 극복해 나가야 할 것이다. 鮮(Соян)은 현재 러시아의 西시베리아일대에서는 현지발음으로 '소얀'이지만 아바예프(Н.В.Абаев)와 헤르테크(Hertek Liubov' Kendenovna) 등 투바대학교 사학과 교수들이 투르크-몽골계 발음으로는 '소욘'에 더 가깝다고 해서 본 논문에서는 소욘(Soyon)으로 통일해 쓰기로 했다.

이라고 한 점에 주목하고 「鮮原이란 小山이 있는 平原」 일 수 있다는 사실에 착안하여, 이것이 곧 小山이라 할 타이가와 草原이라 할 스텝으로 주로 구성된 시베리아 벌판으로 이어지는 고원지대의 지형을 가리킬 수 있다는 문제를 제기 했다. 岐山이 섬서의 황토고원에 자리잡고 있고 그 황토고원은 그대로 고비알타이산맥쪽으로 이어지는 스텝-사막-타이가의 연장선상에 있기 때문이다. 실은 「鮮原」의 '鮮'은 '鮮明하다' 할 때의 '고울 선'자 시엔(xian) 1성이 아니라, 鮮卑와 朝鮮의 역사적인 본고장이라 할 훌룬부이르 몽골스텝과 길림성일대에서 각각 '이끼 선'자 蘚과 같이 시엔(xian) 3성으로 읽히고 있다. '작은 동산 선'자라고 해야 할 것이다. 그러니까 「조선」이 漢文이름이 아니라 시베리아 원주민의 말 곧 토박이 조선겨레말 이름이라는 점을 증명해본 셈이다. 이어서 小山인 鮮에서 나는 蘚을 다구르말로 니오끄(niokq)라 하는데 겨울이 매우 긴 툰드라-타이가지역의 순록의 겨울 주식인 '이끼'가 바로 그것이며, 지역에 따라 다소 차이가 있지만 대개 한 번 뜯어 먹으면 3~5년이 지나야 다시 자라므로 순록은 먹이를 찾아 새로운 鮮으로 늘 이동할 수밖에 없어 순록치기들은 '유목방법'[3]을 택할 수밖에 없다는 점

2) 『欽定四庫全書』, 「毛詩注疏」 卷23에 '傳小山別大山曰鮮'이라 했고, 「十三經注疏」 '正字' 卷8에서는 '小山別大山鮮'이라 했으며, 「爾雅」 釋山조에도 '小山別大山鮮'이라 했다.

3) '유목'(nomadism)이라는 글자나 낱말을 피상적으로 알았다고 유목의 본질적 개념을 결코 올바로 파악했다 할 수는 없다. 물론 유목을 바로 알지 못하고 하는 유목지역 답사는 단순히 농경지역 출신의 제 논에 물대기식 유목지역의 바람쐬기에 지나지 않을 수도 있다. 반대의 경우도 마찬가지다. '양이 풀을 뜯어먹는데 그 양고기를 먹으면 됐지 왜 사람이 직접 풀-야채를 뜯어먹느냐'는 식의 유목적 시각으로는 유목민 출신의 농경지역 답사가 제대로 이루어질 까닭이 없다. 유목은 특정 생산조건에서 이루어지는 목축(pasturage)의 특수형태로 물론 식량생산단계에 속하는 엄연히 생산(production)을 하는 산업이므로 식량채집단계인 사냥-수렵(hunting)과는 준별된다. 그러므로 유목→농경(agriculture)으로 발전했다는 식의 망발은 있을 수 없다. 칭기스칸이 화북의 농경지대를 쳐들어 와서 양과 말을 방목(grazing) 또는 유목했다고 해서 농경→유목으로 발전했다고 할 수 없는 것과 같다. 이와무라·시노부는 유목이란 '건조지대에서 무리 짓는 본능을 가진, 발굽이

있는 짐승을 키우는 것을 주요한 경제 수단으로 하는 생활양식'이라고 정의한다. 그는 이런 스텝-몽골말로는 '탈'(хээр тал)의 주된 양유목 외에도 동토지대라 할 툰드라-타이가지대의 순록유목과 티베트고원, 히말라야산이나 안데스산 등지에서 이루어지는 고산지대의 야마, 알타카 및 야크유목을 들고 있다(岩村 忍, 『몽골사회경제사연구』, 교토대학 인문과학연구소, 1968년, pp.3~15 참조). 여기서 한 가지 주목할 것은 우리가 흔히 '초원'이라고 옮기는 건조지대가 어디까지나 시베리아와 그 언저리의 몽골말 '탈'-스텝(steppe)을 가리키는 것이지 보통 초지인 grass land를 지칭하는 것이 결코 아니라는 사실이다. 그리고 보통 풀밭에서 할 수 있는 소나 말의 방목과, 강수량이 적고 따라서 풀이 작고 비교적 드문드문 나 있어 한 번 뜯어먹으면 일정기간이 지나야 다시 자라나는 스텝에서의 羊草나 한 번 뜯어먹으면 3~5년은 걸려야 다시 복원되는 타이가 툰드라에서의 이끼(蘚: niokq)라는 먹이의 특수한 성격 때문에 할 수밖에 없는 양(sheep)이나 순록(reindeer)의 유목(nomadism) 또한 바로 준별되어야 한다. 물론 염소가 그러하듯이 양떼에 섞여 유목도 할 수 있고 방목도 할 수 있는 것과 그렇지 못한 경우도 구별되어야 한다. 시베리아·몽골·만주의 스텝을 다시 양초가 주로 자라는 몽골초원과 산중초원, 그리고 습기가 비교적 풍부해서 소나 말을 방목할 수 있는 草甸子초원으로 더 세분하기도 한다. 유목은 생산을 하는 산업으로 물론 그 생산의 핵심은 식량이다. 타이가-툰드라의 순록유목은 순록의 고기와 젖을, 스텝의 양유목은 양의 고기와 젖을 생산하는 것이 중심을 이룬다. 그것이 그들의 주식이 되기 때문이다. 그 가죽과 털은 옷과 집을 만드는 자료로 중요하게 제공된다. 필자는 툰드라-타이가지대의 순록유목이 그 생산력의 발전과 인구의 증가가 일정한 수준에 이르렀을 때에 그들이 몽골스텝으로 진출해 양유목을 시작했고 다시 생산력의 발전으로 양의 숫자가 많아지자 개와 함께 말을 동원해 騎馬 羊유목을 했던 것으로 추정하고 있다. 말은 오토바이가 등장하면서 점차 소외되고 오토바이를 타고 하는 양유목이 주류를 이루어 가는 경향인데 현지인들은 이를 '기마유목'에 대해 '신유목'이라고 한다. 이처럼 이 지역의 유목은 순록과 양의 고기와 젖, 그리고 모피를 생산하는 일이 그 핵심을 이루고 있는 것이다. 순록은 순해서 재갈을 물리지 않아도 탈 수 있지만 말은 청동재갈을 물린 이후에나 탈 수 있었으므로 기마양유목보다는 당연히 순록유목(reindeer-herding nomadism)이 이에 선행했을 것으로 추정된다. 툰드라-타이가 지대보다 더 노출된 개방공간인 스텝자체의 성격으로 보아도 이들 유목민이 툰드라-타이가의 순록유목을 통해서 생산력과 전투력을 상당히 발전시킨 다음에 스텝의 치열한 생존경쟁마당으로 진출할 수 있었던 것으로 볼 수 있을 것이다. 문제는 유목민이 농경민 사가의 인식시야에 들기 시작한 것이 기마유목하던 시대이고 보니 침략 당한 경우든, 그것을 전투에서나 역사인식에서 역이용해 침략하는 경우든 스텝의 양유목을 기마유목(horse-riding nomadism)으로 한 데 묶어 도매금으로 넘겨쓰고 있다는 데 있다. 유목민의 침략

도 지적했다. 그리고 이끼이기 때문에 습기가 있는 응달에서 많이 나며 습기가 많을수록 잘 자라므로 순록치기들은 서시베리아에서 태평양이 있는 동시베리아쪽으로 이동하는 경향이 있었는데 그 대표적인 것이 朝鮮겨레이고, 그래서 필자는 상당부분이 몽골리안 루트와 일치할 것으로 보이는 그런 민족이동루트를 「이끼의 길」이라고 命名했다. 결국은 '해 뜨는 쪽'으로 이동해 왔지만[4] 더 본질적인 차원에서 보면 순록의 겨울먹이 蘚-'이끼'를 찾아

성만을 터무니없이 과장해 유목생산의 본질이 왜곡되는, 어이없는 일련의 그릇된 이 시대의 풍조이지만 유목민 당사자인 몽골국 학자들조차도 그냥 그렇게 띄워진 채로 비판 없이 엉겁결에 겉넘어 그대로 수용해 쓰고 있는 느낌이다. 이 경우에 순록유목이 소외되는 것은 당연한데, 역사적으로 유목적 태반을 가진 유대교-예수교 신도들 자체도 대부분 루돌프사슴이 보통사슴이 아닌 순록이라는 사실을 모른다는 것은 분명히 아이러니다. 기마말유목이란 당시의 최첨단 군사무기의 하나인 말만 유목해 팔았다는 식인데, 그런 사례가 있기는 더러 있었어도 유목의 주류를 이루는 것은 결코 아니었다. 구미학자와 일본학자들을 중심으로 주로 사용돼 온 것으로 보이는 '기마유목'이란 용어는 당연히 '기마양유목'으로 수정돼야 할 것이다. 그리고 이른바 가속적인 이동성을 띠어 가고 있는 디지털시대의 문화를 가리켜 '신유목문화'라고 불러 편의상 개념화해 쓰고 있는데 오토바이를 타고 하는 신유목(autobicycle-riding nomadism)문화와는 분명히 그 개념을 변별해 써야 할 것이다. 사람이 말을 타고 雙方이 서로 호흡과 마음을 맞추며 달리던 기마양유목의 기동력에 의한 '구유목'과 사람이 그저 一方적으로 만들고 조작해 쓰는 오토바이를 타고 달리는 '신유목'이 본질적으로 생명문화의 시각에서 보면 판이하게 다르다. 뿐만 아니라, 말타기와는 물론 양유목과도 전혀 상관이 없이 돈벌이를 비롯한 이동성이 강한 각종 욕망의 충족을 위해 다양한 도구를 통해 심신이 수시로 이동하는 이른바 '신유목문화'는 이와 더더욱 판이하게 다르기 때문이다.

4) 물론 시베리아 차아탕들에게 해를 지향하는 경향이 있다는 것을 부정하는 것은 아니다. 필자가 실제로 1999년 9월 9일에 북위 50도가 넘는 대흥안령 북동쪽에 자리잡은 흑룡강성 쿠마河 곁에 있는 呼中林業局 飛虎山林場의 말리야수오라는 차아탕의 養鹿點에서 내몽골사회과학원 역사연구소 아르다잡 부연구원(당시64세)과 함께 에웽키말로 '仙人柱'라는 이동식 집에서 숙박하면서 동틀 녘에 느낀 숨막히는 위기감은 뭐라 형용키 어려웠다. 해 뜨기를, 흑암의 지옥에서 헤매고 있는 자가 구세주 기다리듯 간절히 바라고 있었다. 나중에 알고 보니 둘이 다 그 순간에 비상용 심장약을 먹고 있었다. 나이 든 외래인인 우리의 경우는 특수한 사례이기는 하겠지만 차아탕들이라고 이런 체험을 전혀 않는 것은 아닐 것 같다. 『삼국유사』권1, 「북부여」조에 성을 '해'로 삼았다는 북부여의 解慕漱와 解扶婁 부

자의 '解'나 『삼국사기』 권제3, 「新羅本紀」 권제3, 炤知麻立干 9년 春2월조에 「置神宮於奈乙 奈乙始祖初生之處也」라 한 '奈乙'을 그대로 몽골말 나르(нар: 태양, 해)와 연관시켜보는 비약을 감행한다면 이런 것들이 모두 이 이들의 해바라기와도 같은 태양지향성을 보여주는 것이라고 억측해볼 수도 있을지 모른다(물론 언어학적인 접근이 없이 이루어지는 이런 추정은 매우 위험한 것이다). 1991~1995년에 걸쳐 있었던 한국몽골학회와 국제몽골연구협회, 그리고 몽골과학아카데미 역사연구소 및 한몽학술연구협회가 동참한 수흐바아타르·아이막 다리강가·솜의 고올리성터 답사-발굴과정에서 수집한 전설에 따르면(주채혁, 「興安嶺지역의 室韋와 貊— 蒙'고올리'와 貊'고올리'」, 『한국민족학연구』3집, 단국대학교 한국민족학연구소, 1995년, p.8 참조) 이미 어느 때부터인가 고올리 젊은이들이 어떤 칸의 세력에 밀려 여기서 살다가 '해뜨는 쪽'으로 갔다는 구비전승이 있어 왔고 그런 전승은 2000년 5월 25일~5월 30일의 6박 6일 실링골지역 조사로 동남쪽으로 내려올수록 더 농도 짙게 전해 내려오다가 赤峰에 이르러 유목민들이 잦아들어 마침내 漢族들 사이에 들면서 그 꼬리를 감추다는 점이 확인됐다. 그러나 朝陽에 이르러 '양지바른 남쪽을 향한다'는 그 지명이 등장하면서 그런 구비전승이 땅이름으로 노트필기 돼 있음을 확인하는 순간(2000년 6월 5일 현지답사 중에 조양박물관 周亞利부연구관이 확인해 주었다)의 감격은 작은 일에도 곧잘 감격하곤 하는 필자에겐 꽤 컸다. 그후 이 지역을 두루 답사하며 알고 보니 조양이란 지명은 요녕성뿐만 아니라 길림성, 흑룡강성과 내몽골자치구에도 여기저기에 있었고 심지어는 向陽이라는 지명조차도 등장했다. 그러나 퀼테긴 돌궐 비문(572년 기사)에 나오는 '동쪽의 해뜨는 나라' 복클리(貊句驪=고구려: 岩佐精一郎, 「突厥碑文의 bökli 및 parpurum에 就하여」, 『岩佐精一郎遺稿』, 東京, 1936년, pp.62~64 참조)나 17세기의 몽골문헌인 롭상단잔의 『알탄톱치』225절(후흐호트, pp.404~405)에서 '해뜨는 쪽' 솔롱가(Solongos 곧 한국)이라는 표현이 常用될 정도로 한국이란 국명을 수식하는 前提 형용구로 '해뜨는 쪽'이 쓰이기도 한다. 그렇다고 햇빛-광명을, 신화의 본질에 대한 냉엄한 천착이 없이 그대로 이데올로기 차원에서 조선겨레의 집단적 꿈이라 할 단군신화와 어설피 결합시키려는 시도는 매우 위험한 발상일 수가 있다. 우리는 해를 상징하는 히틀러의 가공할 쉬베스티카나 해를 상징으로 쓰는 일본 천황-'덴노히까'의 惡果가 어떻게 배태되어 나왔는지를 아직 잊지 않고 있다(정재서, 「신화가 돌아오고 있다」, 『문화일보』, 2001년 11월 2일자, p.6, '포럼' 참조). 조선겨레의 해신앙은 태양 자체가 아니라 그것이 금빛으로 여인의 몸에 배어들어 생명을 잉태한 상태의 하느님인 모태회귀적 부르칸(不咸)신앙임에 주목할 필요가 있을 것 같다. 햇빛을 받아 수정된 모태속의 수정란과 같은 존재가 몽골인들에게는 하느님이고 부처님이라는 것이다. 그 속에 생명을 생명으로 목숨불을 지펴낼 구체적인, 심정적이며 생물학적인 설계가 응축돼 내재되었기 때문에 살아있는 사람이 그것을 부르칸-하느님으로 깨달아 마중할 수 있었

는지도 모른다. 난생설화는 왜 꼭 공중을 나는 생물학적인 새와만 연관돼야 하는가? 거북이도 알을 낳고 연어와 뱀도 알을 낳는다. 내재적인 가치체나 의미체로서의 이해도 시도돼야 하지 않을까 한다. 필자가 현지 조사한 결과를 정리해보면 몽골인들의 해신앙은 물리적인 해 자체가 아니고 여체에 임재해 생명의 불을 켠 상태의 부르칸 자체이다. 하백녀 유화가 마중하지 않은 해 자체만로서의 하는님은 몽골인들에게 하느님이나 부처님을 뜻하기도 하는 부르칸으로 모셔지지 않았던 듯하다. 물론 어떤 이의 말대로 조로아스터교의 역사적 태반이나 그 전파와도 관계가 있는, 칭기스칸의 안방인양 탁 트인 시베리아 스텝-타이가 루트를 통해 교류된 불 또는 밝음의 '해'신앙일 수 있을지도 모른다. 그 나름으로 세계제국을 이루었던 당이나 원나라 때는 중국에도 들어가 원말에는 小明王이 나오고 마침내 '대명천지 밝은 날'로 호도된 상징적 국명을 가졌던 明나라가 등장하기까지 했으니까 시베리아-몽골-만주로 이어지는 땅에서 기원전에 이미 부여의 東明聖王이 등장하는 것이 무엇이 이상하겠느냐는 논리다. 그러나 이처럼 해가 중요했던 것은 사실이지만 조선겨레의 해신앙의 해는 그냥 물리적이고 외재적인 해라기보다는 한 여인의 몸에 구체적인 생명으로 내재화한 해일 가능성이 더 많다(앞에 든 주채혁, 「부르칸이즘과 유화—그 모태회귀신앙 연구 보유」참조). 그리고 한 가지 분명한 것은 동남부시베리아에 관한 한은 시베리아의 여름 일조량이 한반도의 그것보다 훨씬 더 많고 겨울도 한국인이 생각하는 것보다는 낮이 긴데다 온통 시야가 흰색으로 뒤덮여 여기보다 거기가 훨씬 더 밝다는 점이다. 게다가 시베리아는 대체로, 산지인 한반도와는 상대도 안되게 시야가 탁 트인 바다와 같은 훤한 벌판이라는 사실도 고려돼야 할 것이다. 서부시베리아도 알타이-사얀지역이 1월 전후 2개월여만 오후 4시~오전 9시가 밤일 뿐 나머지 계절은 한국과 별로 다를 것이 없다는 투바 현지주재 이철성목사의 전화 제보가 있었다. 현재 2월부터는 오후 6시에 해가 지고 있다는 것이다(2002년 2월 22일 오후 6시경에 전화로 제보해 주었다). 기나 긴 겨울에 시베리아 순록유목민-차아탕에게 더 시급한 것은 햇빛보다는 아무래도 먹을거리였다고 해야 할 것이다. 일본정부의 강제이주 음모가 그 배경에 도사리고 있었던 것이 사실이긴 하지만, 그렇더라도 1900년 전반의 일제치하에서 한반도의 조선겨레들이 햇빛을 찾아 만주-몽골-시베리아로 제 발로 찾아간 것은 아니고 먹을거리를, 허겁지겁 찾아 간 게 분명치 않은가? 모진 추위를 피해 햇빛을 갈구하는 일보다 더 화급한 것은 당장에 산목구멍에 풀칠이라도 하는 일이었음이 분명하다. 한국에 온 몽골유학생이 겨울방학 때 한국의 추위를 피해 귀국하는 사례도 있음을 고려하면, 아무래도 유목을 해 먹고 살아야 하는 생명체인 시베리아 차아탕에게는 그런 추상적인 '햇빛'보다는 순록의 겨울먹이인 구체적인 '이끼'(蘚)가 더 시급했었음에 틀림이 없다. 부르칸(Burqan)신앙이 해와 직관되는 것은 분명하지만 그러나 「朝鮮」의 '朝'는 '아침'의 뜻일 수가 없다. 「朝光鮮明」이나 「朝日鮮明」의 '朝'자나 '鮮'자로는 도무지 읽

옮겨 온 것이라 할 수 있다고도 했다. '조용한 아침의 나라'라는 靜態的 「조선」의 이미지가, 그 핵심적인 始原文化에 관한 한, 먹이를 찾아 계속 움직일 수밖에 없는 수렵-유목적인 역사적 태반을 가진 動態的 겨레 「조선」의 그것으로 상당히 의미전환을 하는 순간이었다.5)

혀지는 법이 없다. 더군다나 朝鮮-朝廷-朝臣을 한데 묶어 아침 '조'자로 쓴 구체적인 사례와 그 典據도 물론 없다. 도대체 조선, 조정, 조신이라는 낱말이 한글로 쓴 고조선 고유어로 된 고유명사나 보통명사인가, 아니면 漢字로 漢人이 쓴 漢語인가? 조정과 조신은 분명히 韓語가 아닌 漢語다. 적어도 朝鮮조차도 漢人이 漢字로 써 남긴 것밖에는 없다. 그 세 낱말의 '朝'자중 중국말사전에 단 한 자도 아침 '조'(zhao)자 1성으로 쓰인 사례가 없고, 모두 다 찾을 '조'(chao) 2성이라는 것이다. '강강「술래」'를 '강강「水越來」'식으로 읽어보는 글자놀이가 오랜 시간을 두고 거듭되다보니 마치 정말로 무엇이기나 한 양으로 전승된 것이 '아침의 나라' 朝鮮說의 유일한 전거라면 좀 신중하게 다룰 문제가 아닐 수 없다. 우리의 역사적 정체성이 주로 스키토-시베리아에 닿느냐 오르도스에 닿느냐, 곧 시베리아의 순록-양유목생산역사와 주로 접맥되느냐 중원의 농경생산역사와 주로 접목되느냐가 좌우되는 문제와 직관되기 때문이다. 고구려와 부여는 북부여에서 유래했다고 하였고 '北夷' 북부여는 시베리아 스텝지대의 연장선상에 있는 대·소흥안령의 품속에서 주로 배태됐다는 사실을 충분히 고려할 필요가 있다는 것이다.

5) 『삼국유사』, 「고조선」조의 「魏書云…立都阿斯達 開國號朝鮮…」이라 한 기록을 보고 朝=아침=阿斯(達)이라는 추론을 해 본 경우도 있지만, 이런 중국의 기록에 대해 이어서 「…古記云…都平壤城 始稱朝鮮 又移都於白岳山阿斯達…」이라 하였다. 그러니까 정작 한국측 기록인 『(단군)고기』로 추정될 수도 있는 이 사료엔 平壤과 朝鮮이 직관되어 있을 뿐이고, 阿斯達과 朝鮮이란 국호는 전혀 별개의 것임을 밝혀 주고 있다. 그때가 언젠데 漢人史家가 고조선의 사실을 본조 고조선의 사가보다 더 잘 알 수 있었단 말인가? 이병도의 '아사달=朝鮮'설은 신용하, 「古朝鮮 '아사달'紋樣이 새겨진 山東 大汶口文化 유물」(『한국학보』 102집 일지사, 2001년 봄호, pp.2~23)에서 그간의 연구결과와 발굴유물자료까지 모두 동원해 새롭게 재정리하고 있지만, 이는 애초부터 구체적인 현지답사나 이와 관련된 치밀한 문헌자료의 분석과 검증은 없었던 것으로 보인다. 도대체 한 문장으로 된 사료 안에서 지명인 아사달은 고조선 고유어로 쓰고 그것을 나라이름으로 쓸 경우에는 고조선 고유어를 漢字로, 그것도 音譯도 아닌 意譯으로 朝鮮으로 썼다는 주장부터가 그렇다. 그것을 도시이름으로 의역했을 때는 朝陽이라니, 그렇다면 조양의 '陽'과 조선의 '鮮'이 같은 뜻이라는 말인가? 압록강을 넘어 만주나 몽골땅에만 들면 현지인들은 조선이든 조양이든 아침 '조'(zhao)자 1성으로 읽는 법이 전혀

없다. 모두 찾을 '조'(chao)자 2성으로 읽는 것이다. 조양이라는 지명은 만주와 내몽골에도 있지만 필자가 현지답사를 통해 확인한 범위 안에서는 모두 그러했다. 심지어는 向陽이라는 지명까지 있었다. 그 땅이 종래 靜態的 농경민들보다는 動態的 수렵-유목민이 주로 살던 땅이기 때문이다. '저…를 향해 간다'(朝)는 개념 자체가 동태적인 수렵-유목적 개념이 아닌가? 문헌 근거든 현지조사 결과든 논증의 근거가 뚜렷해야 타당성을 갖게 된다. 다만 1961년 산동성 莒縣 陵陽河에서 출토된 뿔모양(角形: '팽이형토기'라는 용어는 수렵-유목의 현장감을 상실한 다분히 농경화한 후래적인 造語로 보인다. 역시 현장에서는 뿔잔〈角杯〉— 뿔그릇 〈角器〉이라 한 것 같다)토기-팽이형토기에 그려진, 이 논문에서 '아사달문양'이라 명명한 문양은 자못 흥미롭다. 몽골국 국기에도 너무나도 흡사한 문양(몽골겨레는 이를 해와 달-곧 '陽陰문양'이라 한다: 17세기초에 잔바자르가 그려낸 작품이다)이 들어가 있기 때문이다. 한반도의 같은 시대 같은 형태의 토기에서 그런 문양이 나타나지 않은 것이 이상하기는 하지만 혹시 그것이 조선・선비의 鮮(Соян)족의 전통문양일 수 있지 않을까 하는 억측 때문이다. 그런데 오늘날도 漢人학자들의 시베리아-몽골-만주의 현지답사는 지극히 힘들어, 현재 최고의 권위를 자랑하는 중국사회과학원 언어연구소 사전편집실『現代漢語辭典』(북경 상무인서관)에서조차도 조선의 '鮮'자를 1성으로 했다(1979년판) 3성으로 했다(1996년판)하는 판이다. 현지답사와 관련된 문헌비판이 없이 『25史』의 「동이전」기록만을 그대로 墨守하는 일은 사실의 복원에 그리 도움이 되지 안을 수도 있다. 또 현지조사결과로는 햇빛은 금빛으로 주로 상징되고 흰빛은 만년설이 덮인 툰드라-타이가나 스텝을 주로 상징하는 것임을 알 수 있다. 실제로 대흥안령 남부의 어떤 산이름에서는 白山이 만년설이 덮인 산을 가리키는 이름임을 확인할 수도 있었다. 부리야드족들은 대지의 색깔을 아예 흰색으로 여기고 있기도 하다. 흰 색 凍土에서 더 오래 살아올 수밖에 없는 이 부리야드인들에게는 누런 땅색이 흰 땅색으로 인식되고 있는 것이다(부리아드공화국 문화부, 『부리야드족의 전통과 문화』, 소욜출판사 1995년을 정재겸이 옮긴 글, 『봉우국학』 제2집, 봉우국학연구소, 정신세계사, 2001년, p.393). 툰드라-타이가지대 밖에 사는 농경민들과는 아주 판이한 셈이다. 흰빛과 붉은 빛도 물론 현지에서 그 상징하는 내용이 사뭇 달랐다. 엄밀한 분석과 검증을 필요로 하는, 구체적인 지역과 구체적인 시대 및 구체적인 경우의 색깔 상징내용들이다 (주채혁, 「부르칸(不咸)이즘과 柳花, 그 母胎回歸 신앙 연구 補遺」, 『鳳宇국학』제2집, 부리아드공화국 문화부, 정신세계사, 2001년, pp.206~235 참조). 시베리아-몽골은 어둡고 추운 동토이기만 하고 한반도는 햇살이 찬란하게 비치는 밝고 따뜻한 옥토이기만 한가? 그렇지 않다. 한여름엔 일조시간이 17~8시간이나 되는, 탁 트인 바다같은 그곳 공간(알타이지역의 한여름 최고기온은 영상 30~40℃나 된다)이고 겨울에는 백설이 뒤덮이고 나무까지 눈서리가 새하얗게 덮여 환하게 트인 광활한 그곳 벌판이다. 추위도 그렇다. 몽골유학생들이 본고에서는 바로 그 연장선상에서 시원적인 핵심 '조선겨레'가 '순록유목민'에서 주로 비롯되었음을 현지답사에서 확보한 자료를 통해 다시 한번 더 확인하는 동시에, 그 시원이 되는 겨레이름이 과연 「朝鮮」이었겠느냐 하는 점과 그 시원적 존재양상을 아직까지도 상당히 온존시키고 있는 본래의 조선겨레 유형이 존재할 수 있느냐, 있다면 어떤 이름으로 어디에 어떻게 그 胎盤을 두고 존재하고 있느냐 하는 점을 주로 追究해 보려 한다. 연구대상인 시원적 조선겨레가 주로 이동을 특질로 하는 수렵-유목에 그 역사적 생존의 태반을 두고 있음에 주목하여 연구방법은 스텝과 타이가지역을 광범위하게 이동하며 그들의 역사적인 삶판 자체를 읽어내는, 10년여의 비교적 장기간에 걸친 답사를 위주로 했다. 문제의 핵심을 파고드는 연구는 1999년 7월~2000년 8월에 걸친 400여 일 간의 대·소흥안령 답사와 이를 미무리하는 격이 된 2001년 7~8월에 걸친 43일 간의, 그 확대판이라 할 시베리아 鮮原 답사에서 주로 이루어졌다.

겨울방학 때 한국이 춥다고 귀국하고 있다. 영하로 떨어지는 법이 없는 臺灣에서 시린 겨울을 견디기 힘들어 영하의 한국으로 귀국하고 싶었던 필자의 경험을 떠올리게 된다. 시베리아는 연해주에서 우랄산맥에 이르기까지 흑룡강유역처럼 시커먼 옥토가 적잖이 있다. 이제 북방이 열렸으니 압록강을 넘어 현지답사와 발굴을 제대로 하고 그런 시각으로 문헌사료도 바로 읽어 내어야 할 것이다. 끝으로 『魏書』에, 대체로 堯임금 때 조선이 건국됐다고 쓴 것은 漢人史家였을 것으로 추정되는데, 남의 나라 역사연대를 과연 일부러 그렇게 끌어올려 잡아 써 주었을까? 오랑캐 역사라며 오히려 깎아 내리는 게 그들의 관행이 아니었을까 한다. 그 드넓은 벌판을 조선겨레-소욘(鮮)족의 역사적 태반으로 포괄해 복원해 내려면, 그 推動力이 애초에 주로 이들이 해 먹고 살아 온 수렵-유목이라는 생업에 있었음을 摘示해내야 할지도 모른다. 물론 天山의 바위그림에 수렵-유목뿐만 아니라 어로-농경도 있는 것으로 보아 그 드넓은 벌판이 다 수렵유목민으로 뒤덮여있었다고 볼 수는 없고 단지 소수라도 수렵-유목의 성격상 그들이 지배집단을 이루었다면 그런 시각에서도 역사를 복원시켜봐야 한다는 것일 따름이다. 불과 몇 만 명의 주한미군이 있을 뿐인데도 수천만 한겨레의 살림살이가 온통 미국식으로 이루어져 가고 있는 昨今의 현실도 참고할 필요가 있을 것이다.

Ⅱ. 鮮과 소욘

匈奴에서 '奴'자를 떼어내고 「匈」(hun)이라고만 읽어야 하고, 鮮卑에서 '卑'자를 떼어내고 「鮮」(샨: Сянь[6])이라고만 읽어야 한다는 톡토교수의 견해를 접하기 전에 필자도 그런 결론에 도달해 있었음은 이미 밝힌 적이 있다.[7] 漢人史家들이 상호 이해관계가 상충되는 역사상의 어느 기간동안에 상대를 의식하고 남긴 기록일 수 있기 때문이다. 문제는 순록의 겨울먹이 '이끼'가 자라나는 「鮮」, 大山인 장백산 건너편의 스텝과 사막의 연장선상에 있는 밋밋한 긴 구릉 동산인 「小山」에 있다는 결론을 내린 터에, 朝鮮이 다시 문제시되었다. 「鮮을 향해 간다」면 응당 조선말본대로라면 「朝鮮」이 아니라 「鮮朝」가 되어야 한다는 것이다. 그렇다면 '조선'은 漢語문법대로 쓴 漢人들의 조선겨레에 대한 他稱이라는 말이 될 수도 있다. 본래의 시원적 겨레이름은 朝鮮의 「朝」도, 鮮卑의 「卑」도 떼어버린 「鮮」-순록의 겨울먹이 '이끼'-蘚이 자라는 牧草地인 「鮮」자체일 수 있다는 것이다. 뒤에 다시 언급하겠지만, 본래 小山에 鮮族이 들어와 살아서 鮮(卑山)이 되었던 것으로 보이므로 「鮮」은 물론 애초부터 '겨레이름'이었다.[8] 그렇다면 '차아복'(순록)을

---

6) 몽골에서 鮮卑를 샨비(Сяньби) 라고 표기하고 있어서 샨 (Сянь) 이라고 썼다.

7) 주1)의 인용 논문 참조.

8) 「朝鮮」이라는 원사료에 나오는 이름을 분석해보는 데에 대한 이의도 있을 수 있다. 그러나 그것이 책상 위에 앉아서 컴퓨터게임을 하는 식으로 마음대로 해체하고 재조합해 보는 놀이가 아니고, 현지를 실제로 답사하며, 비록 오랜 후일의 현지주민들이기는 하지만 그래도 그 타이가의 원주민들과 함께 호흡을 맞추며 살아가면서 유적발굴도 하는 가운데 이루어지는 원사료의 분류-분석, 해체와 검증, 그리고 체계적이고 논리 정연한 재조립 작업일 경우에는 많이 이루어질수록 좋다고 본다. 원사료가 성경이 아니고, 또 과학연구에 성경이란 존재해서는 안된다는 시각에서라면 과학적인 자세를 견지하는 진지한 원사료 해체작업은 얼마든지 자유롭게 이루어져도 상관이 없을 것이다. 『일본서기』가 그러하듯이 『25史』에 나오는 이른바 「동이전」사료도 결코 성경이어서는 아니 되고, 또 그럴 수 있는 시

치는 '탕'(사람) 곧 '차아복탕'이라는 몽골말의 준말이 '차아탕'이듯이 차아복을 치는 선족이라는 '차복鮮'의 준말이 '조선'(Chaoxian)이라는 이름일 수는 있다고 하겠다.

그런데 문제는 「鮮」이라는 이름은 또 어디서 유래되었고 그 이름의 말뜻은 무엇이냐 하는 점이다. 丁謙은

> 「대선비산은 러시아의 이르크추크省 북쪽에서 퉁구스河 남쪽 사이에 있으니 오늘날의 외몽골 이북 땅이다[9]」

라고 했다. 필자의 43일 간의 시베리아 鮮原 답사는 전적으로 이 丁謙의 지

대권에 우리는 이미 들어서 있다고 본다. 여기서 朝鮮과 鮮卑의 鮮만 그냥 두고 朝도 떼어보고 卑도 떼어보는 것이나 「朝鮮」을 「鮮朝」로 읽어보는 것은, 거듭 밝혀 두거니와 어디까지나 선비의 역사적인 한 기원지인 훌룬부이르에서 「조선」을 鮮族-鮮語식으로 「鮮」이라고만 부르고 있고 대선비산의 원형으로 보이는 시베리아의 대선비산을 현지에서는 鮮(사얀: Саян)산이라고 부르고 있음을 현지답사를 통해 몸소 확인한 터전 위에서만 이루어질 수 있었다.

9) 丁謙, 浙江圖書館叢書 第1集, 『後漢書烏桓鮮卑傳 地理攷證—仁和丁謙益甫之學』(淸) 7쪽에 「大鮮卑山, 在俄屬伊爾古斯克省北, 通姑斯河南 今外蒙古以北之地 西人皆稱爲悉比利亞, 悉比卽鮮卑轉 以其地皆鮮卑人種所分布故也 西儒談人種學者以悉比利亞及東三省人爲通姑斯種 通姑斯河卽大鮮卑山所在 一以河爲標識 一以山爲標識 中西所攷 若合符節 然則鮮卑之名 源出大鮮卑山 而非由後來之更改 彰彰明矣 惟拓跋氏爲彼種貴族 世爲君長 其南遷也 亦較後 此傳鮮卑 不過彼種中散姓 分徙甚早」라고 했다. 그리고 上海에서 나온 1989년판 『辭海』, p.1623, 「鮮卑山」조에도 「一說在俄羅斯西伯利亞伊爾庫次克北 通古斯卡河南」이라고 되어 있다. 현재의 내몽골 흥안盟 코르친(科爾沁) 右翼 中旗의 선비산을 현지인들은 蒙格山이라고 불렀는데 蒙格은 몽골말 '뭉크'일 가능성이 높고, '뭉크 텡그리'라고 하면 永生天을 뜻하는 것일 수도 있다. 2001년 현지답사 결과로 이산을 부르칸(不咸)산이라고도 부르며 天祭를 지내는 곳으로 산위에 오보오와 경마장유적이 있음을 알 수 있었다(앞에든 필자의 「조선 · 선비의 鮮과 순록유목민」, p.187 주16) 참고). 속칭 이를 소선비산이라 하고, 北魏를 세운 拓跋鮮卑族의 석각축문이 발견되어 일약 세계몽골학계에 유명해진 가셴둥(嘎仙洞)이 있는 내몽골 훌룬부이르盟 오룬춘旗의 선비산을 이에 대해 대선비산이라고 한다.

리고증 때문에 이루어졌다.10) 비록 淸나라의 판도가 이 언저리까지 미치고, 考證學이 한 시대 청조학계를 풍미하던 이 시기에 이르러서야 비로소 성취되어질 수 있는 지리의 고증이기는 했지만11) 이 지역이 원체 후진 곳이고 수렵-유목의 성격상 그 생존조건이 오랫동안 크게 변치 않았으며 유목사에서 口碑史料는 지극히 중요하고 중원에서 아득히 먼 시베리아의 구비전승을 채록해 남겼을 정도면 뭔가 뚜렷한 것이 실존할 가능성이 있음에 틀림이 없다는 결론을 내린 것이다.

그러나 그후 7월 말에 부리아드족을 만나러 사얀산맥 뭉크사르디크산 언저리를 답사하고 8월 초에 울란우데 '붉은 버드나무 산맥'과 大·小코산맥을 답사한 다음에 올콘섬 답사 때 우연히 만난 답사 동료 정대원의사12)의

---

10) 2001년 7월 15일~8월 26일에 걸쳐 하바로브스크에서 우랄산맥까지를 왕래하는 답사였다. 바이칼의 올콘섬과 울란우데의 '붉은 버드나무산맥'을 중시했고, 문제의 핵심을 파악하고 나서는 알타이-사얀산맥 답사에 주력했다.

11) 『星湖僿說』제1권, 天地門, p.22 「鮮卑山脉」條에 「白頭之大幹 自…外來…鮮卑山在其外…意者爲白頭之祖…朝鮮其爲彊域始也 合全遼而有之 凡遼地莫非其鮮卑山之枝幹…朝之爲言東也 天下之最東莫如朝鮮也」라고 기록되어 있다. 대개 '백두산 줄기는…밖에서 왔고 선비산은 또 그 밖에 있다. 아마 이것이 백두산의 출발점이 된 듯하다. …그 영역이 처음에는 요동 전역에 걸쳤으며 요동땅은 모두가 선비산의 지맥이다. …朝는 아침이고 아침이란 해가 뜨는 동쪽이란 말이다. 천하에서 동쪽의 끝이 곧 조선이다.'라는 뜻이다. 물론 여기서 그가 朝를 '아침 조'자 zhao 1성으로 읽어 朝鮮의 뜻을 오해하고 있기는 하지만, 실은 朝鮮의 '鮮'을 「鮮卑」山의 약칭으로 한국사학자로는 한국사상 처음으로 해석해본 이런 『星湖僿說』의 견해가 등장할 수 있었던 것도 조선이 그 영역을 선비산 너머까지 확보한 청나라와 연결된, 이런 시대배경에서 비롯되었던 것으로 보아야 할 것이다. 물론 李瀷에 이어 한국의 한 역사연구자인 필자가 지금 알타이-사얀산맥을 몸소 답사하고 朝鮮의 鮮(Soyon)族 起源 문제를 들먹여볼 수 있게 된 것도 1990년 북방이 개방되어 직통 비행기가 시베리아의 중심도시인 노보시비리스크로 몇 시간 내에 날아들 수 있고, 어떤 형태로든 경원선이나 경의선이 시베리아횡단철로와 접선될 가능성이, 소련과 중국의 내부 형편이나 남북한의 그것과 자본최강국 미국의 사정으로 보아도, 지금까지의 그 어느 때보다도 더 높아진 시점에 이르러 있기 때문이라 하겠다.

12) 鄭大元: 당시 44세, 경북대학교 의대 졸업. 사학 일반에 대해 박식했고 史實들을

착안으로 다시 東사얀(Саян)산맥의 뭉크사르디크산을 찾아갔을 때도 그것이 鮮卑山-鮮(샨:Сянь)과 상관 있는 것이라는 낌새를 전혀 알아채지 못했었다. 답사조건이 너무 열악해서 여러 번 포기하고 귀국하려고 하였다. 그러던 차에 때마침 어학연수차 이르크추크 대학에 와 있던 김태옥학생[13]의 자원으로 그와 더불어 바람을 쐴 겸 울란우데에서 우랄산맥으로 가는 西行길에, 이르크추크의 북쪽~퉁구스하 남쪽지역 사이에 있다는 그 대선비산을 찾아볼 셈으로 무작정 시베리아 횡단열차에 몸을 실었다. 그리고 시베리아의 서쪽 끝 우랄산맥까지 달려갔으나 비가 자주 오고 안개와 구름이 뒤덮이는가 하면, 하필 그러리라고 예상되는 지역을 지날 무렵이면 날이 어두워져서 기차여행 중에는 그 대선비산을 찾을 수가 없었다. 허탈감에 빠져 돌아오는 기차를 잡아탔는데 바로 그 기차 옆좌석에서 실로 우연히 만난 투바(Tuba)족 사얀나(Саяна[14])라는 의학자와 토론하는 중에, 사얀(Саян)산이 바로 그 이르크추크 북쪽~퉁그스河 남쪽에 있다는 鮮(샨:Сянь)임을 확신한 나머지 답사 코스를 전격적으로 西사얀산중에 있는 투바공화국 수도 끄질(Кызыл)쪽으로 돌렸다.

사얀나 의학자의 친구인 투바국립대 의대 초두라아도르주(Choduraa Dorzhu[15])교수와 연결되면서 이내 같은 대학 사학과 아바예프(Н.В.Абаев)[16]

분석-종합해 역사를 복원해보는 일에서 놀라운 추리력을 발휘하곤 하였다. 울란우데의 대·소코산맥과 붉은 버드나무산맥이 이어지는 자리에서 곰마(koma)마을을 찾았다. 그리고 곰과 물고기의 먹이사슬관계를 떠올리면서 바이칼로 들어가는 물줄기를 유심히 살피다가 타이가지역으로 조금 들어가서 범(bar)마을이 있었던 것을 기억해내는 순간에 단군신화가 생각나서 정대원의사와 필자가 함께 뭉크사르디크산 답사를 결행했다.

13) 金泰玉: 당시 25세, 충북대학교 로어과 학생. 아주 학구열이 대단한 학생으로 통역을 맡아 주었다. 감격스러워 하며 답사에 동행했지만, 정대원의사와는 달리, 자신이 어떤 일을 하고 있는지를 구체적으로 실감하는 것 같지는 않았다.

14) 카라-뭉구쉬 사얀나 이기로브나(Кара-монгуш Саяна Игировна); 당시 35세, 의학자.

15) 당시 33세.

16) 당시 53세.

교수와 토론할 수 있게 되었고 다시 그를 통해 스키타이史를 전공하는 헤르테크(Hertek Liubov' Kendenovna)[17]와 같은 관계분야 교수들과 의견을 나눌 수도 있게 되었다(〈사진〉1·2·3 참조). 여기서 필자는 이들과의 토론을 통해 다음과 같은 결론에 이르게 되었다. 첫째, 필자가 앞에 든 丁謙의 지리고증에 따라 찾아 온 선비산은 그대로 이르크추크와 퉁그스河 사이에 西·東사얀(Саян)山이라는 이름으로 현존해 있었고, 현지인들은 소욘(Соян: 사얀)族[18]이 들어와서 그런 이름을 가지게 되었다고 하였다. 그리고 정겸의 고증에 따르면 西人들이 사얀산일대를 悉比利亞(시베리아)라고 부르는 것은 그 땅에 퍼져 사는 사람들이 모두 悉比(시베)곧 鮮卑인종들이기 때문이라는 것이다. 그러니까 朝鮮·鮮卑의 소욘(鮮)족 곧 조선겨레가 들어와 살고

사진 1. 말을 탄 소얀족 소년(2001년 8~9월, 남투바지역, 자하로프교수 촬영)

17) 당시 50세 정도로 보임.
18) 소욘(Соян)족에는 카라(кара: 黑) Соян, 아크(ак: 白) Соян과 사릭(сарыг: 黃) Соян이 있다.

사진 2. 소양족 소녀들(2001년 8~9월, 남투바지역, 자하로프교수 촬영)

사진 3. 게르안의 소얀족 가장(2001년 8~9월, 남투바지역, 자하로프교수 촬영)

있어서 朝鮮山이 됐다고 하는 셈이다. 아울러 정겸은 퉁구스하도 사얀산에서 흘러나오는데 시베리아-몽골-만주의 퉁구스족은 이 강이름에서 비롯된 겨레이름이고, 소욘족이 들어와 살아서 사얀산이 되었다는 현지인들의 견해와는 달리, 소욘(鮮)족은 바로 그 산이름인 사얀(鮮)에서 비롯됐으며[19] 拓跋은 소욘족의 귀족으로 대대로 君長노릇을 해왔다는 것이다. 한편 『遼史』「世表」의 기록에 따르면 (소)선비산의 경우는 도리어 漢나라 때 묵특카한이 병력을 동원해 東胡를 습격해서 멸망시키자 나머지 무리들이 鮮卑山에 들어와 保身케 되어 그들을 鮮卑(族)이라고 부르게 되었다는 것이다.[20] 그런데 내몽골 코르친 右翼 中旗의 이 선비산을 小鮮卑山이라고 하고 이에 대해 선비의 祖先을 제사지낸 北魏 石刻祝文이 있는 嘎仙洞(가셴둥)이 있어서 유명해진 내몽골 훌룬부이르盟 오룬춘 자치旗의 선비산을 大鮮卑山이라고 하는데, 이는 선비의 또 다른 기원설이 있을 수 있는 가능성을 보여 준다. 곧 소선비산에서 祖先의 제사를 지내지 않고 대선비산 嘎仙洞[21]에서

---

19) 주9) 참조. 이러한 정겸의 견해는, 답사 중에 현지학자들과 토론하는 과정에서 그가 현지 답사를 몸소 하지 않고 구비전승 자료들을 간접적으로 수집해 고증 방법을 통해 추정해 본 데서 온 오류라는 결론에 이르렀다.

20) 『遼史』, 卷63, 表 第1 「世表」에 「後爲冒頓可汗所襲, 保鮮卑山以居, 號鮮卑氏. 漢; 冒頓可汗以兵襲東胡, 滅之. 餘衆保鮮卑山 因號鮮卑」라 하였다. 그러나 오히려 이들이 대부분 선비족이었으므로 선비산에 들어가 保身했었을 가능성이 더 높다. 흉노가 이들을 막연히 東胡로만 인식해오다가 결전을 치르고 나서야 비로소 구체적으로 그 구성 실체를 분명하게 鮮卑로 확인했을 수 있다는 것이다. 흥안령의 대선비산의 존재나 선비산의 원형이 시베리아의 사얀(Саян)山으로 확인되어 그럴 가능성은 이제 더 커졌다고 하겠다. 주9)에서 丁謙이 사얀(Саян)山을 大鮮卑山이라고 적고 있는 점도 주목된다. 李龍範교수가 史書의 이런 기록들이 후세사가의 牽强附會에 지나지 않는다고 했다는 점(제자인 徐榮洙교수의 傳言)도 참고할 만 하다.

21) 米文平, 『鮮卑石室探訪記』, 중국 山東直隸출판사, 1997년 참조. 嘎仙洞의 발음은 현지인들이 모두 '가셴둥'이라고 하고 있다. '가'(嘎)는 학 또는 두루미의 울음소리를 흉내 낸 擬聲語로 현지답사 결과에 의하면 분명히 '알선동'은 잘못된 표기다. 嘎자가 갖는 '가'와 '알'이란 2가지 음가 중에 '가'를 선택해야 한다고 본다. 『集韻』에 訖黠切로 돼 있어, 글(訖)과 할(黠: 本音 '할')이 半切로 어우러져 '갈'이 되는 것이다. 실제로 한어 표음은 ka로 되어 있고 1, 2, 3성이 다 통용되고 있

다. 또 古音은 '갈'로 표기돼 있기도 하다. '까르륵 까르륵' 하고 우는 학의 소리를 본 딴 음사인 듯하다. 오룬춘겨레의 전설대로 실제로 嘎仙에서 멀지 않은 곳에 滿蓋(현지 지명에서는 滿歸라고 쓴다)라는 도시가 있다. 그런데 그 악마 滿蓋를 물리친 嘎仙을 '가셴'이라고 하는 오룬춘 주민을 만났을 뿐 필자는 '알선'(嘎仙)이라고 하는 호칭을 아직 들어본 적이 없다. 고음이 '갈'인 것으로 보아 이 지명 또는 인명은 고대의 시대상황을 반영한 이름으로 보인다. 1999년 8월 11일(수) 9~10시경에 原몽골족 室韋史를 전공하는 우르몽골대학 몽골사연구소장 張久和교수와 우르몽골 사회과학원 역사연구소 아르다잡(다구르족)부연구원, 그리고 필자가 답사팀을 이루어 劉德照 副旗長의 안내로 처음으로 가셴둥을 찾았을 때 이미 길림대 박사과정(인류학전공: 유부기장의 기억에 의함)에 재학중인 李아무개선생이 한국인으로 처음 탐방을 하고 난 뒤였다. 그로부터 2년 후쯤 2001년 8월 3일 중국중세사 전공자 朴漢濟교수의 현장답사가 있었다. 박한제교수의 귀국보고서는 「선비족 발상의 비밀을 간직한 천년동굴의 神秘」, 『월간중앙』, 2001년, 12월호, pp.346~359에 실렸다. 필자가 한국연구자들의 가셴둥 답사의 역사에 각별히 주목하는 것은 그 연구사가 기록에 남겨질 만한 것일 수도 있다는 제나름의 생각 때문이다. 필자는 13~5세기 몽골사 전공자로 몽골족의 기원을 추구하는 시각에서 몽골사 내지는 현지 원주민사 전공자와 함께 팀을 짜서 답사했고 박교수의 경우는 거의 당대사 전공자로서 북위의 胎盤 역사를 추구하는 시각에서 현지탐사를 한 셈이다. 필자에겐 좀 생소한 분야이어서 답사 후에 박교수를 만나 자문을 받으려 자리를 함께 했으나 다른 이야기를 다른 이와 많이 나누느라고 별로 전문적인 얘기를 주고받지 못했던 터에 이 현장답사 보고서를 접하고 많은 것을 배웠다. 한국에서 鮮卑얘기만 하면 전혀 먼 나라 역사얘기로만 생각해 原몽골사라 할 만 한데도 몽골사의 얘기와는 달리 고개를 돌려버리는 현실에서 대중들에게 이만큼 전문적인 탁발선비사개론이 전공자에 의해 소개된 일은 아주 다행한 일이라 하겠다. 다만 한 가지 아쉬운 점은 문자화한 사료의 한계상 부득이 한 점을 이해는 하지만, 중국전도에서 보면 탁발선비의 태반을 이루는 훌룬호와 부이르호수를 닭의 벼슬부분에 보이는 파란 반점 모양으로도 볼 수 있겠다고 비유해 설명했듯이 너무 중원 중심의 시각에서 가셴둥 유적을 파악하고 있다는 점이다. 지금의 중국영토보다도 훨씬 더 넓은 시베리아사의 전개라는 시각에서도 보아졌으면 하는 생각이다. 그 지역의 원주민들이 대체로 원래는 거기에 역사적 뿌리를 내리고 있었을 가능성이 너무도 많기 때문이다. 탁발부가 가셴둥지역에서 훌룬호 언저리로 옮겨 온 것을 과연 식량채집 위주인 수렵경제에서 식량생산 위주인 유목경제로 전환한 것이라고 볼 수 있을까? 이미 가셴둥지역에서 식량생산 단계인 순록유목이나 양유목을 하고 있었던 것은 아닐까? 丁謙처럼 또 하나의 대선비산을 시베리아 사얀산으로 잡고 있지는 않더라도 몽골스텝에 진출할 정도의 유목세력이라면 이미 상당한 유목생산경험을 역사적으로 축적했을 수 있기 때문이다. 필자도 물론 여러 가지 시대적인, 그리고 개인적인 능력의 한계상 몽골의 중원식민지경영사라 할 元제국사 연구에서 1960년대에 몽골사 연구를 시작했다. 한겨울을 지내고 곧 귀국하기는 했지만 몽골사연구를 위해 臺灣유학 길에 오르기도 했다. 그런데 1980년대에 박사학위논문을 쓰고 나서 자기 한계를 심각하게 느끼던 차에 1990년대에 들어 북방이 개방되면서 이내 현지에 뛰어들어 어쩌면 정반대쪽에서 몽골사를 다시 보려고 몸부림쳐 왔다. 그리고 2001년 여름의 시베리아 횡단 답사를 마치면서 몽골사를 읽는 시각을 코페르니크스적으로 바꾸지 않을 수 없다는 막연한 듯 하지만 그러나 확고한 결론을 내리게 됐다. 스텝과 타이가 위주의 답사로, 심지어는 2000년 여름 이전까지는 길림성에 발도 들여놓지 않았다. 농경민 출신인 필자가 선입견을 가지고 수렵-유목사조차도 농경사로 읽어내는 어이없는 몽골사연구를 할 위험성을 직감했기 때문이다. 呼倫貝爾라고 쓴 것을 '후룬베이얼'이라고 중국식으로 읽는 것보다는 '호륜패이'라고 한국식으로 읽는 것이 그래도 좀 더 나을지 모른다. 고대의 지명이라면 그 때의 음가가 현대 한국어에 중국의 그것보다 더 잘 보존돼 있다고도 하기 때문이다. 그러나 어차피 Kulun nuɤur(湖)라는 투르크말 Kul(호수)+un(소유격 '의')이 증발해 버리기는 마찬가지다. Buir호도 같다. 그것이 er halio(숫수달)라는 뜻을 가진 다구르말 이름이라면 '패이'나 '베이얼'이란 이름을 쓰는 것은 차라리 원주민 역사 말살에 일조하는 일을 韓人 역사연구자가 자행하고 있는 셈이 된다고 하겠다. 우리가 인류역사상 한 위대한 발명품인 한글을 쓰고 있는 韓人학자라면 모두 부끄러워할 줄 알아야 할 일이라고 여겨지기도 한다. 漢語를 하는 역사상의 원주민이었던 현재의 원주민출신 연구자와 동행하면 이내 이런 불행을 극복할 수 있다. 돈이 더 드는 일도 아니다. 자그다치(加格達奇; 가격달기: '소나무가 있는'이라는 에웽키말), 잘라이노르(扎賚諾爾; 찰뢰낙이: Dalai nuur〈'바다' '호수'라는 몽골말〉), 옹곤(完工; 완공: '무덤'이란 몽골말), 하일라르(海拉爾; 해랍이: 눈이 '녹는다'는 '하일라흐'라는 몽골말에서 유래했다고 한다), 하르빈(哈爾濱; 합이빈: 漿 '노'라는 다구르말), 에웽키(鄂溫克; 악온극), 오룬춘(鄂倫春: 악륜춘), 다구르(達斡爾; 달알이), 꺼골(根河; 근하: '깊은 내'라는 몽골 말), 몽골(蒙古: '몽고': 조선조의 몽골어 사전에조차 '몽골'이라고 한글 토를 달고 있다)…. 적어도 흥안령이나 고비이북은 수렵-유목민들이 근래까지 주로 주도해오던 땅이다. 차라리 영어지도나 로어지도가 있다면 지명은 그것이 원어에 가장 가깝다. '한글현지지도'는 이런 추세라면 도무지 믿을 것이 못된다. 고비만 넘어서면 희미하던 하늘빛이 찬란하게 바뀐다. 습도가 급격히 적어지기 때문이다. 그런 하늘을 온통 때묻은 황토로 안경을 칠하고 보게 하는 격이랄까? 遼西지대가 그런 한글이름으로 물들고 있다. 시베리아 알타이-사얀산맥까지 그렇게 밀고 갈 셈인가? 어려운 답사를 선구적으로, 자기희생을 무릅쓰고 기왕에 할 바에는 원주민의 역사를 소생시키는 과 지냈다는 사실 자체가 묵특카한 이전에 그 기원이 다른 선비의 祖先이 이미 있었을 가능성을 보여 준다는 것이다. 그러니까 소욘(Соян: 소얀)족이 들어와서 비로소 사얀(Саян)산이라는 이름을 얻었던 것처럼, 선비족이 들어와서 살게되어 선비산이라는 산이름이 생겨난 경우를 상정해볼 수 있다는 것이다. 鮮卑山이 사얀산과 같고 後述하는 대로 사얀(Саян) 이 '인간'이라는 의미의 종족명을 갖는 소욘(Соян: 소얀) 族[22] 이 거기에 들어와 살아서 생긴 山 이름(사얀: Саян)이라면, 鮮卑 또는 鮮이 당연히 종족 이름에서 비롯된 것으로 볼 수 있다. 그런데 그렇다고 하더라도 물론 鮮卑山과 鮮卑族이 「鮮卑」라는 명칭을 꼭 같이 공유하고 있는 데에 대해 사얀(Саян)산과 소욘(Соян)족은 'a'와 'o'가 서로 다르다는 차이는 있다. 그러나 이는 발음이 러시아화하면서 일어날 수 있는 변화일 수 있겠다.[23] 그렇다면 결국 丁謙이 사얀(Саян)산을 대선비산이라고 적고 있는 것을 보더라도 대흥안령 대선비산의 원형이, 祭主가 祖先의 제사를 주관하는 부르칸산중의 부르칸산인 시베리아의 사얀(Саян)산[24]일 가능성이 짙어진 것이다. 둘째, 소욘(Соян: 소얀)

학적 시각으로 했으면 하는 생각이다. 크게 힘드는 일이 아니다. 돌이켜 보니 같은 현장답사를 하면서 필자는 가셴둥에 가서 돼지뼈 우려내 끓인 쑥된장국맛이나 '아씨'(阿西: 오룬춘 친족용어로도 같다)라는 말, 그리고 순록의 겨울먹이 蘚과 선-이끼가 자라는 야산 鮮에 관심을 쏟고 있는 동안에, 두 해 뒤의 박한제 교수는 같은 대상을 현지답사하며 북위칸족의 뿌리를 천착하는 일에 총력을 경주하고 있었던 점이 흥미롭다. 망원경으로도 보고 현미경으로도 보아야 하는 것일지도 모른다. 바이칼지역의 관개수로 유적은 항공촬영을 하고서야 확인이 가능했다고도 한다. 아직 대나무 구멍으로 하늘 보기식 연구일 수도 있다. 그러나 그래도 너무 겸손하다보면 자신을 잃게 되니 문제의 실마리를 찾아보려는 노력은 한사코 끈질기게 해 가야 할 것 같다.

22) 본고 3장, 「鮮의 말뜻」참조.

23) 예컨대 Корея도 '야(я)'에 악센트가 들어갈 경우에는 '꼬'(ко)의 '꼬레야'가 아닌 '까'(ка)로 읽어 '까레야'가 된다. 투바국립대학의 아바예프교수는 터키말과 몽골말 호칭으로는, 러시아식 호칭으로 보이는 소얀(Соян)이 '소욘'(Соён)이 될 가능성도 많다고 했다.

24) 사얀산에도 三聖山이 있다. 서쪽의 뭉군 타이가(Мөнгун Тайга), 중앙의 하이르칸

족이 알타이-사얀지역에서 흥안령쪽으로 갔다는 이야기가 투바인들 사이에 아직도 구비전승되고 있다. 셋째, 朝鮮과 鮮卑로 불려진 鮮(소욘)族이 小山에 들어와 살아서 鮮(소욘-鮮卑)산이 되었고, 鮮에서 자라는 순록의 겨울먹이 chaatang(순록치기)의 풀인 '소욘(鮮)族의 풀-「蘚(niokq: 이끼)」'을 찾아다니며 순록유목을 해 먹고 살았다는 것을 근거로 조선겨레가 순록치기임을 필자 나름대로 구명해낸 터에, 다시 소욘(鮮)족의 토템이 순록임을 확인했으며, 소욘(Soyan)이라는 이름 그 자체도 다구르말 암사슴 '수간' (sugan)에서 유래했을 가능성도 현지에서 관련 학자들과 토론해보았다.[25] 넷째, 투바(Tuba)와 토파(Topa: 拓跋)는 같은 종족이름이고 '소욘(Соян: 소얀)'과 샨비(Сяньби)의 '샨 (Сянь)'도 사실상 거의 같으므로 투바의 소욘(Соян: 소얀)족은 대흥안령지역의 拓跋(Topa) 鮮卑(샨비: Сяньби)族과 같은 종족이라고 보고 있는 아바예프를 비롯한 현지학자들의 견해[26]는, 위에 인용한 대선비산 嘎

(Хайркан)산과 동쪽의 또주 코주운 우데겐(Тожу Кожуун Удэгэн) 산이 그것이다. '타이가'는 삼림지대란 뜻이고 '뭉그'는 銀이란 뜻이다. 하이르한의 神은 곰이며, '우데겐'은 여자샤먼이란 뜻이다. 三危太白을 연상케 한다. 태백산을 눈이 덮인 큰 산으로 본다면, 東사얀산맥의 몽골국 홉스굴・아이막에 있는 에린칭룸베(Рен чин лҮмбэ)에는 만년설이 덥혀 있고 거기서 순록유목민-차아탕이 살고 있기 때문이다(주채혁, 오.푸릅, 소드놈.촐몬, 제.게렐바드라크 「홉스굴・아이막 현지조사—버드나무오보오와 무당을 중심으로」, 『한몽공동학술연구』2, 한몽학술조사연구협회/몽골과학아카데미, 1993년, pp.147~158〈몽골글〉 참조). 東사얀산맥 러시아 이르크추크쪽의 뭉크사르디크(해발 4,000미터에 거의 육박함)산과 바이칼호쪽으로 펼쳐진 그 밑의 아르샨이라는 드넓은 분지는 절경으로 이르쿠트강까지 끼고 있어서 가히 平陽이라 命名해봄직도 하다 하겠다.

25) 주37)~39)와 그 본문 참조.

26) 투바공화국 인문연구소, 『투바史』1 〔편집자: 바인쉬타인(С.И.Вайнштейн)과 마나이-오올(М.Х.Маннай-оол)〕, 노보시비리스크, 나우까(Наука), 2001년 참조. 이 책 p.66에서는 뚜바・샨비(Туба・Сяньби)라는 표기가 나오는가 하면, p.89에는 지금의 뚜바(Тува)의 조상들인 두바(Дуба: 토파〈Топа〉)가 뚜바공화국의 동쪽에 살았다고 하여 대흥안령의 拓跋鮮卑(토파샨비: Топа Сяньби)가 그대로 자기들의 조상들임을 밝히고 있다. 실은 토파(Топа)는 그대로 영어표기 토파(Topa)와 일치한다고 하겠다. 이는 결국 애초에 알타이산 쪽에서 주도권을 쥐면서 가장 많이 사얀산

仙洞의 석각축문 내용과 투바공화국내의 사얀(Саян)山이 그런 이름을 갖게 된 내력의 그것이 서로 들어맞을 수가 있어서 수용할 만 하다. 다섯째, 칭기스칸의 탄생지인 오난강변의 델리운 볼닥[27]은 물론이고 코리 부리아드의 시조전설지인 바이칼호의 올콘섬 및 그 언저리[28]와 알타이-사얀지역 현재의 투바공화국[29]에도 칭기스칸의 무덤이 있다는 구비전승들이 있고 실제로 이를 찾기 위한 일련의 작업들을 벌이기도 하였다. 原몽골종족인 鮮卑族-鮮族-소욘族에게는 죽어 조상들의 공동묘지인 부르칸에 묻힌다는 관행[30]이

에 이주해 온 종족이 소욘(鮮)족이어서 산이름까지 소욘산-사얀산(鮮山)이 되었지만 그 소욘족 중에 拓跋鮮卑 곧 토파 또는 투바 소욘족이 소욘(鮮)제국인 北魏제국을 창업하면서 몽골-시베리아지역에서 토파-투바가 모든 소욘(鮮)겨레를 대표하는 이름이 되었음을 말해 준다고 하겠다. 뒷날 타타르족이 칭기스칸 몽골칸국의 출현 이후 몽골족으로 통칭된 사례와 흡사하다고 하겠다. 鮮卑史 전공자 池培善교수가 토론해 주었다.

27) 『몽골비사』 59절.

28) 주채혁. 바·도로지 역주: Where is Chinggis Khan's Grave?-Pravda's interview article with B. R. Zoriktuev, 『한몽학술연구』 3, 1994, 한몽학술조사연구협회/대륙연구소/몽골과학아카데미, pp.319~326 참고.

29) 엔.. 베. 아바예프, 「투바에서 칭기스칸의 무덤을 찾아야 한다」부리야드(Буряад) 에넨 (Энэн) 비즈네스(Бизнес) 오아조(Оазо), 2001년 1월 26일, N4(172), p.9 참고.

30) 앞에 든 周采赫, 「부르칸(不咸)이즘과 柳花, 그 母胎回歸신앙 연구 補遺」참조. 앞에 든 정겸의 『후한서오환선비전 지리고증』3쪽에서 「烏桓者烏蘭之轉音也 蒙古語紅曰烏蘭 故傳中又稱爲赤山 攷游牧記 阿嚕科爾沁旗北至烏蘭峯 與烏珠穆秦旗接界…此山高大 爲內興安嶺南行正幹 所以部人東走時得據山以自保 用是尊之爲神 故有人死靈歸是山之語」이라 한 기록은 주목할 만하다. 몽골말 '올랑'(улаан: 13세기 이전의 표기는 다를 것으로 추정되지만 여기서는 그 이후의 표기를 그대로 漢字로 音寫한 듯하다)에서 烏桓이라는 이름이 유래했다는 내용 때문이다. 그래서 烏桓山을 赤山이라고도 했고 紅山이라고도 할 수 있다는 것이다. 적에게 쫓기다가 이 산 때문에 목숨을 부지해서 神山인 부르칸(不咸: Burqan)산이 된 것이다. 내몽골 코르친旗 (소)선비산과 그 구전 내용이 거의 같다. 현지주민들은 (소)선비산도 부르칸산이라고 부른다(앞에 든 주채혁, 「부르칸이즘과 유화, 그 모태회귀신앙 연구 보유」, pp.223~224 주49)와 50)참조). 붉은 버드나무 오보오가 천제를 지내는 사당으로 지어진 不咸(부르칸)山이 바로 烏桓산이요 赤山-紅山인 것이다. 그러니까 결코 '밝은'(明) 산이거나 '흰'(白) 산이 아니라 '붉은'(紅)

있어 왔기 때문이다. 原몽골종족인 鮮族은 바로 부이르호 언저리에서 동과 서로 갈리어 하나는 朝鮮族이 되고 다른 하나는 몽골족이 되었다는 그 종족이다.[31] 투바의 소욘족의 땅에 칭기스칸의 무덤이 있다는 끈질긴 구비전승은 그래서 原몽골족인 鮮卑族-鮮族이 곧 소욘족일 수 있다는 한 방증이 될 수 있다. 여섯째, 뒤에 다시 언급하겠지만, 소욘족의 데옥시리보핵산(DNA)을 검사하고 있는 자하로프(И·А·Захаров)박사는 조선족이나 선비족이 소욘족에서 기원되었을 가능성이 있다고 추정하고 있다[32](〈자료 1〉 참조).

산이어야 한다. 그리고 사람이 죽으면 영혼이 이 '붉은 산'으로 돌아가는 것이다. 다시 한번 더 강조하거니와 아시아 북방민족들이 죽어 돌아가는 곳은 최남선의 견해대로 밝은 '밝(park)산'이 아니고 어디까지나 赤山이거나 紅山인 不咸山—부르칸山이다. 紅柳가 자라나는 붉은 '붉(purk)산'—'不咸山' 곧 天祭를 지내는 타이가시절의 붉은 버드나무 오보오가 그 위에 있는 '부르칸산'-'붉은 산'인 것이다. 무당이 붉은 색을 좋아하는 것은 그것이 소생-부활-'다시 남'을 상징하기 때문임은 다 아는 터이다. 구체적인 후속 연구가 뒷받침되어 주어야겠지만 이는 조흥윤, 『한국의 원형 신화 원앙부인본풀이』(서울대학교출판부, 2000년)에서 거론하고 있는 地母神과 '지모신이 사는 본향동산'을 가리키는 것일 수 있다고 본다. 존·카터·코벨의 「여성화된 보살상의 아름다움—문수, 보현, 범천, 제석천」(김유경 엮어옮김, 『한국문화의 뿌리를 찾아—무속에서 통일신라 불교가 꽃피기까지』, 학고재신서20, 학고재, 1999년, pp.238~242)에서 특히 석굴암의 文殊(Manchzhushri: 滿洲 명칭유래처)보살은 '지혜'라는 남성적 원칙의 개념의 문수보살을 부드럽고 아름다운 여성형으로 성전환(수술)을 한 듯 바꿔 놓았다는 표현을 쓰고 있다는 사실은 한국예수교회의 통곡기도전통이나 북한의 김일성 앞에서 흐느끼는 부녀자들의 특이한 관행과 함께, 부르칸이즘과 관련해서 고찰해 볼 만한 사례연구 대상이라 하겠다. 여기서 '붉'을 'purk'로 전사한 것은 憂志賢·傅萬金 편저, 「赫哲文庫」총서, 『簡明赫哲語·漢語 對照讀本』, 흑룡강성 민족연구소, 1987년, 113쪽에서 '柳'를 'purkan'으로 표기하고 있기 때문에 이에 따랐다.

31) D.Tumen, B.Naran, Clanialogical study of ancient population in Eastern Mongolia, 『한몽공동학술연구』2, 한몽학술조사연구협회/몽골과학아카데미, 1993년, pp.187~197 참조. 한국의 SBS-TV에서 방영한 『몽골리안루트를 가다』(1995년 제작)와 KBS-TV에서 방영한 『몽골리안루트』(2001년 방영)프로그램에서는 데옥시리보핵산(DNA)측정결과를 가지고 각각 부분적으로 이 문제에 관해 다루고 있다.

32) 필자와 김태옥학생의 머리카락도 각각 5개씩 이번 조사를 위해 샘플로 제공했다. 결과는 2002년 10월경에 보고서로 출간될 예정이라고 했다. 귀국 후 자하로

이상의 사실들로 미루어 볼때 '소욘(Соян: 사얀)'은 그대로 「鮮」일 수 있다고 할 수 있다. 鮮(샨: Сянь)=鮮 (소욘; Соян: 소얀)이 된다는 것이다.

여기서 우리는 朝鮮과 鮮卑에서 「朝」자와 「卑」자를 떼어 낸 「鮮」 곧 '소욘'만이 그 본래의 겨레이름일 수 있다는 추정을 해볼 수 있게 되었다. 그러니까 「朝鮮」은 앞서 언급했듯이 차아탕-순록유목민을 뜻하는, 더 태평양쪽으로 다가온 소욘족의 자칭일 수 있다. 그리고 鮮卑族 곧 鮮族의 역사적 본고장인 대흥안령지역에서 朝鮮겨레를 鮮(소욘)族, 朝鮮말을 鮮(소욘)語라고 한 「鮮(소욘)」이 선비족이나 조선족 본래의, 좀 더 원초적이고 보편적인 自稱 이름이라 할 수 있다는 것이다. '민족 이동로'의 동쪽 한 끝인 장백산 조선족을 '鮮을 향해 아주 멀리 온' 종족이라는 점을 강조해 그 지역에서 굳이 그 겨레이름을 朝(Chao)族이라 하고 그 말을 朝(Chao)語라 한 점도 이런 맥락에서 별 무리 없이 이해될 수 있으리라고 본다. 부이르호수 언저리에서 동쪽으로 간 겨레가 조선겨레가 되었고 서쪽으로 간 겨레가 선비 곧 몽골겨레가 되었다는 위에든 그곳의 구비전승으로 보아도 이런 해석은 정곡을 찌른 것이라 하겠다. 따라서 결국 朝鮮과, 鮮卑=몽골 겨레의 시원은 알타이-사얀지역의 鮮(소욘; Соян: 소얀)族이라 할 수 있다.[33)]

프 박사는 다시 한국인 남녀의 머리 뿌리가 달린 샘플 50~100본을 요청하며 공동연구를 제의해 왔다. 2002년 초에 파른선생님은, 이미 이 계통연구의 거장한 분이 이를 증명했다며 이홍규의 「유전자로 밝혀보는 한민족의 뿌리 "한국인의 주류는 바이칼호에서 온 북방계 아시안"」(『신동아』, 2002년 1월, 동아일보사, pp.390~403)을 제시했다. 대단히 중요한 연구결과임에 틀림이 없다. 한 걸음 더 나아가서 개활지인 바이칼호지대로 진출하기 이전시기에 西・東사얀산맥지대를 역사적 모태로 삼고 종족이 형성되던 단계를 추적해 올라가기 위해 그 현지의 소욘(鮮)겨레-퉁구스족의 유전자로, 좀 더 본질적이고 구체적으로 한겨레의 뿌리를 밝혀본 연구결과가 나오기를 고대한다.

33) 태평양 타타르해협에서 우랄산맥까지 오가며 답사하는 동안 수학여행 온 것으로 보이는 학생이며 선생님들이 조선겨레인 우리와 함께 사진을 찍자며 반기는 곳은 투바공화국 수도 끄질밖에 없어서 우리를 놀라게 했다. 답사(2001년 8월 중순)를 마치고 아바칸역에 와서 기차를 탔을 때 사람들이 필자와 김태옥학생

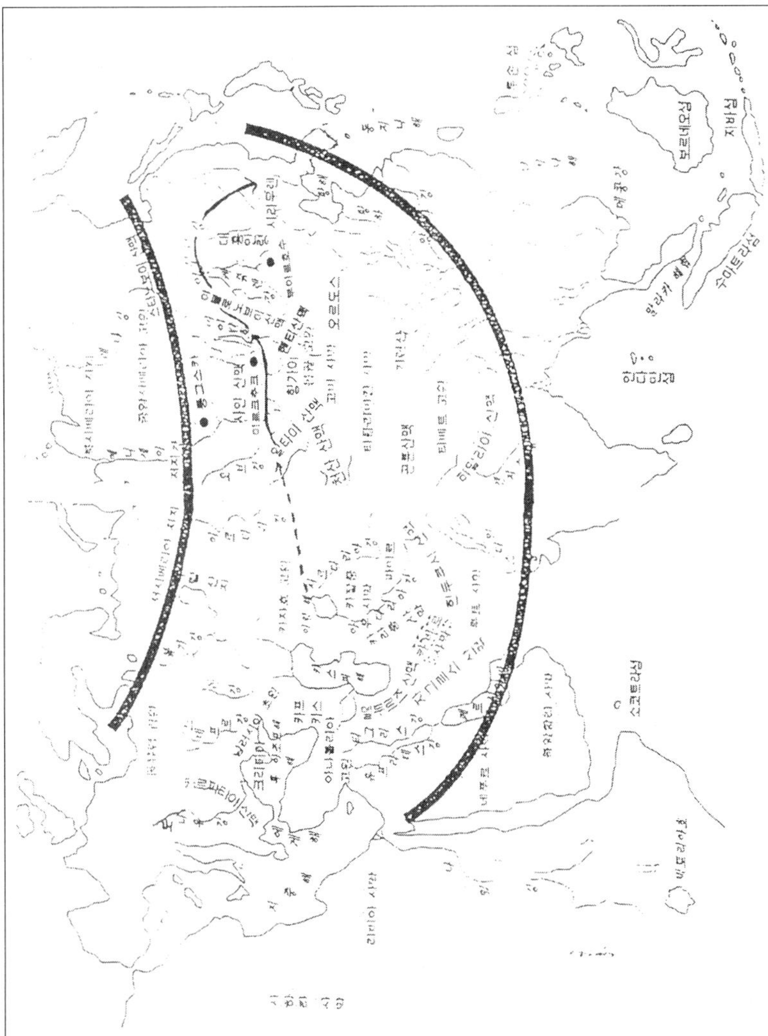

〈자료 1〉 공동연구를 제안하는 자하로프교수의 서신

Ⅲ. 鮮(소욘)의 말뜻 및 馴鹿 토템과 '이끼의 길'

앞서 살펴본 대로 鮮卑山이 있고 나서 鮮卑族이 있는 것이 아니며, 소욘(Соян: 소얀)=사얀(Саян)山이 있고 나서 소욘족이 생겨난 것이 아니다. 도리어 鮮卑-소욘(Соян: 소얀)족이 들어와 살아서 비로소 鮮卑-소욘(Саян: 사얀)山이 된 것이다. 그렇다면 鮮卑-소욘족은 언제, 어디서 어떻게 살아 온 존재이며 그 이름의 뜻은 무엇인가? 투바족의 역사에 관해서는 BC. 3,000년경에 예니세이강 언저리에 또오라-다쉬(Тоора-Даш)라는 마을이 있었다는 언급이 있고, BC. 2,000년이나 BC. 1,000년경에 카라수크(Карасук)민족이 알타이-사얀지역에 들어왔으며, BC. 4~3세기의 문화가 도나이(Дунай)강이나 우랄(Урал)강 언저리의 문화와 비슷한데 서부평원쪽에서 알타이-사얀지역으로 이 때 사람들이 이주해 왔다는 서술 등이 있다. 실제로 이 시기 이들의 문화유산들이 주는 인상은 스키타이의 그것을 연상시킬 정도이다.[34] 아바예프교수

을 보고 '투바사람이냐?'고 물어와서 우리를 다시 한번 더 놀라게 했다. 여기서 우리는 原조선겨레이자 原몽골겨레가 바로 같은 소욘겨레에서 기원했음을 확인해본 이상 몽골세계칸국은 결국 역사적으로 보면 소욘족의 세계칸국이라고 이해할 수 있게 된다. 그러니까 668년에 고구려가 망한 뒤에 「三後高句麗」라 할 한반도내의 '(三國)統一高句麗'인 고려(Gooli)와, 발해(高麗)·거란(Gooli)으로 原고구려가 해체-확대·통합되는 과정에서 스텝의 후고구려 세력을 중심으로 완성된 고구려라 할 貊高句麗→ 貊高麗→ 貊槁離→ 蒙槁離→ 몽골(Mongol) 세계칸국이 창출되었던 것이라 하겠다. '몽골'의 원형은 '고구려'요, '고리'이니 그 완성이 바로 '맥고구려'라는 것이다(주채혁, 「홀룬보이르지역의 貊槁離와 蒙槁離」, 『역사연구』, 몽골과학아카데미역사연구소, 울란바아타르, 2000, pp.90~116 〈몽골글〉 참조. 실은 아프카니스탄에서는 몽골을 '모골'이라하고 인도에서는 영국에게 망할 때까지 이슬람제국으로 건재했던 무갈제국에서 보듯이 '무갈'이라 했다. 중심부는 빨리 발전해 '맥고올리'가 '몽골'이 돼 버렸고 주변부에는 오히려 그 원형이 근래에까지 이어져 내려오고 있는 것이다. 당나라시의 漢字音이 중원에서는 변해 버렸는데 중국 남부나 그 언저리 및 한국에서는 상당히 그대로 온존해 있는 것과 유사한 사례라고 하겠다). 그러므로 그 모두의 뿌리는 물론 순록 유

는 투바족의 한 갈래인 소욘(鮮)족이 BC. 2,500년경에 아랄해 근방에도 있었다고 했다. 알타이지역에서 사얀지역으로도 많은 사람들이 들어 왔는데 이즈음에 이렇게 들어온 투바족들 가운데서 소욘족의 숫자가 가장 많았다고 한다. 그런데 흉노족을 비롯한 북아시아 종족들에서 그런 사례를 찾아볼 수 있을 가능성이 높듯이 소욘(Соян: 사 얀)은 '인간' 또는 '인민'이란 뜻을 갖는 이름이라고 한다. 곧 소(co)는 '사람'이고 얀(ян)은 '백성(民)'이라는 것이다. 그러니까 匈奴의 匈[35]이나 鮮卑의 鮮(소욘)이 모두 '사람'이라는 뜻인데 漢人史家들이 거기에다 「奴」字나 「卑」字와 같은 卑賤한 뜻의 글자를 덧붙여 놓았던 것이다. '비천한 사람'이라는 卑稱인 셈이다. 과학이나 경제의 선진은 아니지만, 시베리아-몽골이라는 혹독한 생태조건 속에서 수렵-유목으로 살아오면서 몸에 밴 무서운 전투력이 한인사가들의 눈에 몹시 거슬렸던 것이다. 주목되는 점은 소욘족을 비롯한 알타이, 사카, 하카스와 쇼르트족 등과 같은 투바족이거나 그와 관련이 있는 알타이-사얀지역의 많은 종족들의 컬트(cult)가 대부분이 순록(chaabog)이라는 사실이다.[36] 鮮과 蘚을 관련시켜 鮮(소욘)族이 순록유목민(chaatang)이라고 한 필자의 견해[37]를 입

목민인 chaatang-朝鮮 겨레 소욘(鮮)족이라는 것이다. 필자의 이런 연구는 칭기스칸 몽골 칸국이 그토록 빠르게 돌연 솟아난 것은 '역사상의 한 기적'이라는 서술에 회의를 느끼면서 시작됐다. 역사과학에서 기적이란 말을 쓴다는 것은 실은 연구시각이나 연구방법 등에서 그 과학적인 설명능력이 力不及이라는 점을 고백하는 것에 다름이 아니라고 보았기 때문이다. 이는 스텝의 양유목민 몽골의 시원이 타이가-툰드라의 순록유목민 소욘에 있음을 간과한 때문일 뿐이라는 것이 필자의 생각이다(「'조선'의 뿌리는 소욘족?」이라는, 필자가 쓴 2001년 11월 30일자 「문화일보」'포럼'을 읽고 이내 격려의 팩스를 학과 사무실로 보내주신 김동길은사님께 감사드린다. 아울러 격려의 카드를 보내준 김정배 前고려대총장과 金秉模 전통문화학교총장께도 감사드린다).

34) 앞에 든 『투바史』 p.22, p.23, p.29을 각각 인용했다.

35) 匈이 '사람'이라는 뜻을 갖는 현대 몽골말 훈(hun)과 그 뜻이 같다고 보는 견해가 있다. '훈'은 더러는 나무꾼이나 씨름꾼의 한국말 '꾼'과 같은 계열의 말로 보기도 한다(베.수미야 바아타르의 견해다).

36) 엔. 베. 아바예프교수의 말. 앞에 든 『투바史』1 참조.

증해 줄 수 있는 중요한 자료가 되기 때문이다. 아바예프교수는 실은 원래 소욘(Соян: 사얀)이 사가이온(Сагаион)이었는데 13세기경에 모음과 모음 사이에 있는 '게(г)'가 탈락하는 바람에 소욘(Соян: 사얀)이 되었다고도 했다.[38] 그렇다면 사가이온(Сагаион)은 다구르말 암사슴-수간(sugan)'[39]과 상관이 있을 가능성을 보여 주는 것이라 하겠다. 朝鮮이 사슴, 특히 순록유목과 밀착된 역사적 태반을 가진 존재임은 이제까지 역설해온 터[40]이지만 부여의 토

37) 주1) 참조.

38) 아바예프교수는 사(케)이온〔Са(кэ)йон〕이라고 표기하기도 했다. 시베리아 순록유목민에게는 순록을 잡아먹을 경우에 '네가 나를 살리려고 죽어 주었으므로 나는 너를 대신 살아주는 것이며 나를 위해 그토록 제 몸을 희생하는 이는 내 어머니와 같은 내 조상일 수밖에 없다'고 여기는 관행이 있다고 하는 것으로 보아, 사람이 자기와 사슴을 일체시 했을 수 있었음을 추정해볼 수 있다. 이러한 관행이 언제부터 생겨났는지를 밝힌 글은 아직 찾지 못했다.

39) 胡和,『達斡爾·漢語 對照詞匯』, 흑룡강성민족연구소·흑룡강성 다구르(達斡爾)족학회, 1988년, p.37에 bog을 鹿 또는 公鹿이라고 하는데 대해 sugan을 母鹿이라고 한다고 나와 있다.

40)『管子』,「揆度篇」,〈海內王弊〉'七筴' 條에「燕之紫山白金一筴也 發·朝鮮之文皮一筴也」라 하였는데『逸周書』,「王會篇」에는「發人 鹿人 鹿人者 若鹿迅走」라고 기록하고 있어, 發·朝鮮—鹿·朝鮮—馴鹿·朝鮮의 문양이 있는 모피(fur)를 지칭하고 있는 듯 하다. 제 논에 물대기 식의 해석일 수도 있다. 필자는 그 보다는 '發'자를, 부이르호 언저리 원주민들 사이에서 그러했듯이 숫수달(er halio)=buir로 보아(1998년 8월 초 현장답사시에 우르몽골 사회과학원 역사연구소 부연구원 아르다잡이 제공한 정보) 檀檀=獺(㺚)靼=타타르식으로 檀·朝鮮의 소욘(鮮)족 또는 부여족 자신의 고유어 표기로 볼 수도 있을 것으로 생각한다. 그러니까 發·朝鮮을 사슴의 모피가 아닌, 숫수달의 모피를 팔아서 富國强兵한 나라로 보는 것이다. 어떤 짐승의 모피를 팔아 그 종족을 일으키면 외부에서 그렇게 불러주는 사례는 수렵-유목민족의 경우에는 흔히 있어 왔다. 앞서 인용한 丁謙의『후한서 오환선비전 지리고증』p.5에「秋鮮卑人馬城 代郡太守擊之不克 桓帝時鮮卑檀石槐者有智略 異部大人鈔取其外家牛羊 石槐單騎追擊 所向無前 悉還所亡 由是部落畏服 乃施法禁 平曲直 無敢犯者 遂推以爲大人 石槐乃立庭於彈汗山歠仇水上 去高柳北三百餘里 兵馬甚盛 東西各部皆歸焉」이라고 하여, 檀石槐는 그의 성명인데 성은 檀이고 이름은 石槐임을 명확히 하고 있다. 檀바아타르(將軍 또는 英雄)나 단카한이 될 수 있다는 것이다. 檀카한이면 그대로 檀君이 아닌가? 실은『星湖僿說』제15권 p.64 人事門 和寧에도「二字國號 夷裔之俗…遷都唐

템이 암사슴[41]일 수 있다는 점이나 탁발선비의 후예라 할 몽골의 시조 전

藏京 唐藏京在文化縣 而猶稱檀君 則檀是國號 按通考 檀弓出樂浪 檀非造弓之木 則以國號名之也」라고 해서 檀이 나라이름이지 활을 만든 나무인 박달나무가 아니라고 고증하고 있다. 나라이름은 창건자의 성에서 비롯될 수 있다. 실제로 臧勵龢 主編, 『중국인명대사전』, 대만상무인서관, 1977년, p.1637의 檀씨 姓欄에 檀石槐가 나온다. 檀君도 「'檀'氏 임금」이 아닐까? 檀바아타르, 檀單于나 檀카한 또는 '단군' 처럼 檀장군으로 한자로 번역되어 불렸을 수도 있다. 다만 타이가의 삼림민족인 부리아드인에게서 보듯이 그들에게는 나무가 나이고 내가 나무로 되는 애니미즘의 세계가 있기는 하다(부리아드공화국 문화부, 『부리아드족의 전통문화』, 러시아 소욜출판사, 1995년의 정재겸번역, 『봉우국학』2, 봉우사상연구소, 정신세계사, 2001년, p.376 참조). 그러나 아무래도 좋은 모피를 주는 동물인 곰이나 호랑이부족과 함께 등장하는 것으로 보아 그 부족이 무얼 해 부국강병할 수 있었느냐에 초점이 맞추어져야 할 것으로 본다. 신비화나 신격화라는 집단의 기억뭉치의 정비는 아무래도 그 다음단계에서 이루어졌을 것으로 보이기 때문이다. 檀이 숫수달-타타르에서 유래됐을 경우에 실은 그 漢字 音寫가 檀이든 壇이든 별로 개의할 필요가 없을 것으로 본다.

41) 『東國李相國集』 全集 권3, p.7에 「東明西狩時 偶獲雪色麂 倒懸蟹原上 敢自呪而謂 天下不雨 沸流漂沒其都鄙我固不汝放 汝可助我憤 鹿鳴聲甚哀 上徹天之耳 霖雨注七日霈若傾淮泗 松讓甚憂懼 沿流謾橫葦士民競來攀流汗相目愕眙東明卽以鞭畫水 水停沸 松讓擧國降 是後莫予訾」이라 있다. 이에 해설하기를 다음과 같이 했다. 서쪽으로 사냥 나가 흰 사슴을 잡아, 蟹原에 거꾸로 매어 달아 저주하기를 "하늘이 만약 비를 내려 비류국의 왕도를 물바다로 만들지 않는다면 나는 참말로 너를 놓아주지 않겠다. 이런 고난을 면코자 하거든 네가 하늘에 호소를 하여라."라고 하였다. 그 사슴이 슬피 우는 소리가 하늘에 들렸다. 소나기가 이레동안 내려 서울은 물바다가 되었다. 왕은 갈대줄로 강을 가로질러 놓고 오리말(鴨馬)을 타고 있었다. 백성들은 모두가 그 줄을 붙들고 있었다. 주몽이 채찍으로 물에 금을 그으니 물이 줄었다. 6월에 송양이 온 나라 백성들을 이끌고 항복하였다고들 한다(李福揆 『부여·고구려 건국신화 연구』 집문당 1998년을 참조했다). 『資治通鑑』 東晉 穆帝 永和 2년조에는 「初, 夫餘居于鹿山 爲百濟所侵部落衰散 西徙近燕」이라 하여 부여와 사슴의 관계 가능성을 시사해 주고 있다. 王綿厚, 「東北古代夫餘部的興衰及王城變遷」, 『遼海文物學刊』1990-2 및 武國勛, 「夫餘王城新考-前期夫餘王城的發現」, 『黑龍江文物叢刊』, 1983-4 참조. 鹿山이 阿城에 있었다면 근래까지 있었던 오룬춘족의 순록유목지의 위치로 보아 부여부 핵심의 순록유목민 출신 가능성도 추정해봄직 하다. 순록이 먹이인 이끼(蘚)를 찾아 노니는 소산-鮮이 바로 사슴동산인 鹿山일 수 있기 때문이다(이 글을 쓸 때, 이런 자료를 제공하고 함께 토론해 준 이는 금경숙박사와 吳江原석사다).

설에 암사슴[42]이 등장하는 점과 관련하여 주목되는 사실이라 하겠다. 또 한 가지 중요한 사실은 시베리아의 좀 건조한 보통 鮮原이 아니라 알타이-사얀 산맥에서 헨티산맥과 야블로노브이산맥을 타고 대·소·외흥안령으로 이어지는 남시베리아의, 비교적 습기가 많은 산악지대를 통해 鮮(소욘) 민족 이동로라 할 '이끼의 길'-'니우끼니 잠'(Ni,ukinii jam: 蘚苔之路) - '몽골리안 루트'가 이어져 왔으리라는 것을 이번 답사를 통해 찾아낸 점이다[43](〈지도〉 참조).

2001년 8월 7일 바이칼호 동부의 붉은 버드나무 산맥중에 있는 앙기르(Ангир: 청둥오리라는 뜻의 마을이름)마을 뒷동산 오보오에는 원래 오르갈리(함니간 에웽키어로 '한다가이'인데 한다가이는 큰 사슴이다)를 主神으로 모셨었는데 불교가 들어오면서 '심필노르보'라는 티베트 주신이 모셔졌다고 한다. 치미토브 츼렌(Чимитов.Цырен.Б: 당시 75세 남자)의 구술에 의거했다. 그 노인은 부리아드 코리족이다. 부리아드족이 오보오의 주신으로 사슴을 모셔 온 것을 알 수 있다. 이 지역은 근방의 타이가나 스텝과는 달리 한반도의 지형과 매우 흡사하다. 반달곰을 상징동물로 하고 있었는데, 2002년 8월 초 답사시에 꼭 한국 시골 할아버지 차림새로 필자에게 "한국에도 부리아드 코리족이 사느냐?"고 물어서 "한국에는 코리 부리아드족만 산다"고 대답했더니 정답게 웃으면서 집으로 불러들여 식사 대접을 해 주었다. 같은 종족을 가리키는 순서만 바뀐 호칭이기 때문이다. 필자의 견해로는 이들이 바로 槁離(Gooli)-高麗족의 원형종족이다(周采赫, 「呼倫貝爾一帶的"貊"槁離和"蒙"槁離」, 『呼倫貝爾學院學報』제8권 제2기, 중국 내몽골 하일라르, 2000년 pp.1~14 참조).

42) 『몽골비사』, 권1, 1절 첫머리에 「칭기스칸의 근원은 上天에서 命을 가지고 태어났던 보르테 치노이다. 그의 부인은 淡黃色 마랄이다」이라고 한 몽골족 시조 탄생 설화는 유명하다. 여기서 마랄(maral)은 사슴인데 부인이니까 당연히 암사슴이 된다. 해석은 周采赫, 「'몽골秘史' 註釋, 그 문제점(1)」, 『북방민족사연구』, 창간호, 북방민족사학회, 1995년, pp.103~104에 의거했다.

43) 2002년 정초에 西餘선생님은, 뜻밖에도 미국에 체류할 때 언어학자 뽐뻬가 퉁구스河의 근원을 이루는 사얀산맥지대가 바로 아메리카 인디언의 기원지이자 조선겨레의 기원지라고 역설하더라는 얘기, 그리고 '이끼의 길'을 따라 순록을 유목해오던 전통은 농경화한 후에도 그대로 전승되어 조선겨레와 아메리카 인디언에게 화전농법으로 이주하며 농사짓는 관행이 생겼을 것으로 추정된다는 견해와 함께 아메리카 인디언들은 인류가 바퀴를 발명하기 이전에 이주해간 사람들이라는 견해들도 곁들여 몸소 필자에게 들려 주었다. 그러나 제레드 다이아몬드는 고대 멕시코 원주민도 바퀴 달린 탈 것을 발명하기는 했으나 끌게 할 만한 가축이 없었으므로 운송용이 아니라 장난감으로 사용되는 정도에 그쳤다고

한다(김진준 옮김, 『총, 균, 쇠』, 문학사상사, 1998년, 357쪽). 답사지역이 너무 드넓은 관계로 필자의 경우는 먼저 현지에서 느껴지는 직감에 의지하고, 현지의 생태환경을 살피며 직감을 점검하는 과정에서 史實을 고증해 보는 방법을 주로 택했다. 조선겨레인 필자에겐 몽골국인보다는 부리아드인에게서, 그리고 부리아드인보다는 투바의 소욘(Союн: 소얀)족들에게서 동질감을 더 느꼈던 것은 사실이다. 여름에는 +30~40℃나 되고 겨울에는 -50℃나 되는 혹독한 기후조건 속에서 살아낸 알타이 사슴의 뿔이 약효가 최고로 좋고 그 녹용의 80%정도를 한국인이 사가서 이를 통해 번 돈을 '코리안 골드'라고 한다는 점도 재미있다. 그런가 하면 만주에서는 물만 갈아먹었다 하면 배탈이 나서 특수한 약을 애써 구해 상비약으로 들고 답사했던 것과는 달리 시베리아에서는 그 광활한 지역을 오가며 수없이 물을 갈아 마셨어도 배탈 한번 안난 일도 신기했다. 한국인 노동자의 데옥시리 보핵산(DNA)이 시베리아 현지생태조건에 가장 잘 적응하는 요소를 지녔다고 한 어느 보고서 내용도 흥미롭다. 투바대학의 외빈숙사에서 우리는 무료로 숙박을 했다. 이 각박한 시대의 후진 시베리아 땅에서 43일 간 답사하는 가운데 단 한 곳이 이렇게 우리에게 인심이 후했다. 그리고 거기서 바로 原조선겨레 소욘(鮮)족을 찾았다. 그러고 보니 1999년 8월 11일에 대흥안령 북부 훌룬부이르맹 오룬춘 自治旗 —拓跋鮮卑의 석각축문이 있는 가셴둥 유적 답사시에도 旗정부에서 副旗長이 나와 손수 대접하면서 답사비용을 모두 부담해 주었었다. 조선족 음식만 믿고 갔다가 漢化한 그들의 식습관에 질려버린 터에 돼지뼈 우려낸 국물로 끓인 된장 쑥국을 먹고 일 년간 살 수 있는 길이 훤히 열려 보이던 그 순간의 감격이 새롭다. 바로 거기서 「阿西」라고 漢字로 음사된 결혼한 여자 '아씨'를 찾아냈고 무엇보다도 그 오룬춘겨레들의 발음이 너무나도 정확한 우리 발음임을 확인하면서 아씨와 음식맛 관계, 그 살 맛의 원천을 되새겨 보았다. 그리고 바로 거기서 鮮에서 자라는 순록의 겨울먹이 蘚(niokq: 이끼)과 鮮卑・朝鮮의 鮮을 직감적으로 연상시켜 내는 실마리를 잡게 되었다. 돌이켜 보니 여기도 拓跋(Туба: 뚜바)鮮卑 鮮(Союн: 소욘: 러시아 발음은 '소얀'이다)族의 제사터 대선비(Саян: 사얀)산이요 그로부터 2년 뒤에 시베리아 투바(拓跋)공화국에서 찾은 사얀(鮮)산도 소욘(鮮)족의 제사터-부르칸(不咸)산인 대선비산이다. 놀라운 일이다. 실로 '이끼의 길'-'몽골리안 루트'를 따라 이동한 조선겨레 또는 퉁구스겨레의 東流는 수백 년 또는 수천 년에 걸쳐 이루어진 것으로 보이는데 가장 늦게 집단적으로 이동해온 세력이 김해 김씨와 같은 가야계열과 경주 김씨나 경주 박씨 등의 신라계열이 아닐까 한다. 600년대에 당나라세력을 끌어들여 백제와 고구려를 멸망시켰다하여 일부 민족주의 사가들에 의해 부정적인 평가를 받는 경우도 있지만, 실은 시베리아 원주민적인 유산을 가장 온전히 보존하고 있는 것이 신라계열이기도 하다. 삼국의 生死를 건 각축전 속에서 가장 멀리 있는 중국서북지방 고원지대에 세력의 태반을 두었던 당나라 지도부와 연결될

Ⅳ. 맺음말

이상에서 본 대로 요컨대 朝鮮과 鮮卑의 자칭 종족명은 「鮮」 곧 '소욘(Coян: 소얀)'이고 그 뜻은 고대 아시아북방민족들의 이름들에 보통 있을 수 있는 '인간'이란 뜻이다. 鮮에서 자라는 풀인 蘚(niokq: 이끼)이 순록의 겨울 먹이가 된다지만, 실은 小山에 소욘족이 들어와 살아서 鮮(사얀: Саян)산이 되었으므로 곧 차아탕 「조선족」—소욘(鮮)족이 들어와 살아서 「조선산」—사얀(鮮)산이라 했다고 할 수 있다. 그러므로 「蘚」은 「소욘(鮮)족의 풀」이다. 기나긴 겨울에 순록치기를 해야 먹고사는 순록유목민 소욘족의, 순록의 겨울 꼴인 것이다.

수 있었던 것 자체도 실은 알타이-사얀지역에 가장 강하게 역사적으로 뿌리박고 있었던 조선겨레-신라지도부이었기 때문에 가능했을 수도 있다. 마지막으로 한반도에서 신라가 주도권을 장악하는 데에 결정적인 역할을 맡아 주었던 존재도 당제국 이씨 황실의 혈통과 무관한, 북방민족 출신이라고 추정되는 則(칙: 김위현의 견해)天武后이었다는 점도 주목된다. 신라가 지명이나 인명, 관직명 등에서 가장 철저히 당의 그것을 모방했던 사실은 도리어 이러한 가장 非漢族的인 시베리아적 체질을 슬기롭게 가리고 당제국 중심의 세계질서에 편입돼 내외적으로 자기의 집권체제를 공고히 하려는 현실적인 냉엄한 생존전략이었을 수도 있다 할 것이다. 이런 점은 그 세력의 胎盤을 몽골에 두었던 몽골장군출신 이성계의 조선정권이 자기의 그런 비한족적 체질을 철저히 위장하고 명제국중심의 세계질서 속에 자신을 짜 넣어 취약한 국내기반을 보완하면서 자기 정권의 공고화를 꾀하느라고 龍飛御天歌와 같은 家史를 제작해내고 이데올로기적인 漢化를, 적어도 외면상으로는 한국사상의 역대정권 중에서 가장 철저히 실천했던 것과 흡사하다고 하겠다. 무릇 육식을 금하는 反살생주의자는 살생에 지겹도록 익숙한 관행을 가졌던 육식의 역사를 꾸려온 수렵-유목민 출신들일 수 있고, 평화를 사랑하는 이른바 왕도정치를 주장하는 이들은 패도에 절고 또 절은 전쟁을 생업으로 해온 역사를 그 태반으로 한 이들일 수 있음도 볼 수 있어야 할 것 같다. 漢化정책 뒤에 숨은 모태회귀신앙 부르칸이즘과 삼황오제-기자의 신주 뒤에 숨은 檀君의 神主도 그 정서의 심층과 祠堂의 제단안에서 찾아 읽어낼 수 있어야 한다는 것이다. 두 측면 모두 다 당면한 시대상황 속에서 제 지놈(genom)을 제대로 살려 펴내기 위한 수단이었을 수도 있을 것이다.

그래서 순록을 토템으로 삼고 그 겨레이름 자체가 암사슴-수간(sugan)에서 비롯됐을 수 있는 '소욘족'은 사얀산에서 발원하는 '퉁구스하'의 이름을 따서 '퉁구스족'이라고도 하는데 툰드라-타이가에서 순록유목을 해 먹고 살다가 생산력 발전과 인구 증가가 일정한 단계에 이르렀을 때에 그 일부는 스텝으로 진출해서 양을 유목하고, 그 수가 많아지자 말을 이용해 양유목을 경영했다. 史書에서 朝鮮이라고 불리는 일부 순록유목민들은 더 좋은 목초지를 얻기 위해서 알타이-사얀지역[44]에서 헨티산맥과 야블로노브이산맥을

44) 拓跋鮮卑의 石刻祝文이 있는 가셴둥의 소재지 대흥안령 북부 '대선비산'의 시옌(xian) 또는 샨(сян: 鮮)이 2001년 여름의 시베리아 횡단 답사로 이제는 지금도, 투바(拓跋)공화국에 속한 소욘족이 살고 있는 알타이-사얀산맥지역의 '대선비산'인 사얀(鮮: саян)에까지 소급됐다. 그런데 그 종족이 들어와서 산이름이 사얀산이 되었다는 소욘(鮮;соян: 소얀)족은 우랄산맥을 넘어 아랄해를 위시한 서남부 평원쪽에서 주로 많이 들어왔다고 하니까 사얀산은, 사막과 스텝의 연장선상에 있는 구릉지대 小山인 鮮 자체 곧 몽골리안 루트를 따라 그대로 시온(Zion: 영어 발음으로는 '자이언'이다. 셈족들 사이에서는 '시온'에 더 가깝게 읽고 있지만 그 산이름의 뜻을 아는 사람은 없다고 한다. 다만 '시오니즘'이 나올 정도면 셈족의 역사적 태반과 깊이 관련되어 있다는 것만은 틀림이 없는 사실이라 하겠다.)산과 접맥될 가능성이 그만큼 더 커졌다고 하겠다. 실은 우랄산맥과 알타이산맥, 그리고 소욘산맥 일대의 역사유산에 대한 연구정보가 거의 없다시피 한 한국내 학계의 현실 속에서는 기이하게 들릴지 모르지만 메소포타미아에서 이 일대로의 문화와 인간의 이동 및 왕래는 실은 수시로 그리고 대대적으로 이루어져 왔음을 현지에서 듣고 읽어 알 수 있었다. 우랄산맥 너머 서쪽에 바로 '고미'공화국이 있고 이와 연계되는 것으로 보이는 카마강이 흐르고 있으며, 『삼국유사』는 물론 『제왕운기』에 나오는 곰녀전설유형이 있으며 '고미'는 하느님의 아들 또는 사람이라는 뜻도 갖는다는 사실, 그리고 심지어는 다마스커스박물관에 "아기를 안고있는 곰녀상"이 있다는 정보를 필자는 아직 한국내 학계에서 들어본 적이 없다. 생각건대, 수메르족은 중앙아시아의 해발고도가 높은 고원지대-鮮에서 순록유목생활을 하던 高原族(high hill people)으로 메소포타미아와 같은 평야지대로 내려와 살면서 고원족신앙관행을 그대로 이어받으려다 보니 지구랏(Ziggurat)이나 바벨탑과 같은 인조산(artificial mountain)을 쌓아 언덕성전(hill-temple)을 지었던 것으로 추정된다. 이는 결국 그 고원지대에 있는 자기들의 역사적 태반인 부르칸(不咸)산류를 그리워하면서 쌓은 돌단인 하느님의 산 곧 天山(The mountain of God)이나 하느님의 언덕(The Hill of Heaven)이라는 뜻

으로 天祭를 지내는 祭壇인 聖所라고 할 수 있을 것 같다. 그렇다면 '이끼의 길'이라 할 '몽골리안 루트'와 역사적으로 관련되어 있을 가능성이 있어 보이는 유적인 고구려의 장군총, 그리고 잉카의 피라미드, 지구랏이나 바벨탑은 모두 하늘에 제사 지내는 높은 제단이고 제단위에는 제사지내는 집인 사당이 있다는 공통점을 가지고 있는 셈이다. 고구려 고분의 그것은 이름이 享堂이다(李亨求, 「고구려 享堂制度연구」, 『동방학지』32집, 1982년 9월, pp.1～57 참조). 시베리아 소욘겨레-퉁구스족의 부르칸(不咸)산위에 있는 붉은 버드나무로 지은 원추형 게르(몽골말로 '초골간', 훌룬부이르 에웽키말로 '仙人柱', 타이가지역의 에웽키말로 '춤', 훌룬부이르 오룬춘말로 '斜仁柱', 축치족말로 '야랑가'다.)인 사당을 갖춘 오보오와 상통하는 점이 있다. 이들 사당은 조선겨레의 侍墓幕을 연상케도 한다. 결국 조상의 조상, 그리고 또 그 조상의 조상을 추적해 올라가다 보면 만나는 그 역사적 조상들의 총체적 궁극으로서의 조상이 역사적인 하느님이고 그가 내 지놈(genom)을 창출해 온 내 個體史上의 창조주 하느님이 되니까 조상 제사가 이내 天祭로 직결되는 것이라고 할 수 있을 듯도 하다. 그러니까 시베리아 차아탕 鮮族이 돌단을 쌓는 오보오신앙 전통이 메소포타미아와 같은 충적평야지대로 내려가 흙벽돌을 구어 쌓아 造山하여 천제 제단을 짓는 전통으로 변한 것이 지구랏이요 바벨탑일 뿐이라고 할 수 있을지도 모른다. 그렇다면 야곱이 잠깨어 일어나서 돌단을 쌓았던 것과 길 가던 소욘-몽골족 나그네가 부르칸산의 오보오에 돌을 모아 쌓는 관행이 아주 무관하지는 않을 가능성이 있다. 모두 몽골리안 루트-이끼의 길 위에 이어져 내린 천제 관행일 수도 있기 때문이다. 이 문제를 다루는 데는 실마리를 제대로 잡아 문제를 풀어 나가는 일이 무엇보다도 중요할 듯하다.

수메르문명과 소욘족의 역사적 관계를 고찰하기 위해서는 물론 스키타이문화라는 문화단층과는 서로 어떤 유기적인 관계를 맺고 얽혀 있는 가를 이에 앞서 먼저 구명해보려는 시도가 전제되어야 할 것이다. 이미 디지털시대에 접어 든, 지금 이런 발상과 문제의 제기 및 그 해결을 시도해본다는 것은 결코 무모하지도 않고 무리하지도 않은 일일 수 있다고 하겠다. 시베리아의 혹한 속에서 살아와 수염이 매우 적은 아시아 북방몽골로이드들이 본격적으로 북방지대의 영웅적 지도자로 등장한 것이 기원 전후의 흉노제국시대부터다. 그렇다면 영정 그 자체가 사실에 근거한 것이라고 볼 경우 BC. 2～3,000년경으로 추정되고 있는 수염이 상당히 풍성한 단군도 저들과 똑같은 북방민족일 수만 있을까 하는 문제(金容燮교수 제기)도 제기해볼 수 있을지 모른다. 기원전 8,000년을 전후해 이미 식량생산을 시작한 메소포타미아의 비옥한 초승달지대 문화와 유라시아대륙의 큰 섬이라 할 만한 산악과 사막 등으로 상당히 고립된 중원문화의 확산과정에서, 몽골리안루트-'이끼의 길'이 역사적으로 담당해온 역할과 그 결과들에 관한 연구의 진척과 함께 이런 문제들이 조금씩 해결되어 갈 수도 있을 것 같다.

타고 대·소·외흥안령으로 이어지는 남시베리아의 산악지대의 이른바 「이끼의 길」-'몽골리안 루트'를 따라 장백산맥쪽으로 주로 순록을 유목하며 옮겨 온 것으로 추정된다. 이처럼 이들의 주류는 수렵-순록·양 遊牧民에서 기원되었으므로 농경기원이란 시각에서만 보면 이들을, 관계 사료나 史蹟들 가운데서 찾아내기에 좀처럼 어려운 측면이 있다 하겠다. 제렝코(М.В.Деренко)와 마빠루추크(Б.А.Мапярчук)가 쓴 「아메리카원주민의 기원지에 관한 연구」[45]에서 아메리카 인디언들이 이곳에서 기원되었다[46]고 보고하고 있듯이 실제로 많은 아시아북방민족들이 알타이-사얀지역을 태반으로 태동되었으며 조선족이나 선비족=몽골족도 이 범주에 속한다고 추정해 볼 수 있다는 것이, 때마침 이곳 종족들의 데옥시리보핵산(DNA)검사를 위해 와 있던 동물유전학을 전공하는 러시아과학아카데미 자하로프(И·А·Захаров)박사의 견해이기도 하다.[47] 여기서 韓민족이나 몽골족의 原종족이 소욘(鮮)족이고 그 소

'순록유목민'이라는 시각에서 접근한 것은 아니지만, 金孝臣『上古研究資料集』서울 도서출판 새남 1992년에서는 이미 문헌자료를 통해 「朝鮮=鮮卑」의 결론을 도출해내고 있어서 필자를 놀라게 했다. 창조사학회의 金榮友사무국장은 서아시아와 남러시아초원의 답사를 통해 필자에게 많은 현장사료정보를 제공해 주었다. 필자는 이에 한국역사학계와는 판이하게, 이 분야에 많은 전문연구인력을 확보하고 있는 일본학계의 저력에 새삼스럽게 주목하게 되었다.

45) 뿌리로다(Природа), No 1, 2001, pp.72~78.

46) 시베리아와 북아메리카는 다 같이 해발고도가 높은 타이가-툰드라지대로 연결된 땅이므로, 순록이 이끼(蘚)라는 겨울먹이를 찾기에 적합한 땅이어서 그런 이동루트를 택했던 것으로 보인다. 이른바 '몽골리안루트'는 필자가 命名한 '이끼의 길'과 상당히 일치하게 될 것으로 추정된다.

47) 丁謙이 고증학풍이 왕성했고 국경 또는 영향권이 이에 이르던 청대에 태어나서 비록 사얀(鮮)산이 곧 대선비산임을 고증하기는 했지만, 당시의 청나라가 중국(9,561,000㎢)+몽골국(1,565,000㎢)보다도 더 넓은 시베리아(12,765,900㎢)에까지 영향을 미치기는 비록 만주제국하에서일지라도 매우 어려웠을 것으로 보인다. 2001년 8월 20일 고르노 알타이스크에 이르러 택시를 타고 답사할 때 운전수가 첫마디에 '자기 삼촌이 말을 타고 개를 데리고 타이가에 들어갔는데 얼마 전에 말과 개만 돌아왔다'는 소식을 전했고 타이가에는 찐드기류의 끌레쉬(клещ)라는 독충이 있는데 한 번 물리면 3시간 안에 죽는다고도 했다. 타이가-스텝-툰드라

욘족이 바로 原투르크족일 수 있다는 사실이 특히 충격적인 구체적 문제제기라 하겠다. 해발 4,000m가 넘는 높은 산이 많은 알타이산맥이 원체 고산지대에 속해 있으므로 이의 外護를 받으면서 사얀산맥에 살아 온 투바(Tuba)계의 여러 종족들은 거의 유럽계 백인의 피가 안 섞인 채로 북아시아 민족의 태반을 형성해낼 수 있었다. 외침으로부터 보호받을 수 있는 거대한 산악기지를 방패와 무기로 삼고 광활하고 기름진 산중초원을 식량생산기지로 삼으면서 그들 나름의 종족 형성을 해낼 수 있었다는 것이다. 소욘(鮮)족의 문화를 형성하는 많은 요소들은 오랜 기간에 걸쳐 서부평원쪽에서 알타이-사얀산맥으로 들어왔다고 하는데 이들 소욘족의 기원은 물론 中原-차이나(China)가 아니라 시베리아(Siberia)-러시아(Russia)쪽에 있는 것으로 보인다. 그러니까 수렵-유목민에서 起源한 소욘족 형성-발전의 역사적 무대는 어디까지나 주로 이른바 천산남로인 '실크로드'가 아니고 천산북로인 '스텝로드'-「초원의 길」 곧 '이끼의 길'-「라이켄로드」라는 것이다. 그러므로 필자의 이런 견해가 조선겨레의 스키토-시베리아계통설48)을 입증해 줄 수도

로 이어지는 드넓은 시베리아를 기지로 삼는 한은 아시아북방민족은 역사적으로 완전히 망할 수가 없었다고 하겠다. 『몽골비사』에서 '오인이르겐'이라고 하는 '숲의 백성'은 오늘날의 농경지대 한국의 숲과 같은 보통 숲이 아니라 대서양에서 태평양, 그리고 북아메리카에까지 이어지는 바다와 같이 드넓은 '타이가 지대의 사람'을 가리킴에 유의할 필요가 있다.

48) 金貞培, 『韓國 民族文化의 起原』, 고려대학교 출판부, 1973년. 鄭璟喜, 「단군사회와 청동기문화」, 『한국학보』 23, 일지사, 1981. 崔夢龍 『한국문화의 원류를 찾아서: 고고기행』학연문화사 1997년 외 관계학자들의 논저 참조. 1999년 7월~2000년 8월에 걸친 내몽골과 만주지역 답사기간 중에 필자는 훌룬부이르盟 하일라르에서 몽골족의 스키토시베리아 기원설과 함께 훌룬부이르대학의 송띠(松迪: 1999년 당시 41세; 바라쿠족)부교수가 유일하게 몽골족의 오르도스 기원설을 주장한다는 것을 알았다. 한국에서의 조선겨레 기원설의 그것과 비슷한 양상을 보이고 있음을 뒷날 깨닫고 새삼스럽게 놀라워 한 적이 있다. 물론 다원적인 다양한 기원설이 제기될 수도 있고 또 그럴 수밖에 없을 수도 있지만, 어떤 경우든 새로 개척해야 하는 이 분야에 관한 연구에서 속단은 禁物일 듯 하다. 장기적으로 다양한 시각에서 총체적으로 이들과 이들의 역사적 삶판 자체를 살필 필요

있을 것으로 예상되지만 이를 위해서는 고고학이나 형질인류학, 또는 유전공학은 물론 문헌학 및 민속학과 언어학 등의, 구체적이고도 엄밀한 후속연

가 있다고 하겠다. 수렵-유목적 시각과 농경적 시각은 크게 다른 측면이 있고 수렵-유목적 史料나 遺蹟개념과 농경적 사료나 유적개념 또한 그럴 수 있을 뿐만 아니라, 유전공학까지 개입하는 역사복원방법이 점점 더 빠르고도 폭넓게 발전해 가고 있기 때문이다. 종교재판식으로 비과학을 단호히 치는 일도 필요할 수는 있지만, 그러나 특정 과학의 이름으로 무한히 발전해 갈 수 있는 다양한 과학적 연구의 가능성을 단칼에 잘라버리는 어리석음을 범하지 않는 일이 지금의 우리에게는 더 중요하다 할지도 모른다. 필자의 전공은 몽골유목사이지만, 1960년대 중반에 충남 공주 석장리 구석기유적 발굴장에 학부학생으로 처음 참여한 이래로 이따금 기회가 생기면 농경지대에서나 유목지대에서도 발굴의 잡심부름 정도는 거든 적이 있고 학교 박물관을 맡아 유물의 발굴과 보존 문제를 조금 생각해 본 경험도 있다. 그런데 툰드라-타이가-스텝으로 이어지는 수렵-유목민생존지대의 유적을 발굴하면서도 대개 한결같이 석기나 토기와 도자기들만 주로 찾는 데는 문제가 있을 것으로 보인다. 드넓은 시베리아 타이가의 숲 속의 백성이 주로 써온 도구가 나무로 된 무기를 내포하는 木器이고 뿔그릇이며 가죽그릇이기 때문이다. 바위그림에 나오는 사슴이 '순록'인지 '보통 사슴'인지는 당연히 엄밀히 분석되어야, 그 바위그림이 '식량채집단계'를 반영하느냐 '식량생산단계'를 반영하느냐를 판가름할 수 있다. 물론 정착지역에 주거지를 마련해 주어도 지금도 이내 다시 타이가의 숲 속으로 되돌아가려 하는 대부분의 오룬춘 원주민들에게 반드시 역사학의 생명이라는 시대구분의 잣대를 절대로 들이대는 일이 무모한 것일 경우는 있다. 예나 지금이나 그들의 생존양식은 별로 변한 데가 없을 수도 있기 때문이다. 이런 경우에는 목기, 골각기, 皮器와 구비사료, 그리고 유골과 삶판유적 자체를 모두 사료로 동원해내는 연구를 더 구체적이고 전문적으로 서둘러야 할 것으로 생각된다. 산업혁명 이후에 산업혁명의 진원지인 영국문화가 식민지인 미국으로 흘러들어갔다가 그후 거기서 더 발전된 산업혁명문화가 다시 역류해 식민모국 영국으로 되돌아왔듯이 고대 한국의 삼국시대문화가 일본열도를 흘러들어갔다가 거기서 더 발전해 근래에 한반도로 역류해오는 역사현상들을 읽어내는 차원에서, 조선겨레의 스키토-시베리아설을 좀 더 장기적인 차원에서 폭넓은 시각으로 깊이있게 이해-복원해볼 필요가 있을지도 모른다. 이제까지 농경문화 위주로 복원시켜본 유라시아사가 그간 소외되어온 수렵-유목사와 함께 그 상호작용 속에서 가능한 한, 다시 '있었던 그대로' 복원되어져 가야 할 것 같다. 이러한 과제들의 수행이 디지털시대-생명공학시대를 열어가고 있는 오늘의 우리 유라시아사 연구자들에게 주어진 중요한 한 소명일수 있을 것이다.

구가 이에 뒤따라야 할 것으로 보인다. 따라서 본 연구는 어떤 결론적 연구라기보다는 어디까지나 수렵-유목사적 시각에서 그 연구의 한 실마리를 잡아보기 위해, 문제제기 차원에서 시도해 본 한 연구임을 이에 밝혀 둔다.[49)]

---

49) 본 논문 구두발표 초록에 대해《에피르(ЭФИР)》신문 No.50 (492) 2001년에투바국립대학 역사학 박사 엔. 베. 아바에프교수의 논문평이 실렸기에 轉載한다.
'아르자안' 무덤 발견된 것과 관련하여 '에피르'신문에서 처음으로 진술한 투바학자들의 가설은 (주교수의 견해를 입증하는) 또 하나의 유력한 뒷받침이 되고 있다. 투바학자들의 가설에 의하면 前투르크와 前흉노시기부터 인도, 유럽, 동아시아 등의 유라시아와 아메리카에 거주하게 된 사키(Saki 또는 치키〈Chiki〉)족은, 바로 동쪽 짜르스키예(Zsarskiye) 스키타이인으로 투바인들의 선조이며 알타이-사얀민족들의 고대종교 "아크 차야안(Ak Chayaan)"을 만들었다. 사키(Saki)는 "사람-순록"을 뜻하는 터키-몽골어의 "사키트(sakit)", "짜아탕(zsaatan)", "차아(chaa)"에 어원을 가지는 겨레이름이며, 아크 차얀안(Ak Chayaan)종교는 "사아크 차야안(Saak Chayaan)"종교에서 비롯됐다('흰 사슴' 또는 '흰 사람'을 신앙의 대상으로 하는 종교일지도 모른다…옮긴이 주석). 주교수의 한민족의 알타이-사얀(스키토-시베리안)계통설은 대체로 옳지만, L.K.Xertex, V.R.Felidman이나 V.A.Xertex 등은 이에 대해 몇 가지 더 확인하고 보충해야 할 점이 있다고 본다. 우선 鮮族을 주 교수는 몽골어족으로 보았지만 원래는 터키어족에 들어간다는 것이다. 조(Cho: 朝; 중국식 발음은 Chao다)는 사크(Sak)족이나 소얀(Coyan)족 등을 내포하는 알타이 사얀산맥지대의 여러 종족들의 토템선조인 순록을 뜻할 수 있으며, 순록이 먹는 이끼-蘇이 나는 朝鮮의 「鮮」이나 「蘇」자체는 고대 투르크어 "신(sin)"을 뜻할 수도 있다. 하카스어로 신(sin)은 "수운(suun)"이다. 한국의 고대국명인 "고려"는 고대 투르크어 "호르(hor)"와 "우량하이(uryanhai)"나 몽골어 "구루우(guroo)"에서 비롯되었을 가능성이 있는데, 이 또한 "순록"을 뜻한다는 것이다. 이런 낱말들이 모두 알타이-사얀지역에 있어와서 주교수의 견해를 방증하는 자료로 인용될 수 있을 것으로 본다. 그리고 한국을 "맑은 아침의 나라"라고 하는 중국식 표현도 투르크-몽골어인 종족이름 우량하이(Uryanhai)에 들어가 있는 "우우르(uur)"라는 낱말과 관련이 있을지도 모른다. "노을"이나 "새벽"을 뜻하는 낱말이 우우르(uur)이기 때문이다. 중국과 몽골 자료에 의하면 우량하이(Uryanhai)족은 본래 만주에서 살아 왔었다. 근래에 漢族들에 의해 내쫓겼지만 바로 만주는 韓民族의 기원지다. 지금도 만주에는 투바족과 같은 계통인 Dagur족, Harchin족과 Horchin족 등이 살고 있다. 이에 관해서는 아바예프(N.V.Abaev), 엘.케이.헤르테크(L.K. Hertek)와 베.아.헤르테크(B.A.Xertex), 「"우량하이(Uryanhai)"와 "투바(Tuva)"의 관계에 대하여」, 『바스쿠(Bashku)』잡지, 2000, No.1을 참조할 수 있다. 1998년에 "에피르"신문에도 (구두발표)내용이 이미 기사화된 적이 있다. (참고로 "우량하

〈白山學報 第63號, 2002.8.30. pp.5~42〉

이" 또는 오랑캐라는 이름은 "오룬복〈orun bog〉을 치는 자" 곧 오룬춘말 순록유목민에서 비롯되었을 가능성이 매우 높다는 점을 지적해 둔다. "순록을 치는 자"라는 뜻인 "오룬춘"이라는 이름의 다른 표기일 수도 있다는 것이다. 러시아인들은 오룬춘어를 빌어 순록을 그대로 셰베르늬〔북쪽의〕 "알렌"이라고 쓰고 있다.) 〔한 가지 더 부기해 두고 싶은 것은 2000년 늦봄에 成斌 훌룬부이르맹 조선족사연구회부이사장과 함께 눈강상류를 답사하다가 드넓은 떡갈나무숲떼지역을 지나면서 이지역의 특산물로 떡갈나무누에가 빚어내는 비단이 오랜 옛날부터 제조되고 있음을 알았다. 고조선의 비단은 중국의 그것과 데옥시리보핵산(DNA) 검사결과가 서로 다르다고 들었는데 이곳이 북부여의 고지로 추정되고 있는 만큼 고조선비단과의 관련성 유무를 한 번 검토해볼 필요가 있는 문제가 아닐까 하여 여기 적어 둔다. 파른선생님은 뒷날의 토론과정에서 이곳이 시베리아벌판을 통해 그대로 북방의 초원루트와 연결되는 점으로 미루어보아 "실크"라는 말도 누에고치에서 뽑은 '실'을 연감 '개'와 같은 데에 감아 팔았기 때문에 그런 상품이름이 나왔을 수도 있다는 추론을 해보기도 하였다. 이 글을 정리하는데 강원대 사학과 金大起조교가 수고해 주었다〕.

선사시대의 연구동향

저　　자 | 백산학회 편
펴 낸 이 | 육낙현
발 행 처 | 백산자료원

인 쇄 일 | 2007. 4. 26.
발 행 일 | 2007. 5. 3.

등록번호 제2-1125호
등록일자 1991. 2. 11

펴낸곳 | 백산자료원
㊐100-193 서울시 중구 을지로 3가 334-2 청호빌딩 211호
전화 (02)2268-8668　　팩시밀리 (02)2267-7710
http://www.paeksan.com
E-mail : pss1966@kornet.net

값 15,000원

ISBN 978-89-88435-96-0　93910